# 한 권으로 배우는
# 도커 & 쿠버네티스

# 한 권으로 배우는 도커 & 쿠버네티스

컨테이너 개념부터 쿠버네티스를 활용한 배포까지

**초판 1쇄 발행** 2024년 4월 29일
**초판 2쇄 발행** 2024년 11월 22일

**지은이** 장철원 / **펴낸이** 전태호
**펴낸곳** 한빛미디어(주) / **주소** 서울시 서대문구 연희로2길 62 한빛미디어(주) IT출판2부
**전화** 02-325-5544 / **팩스** 02-336-7124
**등록** 1999년 6월 24일 제25100-2017-000058호 / **ISBN** 979-11-6921-236-6  93000

**총괄** 송경석 / **책임편집** 홍성신 / **기획** 김대현 / **교정** 홍원규
**디자인** 표지 이아란 내지 최연희 / **전산편집** 다인
**영업** 김형진, 장경환, 조유미 / **마케팅** 박상용, 한종진, 이행은, 김선아, 고광일, 성화정, 김한솔 / **제작** 박성우, 김정우

이 책에 대한 의견이나 오탈자 및 잘못된 내용에 대한 수정 정보는 한빛미디어(주)의 홈페이지나 아래 이메일로
알려주십시오. 잘못된 책은 구입하신 서점에서 교환해드립니다. 책값은 뒤표지에 표시되어 있습니다.

**한빛미디어 홈페이지** www.hanbit.co.kr / **이메일** ask@hanbit.co.kr

지금 하지 않으면 할 수 없는 일이 있습니다.
책으로 펴내고 싶은 아이디어나 원고를 메일(writer@hanbit.co.kr)로 보내주세요.
한빛미디어(주)는 여러분의 소중한 경험과 지식을 기다리고 있습니다.

# 한 권으로 배우는
# 도커 & 쿠버네티스

## 컨테이너 개념부터 쿠버네티스를 활용한 배포까지

DOCKER & KUBERNETES

장철원 지음

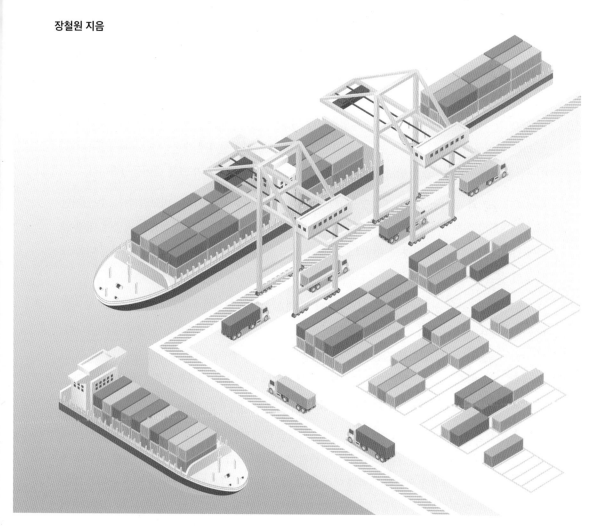

한빛미디어
Hanbit Media, Inc.

# 저자의 말

이 책을 쓰면서 처음 프로그래밍을 시작했던 순간이 떠올랐습니다. 백지상태에서 코드를 한 줄씩 쌓아가며 나만의 소프트웨어를 만들어가는 과정이 무척 재밌었습니다. 그러나 소프트웨어 개발은 단순히 코드 작성으로 끝나지 않았습니다. 그중 큰 어려움으로 다가왔던 것이 배포라는 과정이었습니다. 배포해야 할 서버는 여러 개인데, 특정 서버에서는 애플리케이션 배포가 잘 되더라도 다른 서버에서는 배포가 되지 않는 상황이 발생했던 기억이 납니다. 이런 문제의 원인을 파악하기 쉽지 않았고, 심지어 리눅스 시스템에서는 무언가를 설치하거나 삭제하는 단순한 행위조차 전체 시스템의 안정성에 영향을 줄 수 있어 설치 자체가 큰 스트레스로 다가왔습니다.

그러던 중 반갑게도 도커와 쿠버네티스가 등장했습니다. 컨테이너라는 개념을 활용해 애플리케이션을 격리하는 방법을 접했을 때 어떻게 이런 생각을 할 수 있는지 감탄을 금치 못했습니다. 도커와 쿠버네티스는 제 개발 인생에 큰 영향을 주었습니다. 도커와 쿠버네티스를 적절히 활용하게 되면서 서로 다른 환경에서도 쉽게 배포할 수 있었으며, 새로운 프로그램 설치에 대한 부담도 사라졌습니다. 이처럼 도커와 쿠버네티스를 만나 개발과 배포 과정에서 받는 스트레스가 크게 줄어들었습니다.

무엇보다 도커와 쿠버네티스는 재미있습니다. 단순히 이 기술을 사용하기는 비교적 쉬울 수 있지만 원리를 정확히 이해하기 위해서는 더 깊은 지식이 필요한데 기본적으로 운영체제와 커널에 대해 알아야 합니다. 여러분도 도커와 쿠버네티스에 대해 더 깊게 공부할수록 새로운 발견을 하며 흥미를 느끼게 될 것입니다.

도커와 쿠버네티스는 전통적인 소프트웨어 개발 및 배포 환경을 혁신적으로 변화시켰습니다. 도커를 활용하면 컨테이너 기반 가상화 기술로 애플리케이션을 효율적으로 패키징하고 실행할 수 있습니다. 쿠버네티스는 컨테이너 관리를 자동화함으로써 대규모 애플리케이션 배포 및 확장을 쉽게 할 수 있게 해줍니다. 이처럼 도커와 쿠버네티스는 효율적인 배포와 확장성을 제공함으로써 소프트웨어 개발 및 배포 과정의 필수 도구로 자리매김했습니다.

이 책은 그림을 최대한 활용하여 어렵게 느낄 수 있는 도커와 쿠버네티스의 개념을 최대한 쉽게 이해할 수 있도록 구성했습니다. 간단한 명령어 한 줄만 입력하며 실습을 따라 할 수도 있지만 내부에 작동하는 원리까지 파악해야 복잡한 개념을 이해할 수 있습니다. 따라서 다양한 실습 명령에 따른 작동 원리를 그림과 함께 자세히 설명합니다. 입력한 명령어가 어떤 알고리즘으로 작동하는지 이해한다면 도커와 쿠버네티스를 쉽게 익힐 수 있을 것입니다. 여러분이 이 책을 통해 도커와 쿠버네티스의 매력에 빠지고, 컨테이너 기술을 활용한 새로운 개발 환경을 경험해보길 바랍니다.

2024년 4월 **장철원**

# 감사의 말

이 책을 집필하는 동안 도커와 쿠버네티스 강의를 진행하며 많은 분과 만나 교류할 수 있는 소중한 경험을 했습니다. 특히 수많은 수강생의 다양한 의견과 피드백 덕분에 더 완성도 높은 책을 만들 수 있었습니다. 이 책을 만드는 데 도움을 준 모든 수강생 여러분 고맙습니다. 그리고 언제나 제게 힘이 되어주는 가족과 책을 쓰는 동안 응원해준 친구들에게도 감사의 마음을 전합니다.

리눅스 운영체제에서 쉽게 작업할 수 있도록 운영체제를 개발해준 리누스 토르발스와 도커와 쿠버네티스를 만든 수많은 개발자에게도 감사하다는 말을 전하고 싶습니다. 마지막으로 책을 쓰는 데에만 전념할 수 있도록 지원해준 한빛미디어 관계자 여러분, 고맙습니다.

# 저자 소개

## 장철원

충북대학교에서 통계학을 전공하고 고려대학교에서 통계학 석사 학위를 받은 후 플로리다 주립 대학교 통계학 박사과정에 진학했습니다. 어렸을 때부터 게임을 좋아하여 게임 회사인 크래프톤의 데이터 분석실에서 근무하며 머신러닝을 활용한 이탈률 예측과 고객 분류 작업 등을 담당했습니다. 특히 배틀그라운드의 핵 관련 업무를 하면서 IT 보안 분야에 흥미를 느끼게 되었습니다. 이후 NHN 클라우드사업본부 IT 보안실에서 머신러닝을 활용한 매크로 자동 탐지 시스템을 개발하여 특허를 출원했습니다. 삼성전자, KB국민은행, LG에너지솔루션 등 여러 기업에서 IT 관련 강의를 했으며, 현재도 다양한 교육 활동을 진행하고 있습니다. 꾸준히 IT 도서도 집필하고 있으며 소프트웨어도 개발합니다. 또한 지식을 공유하는 데 보람을 느껴 블로그, 카페, 유튜브를 운영하며 다른 사람과 활발히 소통하고 있습니다.

### 저서

『선형대수와 통계학으로 배우는 머신러닝 with 파이썬』(비제이퍼블릭, 2021)

『알고리즘 구현으로 배우는 선형대수 with 파이썬』(비제이퍼블릭, 2021)

『웹 크롤링 & 데이터 분석 with 파이썬』(인사이트, 2022)

『몬테카를로 시뮬레이션으로 배우는 확률통계 with 파이썬』(비제이퍼블릭, 2023)

현) 나노쿠키 대표

전) 한국정보통신기술협회 외부 교수

전) NHN IT 보안실 근무

전) 크래프톤 데이터 분석실 근무

- 이메일: stoicheolwon@gmail.com
- 블로그: https://losskatsu.github.io
- 네이버 카페: https://cafe.naver.com/aifromstat
- 유튜브: https://www.youtube.com/@cheolwon_jang_ml

## 이 책에 대하여

### 이 책의 대상 독자

이 책은 혼자 도커와 쿠버네티스를 학습하는 독자를 대상으로 합니다. 따라서 도커와 쿠버네티스를 익히는 데 필수적인 내용 위주로 구성했습니다. 제 주변에는 도커와 쿠버네티스에 대해 관심이 많아 학습하려고 시도했지만 진입장벽을 느껴 포기한 분이 적지 않습니다. 이 책이 도커와 쿠버네티스의 개념을 정확히 이해하고 수월하게 사용할 수 있게 도움을 줄 것입니다.

### 이 책을 읽는 방법

도커와 쿠버네티스를 학습해본 적이 없다면 기초 개념을 이해하는 것이 중요합니다. 도커와 쿠버네티스의 기본 개념과 역할을 확실히 이해한 후에 실습을 진행하길 바랍니다. 이미 도커와 쿠버네티스를 경험해본 독자에게도 책의 순서대로 학습할 것을 권장하지만, 궁금한 부분을 먼저 따로 찾아봐도 무방합니다.

### 이 책의 구성

#### 1장 실습 환경 구축하기

우분투 이미지 다운로드, 버추얼박스 설치, 가상머신 생성 등 실습을 위해 필요한 환경을 구축합니다.

#### 1부 도커

#### 2장 도커의 개념

운영체제, 네임스페이스 등 도커 학습을 위해 필요한 기초 사전 지식을 익히고 도커의 기본 개념이 되는 컨테이너에 대해 학습합니다.

#### 3장 도커 설치

도커 실습을 위해 가상머신에 도커를 설치합니다.

#### 4장 도커 기초

도커 이미지와 도커 컨테이너와 같은 개념을 익히고 도커 기초 명령어와 도커 운영에 필요한 네트워크, 스토리지 관련 내용을 학습합니다.

### 5장 도커를 활용한 django 실행

앞에서 학습한 도커 기초 내용을 응용해 django를 실행합니다.

### 6장 도커를 활용한 Flask 실행

앞에서 학습한 도커 기초 내용을 응용해 Flask를 실행합니다.


## 2부 쿠버네티스

### 7장 쿠버네티스의 기본 구조

쿠버네티스의 역할 및 구성 요소를 익히고 쿠버네티스 구조를 배웁니다.

### 8장 쿠버네티스 실습 환경 구축

쿠버네티스 실습을 위해 가상머신에 쿠버네티스 클러스터를 구축합니다.

### 9장 쿠버네티스 기초

쿠버네티스 운영을 위한 디플로이먼트, 서비스, 스토리지 볼륨, 스테이트풀셋, 인그레스, 잡과 크론 잡 등과 같은 쿠버네티스 기초 내용을 학습합니다.

### 10장 쿠버네티스를 활용한 웹 서비스 배포

앞에서 배운 쿠버네티스 기초 내용을 바탕으로 django 및 Flask 등을 활용하여 웹 서비스를 배포해 봅니다.

### 11장 깃허브 액션과 ArgoCD를 활용한 CI/CD

깃허브 액션과 ArgoCD를 활용하여 CI/CD를 진행합니다.

### 12장 쿠버네티스 모니터링

매트릭 서버, 프로메테우스, 그라파나, 로키 등을 활용하여 쿠버네티스 클러스터를 모니터링하는 방법을 학습합니다.

## 예제 소스 및 첨부 파일

이 책에서 사용하는 예제 소스 및 첨부 파일은 아래 주소에서 참고하길 바랍니다.

- https://github.com/losskatsu/DockerKubernetes

## 이 책의 실습 환경

- CPU: 13세대 인텔(R) Core(TM) i7-1360P 2.20 GHz
- RAM: 32GB
- SSD: 1TB

## 정오표와 피드백

편집 과정에서 오탈자를 확인하는 절차를 거쳤음에도 미처 발견하지 못한 오탈자나 내용에 대한 오류는 출판사 도서 정보 페이지에 등록해주세요. 책과 관련한 궁금한 점은 저자의 이메일로 문의하기 바랍니다.

- 저자 이메일: stoicheolwon@gmail.com

# CONTENTS

CHAPTER 1

## 실습 환경 구축하기

PART 1

## 도커

CHAPTER 2

## 도커의 개념

CHAPTER 3

# 도커 설치

CHAPTER 4

# 도커 기초

CHAPTER 5

# 도커를 활용한 django 실행

# 도커를 활용한 Flask 실행

CHAPTER 9

# 쿠버네티스 기초

CHAPTER 10

# 쿠버네티스를 활용한 웹 서비스 배포

# 실습 환경 구축하기

—

도커와 쿠버네티스 세계에 첫걸음을 내디딘 여러분, 환영합니다. 본격적으로 도커와 쿠버네티스를 학습하기 전에 실습 환경을 구축해야 합니다. 새로운 분야를 배울 때 개발 환경 구축은 가장 처음 시작해야 하는 중요한 과정입니다. 올바른 환경 구축을 하지 못하면 추후 문제가 발생할 수 있기 때문입니다.

이 장에서는 이 책에서 다루는 내용을 실습할 수 있도록 실습 환경을 구축합니다. 먼저 우분투 운영체제 이미지를 다운로드한 뒤 버추얼박스를 설치해봅니다. 버추얼박스 같은 가상화 소프트웨어를 사용해본 적이 없다면 환경 구축 단계가 생각보다 어렵게 느껴질 수도 있지만 책의 내용을 잘 따라가면 충분히 가능합니다. 그리고 가상머신을 생성한 후 해당 가상머신에 우분투 운영체제를 설치하겠습니다. 그다음 네트워크를 설정하고, 가상머신에 편리하게 접속할 수 있는 도구인 PuTTY를 설치한 뒤 초기 설정을 진행합니다. 마지막으로 우분투 운영체제의 텍스트 편집기인 vim의 기본 사용법과 우분투 기초 명령어를 학습하겠습니다.

CHAPTER

01

## 1.1 우분투 이미지 다운로드하기

실습 환경을 구축하기 위해 가장 먼저 해야 할 일은 실습에 사용할 운영체제 이미지를 다운로드하는 것입니다. 이 책에서는 리눅스 운영체제를 기반으로 진행할 것인데, 다양한 리눅스 종류 중 우분투 Ubuntu를 사용하겠습니다. 이를 위해 필요한 이미지를 다운로드하겠습니다.

- https://ubuntu.com/download/server

위 웹사이트에 접속하면 [그림 1-1]과 같은 화면을 볼 수 있습니다.

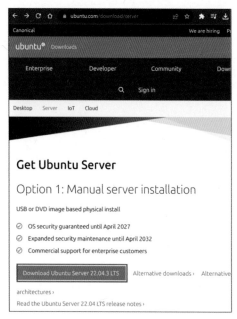

그림 1-1 우분투 다운로드

[그림 1-1]에서 **Download Ubuntu Server 22.04.3 LTS**를 클릭하면 iso 파일을 다운로드할 수 있습니다. 이후 실습에서 해당 파일을 이용해 가상머신VM, Virtual Machine을 생성할 예정입니다.

## 1.2 버추얼박스 설치하기

다음으로 버추얼박스Virtualbox를 다운로드하겠습니다. 버추얼박스는 가상머신을 생성할 수 있는 소프트웨어입니다. 이 책 실습에서는 다수의 서버를 활용할 예정인데, 실습을 위해 실제 물리 서버를 구축하는 것은 상당한 비용이 발생하므로 버추얼박스를 통해 가상머신을 생성한 후 실습을 진행하겠습니다. 버추얼박스를 다운로드하는 방법은 virtualbox라고 검색을 통해 접속해도 되고, 다음과 같이 url을 직접 입력해서 접속해도 됩니다.

- https://www.virtualbox.org/wiki/Downloads

위 url에 접속하면 [그림 1-2]와 같은 화면을 볼 수 있습니다.

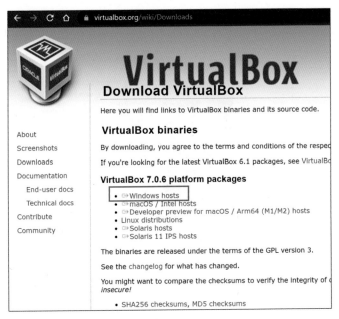

그림 1-2 버추얼박스 다운로드 페이지

[그림 1-2]에서 **Windows hosts**를 클릭해서 설치 파일을 다운로드합니다. 설치 파일을 다운로드했으면 해당 파일을 실행합니다.

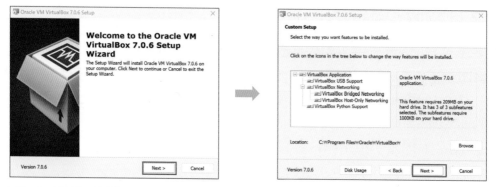

그림 1-3 버추얼박스 설치 (1)

설치 파일을 실행하면 [그림 1-3]과 같이 설치를 시작하는 화면과 설치 항목, 설치 경로를 선택하는 화면이 나타나는데 별다른 수정 없이 [Next]를 클릭합니다.

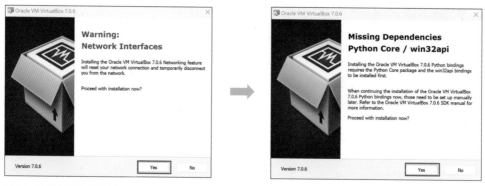

그림 1-4 버추얼박스 설치 (2)

[그림 1-4]와 같이 네트워크 인터페이스에 관한 경고창이 뜨는데, 이는 네트워크가 일시 중단된다는 의미입니다. [Yes]를 클릭하면 오른쪽 그림과 같이 파이썬과 win32api에 관한 안내 메시지가 뜨는데 여기서도 [Yes]를 클릭합니다.

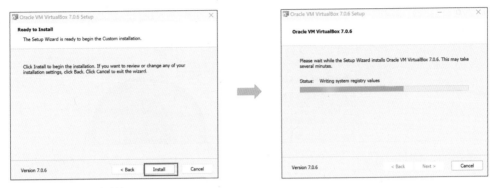

그림 1-5 버추얼박스 설치 (3)

[그림 1-5]와 같이 설치하겠냐고 묻는 창이 뜨면 [Install]을 클릭해 설치를 진행합니다. 그러면 오른쪽과 같이 버추얼박스가 설치됩니다.

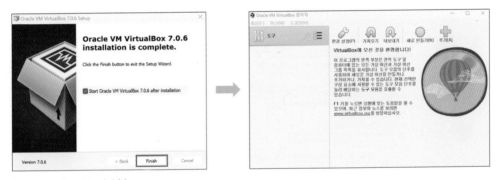

그림 1-6 버추얼박스 설치 (4)

[그림 1-6]의 왼쪽과 같이 버추얼박스 설치가 끝나고 [Finish]를 클릭하면 오른쪽처럼 버추얼박스가 실행되는 것을 확인할 수 있습니다.

## 1.3 가상머신 생성하기

지금부터 버추얼박스를 활용해 가상머신을 생성하겠습니다. 여기서는 앞서 다운로드했던 우분투 이미지를 사용합니다. 먼저 버추얼박스를 실행하면 [그림 1-7]과 같은 화면을 볼 수 있습니다.

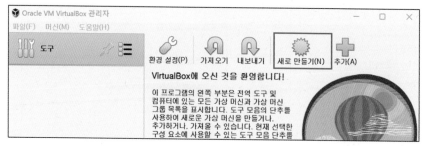

그림 1-7 가상머신 생성 (1)

[그림 1-7]에서 가상머신을 생성하기 위해 **새로 만들기**를 클릭합니다. 그러면 [그림 1-8]과 같은 화면이 나타납니다.

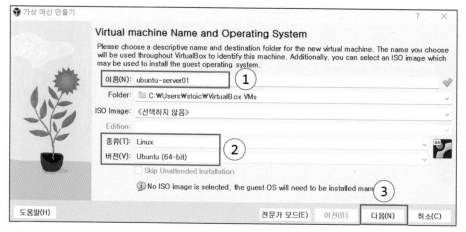

그림 1-8 가상머신 생성 (2)

[그림 1-8]에서 다음 순서를 따릅니다.

❶ 가상머신 **이름**을 정합니다. 필자는 **ubuntu-server01**이라고 이름지었습니다.

❷ 가상머신 운영체제의 종류와 버전을 그림과 같이 각각 **Linux, Ubuntu(64bit)**로 선택합니다.

❸ [다음]을 클릭합니다.

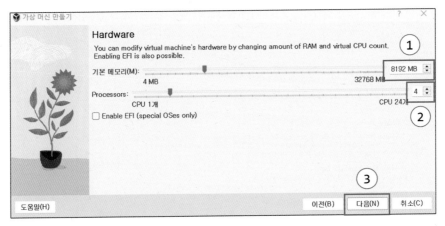

그림 1-9 가상머신 생성 (3)

[그림 1-9]에서는 가상머신의 하드웨어를 설정합니다.

❶ 기본 메모리의 기본값은 2048MB인데, 필자는 **8192MB**로 설정했습니다. 메모리 값은 각자 시스템 환경에 맞게 설정하면 되는데 쿠버네티스를 실행하려면 8192MB 이상을 권장합니다.

❷ Processors의 CPU 개수는 기본값이 1로 설정되어 있는데 원활한 실습을 위해 4 이상의 값으로 설정하길 권장합니다. 기본값 1을 사용할 경우 우분투가 설치되지 않고 쿠버네티스를 실행하기 어렵습니다.

❸ [다음]을 클릭합니다.

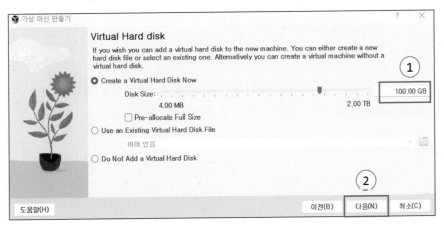

그림 1-10 가상머신 생성 (4)

[그림 1-10]은 하드디스크를 생성하는 과정입니다.

❶ 하드 디스크의 크기는 본인의 시스템 상황에 맞게 설정하면 됩니다. 이 책에 나오는 실습을 진행하기 위해 **100GB** 이상을 권장합니다.

❷ [다음]을 클릭합니다.

**그림 1-11** 가상머신 생성 (5)

[그림 1-11]을 보면 가상머신의 스펙이 요약되어 있습니다. 여러분이 설정한 내용을 확인하고 [Finish]를 클릭하면 가상머신 생성이 완료됩니다.

## 1.4 가상머신에 우분투 설치하기

이제 가상머신에 우분투 운영체제를 설치하겠습니다. 이전 절에서 가상머신을 생성했다면 [그림 1-12]와 같이 **ubuntu-server01**이라는 가상머신이 보일 것입니다.

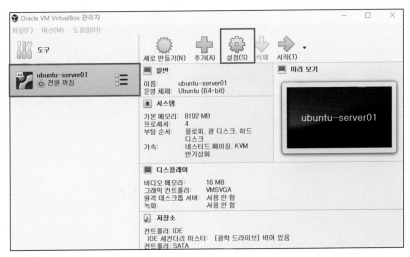

그림 1-12 우분투 설치 (1)

본격적인 우분투 설치에 앞서 몇 가지 설정을 하겠습니다. [그림 1-12]에서 **ubuntu-server01**을 클릭하고 **설정**을 클릭합니다.

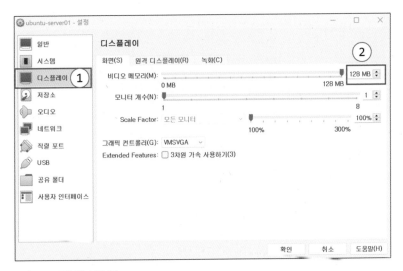

그림 1-13 우분투 설치 (2)

❶ **디스플레이**를 클릭합니다.

❷ 비디오 메모리를 **128MB**로 설정합니다.

이와 같이 설정하지 않으면 가상머신의 화면이 보이지 않을 수도 있습니다.

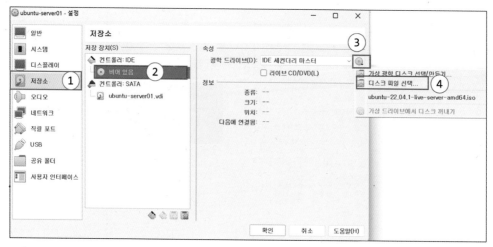

그림 1-14 우분투 설치 (3)

❶ **저장소**를 클릭합니다.

❷ 저장 장치의 **비어 있음**을 클릭합니다.

❸ 속성에서 **디스크 모양**을 클릭합니다.

❹ **디스크 파일 선택**을 클릭합니다.

그림 1-15 우분투 설치 (4)

그러면 [그림 1-15]와 같이 설치 파일을 선택하는 창이 나타납니다.

❶ 앞서 다운로드했던 우분투 이미지를 선택합니다.

❷ [열기]를 클릭합니다.

❸ 우분투 이미지가 삽입된 것을 확인하고 [확인]을 클릭합니다.

💡 참고로 왼쪽 그림에서 [열기]를 클릭했을 때 에러 메시지가 뜬다면 우분투 이미지가 손상된 것이니 우분투 이미지를 다시 다운로드해야 합니다.

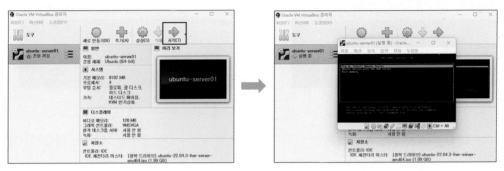

**그림 1-16** 우분투 설치 (5)

지금부터 본격적으로 우분투를 설치하겠습니다. [그림 1-16]에서 **시작**을 클릭합니다. 그러면 오른쪽 화면을 볼 수 있는데 화면이 매우 작습니다. 화면 크기를 조정하기 위해 설정을 변경하겠습니다.

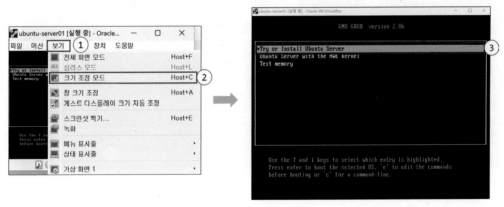

**그림 1-17** 우분투 설치 (6)

❶ [보기]를 클릭합니다.

❷ **크기 조정 모드**를 클릭하면 오른쪽 화면과 같이 창 크기를 늘릴 수 있습니다.

❸ 오른쪽 화면에서 **Try or Install Ubuntu Server**를 클릭하면 우분투가 설치됩니다.

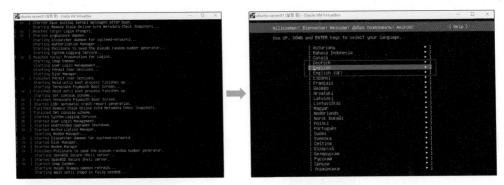

**그림 1-18 우분투 설치 (7)**

[그림 1-18]의 왼쪽 그림과 같은 화면이 지나가고 오른쪽 그림과 같이 언어를 선택하는 화면이 나타납니다. **English**를 선택하고 〈Enter〉를 눌러줍니다.

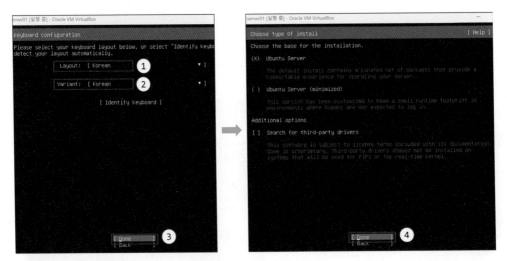

**그림 1-19 우분투 설치 (8)**

[그림 1-19]의 왼쪽 그림은 키보드 언어를 선택하는 화면입니다.

❶ ❷ **Korean**을 선택합니다.

❸ **Done**을 선택합니다.

❹ 오른쪽과 같이 설치 유형을 선택할 수 있습니다. 변경하지 말고 **Done**을 선택합니다.

**그림 1-20** 우분투 설치(9)

그러면 [그림 1-20]의 오른쪽과 같이 네트워크를 설정하는 화면이 나타납니다. 여기서도 변경하지 말고 **Done**을 선택합니다.

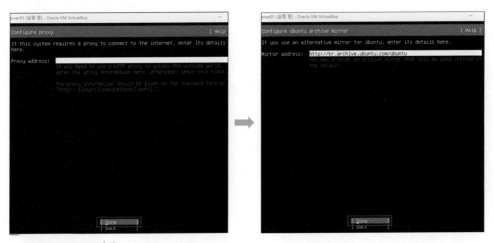

**그림 1-21** 우분투 설치 (10)

[그림 1-21]의 왼쪽은 프록시를 설정하는 화면입니다. 이 책에서 다루는 내용과는 관계없는 설정이 므로 아무것도 하지 않고 **Done**을 선택합니다. 오른쪽은 우분투 미러 사이트를 선택하는 것입니다. 여기서도 변경 없이 **Done**을 선택합니다.

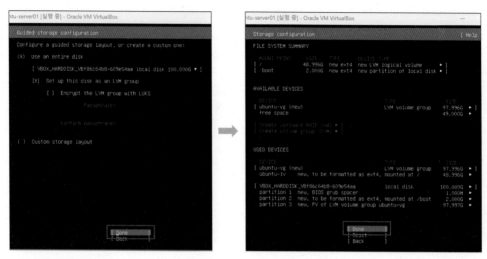

**그림 1-22** 우분투 설치 (11)

[그림 1-22]의 왼쪽은 저장소 레이아웃을 설정하는 단계인데 변경하지 않고 **Done**을 선택합니다. 그리고 오른쪽은 파일 시스템 설정인데 역시 변경하지 않고 **Done**을 클릭합니다.

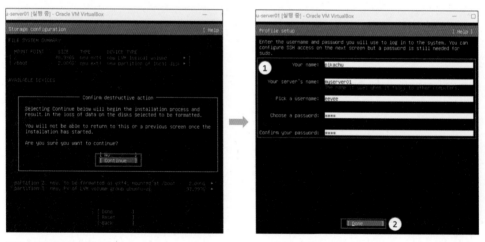

**그림 1-23** 우분투 설치 (12)

그러면 [그림 1-23]과 같이 계속할 것이냐는 창이 뜨는 데 **Continue**를 선택합니다.

❶ ❷ 오른쪽 화면에서 시스템 계정과 관련된 내용을 입력하고 **Done**을 선택합니다.

시스템 계정과 관련해서는 여러분이 원하는 이름으로 자유롭게 정하면 됩니다. 필자는 다음처럼 설정했습니다. 여러분들은 각자 원하는 정보로 설정하면 됩니다. 이때, username과 password는 이 책 실습을 진행하는 동안 항상 필요하므로 반드시 기억해야 합니다.

- Your name: **pikachu**
- Your server's name: **myserver01**
- Pick a Username: **eevee**
- Choose a Password: **1234**

**그림 1-24** 우분투 설치 (13)

[그림 1-24]의 왼쪽은 우분투를 업그레이드 여부를 확인하는 것입니다.

❶ ❷ **skip for now**를 선택하고 **Continue**를 선택합니다.

[그림 1-24]의 오른쪽은 OpenSSH server를 설치할 것이냐고 묻는 것입니다.

❸ ❹ OpenSSH server는 이 책에서 필요하므로 설치해야 합니다. 〈Enter〉를 눌러 선택하고 **Done**을 선택합니다.

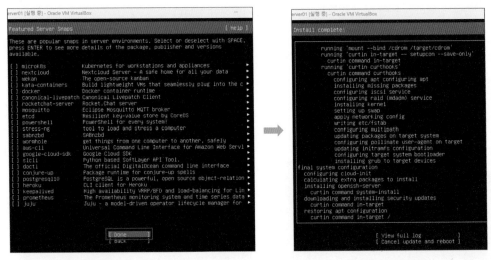

**그림 1-25** 우분투 설치 (14)

[그림 1-25]의 왼쪽을 보면 추가적으로 설치할 소프트웨어 목록이 뜨는데 아무것도 선택하지 않고 **Done**을 선택합니다. 그러면 오른쪽과 같이 설치가 진행됩니다.

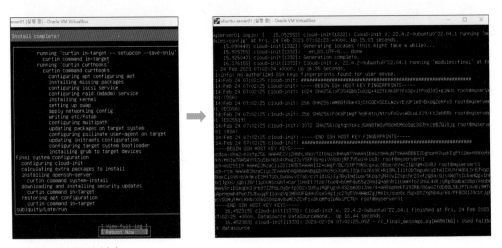

**그림 1-26** 우분투 설치 (15)

설치가 완료되면 [그림 1-26]과 같이 Reboot Now가 활성화됩니다. **Reboot Now**를 선택합니다. 그러면 오른쪽과 같은 화면이 나타납니다. 일정 시간이 지났는데도 화면이 멈춘 것 같이 느껴지면 〈Enter〉를 여러 번 입력하면 됩니다.

**그림 1-27** 우분투 설치 (16)

그러면 [그림 1-27]의 왼쪽 그림과 같이 로그인 정보를 입력하라고 합니다. 이전에 정한 **username** 과 **password**를 입력하면서 로그인합니다. 그러면 오른쪽에서 {username}@{server name}~$와 같은 모습을 볼 수 있습니다.

**그림 1-28** 우분투 설치 (17)

[그림 1-28]과 같이 net-tools를 설치하겠습니다. net-tools는 네트워크와 관련된 도구들을 모아 놓은 프로그램입니다. **sudo apt install net-tools**를 입력한 후 비밀번호를 입력하면 설치가 진행됩니다.

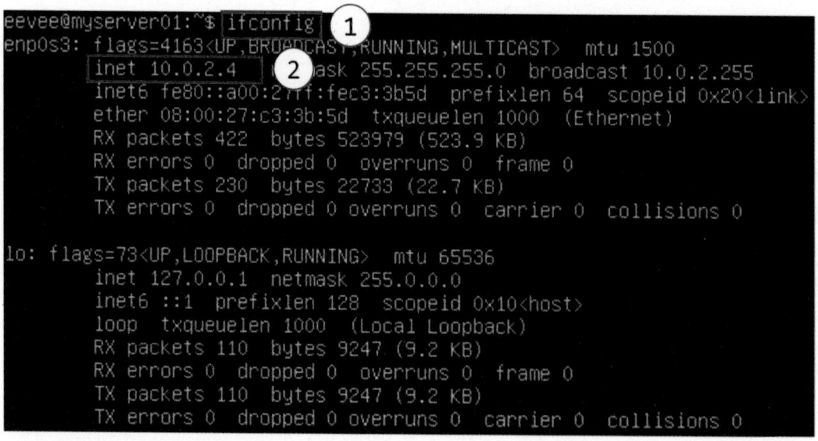

**그림 1-29** 우분투 설치 (18)

❶ ifconfig를 입력하면 가상머신의 IP 주소를 확인할 수 있습니다.

❷ 이때 확인한 **IP 주소**를 확인하면서 다음으로 넘어갑니다.

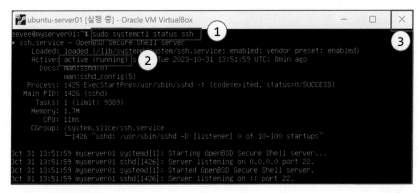

그림 1-30 우분투 설치 (19)

앞서 우분투를 설치할 때 함께 설치했던 OpenSSH server가 설치되었는지 확인하겠습니다.

❶ sudo systemctl status ssh를 입력합니다.

❷ active (running)이라는 초록색 글자가 보인다면 제대로 작동하고 있는 것입니다.

❸ 가상머신을 종료합니다.

그림 1-31 우분투 설치 (20)

[그림 1-31]과 같이 가상머신 종료 유형은 세 가지가 존재하는데 각자 상황에 맞게 종료하면 됩니다. 이번에는 네트워크 설정을 추가할 것이므로 **시스템 전원 끄기**를 선택하고 [확인]을 눌러줍니다.

# 1.5 가상머신 네트워크 환경 설정하기

이번에는 가상머신 네트워크 환경을 설정하겠습니다.

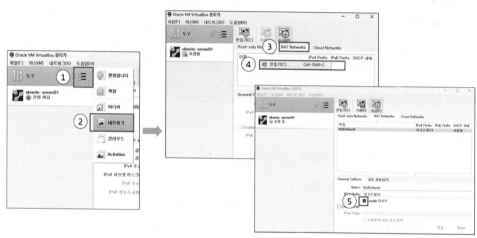

그림 1-32 네트워크 설정 (1)

❶ ❷ 왼쪽 그림과 같이 버추얼박스의 **도구**에서 **네트워크**를 선택합니다.

❸ 오른쪽 그림에서 **NAT Networks**를 선택합니다.

❹ 그러고 나서 우 클릭한 후 **만들기**를 클릭합니다.

❺ enable DHCP가 선택된 것을 확인합니다.

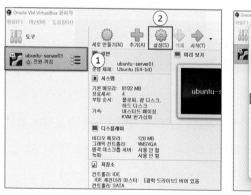
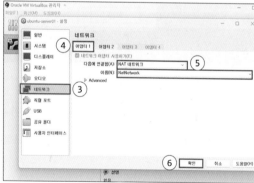

그림 1-33 네트워크 설정 (2)

❶ ❷ [그림 1-33]의 왼쪽에서 **ubuntu-server01** 서버를 선택하고 **설정**을 클릭합니다.

**❸ ❹ ❺** 오른쪽에서 **네트워크** 설정을 **어댑터1**에 대해 **NAT 네트워크**를 선택합니다.

**❻** 그리고 [확인]을 클릭합니다.

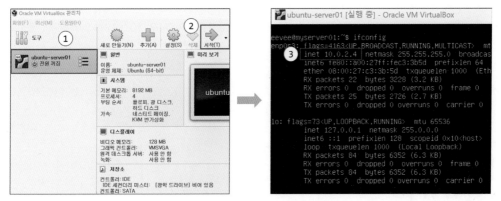

**그림 1-34** 네트워크 설정 (3)

**❶ ❷** [그림 1-34]와 같이 **ubuntu-server01**에 대해 **시작**을 클릭합니다.

**❸** 오른쪽과 같이 서버가 실행되는 것을 볼 수 있습니다. 그러고 나서 **ifconfig** 명령어를 통해 IP 주소를 확인합니다.

💡 이때 결과로 나오는 IP 주소는 여러분의 환경에 따라 다르게 나올 수 있습니다. 그리고 서버를 종료하지 않은 채 그대로 두겠습니다. 이후에 PuTTY를 설치할 텐데 PuTTY를 활용한 가상머신에 접속하기 위해서는 버추얼박스에서 가상머신이 가동 중이어야 하기 때문입니다.

**그림 1-35** 네트워크 설정 (4)

서버가 실행되면 [그림 1-35]와 같이 설정합니다.

❶ **포트포워딩** 탭을 선택합니다.

❷ **+**를 선택합니다.

❸ 호스트 포트에 22라고 입력하고 게스트 IP에는 ubuntu-server01의 IP 주소인 10.0.2.4를 입력해주고, 게스트 포트에는 22를 입력합니다.

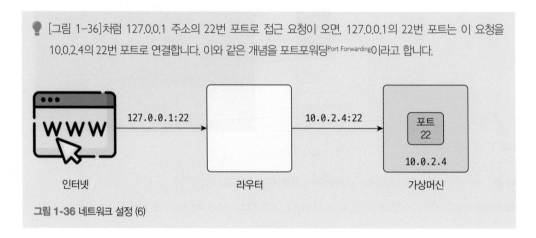

💡 [그림 1-36]처럼 127.0.0.1 주소의 22번 포트로 접근 요청이 오면, 127.0.0.1의 22번 포트는 이 요청을 10.0.2.4의 22번 포트로 연결합니다. 이와 같은 개념을 포트포워딩Port Forwarding이라고 합니다.

**그림 1-36** 네트워크 설정 (6)

## 1.6 PuTTY를 설치하고 가상 서버에 접속하기

앞서 설치한 가상머신을 그대로 사용해도 좋지만 인터페이스가 불편하므로 좀 더 편리한 환경에서 학습할 수 있도록 PuTTY를 설치하고 가상머신에 원격으로 접속하겠습니다.

먼저 다음 웹사이트에 접속합니다.

• https://putty.org

**그림 1-37** PuTTY 설치 (1)

웹사이트에 접속하면 [그림 1-37]과 같은 화면을 볼 수 있는데 **Download PuTTY**를 클릭하면 [그림 1-38]을 확인할 수 있습니다.

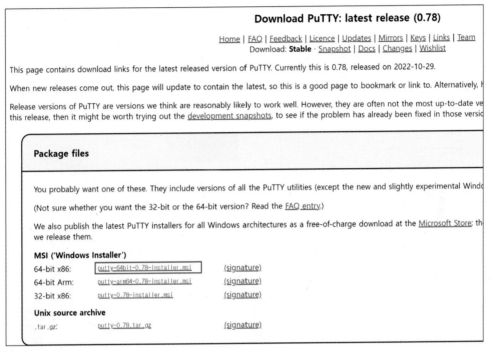

**그림 1-38** PuTTY 설치 (2)

[그림 1-38]에서 각자의 운영체제에 맞는 버전을 다운로드합니다. 이번 실습에서는 **putty-64bit-0.78-installer.msi**를 선택했습니다.

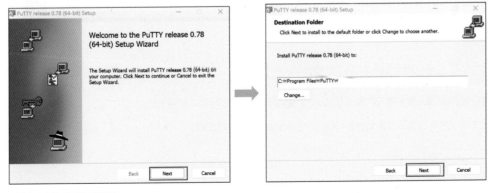

**그림 1-39** PuTTY 설치 (3)

설치 파일을 실행하면 [그림 1-39]와 같은 화면을 볼 수 있는데 [Next]를 클릭하면서 설치 과정을 진행합니다.

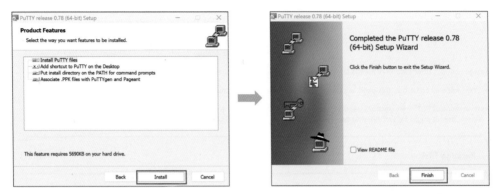

**그림 1-40** PuTTY 설치 (4)

[그림 1-40]과 같이 PuTTY는 간단한 설치 과정을 통해 설치할 수 있습니다. 설치가 완료되면 [Finish]를 클릭합니다.

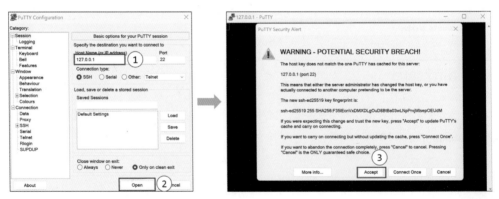

**그림 1-41** PuTTY 설치 (5)

PuTTY를 실행하면 [그림 1-41]과 같은 화면이 나타납니다.

❶ ❷ 가상머신 호스트 IP를 입력하고 [Open]을 클릭하면 가상머신에 접속할 수 있습니다.

❸ 그러면 오른쪽 그림과 같은 화면이 나타나는데 [Accept]를 클릭합니다.

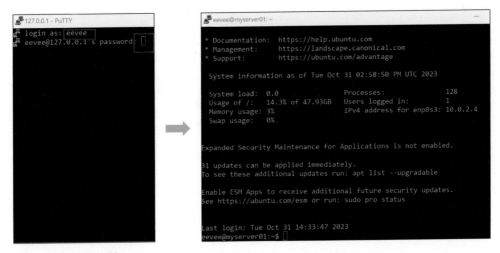

**그림 1-42** PuTTY 설치(6)

[그림 1-42]의 왼쪽 화면에서 username과 password를 입력하면 가상머신에 접속할 수 있습니다. 그러나 이렇게 접속한 화면 글꼴의 가독성이 좋지 않으므로 몇 가지 설정을 추가하겠습니다. 우선 **exit** 명령어를 직접 입력하거나 [X]를 눌러 PuTTY 창을 종료합니다.

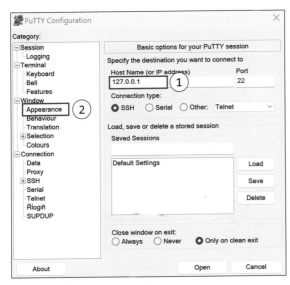

**그림 1-43** PuTTY 설치 (7)

❶ PuTTY 창을 다시 실행한 후 IP까지만 입력합니다.

❷ 그러고 나서 왼쪽 메뉴에서 [Appearance]를 클릭합니다. 그러면 [그림 1-44]의 왼쪽 그림을 볼 수 있습니다.

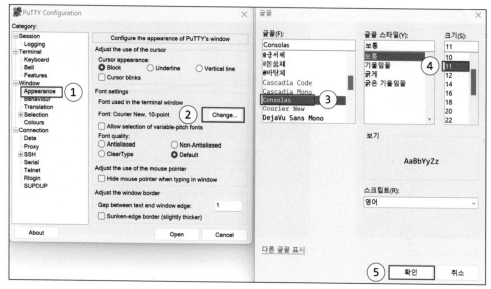

**그림 1-44** PuTTY 설치 (8)

❶ ❷ [그림 1-44]의 왼쪽과 같이 Appearance 화면에서 Font settings의 [Change]를 클릭합니다.

❸ ❹ 그러면 글꼴을 설정할 수 있는데 각자 원하는 글꼴과 크기를 선택합니다.

❺ 선택을 마쳤으면 [확인]을 클릭합니다. 필자의 경우에는 다음과 같이 선택했습니다.

- 글꼴: Consolas     - 글꼴 스타일: 보통     - 크기: 11

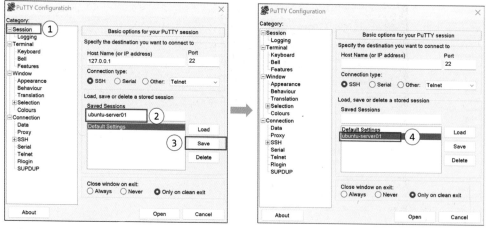

**그림 1-45** PuTTY 설치 (9)

❶ ❷ ❸ [그림 1-45]의 왼쪽과 같이 [Session]을 클릭하고 Saved Sessions 파트에 **ubuntu-server01**라는 이름을 입력하고 [Save]를 클릭합니다.

❹ 그러면 오른쪽과 같이 세션이 저장되는 것을 볼 수 있습니다. 앞으로는 해당 이름을 더블 클릭하는 것만으로 가상머신에 접속할 수 있습니다. 방금 입력한 **ubuntu-server01**을 더블 클릭하면 [그림 1-46]과 같은 화면을 볼 수 있습니다.

**그림 1-46** PuTTY 설치 (10)

[그림 1-46]과 같은 화면에서 username과 password를 입력해서 로그인합니다.

## 1.7 초기 설정하기

가상 서버에 접속한 후 다음과 같이 실습 디렉터리를 생성하겠습니다.

```
eevee@myserver01:~$ mkdir work                    ❶
eevee@myserver01:~$ ls                            ❷
work
```

위 과정은 work라는 디렉터리를 생성하는 실습입니다.

❶ mkdir 명령어는 make directory의 약어로 **mkdir [생성하고자 할 디렉터리 이름]**을 사용하면 새로운 디렉터리를 생성할 수 있습니다. 앞으로 진행하는 실습은 모두 지금 생성한 work 디렉터리 내부에서 진행할 예정입니다.

❷ 디렉터리를 생성한 후 **ls**를 입력하면 해당 디렉터리에 존재하는 파일 목록을 확인할 수 있습니다. ls는 list Segments의 약어입니다.

## 1.8 vim에서 리눅스 기초 명령어 사용하기

가장 먼저 vim 편집기에 대해 알아보겠습니다. vim 편집기를 활용하면 프로그래밍에 필요한 코드 작성뿐만 아니라 다양한 형식의 텍스트 파일을 생성할 수 있습니다. 윈도우 운영체제에서의 메모장이라고 생각하면 쉽습니다.

> 💡 기본적인 리눅스 명령어에 대해 알아봅니다. 이미 리눅스 운영체제에 익숙한 분들은 이 부분을 건너뛰어도 됩니다.

```
eevee@myserver01:~$ vim example.txt          ❶
```

위 과정은 vim 편집기를 활용해 example.txt 파일을 생성하는 실습입니다. vim 편집기를 활용해 파일을 생성하는 방법은 **vim [생성하고자 하는 파일 이름]**과 같은 형태로 사용할 수 있습니다.

❶ vim 편집기를 활용해 example.txt 파일을 생성하는 명령어를 입력하고 〈Enter〉를 누르면 [그림 1-47]과 같은 화면을 볼 수 있습니다.

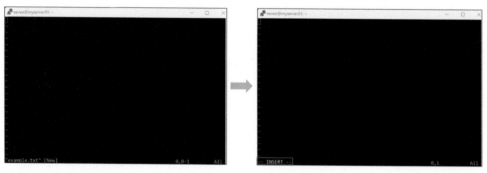

**그림 1-47** vim 편집기 사용 (1)

vim 편집기를 활용해 파일을 생성하면 [그림 1-47]의 왼쪽 그림과 같은 화면을 볼 수 있습니다. vim 편집기에서는 왼쪽 그림과 같은 화면에서 바로 글자를 입력할 수는 없고 키보드의 〈i〉를 입력하면 오른쪽 그림과 같이 왼쪽 하단에 INSERT라고 표시되는 것을 볼 수 있습니다. 왼쪽 화면과 같은 모드를 NORMAL 모드라고 하고, 오른쪽 그림과 같은 모드를 INSERT 모드라고 하는데 vim 편집기에서는 INSERT 모드에서 글자를 입력할 수 있습니다.

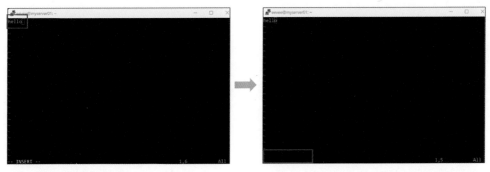

**그림 1-48** vim 편집기 사용 (2)

INSERT 모드에서 글자를 입력하면 [그림 1-48]과 같이 정확히 입력되는 것을 볼 수 있습니다. 그렇다면 저장 후 종료는 어떻게 할까요? 먼저 글자를 입력하는 INSERT 모드에서 빠져나가야 합니다. 키보드의 〈ESC〉를 입력하면 오른쪽 그림과 같이 NORMAL 모드로 변경됩니다.

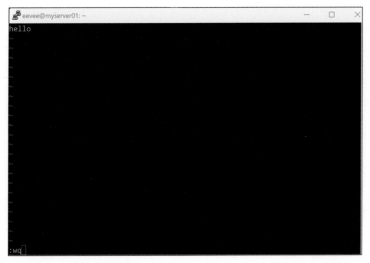

**그림 1-49** vim 편집기 사용 (3)

그리고 나서 파일을 저장한 후 종료하려면 NORMAL 모드인 상태에서 키보드의 〈Shift〉와 〈;〉을 동시에 입력합니다. 그러면 명령어를 입력할 수 있는 COMMAND 모드가 되는데 이때 **wq**를 입력하고 〈Enter〉를 입력하면 저장 후 종료가 됩니다. 참고로 w는 저장을 의미하고 q는 종료를 의미합니다. 만약 저장하지 않고 강제 종료하고 싶다면 **q!**를 입력하면 됩니다. vim 편집기에는 다양한 기능이 있으니 vim 편집기를 처음 사용하는 분들은 따로 공부하는 것을 추천합니다.

```
eevee@myserver01:~$ ls
example.txt  work
```

앞서 생성한 파일을 저장하고 종료한 후 **ls** 명령어를 통해 파일 목록을 확인하면 앞서 생성한 example.txt 파일이 존재하는 것을 알 수 있습니다.

```
eevee@myserver01:~$ mv example.txt work        ❶
eevee@myserver01:~$ ls                         ❷
work
```

이번에는 앞서 생성한 파일을 다른 디렉터리로 이동시켜보겠습니다.

❶ 위 실습 내용과 같이 **mv** 명령어를 활용하면 파일을 다른 디렉터리로 이동시킬 수 있으며 사용 방법은 **mv [옮기고 싶은 파일] [디렉터리 이름]**입니다.

❷ 파일 목록을 확인하면 이전과는 달리 example.txt 파일을 볼 수 없습니다.

```
eevee@myserver01:~$ cd work/           ❶
eevee@myserver01:~/work$ ls            ❷
example.txt
```

이번에 알아볼 명령어는 **cd**입니다.

❶ **cd**는 Change Directory의 약어로 다른 디렉터리로 이동할 때 사용하는 명령어입니다. 앞서 생성한 work 디렉터리로 이동하려면 위와 같은 명령어를 사용할 수 있습니다.

❷ 파일 목록을 확인하면 앞서 이동시킨 example.txt 파일을 확인할 수 있습니다.

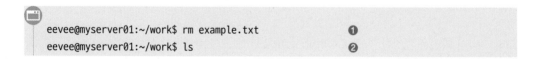
```
eevee@myserver01:~/work$ rm example.txt        ❶
eevee@myserver01:~/work$ ls                    ❷
```

마지막으로 알아볼 명령어는 파일을 삭제하는 명령어인 **rm**입니다. **rm**은 remove의 약어로 파일이나 디렉터리를 삭제하는 명령어입니다.

❶ **rm** 명령어를 통해 앞서 생성한 파일을 삭제합니다.

❷ 파일 목록을 확인하면 삭제된 것을 볼 수 있습니다.

# 도커

—

1부에서는 도커의 기본 개념부터 도커 사용 방법을 학습합니다. 2장에서는 도커의 개념을 익히고 도커 학습에 필요한 사전 지식을 다룹니다. 3장과 4장에서는 도커를 설치하는 방법과 도커의 기본 명령어에 대해 알아봅니다. 5장에서는 도커를 활용해 django를 실행하는 방법을 배우고 6장에서는 도커를 활용해 Flask를 실행하는 방법에 대해 배워봅니다.

# 도커의 개념

---

2장은 도커를 학습하기 위해 필요한 사전 지식과 도커에 관련된 기본 개념으로 구성되어 있습니다. 도커 학습을 위한 사전 지식에는 운영체제, 프로그램, 프로세스, 스레드, 네임스페이스 등이 있는데 이 개념들을 정확히 이해해야 도커라는 도구를 자유롭게 다룰 수 있습니다. 또한 도커의 정의를 살펴보고 도커의 필수 개념인 컨테이너 및 가상화에 대해 배웁니다. 그리고 도커의 구성 요소를 학습합니다.

CHAPTER

02

# 2.1 사전 기초 지식

도커를 이해하기 위해서는 운영체제, 프로그램, 스레드, 네임스페이스와 같은 개념을 먼저 이해해야합니다. 이러한 개념을 이해한다면 도커를 더 효과적으로 배울 수 있습니다.

## 2.1.1 운영체제의 개념

컴퓨터란 무엇일까요? 컴퓨터는 일상에서 자주 사용하는 용어지만 컴퓨터의 의미는 막상 정확히 모르는 경우가 많습니다. 우리가 알고 있는 컴퓨터는 크게 '하드웨어'와 '소프트웨어'로 구성되어 있습니다. 하드웨어Hardware는 손으로 만질 수 있는 기계 장치를 의미합니다. 먼저 하드웨어적 측면으로 컴퓨터의 개념을 그림으로 나타내면 다음과 같습니다.

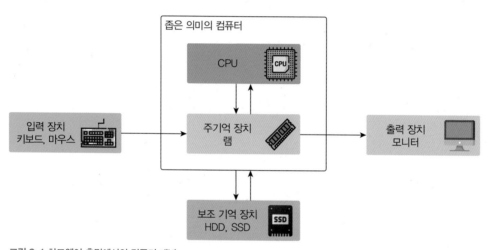

그림 2-1 하드웨어 측면에서의 컴퓨터 개념

하드웨어적 측면에서 컴퓨터의 개념은 [그림 2-1]과 같습니다. 컴퓨터는 좁은 의미로 CPU와 램RAM의 모음이라고 할 수 있습니다. 즉, 여러분의 컴퓨터 본체를 열었을 때 나오는 CPU와 램만 있어도 좁은 의미로는 컴퓨터라고 할 수 있는 것입니다. 그리고 그림에서 나머지 부분인 키보드, 마우스와 같은 입력 장치, 모니터와 같은 출력 장치, SSD와 같은 보조 기억 장치들은 부가적인 장치라고 보면 됩니다.

다음은 소프트웨어적인 측면에서 컴퓨터를 보겠습니다. 소프트웨어Software는 하드웨어에서 작동되는 프로그램을 의미합니다. 우리가 흔히 사용하는 엑셀, 파워포인트와 같은 프로그램들이 소프트웨어에 해당합니다. 소프트웨어에는 운영체제라고 부르는 특별한 소프트웨어가 존재하는데, 운영체제OS,

Operating System는 시스템 소프트웨어를 의미합니다. 즉, 운영체제가 있어야 프로그램들을 실행할 수 있습니다. 따라서 운영체제는 하드웨어, 소프트웨어 자원을 관리하고 이를 위해 스케줄링 기능을 제공할 뿐만 아니라 프로그램이 실행될 수 있는 환경을 제공하는 역할을 합니다.

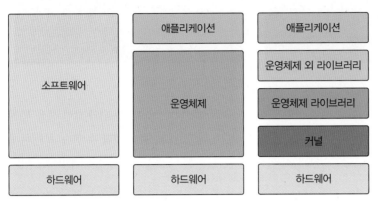

**그림 2-2** 하드웨어와 소프트웨어

[그림 2-2]와 같이 컴퓨터는 하드웨어와 소프트웨어로 구성되어 있습니다. 그리고 소프트웨어는 다시 운영체제와 애플리케이션Application으로 나뉘게 되고 운영체제는 다시 커널과 그 외 라이브러리로 나뉘어집니다.

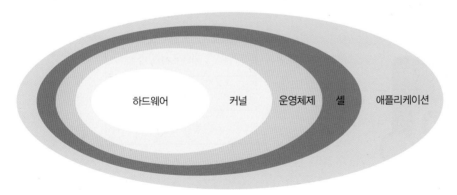

**그림 2-3** 셸의 개념

운영체제와 애플리케이션 사이에는 셸이 존재합니다. 셸shell은 껍질이라는 뜻이 있는데, 말 그대로 운영체제를 껍질처럼 감싸고 있는 것을 볼 수 있습니다.

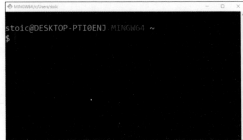

**그림 2-4** 다양한 셸의 종류

셸은 운영체제와 사용자 사이에서 다리 역할을 하는 프로그램입니다. [그림 2-4]와 같이 셸을 통해 사용자는 명령어를 입력함으로써 운영체제와 상호작용하며 다양한 작업을 수행할 수 있습니다. 현재에도 다양한 환경 및 사용자 요구를 만족하기 위해 bash, zsh 등 다양한 종류의 셸이 개발되고 있습니다.

### 2.1.2 프로그램, 프로세스, 스레드의 개념

프로그램Program은 실행 가능한 명령어Instruction의 집합을 의미합니다. 프로그램은 하드 디스크와 같은 저장 장치에 저장되어 있지만 메모리에는 올라가지 않은 정적인 상태를 의미합니다.

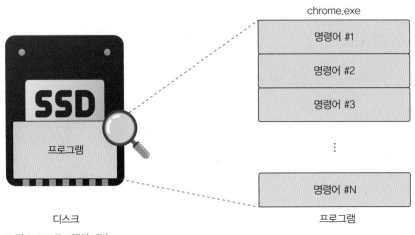

**그림 2-5** 프로그램의 개념

[그림 2-5]는 프로그램의 개념을 나타냅니다. 예를 들어 chrome.exe라는 프로그램이 있을 때, 이 프로그램은 디스크에 존재하는 명령어 집합을 의미합니다.

프로세스Process는 실행 중인 프로그램을 의미하며 동적인 상태의 프로그램을 의미합니다. 그렇다면 프로그램과 프로세스에는 어떤 차이가 있을까요?

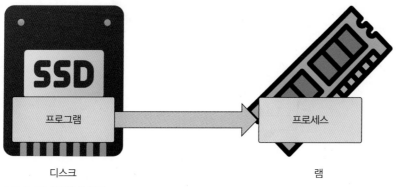

그림 2-6 프로세스의 개념

[그림 2-6]은 프로세스의 개념을 나타냅니다. 앞서, 프로그램은 디스크에 존재하는 명령어 집합이지만 프로세스는 실행 중인 프로그램을 의미하므로 램에 존재하는 것을 알 수 있습니다.

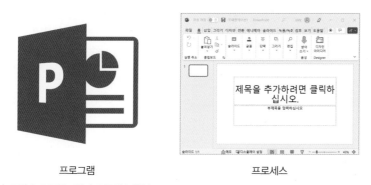

그림 2-7 프로그램과 프로세스 차이

프로그램과 프로세스의 차이를 좀 더 쉽게 나타내면 [그림 2-7]과 같습니다. 우리가 파워포인트 프로그램을 사용한다고 했을 때, 디스크에 설치되어 있는 파워포인트는 프로그램에 해당하고 파워포인트를 더블 클릭해 실행한 후 나타나는 새 문서 파일은 프로세스에 해당합니다.

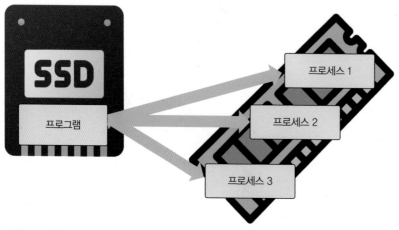

그림 2-8 멀티 프로세스

[그림 2-8]은 멀티 프로세스의 개념을 나타냅니다. 멀티 프로세스는 디스크에 존재하는 프로그램을 여러 번 실행해서 여러 개의 프로세스를 작동시키는 것을 의미합니다.

그림 2-9 멀티 프로세스의 예

멀티 프로세스를 예로 들면 [그림 2-9]와 같습니다. 이 그림은 앞서 예를 든 파워포인트 프로그램을 세 번 실행한 것입니다. 따라서 이와 같은 경우 세 개의 프로세스가 작동하게 되는 것입니다.

스레드Thread는 프로세스가 할당받은 자원을 이용하는 실행 단위이자 프로세스 내에 실행되는 여러 흐름의 단위를 의미합니다. 프로세스는 최소 한 개 이상의 스레드를 가지며 이를 메인 스레드Main Thread라고 합니다. 즉, 프로세스는 스레드의 컨테이너에 해당한다고 생각하면 쉽습니다. 그러므로 프로세스는 스레드의 정보를 담고 있는 것이라고 할 수 있습니다.

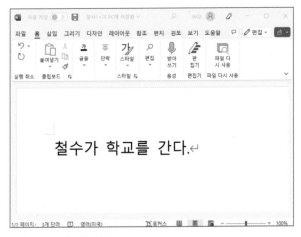

그림 2-10 스레드의 개념

스레드의 개념을 예로 들면 [그림 2-10]과 같습니다. 워드 프로그램의 경우, 하나의 스레드는 화면 상에 글자를 보여주는 일을 하고 다른 스레드는 사용자의 키 입력에 대응하고 또 다른 스레드는 백그 라운드에서 오탈자와 문법을 확인하는 일을 합니다. 즉 하나의 프로세스에 세 개의 스레드가 실행되 는 겁니다.

### 2.1.3 네임스페이스의 개념

네임스페이스$^{Namespace}$는 프로세스를 실행할 때 시스템 리소스를 분리해서 실행할 수 있도록 도와주는 기능을 의미합니다. 예를 들면, 우리나라에서는 주민등록번호를 활용해 서로를 구분합니다. 이처럼 컴퓨터 시스템에서도 서로 다른 리소스를 구분하기 위한 식별 방법이 필요한데, 이때 사용하는 기능 이 바로 네임스페이스입니다. 잘 알려진 리눅스 네임스페이스는 다음과 같습니다.

| 네임스페이스 | 의미 | 역할 |
|---|---|---|
| pid | PID: Process ID | 리눅스 커널의 프로세스 ID를 분리합니다. |
| net | NET: Networking | 네트워크 인터페이스(NET)를 관리합니다. |
| ipc | IPC: Inter Process Communication | 프로세스 간 통신(IPC) 접근을 관리합니다. |
| mnt | MNT: Mount | 파일 시스템의 마운트를 관리합니다. |
| uts | UTS: Unix Timesharing System | 커널과 버전 식별자를 관리합니다. |

표 2-1 네임스페이스의 종류와 역할

[표 2-1]은 주요 네임스페이스의 종류와 역할에 대해 정리한 표입니다. 각각의 기능을 활용하면 프로세스를 격리시켜 충돌을 방지할 수 있습니다. 네임스페이스는 위에서 정리한 종류 이외에도 여러 종류가 존재합니다.

## 2.2 도커 기초 지식

도커에 대해 본격적으로 학습하기 전에 우선 도커가 무엇인지 알아야 합니다. 먼저 도커의 정의를 학습하고 도커를 이해하기 위한 필수 개념인 컨테이너 및 가상화에 대해 배워보겠습니다. 그리고 도커는 무엇으로 구성되어 있는지 알아봅니다.

### 2.2.1 도커의 정의

지금부터 본격적으로 다루게 될 도커에 대해 알아보겠습니다. 도커docker라는 용어는 회사를 의미할 수도 있고 소프트웨어를 의미하는 것일 수도 있습니다. 회사로서의 도커는 최초 2008년 솔로몬 하익스Solomon Hykes가 프랑스 파리에서 닷클라우드DotCloud라는 이름으로 설립되었습니다. 그리고 2013년 9월 19일에 PaaSPlatform-as-a-Service의 형태로 출시되었습니다.

**그림 2-11** 컨테이너의 개념을 상징하는 도커의 로고

소프트웨어로서의 도커는 컨테이너Container라고 부르는 운영체제 수준의 가상화 방식으로 소프트웨어를 배포하는 방식을 사용하는 PaaS 제품을 의미합니다. PaaS는 Platform as a Service의 줄임말로 [그림 2-12]와 같이 애플리케이션, 데이터 단계만 사용자가 관리하는 서비스를 의미합니다. 쉽게 말해, 도커를 사용하면 다양한 개발 환경에서 컨테이너를 이용해 소프트웨어를 편리하게 배포할 수 있습니다. 게다가 도커는 오픈소스이므로 누구나 사용할 수 있는 소프트웨어입니다.

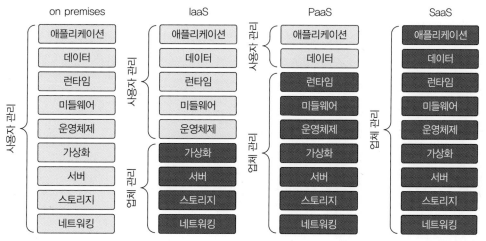

**그림 2-12** IaaS, PaaS, SaaS의 구분

자신이 개발한 소프트웨어를 배포해본 경험이 있는 개발자라면 동일한 코드라도 다양한 환경에서 배포하는 것이 얼마나 큰 스트레스를 주는지 느껴본 적이 있을 것입니다. 예컨대, A라는 환경에서는 배포하는 데 문제가 없지만, B라는 환경에서는 시스템 환경이 달라서 배포할 수 없는 경우를 쉽게 찾아볼 수 있습니다. 이럴 때 도커를 사용하면 바로 이런 문제를 해결할 수 있는 것입니다.

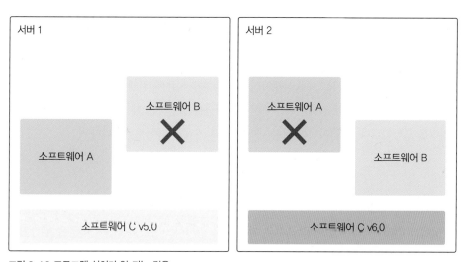

**그림 2-13** 프로그램 설치가 안 되는 경우

이를 그림으로 나타내면 [그림 2-13]과 같습니다. 소프트웨어 A와 소프트웨어 B를 서버 1과 서버 2에 설치하는 상황을 가정하겠습니다. 그리고 서버 1에는 소프트웨어 C 버전 5.0이 설치되어 있고 서버 2에는 소프트웨어 C 버전 6.0이 설치되어 있습니다. 소프트웨어 A는 소프트웨어 C 버전 5.0에서

작동하고, 소프트웨어 B는 소프트웨어 C 버전 6.0에서 작동한다고 하면, 소프트웨어 A는 서버 1에서는 작동하지만 서버 2에서는 작동하지 않습니다. 반면 소프트웨어 B는 서버 1에서는 작동하지 않지만 서버 2에서는 작동합니다. 이런 경우 도커를 사용해 소프트웨어 C를 버전에 따라 각각 다르게 격리시키면 하나의 서버에 소프트웨어 A와 B 모두 설치할 수 있습니다.

**그림 2-14** 도커를 활용한 애플리케이션 실행

[그림 2-14]는 도커를 활용한 애플리케이션 실행을 그림으로 나타낸 것입니다. 운영체제 위에 도커가 설치되고 도커는 컨테이너 단위로 애플리케이션을 실행하게 되는데 컨테이너들은 서로 격리되어 있으므로 독립성을 보장합니다. 각 컨테이너는 애플리케이션을 실행하는 데 필요한 최소한의 바이너리, 라이브러리를 포함합니다. 컨테이너에 관한 내용은 이후 자세히 알아보겠습니다.

## 2.2.2 컨테이너의 개념

여러분은 일상에서 컨테이너라는 단어를 들어본 적이 있을 겁니다. 바로 화물선에 화물을 무작위로 적재하는 것이 아니라 '컨테이너'라는 상자에 넣어서 쌓게 됩니다.

**그림 2-15** 도커와 화물선의 컨테이너

그렇다면 소프트웨어 개발에서의 컨테이너Container란 무엇일까요? 컨테이너는 소프트웨어를 배포할 때 필요한 코드, 라이브러리, 환경 설정 파일들을 한데 모아 격리시킨 후 실행가능한 패키지로 만든 것을 의미합니다. 서로 다른 컨테이너는 격리된 환경에서 작동되므로 서로 충돌하지 않는다는 장점이 있습니다. 이러한 컨테이너의 개념은 소프트웨어 시스템을 구축할 때 최소 구성 요소로 분할하여 구축하는 방식인 마이크로서비스 아키텍처Microservice Architectgure의 기반이 됩니다.

**그림 2-16** 컨테이너의 개념

격리된 서로 다른 컨테이너들끼리는 통신을 주고받을 수 있습니다. 이는 컨테이너가 동일한 운영체제 위에서 작동하기 때문에 가능합니다. 이러한 작동 원리는 가상머신에 비해 리소스 소모량이 적으므로 더 효율적인 리소스 관리가 가능합니다.

## 2.2.3 가상화의 개념

도커를 이해하려면 가상화의 개념을 먼저 이해해야 합니다. 가상화Virtualization란 컴퓨터에서 활용하는 리소스를 추상화하는 개념을 의미하는 용어입니다. 가상화 개념을 활용해 여러 개의 가상머신을 생성함으로써, 단일 컴퓨팅 자원을 여러 개의 논리적인 자원으로 나누어 동작시킬 수 있습니다.

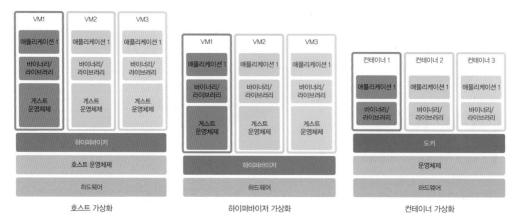

**그림 2-17** 가상화의 종류

[그림 2-17]은 가상화의 종류를 나타낸 그림입니다. 왼쪽 그림은 호스트 가상화라고 부릅니다. 운영체제를 설치한 후 하이퍼바이저를 통해 가상머신을 만들고 각 가상머신 내부에는 게스트 운영체제가 설치됩니다. 이때 하이퍼바이저Hypervisor란 단일 물리 머신에서 다수의 가상머신을 실행할 때 활용하는 소프트웨어를 의미합니다. 버추얼박스, VM웨어vmware 등과 같은 종류가 있습니다. 일반적으로 호스트 가상화 방식을 많이 사용합니다.

[그림 2-17]의 가운데 그림은 하이퍼바이저 가상화 방식입니다. 하이퍼바이저 가상화는 호스트 가상화와는 달리 호스트 운영체제를 필요로 하지 않는 방식에 해당합니다. 호스트 운영체제가 존재하지 않으므로 부팅 시 가상머신을 선택하게 됩니다. 성능이 우수하다는 장점이 있습니다만 초기 설정이 복잡하고 관리가 어려울 수 있다는 단점이 있습니다.

[그림 2-17]의 오른쪽 그림은 컨테이너 가상화 방식입니다. 운영체제 위에 컨테이너를 운영하기 위해 필요한 도커를 설치한 후 다수의 컨테이너를 통해 애플리케이션을 실행하는 방식입니다. 이 책에서 활용하는 도커, 쿠버네티스는 컨테이너 가상화 방식을 활용하는 소프트웨어입니다. 컨테이너 가상화 방식을 사용하면 컨테이너 간 격리가 되기 때문에 다른 애플리케이션에 영향을 미치지 않아 서로 다른 컴퓨팅 환경에서 애플리케이션을 실행하는 데 용이합니다.

## 2.2.4 도커 구성 요소

도커의 구성 요소에 대해 알아보겠습니다. 도커 구성 요소는 단순히 설명을 읽을 때보다 이후 도커 실습을 한 후에 더 쉽게 이해할 수 있습니다. [그림 2-18]은 컨테이너가 실행되기까지 필요한 구성 요소를 나타낸 그림입니다.

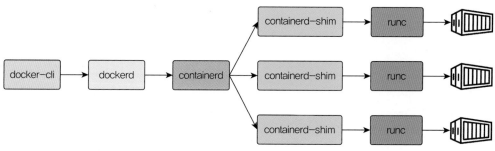

**그림 2-18** 도커 구성 요소

도커 클라이언트Docker Client는 docker-cli라고 부릅니다. 도커 클라이언트는 이후 실습에서 우분투에서 실행하는 터미널이라고 생각하면 편합니다. 그리고 도커 클라이언트는 명령어 행으로 dockerd API를 활용해 **build**, **pull**, **run**과 같은 명령을 내립니다. 또한 도커 클라이언트는 도커 데몬Docker Daemon과 통신합니다.

도커 데몬은 dockerd라고 부르는데 백그라운드에서 실행되는 데몬 프로세스에 해당합니다. 도커 데몬은 도커 API 요청을 수신하고 도커 이미지, 컨테이너 등과 같은 도커와 관련된 객체를 관리합니다.

containerd는 컨테이너 실행과 관리에 필요한 기능을 수행하는 오픈소스 컨테이너 런타임입니다. containerd는 컨테이너의 생명주기를 모두 관리합니다. 여기서 말하는 생명주기는 도커 이미지 전송, 컨테이너 실행, 스토리지, 네트워크 등을 포함합니다. 컨테이너 실행만 담당하는 runc와는 다른 역할을 하며 고수준 컨테이너 런타임High-Level Container runtime에 해당합니다.

runc는 컨테이너 실행과 관련된 작업을 수행하는 저수준 컨테이너 런타임Low-Level Container runtime입니다. containerd는 실행 이외에도 컨테이너 관리를 위한 다양한 역할을 하지만, runc는 실제 컨테이너 실행만 담당합니다.

containerd-shim은 containerd와 runc 사이에서 작동하는 중간 프로세스에 해당하는데, 컨테이너 실행을 조정하는 역할을 합니다. containerd는 runc와 통신함으로써 컨테이너를 실행합니다. 이때, containerd-shim이 containerd와 runc 사이에서 중개사 역할을 수행합니다.

# 도커 설치

3장에서는 도커를 실습하기 위해 도커를 설치하겠습니다. 도커를 처음 설치하는 분들은 도커 설치 과정이 길고 어렵게 느껴질 수 있으므로 조급하게 생각하지 말고 설치 과정을 한 단계씩 따라가는 것이 중요합니다.

CHAPTER
03

# 3.1 사전 준비 사항

도커를 설치하기 전에 필요한 프로그램부터 설치하겠습니다. 참고로 도커 설치 과정은 다음 웹사이트를 참고하기 바랍니다.

- https://docs.docker.com/engine/install/ubuntu/

먼저 도커를 설치하기 위해 필요한 도커 리포지토리^Repository (저장소)와 통신할 수 있는 환경을 설정해봅니다. 다음과 같은 코드를 입력합니다.

```
eevee@myserver01:~$ sudo apt-get update                                          ❶
eevee@myserver01:~$ sudo apt-get install ca-certificates curl gnupg lsb-release ❷
```

 먼저 apt 패키지 인덱스를 업데이트합니다. 위 명령어를 입력하면 업데이트가 시작됩니다. 다소 시간이 걸릴 수 있습니다.

 apt가 HTTPS에서 리포지토리를 사용할 수 있게 하는 데 필요한 패키지를 설치하는 과정입니다. 패키지 각각의 의미는 다음과 같습니다.

- **ca-certificates**: 인증서 관련 패키지
- **curl**: 파일을 다운로드하기 위한 패키지
- **gnupg**: 디지털 서명을 사용하기 위한 패키지
- **lsb-release**: 리눅스 배포판 식별을 위해 필요한 패키지

```
eevee@myserver01:~$ sudo mkdir -m 0755 -p /etc/apt/keyrings
eevee@myserver01:~$ curl -fsSL https://download.docker.com/linux/ubuntu/gpg | sudo gpg
--dearmor -o /etc/apt/keyrings/docker.gpg
```

다음으로 위 코드와 같이 도커 공식 GPG 키^Key를 추가합니다. GPG란 GNU Privacy Guard의 줄임말로, 도커 이미지 인증을 확인할 때 사용하는 키를 의미합니다.

```
eevee@myserver01:~$ echo \
"deb [arch=$(dpkg --print-architecture) signed-by=/etc/apt/keyrings/docker.gpg]
https://download.docker.com/linux/ubuntu \
$(lsb_release -cs) stable" | sudo tee /etc/apt/sources.list.d/docker.list > /dev/null
```

그리고 위와 같이 리포지토리를 설정합니다.

## 3.2 도커 설치

리포지토리를 설정했으니 본격적으로 도커를 설치하겠습니다.

```
eevee@myserver01:~$ sudo apt-get update
```

먼저 위와 같이 apt 패키지 인덱스를 업데이트합니다. 앞선 절에서 이미 업데이트했는데 이번에 한 번 더 업데이트하는 이유는 다음 단계에서 도커를 정상적으로 설치하기 위해서입니다. 만약, 이 단계에서 업데이트하지 않고 넘어가면 패키지의 최신 버전을 찾지 못해 설치 과정에서 에러가 발생할 수 있습니다.

```
eevee@myserver01:~$ sudo apt-get install docker-ce docker-ce-cli containerd.io docker-
buildx-plugin docker-compose-plugin              ❶

Reading package lists... Done
Building dependency tree... Done
Reading state information... Done
...(생략)
Scanning processes...
Scanning linux images...
Running kernel seems to be up-to-date.
No services need to be restarted.
No containers need to be restarted.
No user sessions are running outdated binaries.
No VM guests are running outdated hypervisor (qemu) binaries on this host.
```

위 과정은 도커를 설치하는 내용입니다.

❶ 도커를 실시합니다. 도커를 설치하는 중 'Yes'나 'No'를 선택해야 할 때 **Y**를 입력합니다.

```
eevee@myserver01:~$ docker                       ❶

Usage:  docker [OPTIONS] COMMAND
A self-sufficient runtime for containers
Common Commands:
  run         Create and run a new container from an image
```

```
    exec        Execute a command in a running container
    ps          List containers
…(중략)
```

설치가 되었다면 성공적으로 설치되었는지 확인하겠습니다.

❶ docker 명령어를 입력했을 때 위와 같은 화면이 나온다면 설치가 올바르게 된 것입니다.

```
eevee@myserver01:~$ systemctl status docker            ❶
● docker.service - Docker Application Container Engine
    Loaded: loaded (/lib/systemd/system/docker.service; enabled; vendor preset:
enabled)
    Active: active (running) since Thu 2023-11-02 00:41:59 UTC; 1min 10s ago
TriggeredBy: ● docker.socket
      Docs: https://docs.docker.com
  Main PID: 2835 (dockerd)
     Tasks: 11
    Memory: 26.9M
       CPU: 327ms
    CGroup: /system.slice/docker.service
            └─2835 /usr/bin/dockerd -H fd:// --containerd=/run/containerd/containerd.sock
```

도커가 원활히 작동되고 있는지 확인하기 위해서 ❶의 명령어를 입력합니다. 위 명령어 결과를 보면
active 상태인 것을 알 수 있습니다.

```
eevee@myserver01:~$ sudo usermod -aG docker $USER
```

설치를 끝냈으면 위와 같은 코드를 실행해서 도커 명령어를 사용자 모드에서도 사용할 수 있도록 합
니다. 그리고 위 명령어를 입력한 후 실제 사용자 모드에서 사용하기 위해 로그아웃을 한 후 로그인
을 다시 합니다.

```
eevee@myserver01:~$ docker version        ❶
Client: Docker Engine - Community
 Version:           23.0.1
 API version:       1.42
 Go version:        go1.19.5
 Git commit:        a5ee5b1
 Built:             Thu Feb  9 19:47:01 2023
 OS/Arch:           linux/amd64
 Context:           default

Server: Docker Engine - Community
 Engine:
  Version:          23.0.1
  API version:      1.42 (minimum version 1.12)
  Go version:       go1.19.5
  Git commit:       bc3805a
  Built:            Thu Feb  9 19:47:01 2023
  OS/Arch:          linux/amd64
  Experimental:     false
 containerd:
  Version:          1.6.18
  GitCommit:        2456e983eb9e37e47538f59ea18f2043c9a73640
 runc:
  Version:          1.1.4
  GitCommit:        v1.1.4-0-g5fd4c4d
 docker-init:
  Version:          0.19.0
  GitCommit:        de40ad0
```

도커 버전을 확인하겠습니다.

❶ **docker version** 명령어를 입력하면 위와 같이 도커 버전을 확인할 수 있습니다.

만약 권한이 없다는 메시지가 나타난다면 우분투 서버에서 로그아웃했다가 다시 로그인해보세요. 그러면 사용자 세션이 재시작되면서 위와 같은 정상적인 결과가 나타납니다.

## 3.3 hello world

도커를 설치했으니 도커가 원활하게 작동하는지 테스트하겠습니다. 대부분의 프로그래밍 언어를 공부할 때 "hello world"를 출력하면서 시작하듯, 도커에서도 hello world에 해당하는 테스트가 있습니다. **docker run hello-world**를 입력합니다.

```
eevee@myserver01:~$ docker run hello-world    ❶

...(중략)
Hello from Docker!
This message shows that your installation appears to be working correctly.
...(중략)
```

위와 같이 ❶ 명령어를 입력했을 때 결과가 나타난다면 도커가 원활하게 작동하는 것입니다. 위 명령어의 결과에 대해서는 다음 장에서 자세히 알아보겠습니다.

# 도커 기초

4장에서는 도커와 관련된 기초 지식을 배우고 실습합니다. 먼저 도커의 구성 요소와 작동 방식을 배우고
컨테이너로 실행하는 데 필요한 내용을 학습합니다. 그다음 이 과정에서 알아야 할 도커의 다양한 명령어
를 익히고 도커 네트워크, 스토리지와 관련된 내용을 실습해봅니다.

CHAPTER

04

## 4.1 도커 기초 개념

도커를 사용하기 위해 필요한 기초 개념에 대해 알아봅니다. 먼저 도커 명령어를 입력했을 때 프로그램이 작동하는 방식과 도커 이미지, 도커 컨테이너의 개념을 배웁니다. 그리고 hello world를 입력했을 때의 결과창을 분석합니다.

### 4.1.1 도커 작동 방식

3장에서 도커를 설치하고 hello world를 실행해서 결과를 얻었습니다. 그렇다면 도커는 어떻게 작동하는 것일까요?

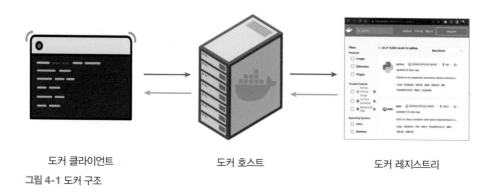

　　　　도커 클라이언트　　　　　　　　　　도커 호스트　　　　　　　　　도커 레지스트리

**그림 4-1** 도커 구조

[그림 4-1]과 같이 도커의 전체 구조는 도커 클라이언트Docker Client, 도커 호스트Docker Host, 도커 레지스트리Docker Registry로 구성됩니다.

- **도커 클라이언트**: 도커에 명령을 내릴 수 있는 CLICommand Line Interface 도구를 의미합니다. 도커 클라이언트를 이용해 컨테이너, 이미지, 볼륨 등을 관리할 수 있습니다.

- **도커 호스트**: 도커를 설치한 서버 혹은 가상머신입니다. 이는 물리 서버가 될 수도 있고 가상 서버가 될 수도 있습니다.

- **도커 레지스트리**: 도커 이미지를 저장하거나 배포하는 시스템입니다. 도커 레지스트리는 크게 공개Public와 개인Private 레지스트리로 나눌 수 있는데, 도커 허브Docker Hub는 가장 유명한 공개 레지스트리입니다. 도커를 사용하는 사람이라면 누구나 도커 허브에서 이미지를 다운로드하거나 업로드할 수 있습니다.

그림 4-2 도커 허브 웹사이트

[그림 4-2]는 도커 허브 웹사이트입니다. http://hub.docker.com에 접속하면 위와 같은 화면을 볼 수 있습니다. 검색 창에 원하는 도커 이미지를 검색하면 다운로드할 수도 있습니다.

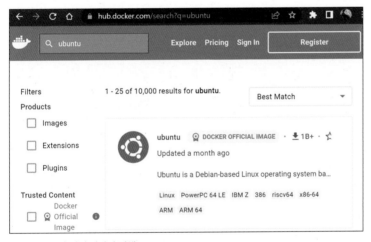

그림 4-3 도커 허브 이미지 검색

[그림 4-3]은 도커 허브에서 **ubuntu**를 검색했을 때의 결과입니다. 그림과 같이 원하는 도커 이미지를 검색하면 쉽게 결과를 확인할 수 있습니다. 검색 결과에서 원하는 도커 이미지를 클릭하면 [그림 4-4]와 같은 화면을 볼 수 있습니다.

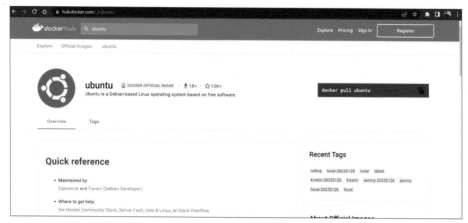

**그림 4-4** 도커 허브 이미지 상세 내용

[그림 4-4]는 도커 허브에서 이미지를 검색한 후 원하는 이미지를 클릭했을 때 나타나는 화면입니다. 해당 화면에서는 도커 이미지를 다운로드할 수 있는 명령어를 확인할 수 있으며 도커 이미지에 대한 상세 내용을 확인할 수 있습니다.

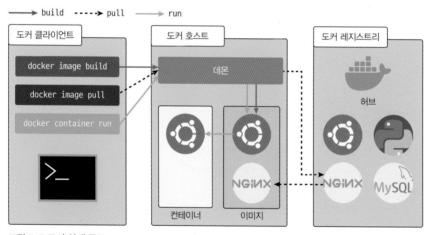

**그림 4-5** 도커 상세 구조

[그림 4-5]는 도커 구조를 상세하게 그린 것입니다. 도커 클라이언트에서 명령어를 입력하면 도커 호스트의 도커 데몬Docker Daemon이 명령을 받습니다. 이때 도커 데몬이란 도커와 관련된 리소스를 관리하는 백그라운드 프로세스입니다. 그리고 도커 호스트에 이미지가 존재하지 않는다면 도커 레지스트리에서 다운로드합니다.

## 4.1.2 도커 이미지

도커 이미지Image란 컨테이너 형태로 소프트웨어를 배포하기 위해 필요한 모든 요소(코드, 라이브러리, 설정 등)를 실행할 수 있는 포맷으로 컴파일 및 빌드한 패키지입니다. 도커 이미지는 독립적이기 때문에 의존성을 고려할 필요가 없으며 경량화된 패키지이므로 비교적 작은 용량으로도 제 역할을 수행할 수 있습니다. 또한 도커 이미지는 특정 시점의 도커 컨테이너 상태를 담은 스냅숏이라고 할 수 있습니다. 즉, 도커 이미지를 통해 동일한 환경을 가진 여러 개의 컨테이너를 손쉽게 생성할 수 있습니다.

이렇게 만들어진 도커 이미지는 여러 개의 레이어로 구성되어 있고 도커 허브와 같은 중앙 저장소에 저장되어 관리됩니다. 따라서 도커 이미지를 도커 허브에 업로드하거나 다운로드할 수 있습니다. 이후 진행할 실습에서도 도커 허브에서 도커 이미지를 다운로드해볼 예정입니다.

## 4.1.3 도커 컨테이너

도커에서 컨테이너Container란 도커 이미지를 실행할 수 있는 인스턴스instance를 의미합니다. 도커 컨테이너는 도커 이미지로부터 생성되며 도커 컨테이너에 대해 실행, 중지, 재실행, 삭제 등의 명령을 내릴 수 있습니다.

컨테이너는 자체적으로 파일 시스템을 가지고 있으며, 각 컨테이너는 독립적으로 실행됩니다. 그러므로 자체적으로 파일 시스템을 포함합니다. 이렇게보면 컨테이너는 운영체제를 포함해야하므로 굉장히 무거울 것이라고 생각할 수 있는데, 실제로 컨테이너는 가볍습니다. 어떻게 이것이 가능할까요?

컨테이너가 가벼운 이유는 컨테이너 내부에는 자체적으로 운영체제 전부를 포함하지는 않기 때문입니다. 컨테이너는 컨테이너 내부의 자체 운영체제 위에서 돌아가는 가상머신과 같은 개념이 아닙니다. 컨테이너는 도커 엔진과 운영체제를 공유합니다. 즉, 컨테이너는 도커 엔진이 설치되어 있는 호스트 운영체제를 이용한다는 뜻입니다. 따라서 컨테이너 내부는 프로그램을 실행시키기 위해 최소한으로 필요한 바이너리, 라이브러리와 같은 구성 요소로 이루어져 있습니다.

## 4.1.4 hello world 실행 과정

앞선 3장에서 **docker run hello-world**를 입력함으로써 도커가 올바르게 작동하는지 테스트했습니다. 그러나 우리는 아직 도커 명령어를 입력했을 때 어떤 방식으로 작동했는지 알지 못합니다. 이제 우리가 앞서 **docker run hello-world**를 입력했을 때 어떤 일이 일어났는지 자세히 알아보겠습니다.

```
eevee@myserver01:~$ docker run hello-world                              ❶

Unable to find image 'hello-world:latest' locally                       ❷
latest: Pulling from library/hello-world                                ❸
719385e32844: Pull complete                                             ❹
Digest: sha256:88ec0acaa3ec199d3b7eaf73588f4518c25f9d34f58ce9a0df68429c5af48e8d  ❺
Status: Downloaded newer image for hello-world:latest                   ❻

Hello from Docker!
This message shows that your installation appears to be working correctly.

To generate this message, Docker took the following steps:
 1. The Docker client contacted the Docker daemon.
 2. The Docker daemon pulled the "hello-world" image from the Docker Hub.
    (amd64)
 3. The Docker daemon created a new container from that image which runs the
    executable that produces the output you are currently reading.
 4. The Docker daemon streamed that output to the Docker client, which sent it
    to your terminal.

To try something more ambitious, you can run an Ubuntu container with:
 $ docker run -it ubuntu bash

Share images, automate workflows, and more with a free Docker ID:
 https://hub.docker.com/                                                ❼

For more examples and ideas, visit:
 https://docs.docker.com/get-started/
```

가장 먼저 우리가 입력한 명령어부터 확인하겠습니다.

❶ **docker run hello-world**에서 docker는 도커 관련 명령어를 입력하겠다는 의미입니다. 그리고 run은 컨테이너를 실행하겠다는 뜻이고 hello-world는 컨테이너 이름입니다.

❷ 로컬에서 'hello-world:latest'라는 이미지를 찾을 수 없다는 뜻입니다. 우리는 'hello-world:latest'라는 이미지를 다운로드한 적이 없으므로 당연한 결과입니다.

❸ 로컬에 'hello-world:latest'라는 이미지가 없으므로 library/hello-world에서 pull을 받겠다는 의미입니다. pull 이란 도커 이미지를 원격 저장소에서 로컬로 다운로드하는 것으로 [그림 4-6]과 같은 도커 허브에서 hello-world 이미지를 다운로드한다는 것을 의미합니다.

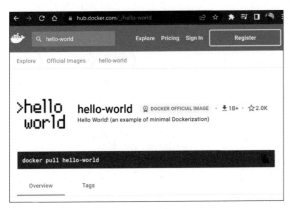

그림 4-6 hello-world 이미지

❹ pull이 완료되었다는 의미입니다.

❺ 도커 이미지들는 식별값으로 해시값을 갖게 됩니다. 참고로 Digest란 해시 함수를 거쳐 나온 후의 데이터를 의미합니다.

❻ 도커 이미지 'hello-world:latest'의 다운로드가 완료되었음을 말합니다.

❼ 해당 사이트는 도커 허브라고 부르는 사이트인데 해당 사이트를 이용하면 다양한 도커 이미지를 다운로드하거나 업로드할 수 있습니다.

## 4.2 도커 기초 명령어

도커의 다양한 명령어를 활용하면 도커가 제공하는 여러 기능을 활용할 수 있습니다. 다시 말해 도커 이미지, 도커 컨테이너 등을 다룰 수 있는 명령어를 학습함으로써 기본적인 도커 사용법을 익힐 수 있습니다.

### 4.2.1 도커 이미지 다운로드

도커를 사용하기 위한 기초 명령어에 대해 알아보겠습니다. 그리고 도커 기초 명령어를 통해 이미지를 다운로드하고 컨테이너를 실행하는 등 기본적인 도커 사용 방법도 알아보겠습니다.

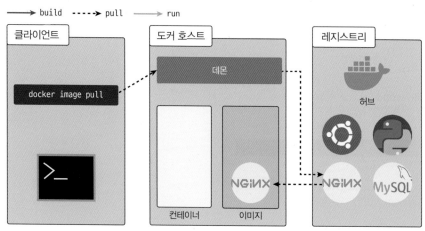

그림 4-7 도커 이미지의 다운로드 과정

[그림 4-7]은 도커 이미지를 다운로드하는 과정을 나타내는 그림입니다. 도커 이미지를 다운로드하는 **docker image pull {이미지 이름:태그 이름}**을 입력하면 도커 데몬은 도커 호스트에 해당 이미지가 있는지 확인하고 이미지가 없을 경우 도커 레지스트리에서 해당 이미지를 다운로드합니다. [그림 4-7]은 도커 허브에서 Nginx 이미지를 다운로드하는 과정을 나타냅니다.

그림을 통해 이미지를 다운받는 과정을 이해했다면 실제로 도커에서 이미지를 다운로드하겠습니다. 이번 실습에서는 우분투 이미지를 다운로드하겠습니다. 다음처럼 **docker image pull ubuntu**를 입력하면 우분투 이미지를 다운로드할 수 있습니다.

```
eevee@myserver01:~$ docker image pull ubuntu                                    ❶
Using default tag: latest                                                       ❷
latest: Pulling from library/ubuntu                                             ❸
aece8493d397: Pull complete                                                     ❹
Digest: sha256:2b7412e6465c3c7fc5bb21d3e6f1917c167358449fecac8176c6e496e5c1f05f ❺
Status: Downloaded newer image for ubuntu:latest                                ❻
docker.io/library/ubuntu:latest                                                 ❼
```

❶ 도커 이미지를 다운로드하기 위한 명령어를 입력합니다.

❷ docker image pull [이미지 이름:태그 이름]을 입력하게 되는데 태그명을 입력하지 않으면 자동으로 latest 태그가 적용됩니다.

❸ 우분투 이미지의 latest 태그의 우분투 이미지를 다운로드한다는 메시지가 표시됩니다. 도커 허브에서 다양한 이미지 태그를 확인할 수 있습니다.

그림 4-8 다양한 이미지 태그

❹ 이미지 레이어 다운로드가 완료되었다는 Pull complete 메시지가 나타납니다. 이 메시지는 이미지 레이어의 개수만큼 나타납니다. Pull complete 메시지가 한 개 나타난 것을 보아 우분투 이미지는 한 개의 레이어로 구성되어 있음을 알 수 있습니다. 그리고 이때 해시값은 도커 이미지가 빌드될 때 생성된 ID입니다.

❺ 다운로드한 모든 레이어와 메타정보를 포함하는 이미지의 해시값을 나타냅니다.

❹ 해시값은 하나의 레이어에 대한 해시값을 나타내는 것과는 다르다는 것을 알 수 있습니다.

앞서 우리는 **docker image pull [이미지 이름:태그 이름]** 명령어를 이용해 이미지를 다운로드했지만 이번 결과에서 나오는 DIGEST 값을 이용해 이미지를 다운로드할 수도 있습니다. 즉, **docker image** pull [이미지 이름@DIGEST]를 입력하면 해당 DIGEST의 이미지를 다운로드할 수 있습니다. 이번 우분투 이미지를 예로 들면 다음 명령어를 입력하면 본 실습과 동일한 이미지를 다운로드할 수 있습니다.

```
docker image pull ubuntu@sha256:2b7412e646...(중략)... 496e5c1f05f
```

❻ latest 태그를 통해 우분투 이미지를 다운로드했다는 상태 메시지를 확인할 수 있습니다.

❼ 끝으로 다운로드한 이미지의 URL이 나타납니다.

도커 이미지를 다운로드하는 다른 예제 실습을 하겠습니다. 앞선 실습과는 달리 이번에는 다수의 레이어로 구성된 도커 이미지를 다운로드하겠습니다.

```
eevee@myserver01:~$ docker image pull python:3.11.6                    ❶
3.11.6: Pulling from library/python
8457fd5474e7: Pull complete                                            ❷
13baa2029dde: Pull complete
325c5bf4c2f2: Pull complete
7e18a660069f: Pull complete
98a59f0ffede: Pull complete
3a5444633a33: Pull complete
bbbc9b405dab: Pull complete
d9992232ef9b: Pull complete
Digest: sha256:6deadd529bed8232c98895a58fa8d689bdba285e9ceb92cda1f5fd8fa4a78fa1  ❸
Status: Downloaded newer image for python:3.11.6
docker.io/library/python:3.11.6
```

이번 실습에서는 파이썬 이미지를 다운로드합니다.

❶ 앞선 실습과는 다르게 이미지 태그 이름을 명시해 3.11.6 태그의 파이썬 이미지를 다운로드합니다.

❷ 이미지를 구성하는 각 레이어의 해시값을 확인할 수 있습니다.

❸ 위 레이어를 모두 포함하는 이미지 DIGEST 값을 확인합니다. 이를 그림으로 나타내면 [그림 4-9]와 같습니다.

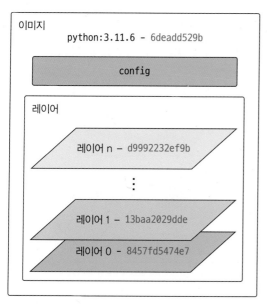

**그림 4-9** 이미지 구조

[그림 4-9]를 보면 파이썬 이미지 구조를 확인할 수 있습니다. 전체 파이썬 이미지의 digest를 확인할 수 있고 전체 레이어를 구성하는 레이어 각각의 digest 또한 확인할 수 있습니다. 물론, [그림 4-9]의 이미지 구조는 축약된 버전입니다. 사실 우리가 이미지라고 부르는 것은 다음에서 살펴볼 [그림 4-10]과 같은 구조로 이루어져 있습니다.

## 4.2.2 도커 이미지 상세 구조

앞서 다운로드한 python:3.11.6 이미지의 상세한 구조를 알아보겠습니다.

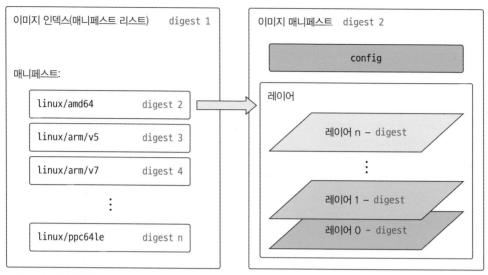

**그림 4-10** 이미지 상세 구조

[그림 4-10]을 보면 이미지는 크게 이미지 인덱스Image Index, 이미지 매니페스트Image Mainfest, 레이어Layer 라는 세 가지 구조로 이루어져 있습니다. 먼저, 우리가 이미지를 다운로드할 때 결과창에 출력되는 digest는 이미지 인덱스에 해당합니다. 이미지 인덱스는 다수의 이미지 매니페스트로 구성되어 있는데 이때 각 이미지 매니페스트는 다양한 운영체제 및 아키텍처에서 해당 이미지를 활용할 수 있도록 설정값과 다양한 레이어들을 제공합니다.

[그림 4-11]과 같이 도커 허브에 접속해 이미지 태그 정보를 확인하면 각 운영체제 및 아기텍처별 이미지 매니페스트 digest를 확인할 수 있습니다. [그림 4-10]에서 오른쪽 그림은 linux/amd64에서 작동하는 이미지 매니페스트를 확대한 그림입니다. 이미지 매니페스트는 설정 파일인 config와 다수의 레이어로 구성되어 있습니다. 이때 각 레이어는 각각의 digest를 가집니다.

| TAG | | | | |
|---|---|---|---|---|
| 3.11.6 | | | | docker pull python:3.11.6 |
| Last pushed 11 hours ago by doijanky | | | | |
| DIGEST | OS/ARCH | | VULNERABILITIES | COMPRESSED SIZE |
| 11c2b915850a | linux/386 | 1C | 0H 8M 93L | 362.98 MB |
| 8b6a7d08c6a1 | windows/amd64 | | 0H 1M 0L | 1.95 GB |
| 06b53f6529f0 | windows/amd64 | | 0H 1M 0L | 1.79 GB |
| 99cb81c1d8e4 | linux/amd64 | 1C | 0H 8M 92L | 360.6 MB |
| a32208ad97bf | linux/arm/v5 | 1C | 0H 8M 92L | 328.54 MB |
| d3dd00bd5e41 | linux/arm/v7 | 1C | 0H 8M 92L | 314.17 MB |
| a7de7501a494 | linux/arm64/v8 | 1C | 0H 8M 92L | 351.59 MB |
| 36dd3ab05c1d | linux/ppc64le | 1C | 0H 8M 92L | 374.91 MB |
| 668ec6c5388b | linux/s390x | 1C | 0H 8M 92L | 331.16 MB |

**그림 4-11** 도커 허브 이미지 정보

그렇다면 앞서 도커 허브에서 다운로드한 python:3.11.6 이미지는 어떻게 구성되어 있을까요? 이는 [그림 4-11]과 같이 도커 허브를 보면 확인할 수 있습니다.

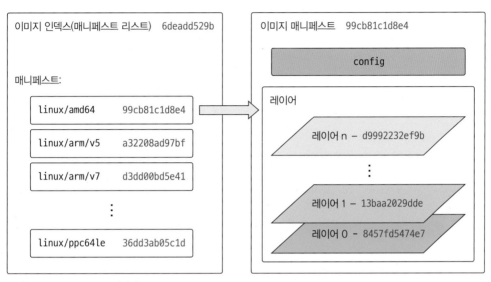

**그림 4-12** python:3.11. 6 이미지 구조

[그림 4-12]는 python:3.11.6 이미지의 상세 구조를 나타냅니다. 이를 통해 알 수 있듯 우리가 **docker image pull** 명령어를 통해 다운로드한 이미지의 출력 해시값은 이미지의 인덱스 값인 것을 알 수 있습니다.

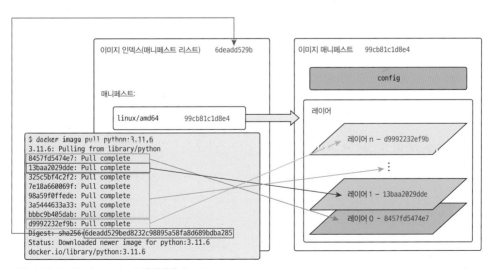

**그림 4-13** docker image pull 명령어와 digest

[그림 4-13]은 **docker image pull** 명령어를 사용했을 때 출력되는 DIGEST 값이 이미지 구조에서 어느 부분에 해당하는지 연결시킨 그림입니다. 이를 통해 도커 이미지를 다운로드할 때 어떤 레이어를 다운로드하는지 확인할 수 있음을 알 수 있습니다.

### 4.2.3 도커 이미지 목록 확인

이번에는 도커 호스트에 다운로드한 도커 이미지 목록을 확인하겠습니다.

```
eevee@myserver01:~$ docker image ls                          ❶
REPOSITORY    TAG       IMAGE ID        CREATED        SIZE    ❷
python        3.11.6    3f7984adbac4    2 weeks ago    1.01GB  ❸
ubuntu        latest    e4c58958181a    3 weeks ago    77.8MB  ❹
hello-world   latest    9c7a54a9a43c    6 months ago   13.3kB  ❺
```

❶ **docker image ls** 명령어로 다운로드한 이미지 목록을 확인할 수 있습니다.

❷ REPOSITORY는 이미지 이름을 의미하며 TAG는 이미지 태그를 의미합니다. IMAGE ID는 다운로드한 이미지의 ID를 나타내는데, 이때 IMAGE ID는 다운로드할 때의 DIGEST 값과 다르다는 것을 알 수 있습니다. 다운로드할 때의 DIGEST 값은 도커 레지스트리에 존재하는 이미지의 DIGEST 값이고, **docker image ls**의 결괏값으로 나오는 IMAGE ID 값은 다운로드한 후에 로컬에서 할당받은 IMAGE ID 값에 해당합니다. CREATED는 이미지가 만들어진 시간을 의미하며, SIZE는 이미지 크기를 나타냅니다.

❸ 이번에 다운로드한 파이썬 이미지에 대한 정보를 확인할 수 있습니다. 이번 실습에서 파이썬 이미지는 3.11.6 태그 버전을 다운로드했습니다.

❹ 우분투 이미지에 대한 정보를 확인할 수 있습니다.

❺ 앞서 도커를 설치한 직후 다운로드한 hello-world 이미지를 확인할 수 있습니다.

### 4.2.4 도커 컨테이너 실행

도커 컨테이너를 실행한다는 말은 무엇을 의미할까요? [그림 4-14]는 도커 컨테이너를 실행했을 때 일어나는 일을 그림으로 나타낸 것입니다.

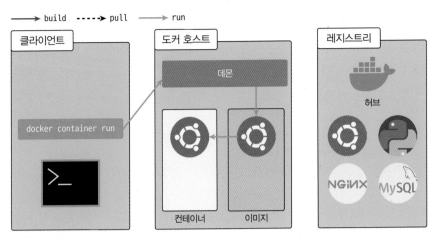

**그림 4-14** docker container run

[그림 4-14]를 보면 클라이언트에서 **docker container run [이미지명]**을 입력하면 도커 호스트의 데몬이 실행 명령을 요청받고 도커 호스트에 있는 이미지를 컨테이너 형태로 실행합니다.

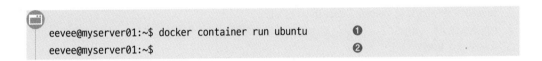

```
eevee@myserver01:~$ docker container run ubuntu        ❶
eevee@myserver01:~$                                    ❷
```

우분투 이미지를 컨테이너로 실행하겠습니다.

❶ 앞서 hello world를 실행할 때는 단순히 **docker run [이미지 이름]**이라는 명령어를 입력했는데, 이번 실습에서는 **docker container run [이미지 이름]** 명령어를 입력했습니다. **docker run** 명령어는 도커 초기 버전에서 활용한 명령어인데 현재는 **docker container run** 명령어가 권장됩니다.

❷ 코드 실행 결과 아웃풋이 따로 출력되지는 않는 것을 알 수 있습니다.

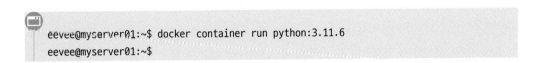

```
eevee@myserver01:~$ docker container run python:3.11.6
eevee@myserver01:~$
```

이번에는 python:3.11.6 이미지를 컨테이너로 실행하겠습니다. 위와 같이 명령어를 입력하면 앞선 실습과 마찬가지로 아웃풋은 따로 출력되지 않는 것을 알 수 있습니다.

이 두 실습에서 출력되지 않은 컨테이너 실행 결과를 확인하려면 이를 위한 명령어를 따로 입력해야 합니다. 컨테이너를 확인하는 명령어는 뒤에서 살펴보겠습니다.

## 4.2.5 도커 컨테이너 목록 확인

이번에는 도커 컨테이너 목록을 확인하겠습니다. 다음 코드와 같이 **docker container ls**를 입력하면 도커 컨테이너 목록을 확인할 수 있습니다. 우리는 앞선 실습에서 우분투 이미지와 파이썬 이미지를 컨테이너 형태로 실행했습니다. 따라서 이들 컨테이너를 확인하겠습니다.

```
eevee@myserver01:~$ docker container ls
CONTAINER ID    IMAGE       COMMAND    CREATED    STATUS    PORTS    NAMES
```

위 결과를 확인해보면 컨테이너가 출력되지 않는 것을 알 수 있습니다. 그 이유는 별다른 옵션을 주지 않고 기본 형태로 **docker container ls**를 입력하면 실행 중인 컨테이너만 보여줍니다. 그러나 앞서 우리가 실행했던 우분투, 파이썬 컨테이너는 실행 중인 컨테이너가 아니기 때문에 목록에서 확인할 수 없는 것입니다.

```
eevee@myserver01:~$ docker container ls -a
CONTAINER ID    IMAGE          COMMAND         CREATED           STATUS
PORTS       NAMES
209b1ac7a1be    python:3.11.6   "python3"       28 seconds ago    Exited (0)
26 seconds ago                 musing_hamilton
19e30e8d5a98    ubuntu          "/bin/bash"     39 seconds ago    Exited (0)
38 seconds ago                 epic_goldwasser
b68b3e20dc68    hello-world     "/hello"        About an hour ago  Exited (0)
About an hour ago              nervous_shannon
```

위와 같이 명령어에 –a 옵션을 주면 실행 중인 컨테이너와 정지 상태인 컨테이너 모두를 확인할 수 있습니다. 결과를 보면 앞서 hello-world, ubuntu, python:3.11.6 이미지를 실행한 컨테이너를 확인할 수 있습니다. 각 컨테이너는 CONTAINER ID라는 것을 갖는데, 이는 하나의 이미지로 다수의 컨테이너를 생성할 수 있으므로 각 컨테이너는 CONTAINER ID를 갖는 것입니다. 세 개의 컨테이너의 상태(STATUS)를 보면 Exited (0)인 것을 알 수 있습니다. 상태가 Exited라는 것은 컨테이너가 종료되었다는 뜻이고 숫자 0은 정상적으로 종료되었다는 것을 의미합니다. 그리고 컨테이너가 종료된 이유는 컨테이너를 실행했을 때 컨테이너 내부 프로세스가 모두 종료되면 해당 컨테이너역시 종료되기 때문입니다.

## 4.2.6 컨테이너 내부 접속

이번 실습에서는 실행 중인 컨테이너 내부에 접속하겠습니다. 접속하려면 다음과 같이 컨테이너를 실행할 때 **-it** 옵션을 활용하면 됩니다.

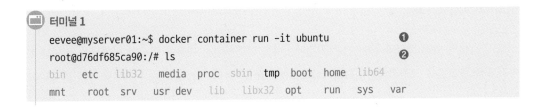

🖥️ **터미널 1**
```
eevee@myserver01:~$ docker container run -it ubuntu          ❶
root@d76df685ca90:/# ls                                       ❷
bin   etc   lib32   media  proc  sbin  tmp  boot  home  lib64
mnt   root  srv     usr dev  lib  libx32  opt  run  sys  var
```

❶ **-it** 옵션에서 i는 interactive의 줄임말로 표준 입력(STDIN)을 열어놓는다는 의미이며, t는 tty의 줄임말로 가상 터미널을 의미합니다. 즉 **-it** 옵션을 활용하면 가상 터미널을 통해 키보드 입력을 표준 입력으로 컨테이너에 전달할 수 있는 것입니다.

❷ 사용자 이름과 호스트 이름이 변경된 것을 알 수 있습니다. 이때 사용자 이름은 root이고 호스트 이름은 컨테이너 ID 인 것을 알 수 있습니다. **ls** 명령어를 입력하면 컨테이너 내부의 파일 시스템을 확인할 수 있습니다.

정리하면 컨테이너를 실행할 때 **-it** 옵션을 사용함으로써 컨테이너 내부에 들어와 있는 것입니다.

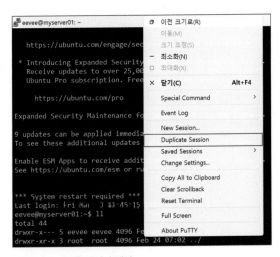

**그림 4-15** 새로운 터미널 생성

이번에는 새로운 터미널을 열어서 현재 컨테이너 상태를 확인하겠습니다. [그림 4-15]와 같이 마우스를 우 클릭한 후 [Duplicate Session]을 선택하고 로그인 정보를 입력하면 새로운 터미널을 생성할 수 있습니다. 그러면 [그림 4-16]과 같이 두 개의 터미널을 확인할 수 있습니다.

터미널 1

터미널 2

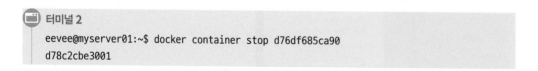

**그림 4-16** 터미널 두 개 확인

[그림 4-16]의 왼쪽 그림과 같이 기존에 컨테이너를 실행하면서 내부에 접속한 터미널을 '터미널 1'이라고 하고 오른쪽 그림과 같이 [Duplicate Session]을 통해 새롭게 만든 터미널을 '터미널 2'라고 하겠습니다.

---

🖥 **터미널 2**

```
eevee@myserver01:~$ docker container ls
CONTAINER ID    IMAGE     COMMAND     CREATED              STATUS            PORTS
NAMES
d76df685ca90    ubuntu    "bash"      About a minute ago   Up                About a
minute                        hungry_gauss
```

---

터미널 2에서 **docker container ls** 명령어를 입력하면 앞선 실습과는 다르게 컨테이너 STATUS가 Exited가 아니라 Up인 것을 알 수 있습니다. 즉, 터미널 1을 통해 접속 중인 컨테이너가 실행 중인 것입니다.

그렇다면 컨테이너 내부에 접속 중인 컨테이너를 종료하기 위해서는 어떻게 해야할까요? 크게 두 가지 방법이 있습니다. 컨테이너 내부에 접속해 있는 터미널 1에서 **exit** 명령어를 통해 컨테이너 밖으로 나가는 방법이 있고, 터미널 2에서 **docker container stop [컨테이너 ID]**를 통해 실행 중인 컨테이너를 종료시키는 방법이 있습니다.

---

🖥 **터미널 2**

```
eevee@myserver01:~$ docker container stop d76df685ca90
d78c2cbe3001
```

---

여기서 두 번째 방법인 컨테이너 ID를 활용해서 종료하겠습니다. **docker container stop [컨테이너 ID]**를 입력하면 약 10초 후에 터미널 1의 컨테이너가 종료되는 것을 볼 수 있습니다. 참고로 **docker container stop**과 비슷한 명령어로 **docker container kill**이 있는데 **docker container stop**을 입력하면 약 10초 후에 컨테이너가 종료되고 **docker container kill**을 입력하면 해당 컨테이너가 즉시 종

료됩니다. **docker container stop** 명령어가 **docker container kill** 명령어보다 안정성 면에서 효율적이므로 **stop** 명령어를 사용하길 권장합니다.

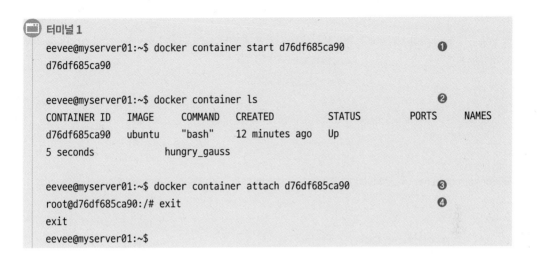

종료된 컨테이너에 다시 접속하고 싶다면 다음과 같이 진행합니다.

❶ **start** 명령어를 이용해 컨테이너를 실행합니다.

❷ 실행 중인 컨테이너를 확인할 수 있습니다.

❸ **attach** 명령어를 이용해 내부에 접속할 수 있습니다.

❹ 접속을 종료하여 실습을 마칩니다.

### 4.2.7 컨테이너 삭제

컨테이너를 삭제하겠습니다.

```
eevee@myserver01:~$ docker container ls -a          ❶
CONTAINER ID   IMAGE          COMMAND        CREATED         STATUS
PORTS          NAMES
d76df685ca90   ubuntu         "bash"         15 minutes ago  Exited (0)
About a minute ago            hungry_gauss
209b1ac7a1be   python:3.11.6  "python3"      18 minutes ago  Exited (0)
18 minutes ago               musing_hamilton
19e30e8d5a98   ubuntu         "/bin/bash"    19 minutes ago  Exited (0)
```

```
19 minutes ago                      epic_goldwasser
b68b3e20dc68   hello-world       "/hello"       2 hours ago    Exited (0)
2 hours ago                         nervous_shannon
```

❶ 전체 컨테이너 목록을 확인합니다. 위와 같은 컨테이너 목록 중 컨테이너 ID가 d76df685ca90인 컨테이너를 삭제하겠습니다.

```
eevee@myserver01:~$ docker container rm d76df685ca90              ❶
d76df685ca90
```

❶ docker container rm [컨테이너 ID]를 입력하면 해당 컨테이너 ID에 해당하는 컨테이너를 삭제할 수 있습니다.

```
eevee@myserver01:~$ docker container ls -a                       ❶
CONTAINER ID   IMAGE           COMMAND        CREATED        STATUS
PORTS     NAMES
209b1ac7a1be   python:3.11.6    "python3"      20 minutes ago   Exited (0)
20 minutes ago             musing_hamilton
19e30e8d5a98   ubuntu           "/bin/bash"    20 minutes ago   Exited (0)
20 minutes ago             epic_goldwasser
b68b3e20dc68   hello-world      "/hello"       2 hours ago      Exited (0)
2 hours ago                nervous_shannon
```

❶ 다시 한번 컨테이너 목록을 확인하면 해당 컨테이너가 삭제된 것을 볼 수 있습니다.

```
eevee@myserver01:~$ docker container rm 19e30e8d5a98 b68b3e20dc68    ❶
19e30e8d5a98
b68b3e20dc68
eevee@myserver01:~$ docker container ls -a                          ❷
CONTAINER ID   IMAGE           COMMAND        CREATED        STATUS
PORTS     NAMES
209b1ac7a1be   python:3.11.6    "python3"      21 minutes ago   Exited (0)
21 minutes ago             musing_hamilton
```

만약 컨테이너 다수를 한 번에 삭제하고 싶다면 컨테이너 ID를 여러 개 입력하면 됩니다.

❶ 컨테이너 ID가 19e30e8d5a98, b68b3e20dc68에 해당하는 컨테이너를 한번에 삭제하고 컨테이너 목록을 확인하는 명령어입니다.

❷ 컨테이너 삭제 후 컨테이너 목록을 확인하면 제대로 삭제된 것을 볼 수 있습니다.

## 4.2.8 이미지 삭제

다음으로 이미지를 삭제하겠습니다. 이미지를 삭제하려면 **docker image rm [이미지 이름]**을 입력하면 됩니다.

```
eevee@myserver01:~$ docker image ls                ❶
REPOSITORY      TAG        IMAGE ID       CREATED        SIZE
python          3.11.6     3f7984adbac4   2 weeks ago    1.01GB
ubuntu          latest     e4c58958181a   3 weeks ago    77.8MB
hello-world     latest     9c7a54a9a43c   6 months ago   13.3kB
```

❶ 이미지 목록을 확인합니다. 위와 같은 이미지 중 hello-world 이미지를 삭제하겠습니다.

```
eevee@myserver01:~$ docker image rm 9c7a54a9a43c                    ❶
Untagged: hello-world:latest
Untagged: hello-world@sha256:88ec0acaa3ec199d3b7eaf73588f4518c25f9d34f58ce9a0df68429c
5af48e8d
Deleted: sha256:9c7a54a9a43cca047013b82af109fe963fde787f63f9e016fdc3384500c2823d
Deleted: sha256:01bb4fce3eb1b56b05adf99504dafd31907a5aadac736e36b27595c8b92f07f1
```

❶ **docker image rm [이미지 ID]**를 입력하면 해당 이미지를 삭제할 수 있습니다. 이번 실습에서는 hello-world 이미지에 해당하는 이미지 ID를 입력했습니다.

```
eevee@myserver01:~$ docker image ls                ❶
REPOSITORY      TAG        IMAGE ID       CREATED        SIZE
python          3.11.6     3f7984adbac4   2 weeks ago    1.01GB
ubuntu          latest     e4c58958181a   3 weeks ago    77.8MB
```

❶ 이미지 목록을 다시 확인하면 hello-world 이미지가 삭제된 것을 확인할 수 있습니다.

### 4.2.9 도커 이미지 변경

앞선 실습에서는 기존에 완성되어 있는 도커 이미지를 다운로드해서 컨테이너 형태로 실행했습니다. 그렇다면 나만의 도커 이미지를 만들려면 어떻게 해야 할까요? 이번 실습에서는 기존에 있던 도커 이미지를 수정한 후 새로운 이미지를 만들겠습니다.

여기서의 실습에서는 기존 우분투 이미지를 컨테이너로 실행하고 네트워크 도구를 설치한 후 나만의 도커 이미지를 생성하겠습니다. 이번 실습에는 터미널 두 개를 사용합니다.

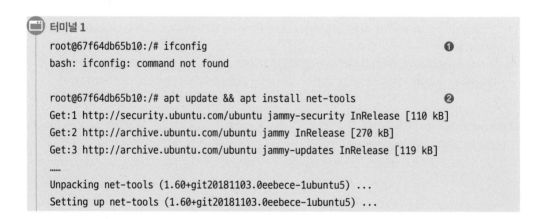

**터미널 1**
```
eevee@myserver01:~$ docker image ls                                ❶
REPOSITORY    TAG        IMAGE ID       CREATED        SIZE
python        3.11.6     3f7984adbac4   2 weeks ago    1.01GB
ubuntu        latest     e4c58958181a   3 weeks ago    77.8MB
eevee@myserver01:~$ docker container run -it ubuntu               ❷
root@67f64db65b10:/#                                              ❸
```

❶ 첫 번째 터미널을 열고 이미지를 확인합니다.

❷ **-it** 옵션을 사용해 우분투 컨테이너를 실행합니다.

❸ 해당 컨테이너 내부에 접속한 것을 알 수 있습니다.

**터미널 1**
```
root@67f64db65b10:/# ifconfig                                      ❶
bash: ifconfig: command not found

root@67f64db65b10:/# apt update && apt install net-tools          ❷
Get:1 http://security.ubuntu.com/ubuntu jammy-security InRelease [110 kB]
Get:2 http://archive.ubuntu.com/ubuntu jammy InRelease [270 kB]
Get:3 http://archive.ubuntu.com/ubuntu jammy-updates InRelease [119 kB]
……
Unpacking net-tools (1.60+git20181103.0eebece-1ubuntu5) ...
Setting up net-tools (1.60+git20181103.0eebece-1ubuntu5) ...
```

❶ 컨테이너 내부 IP를 확인하려고 **ifconfig** 명령어를 입력한다고 해서 **ifconfig** 명령어를 사용할 수는 없습니다. **ifconfig** 명령어를 사용하려면 net-tools를 설치해야 합니다.

❷ 따라서 해당 명령어를 입력하면 net-tools가 설치됩니다.

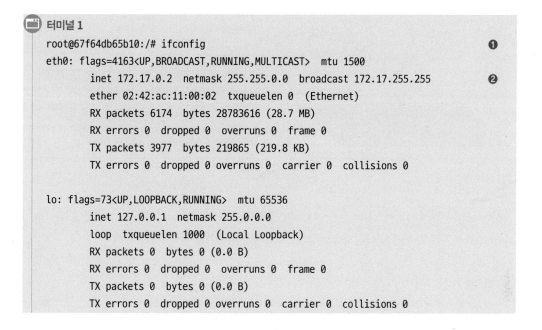

터미널 1

```
root@67f64db65b10:/# ifconfig                                              ❶
eth0: flags=4163<UP,BROADCAST,RUNNING,MULTICAST>  mtu 1500
        inet 172.17.0.2  netmask 255.255.0.0  broadcast 172.17.255.255     ❷
        ether 02:42:ac:11:00:02  txqueuelen 0  (Ethernet)
        RX packets 6174  bytes 28783616 (28.7 MB)
        RX errors 0  dropped 0  overruns 0  frame 0
        TX packets 3977  bytes 219865 (219.8 KB)
        TX errors 0  dropped 0 overruns 0  carrier 0  collisions 0

lo: flags=73<UP,LOOPBACK,RUNNING>  mtu 65536
        inet 127.0.0.1  netmask 255.0.0.0
        loop  txqueuelen 1000  (Local Loopback)
        RX packets 0  bytes 0 (0.0 B)
        RX errors 0  dropped 0  overruns 0  frame 0
        TX packets 0  bytes 0 (0.0 B)
        TX errors 0  dropped 0 overruns 0  carrier 0  collisions 0
```

위 실습은 컨테이너 IP를 확인하는 내용입니다.

❶ ifconfig 명령어를 입력합니다.

❷ 컨테이너의 IP가 172.17.0.2인 것을 확인할 수 있습니다.

정리하면 기존 컨테이너에서는 net-tools가 설치되어 있지 않아 ifconfig 명령어를 사용할 수 없었는데, 기존 컨테이너에 net-tools를 설치함으로써 IP 주소를 확인할 수 있게 된 것입니다. 그럼 이제부터는 net-tools가 설치된 컨테이너를 새로운 이미지로 만들겠습니다.

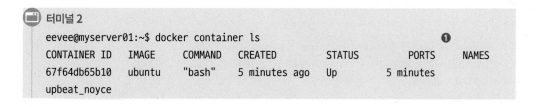

터미널 2

```
eevee@myserver01:~$ docker container ls                          ❶
CONTAINER ID   IMAGE    COMMAND   CREATED        STATUS      PORTS        NAMES
67f64db65b10   ubuntu   "bash"    5 minutes ago  Up          5 minutes
upbeat_noyce
```

이를 위해 기존 터미널 1을 종료하지 않고 터미널 2를 실행합니다.

❶ 컨테이너 목록을 확인하면 컨테이너가 실행 중임을 확인할 수 있습니다.

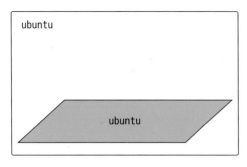
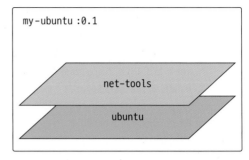

**그림 4-17** 이미지 변경

지금부터는 [그림 4-17]과 같이 기존 ubuntu 컨테이너에 net-tools를 설치한 컨테이너를 my-ubuntu라는 새로운 이름의 이미지로 저장하고 0.1이라는 태그를 붙여주겠습니다.

> 🖥 **터미널 2**
>
> eevee@myserver01:~$ docker container commit 67f64db65b10 my-ubuntu:0.1      ❶
> sha256:8252e4215d037d3ece56d21232d41306557cad6d1dfedd275fb8ec824b8cbf96

❶ 이를 위해 터미널 2에서 **commit** 명령어를 이용하면 실행 중인 컨테이너를 my-ubuntu:0.1이라는 새로운 이미지로 생성할 수 있습니다.

그럼 지금부터는 다시 터미널 1로 이동해서 기존 컨테이너를 종료한 후 새롭게 만든 my-ubuntu:0.1 이미지를 컨테이너로 실행하겠습니다.

> 🖥 **터미널 1**
>
> ```
> root@67f64db65b10:/# exit                                                    ❶
> exit
>
> eevee@myserver01:~$ docker container ls -a                                   ❷
> CONTAINER ID    IMAGE           COMMAND      CREATED        STATUS
> PORTS     NAMES
> 67f64db65b10    ubuntu          "bash"       7 minutes ago  Exited (0)
> 31 seconds ago            upbeat_noyce
> 209b1ac7a1be    python:3.11.6   "python3"    41 minutes ago Exited (0)
> 41 minutes ago            musing_hamilton
>
> eevee@myserver01:~$ docker container rm 67f64db65b10                         ❸
> 67f64db65b10
> ```

```
eevee@myserver01:~$ docker image ls                          ❹
REPOSITORY    TAG       IMAGE ID       CREATED           SIZE
my-ubuntu     0.1       8252e4215d03   About a minute ago 125MB
python        3.11.6    3f7984adbac4   2 weeks ago       1.01GB
ubuntu        latest    e4c58958181a   3 weeks ago       77.8MB

eevee@myserver01:~$ docker container run -it my-ubuntu:0.1   ❺


root@eafefe31241c:/# ifconfig                                ❻
eth0: flags=4163<UP,BROADCAST,RUNNING,MULTICAST>  mtu 1500
        inet 172.17.0.2  netmask 255.255.0.0  broadcast 172.17.255.255
        ether 02:42:ac:11:00:02  txqueuelen 0  (Ethernet)
        RX packets 9  bytes 806 (806.0 B)
        RX errors 0  dropped 0  overruns 0  frame 0
        TX packets 0  bytes 0 (0.0 B)
        TX errors 0  dropped 0 overruns 0  carrier 0  collisions 0

lo: flags=73<UP,LOOPBACK,RUNNING>  mtu 65536
        inet 127.0.0.1  netmask 255.0.0.0
        loop  txqueuelen 1000  (Local Loopback)
        RX packets 0  bytes 0 (0.0 B)
        RX errors 0  dropped 0  overruns 0  frame 0
        TX packets 0  bytes 0 (0.0 B)
        TX errors 0  dropped 0 overruns 0  carrier 0  collisions 0

root@eafefe31241c:/# exit                                    ❼
exit
```

❶ 기존 컨테이너가 실행 중인 터미널 1에서 컨테이너를 빠져나옵니다.

❷ 컨테이너 전체 목록을 확인합니다.

❸ 기존 우분투 컨테이너를 삭제합니다.

❹ 이미지 목록을 확인하면 앞서 생성한 my-ubuntu:0.1 이미지가 생성되어 있는 것을 볼 수 있습니다.

❺ 새롭게 만든 my-ubuntu:0.1 이미지를 이용해 -it 옵션을 활용해 컨테이너를 실행합니다.

❻ 이 과정을 통해 컨테이너 내부에 접속하게 되는데 ifconfig 명령어를 통해 IP 주소를 확인해 봅니다. 앞서 기본적인 ubuntu 컨테이너에서는 ifconfig 명령어를 사용할 수 없었던 반면 my-ubuntu 이미지를 이용해 생성한 컨테이너에서는 ifconfig 명령어를 사용할 수 있다는 사실을 확인할 수 있습니다.

❼ 컨테이너를 빠져나옵니다.

## 4.2.10 도커 이미지 명령어 모음

[표 4-1]은 자주 사용하는 도커 이미지 명령어를 나타냅니다.

| 명령어 | 설명 |
|---|---|
| docker image build | Dockerfile로부터 이미지 빌드합니다. |
| docker image history | 이미지 히스토리를 확인합니다. |
| docker image import | 파일 시스템 이미지 생성을 위한 타볼tarball 콘텐츠를 임포트합니다. |
| docker image inspect | 이미지 정보를 표시합니다. |
| docker image load | 타볼로 묶인 이미지를 로드합니다. |
| docker image ls | 이미지 목록을 확인합니다. |
| docker image prune | 사용하지 않는 이미지를 삭제합니다. |
| docker image pull | 레지스트리로부터 이미지를 다운로드합니다. |
| docker image push | 레지스트리로 이미지를 업로드합니다. |
| docker image rm | 하나 이상의 이미지를 삭제합니다. |
| docker image save | 이미지를 타볼로 저장합니다. |
| docker image tag | 이미지 태그를 생성합니다. |

표 4-1 도커 이미지 명령어

## 4.2.11 도커 컨테이너 명령어 모음

[표 4-2]는 자주 사용하는 도커 컨테이너 관련 명령어를 나타냅니다.

여기서 주의할 점은 **docker container create**, **docker container start**, **docker container run**라는 명령어입니다. 이 세 명령어는 서로 비슷하게 보이지만 차이가 있습니다. 먼저 **docker container create [이미지 ID]**는 새로운 컨테이너를 생성하는 명령어로 create 다음에 나오는 이미지를 활용해 새로운 컨테이너를 생성합니다. 그리고 **docker container start [컨테이너 ID]** 명령어는 정지 상태인 컨테이너를 실행하는 명령어입니다. 따라서 **docker container create** 명령어를 통해 컨테이너를 생성하고 **docker container start** 명령어로 앞서 생성된 컨테이너를 실행하는 것입니다. 한편 **docker container run**은 컨테이너를 생성한 후 실행까지 진행하는 명령어입니다. 즉, **docker container create** 명령어와 **docker container start** 명령어를 합친 명령어가 **docker container run**이라고 할 수 있는 것입니다.

| 명령어 | 설명 |
| --- | --- |
| docker container attach | 실행 중인 컨테이너의 표준 입출력 스트림에 붙습니다(attach). |
| docker container commit | 변경된 컨테이너에 대한 새로운 이미지를 생성합니다. |
| docker container cp | 컨테이너와 로컬 파일 시스템 간 파일/폴더를 복사합니다. |
| docker container create | 새로운 컨테이너를 생성합니다. |
| docker container diff | 컨테이너 파일 시스템의 변경 내용을 검사합니다. |
| docker container exec | 실행 중인 컨테이너에 명령어를 실행합니다. |
| docker container export | 컨테이너 파일 시스템을 타볼로 추출합니다. |
| docker container inspect | 하나 이상의 컨테이너의 자세한 정보를 표시합니다. |
| docker container kill | 하나 이상의 실행 중인 컨테이너를 kill합니다. |
| docker container logs | 컨테이너 로그를 불러옵니다. |
| docker container ls | 컨테이너 목록을 확인합니다. |
| docker container pause | 하나 이상의 컨테이너 내부의 모든 프로세스를 정지합니다. |
| docker container port | 특정 컨테이너의 매핑된 포트 리스트를 확인합니다. |
| docker container prune | 멈춰 있는(stopped) 모든 컨테이너를 삭제합니다. |
| docker container rename | 컨테이너 이름을 다시 짓습니다. |
| docker container restart | 하나 이상의 컨테이너를 재실행합니다. |
| docker container rm | 하나 이상의 컨테이너를 삭제합니다. |
| docker container run | 이미지로부터 컨테이너를 생성하고 실행합니다. |
| docker container start | 멈춰 있는 하나 이상의 컨테이너를 실행합니다. |
| docker container stats | 컨테이너 리소스 사용 통계를 표시합니다. |
| docker container stop | 하나 이상의 실행 중인 컨테이너를 정지합니다. |
| docker container top | 컨테이너의 실행 중인 프로세스를 표시합니다. |
| docker container unpause | 컨테이너 내부의 멈춰 있는 프로세스를 재실행합니다. |
| docker container update | 하나 이상의 컨테이너 설정을 업데이트합니다. |
| docker container wait | 컨테이너가 종료될 때까지 기다린 후 exit code를 표시합니다. |

표 4-2 도커 컨테이너 명령어

[표 4-2]에서 **docker container exec** 명령어와 **docker container attach** 명령어가 서로 비슷해 보이는데 두 명령어의 차이는 다음과 같습니다. 먼저 **docker container exec**는 실행 중인 컨테이너 내부에서 명령어를 실행하는 역할을 합니다. 그리고 **docker container attach**는 실행 중인 컨테이너의 표준 입력(stdin), 표준 출력(stdout), 표준 오류(stderr) 스트림에 연결할 때 사용합니다.

즉, **docker container exec** 명령어가 새로운 프로세스를 시작해서 컨테이너 내에서 작업을 수행하는 반면 **docker container attach**는 기존에 실행 중인 프로세스에 연결한다는 점이 다릅니다.


## 4.3 도커 컨테이너 네트워크

도커를 효율적으로 활용하기 위해서는 네트워크 구조에 대해 알아야 합니다. 이를 통해 도커 컨테이너가 어떤 식으로 통신하는지, 호스트와 컨테이너 간 파일 전송이 어떻게 이뤄지는지를 이해할 수 있습니다.


### 4.3.1 도커 컨테이너 네트워크 구조

앞선 실습을 통해 도커 호스트에 설치된 도커가 컨테이너를 관리한다는 것을 알 수 있었습니다. 여기서는 도커 호스트와 도커 컨테이너의 네트워크 구성이 어떻게 되어 있는지 알아보겠습니다.

```
🖥 터미널 1
eevee@myserver01:~$ docker container ls -a                    ❶
CONTAINER ID   IMAGE            COMMAND      CREATED        STATUS
PORTS     NAMES
eafefe31241c   my-ubuntu:0.1    "bash"       8 minutes ago  Exited (0)
7 minutes ago            optimistic_germain
209b1ac7a1be   python:3.11.6    "python3"    50 minutes ago Exited (0)
50 minutes ago           musing_hamilton
```

❶ 터미널 1에서 컨테이너 전체 목록을 확인합니다. 이번 실습에서는 앞서 my-ubuntu:0.1 이미지를 활용해 만든 eafefe31241c 컨테이너를 다시 실행할 것입니다. 만약 앞선 실습 이후에 컨테이너를 삭제했다면 이미지를 활용해 **docker container run -it my-ubuntu:0.1** 명령어를 활용해 다시 실행하면 됩니다.

```
🖥 터미널 1
eevee@myserver01:~$ docker container start eafefe31241c        ❶
eafefe31241c

eevee@myserver01:~$ docker container attach eafefe31241c       ❷
```

```
root@eafefe31241c:/# ifconfig                                               ❸
eth0: flags=4163<UP,BROADCAST,RUNNING,MULTICAST>  mtu 1500
        inet 172.17.0.2  netmask 255.255.0.0  broadcast 172.17.255.255  ❹
        ether 02:42:ac:11:00:02  txqueuelen 0  (Ethernet)
        RX packets 10  bytes 876 (876.0 B)
        RX errors 0  dropped 0  overruns 0  frame 0
        TX packets 0  bytes 0 (0.0 B)
        TX errors 0  dropped 0 overruns 0  carrier 0  collisions 0

lo: flags=73<UP,LOOPBACK,RUNNING>  mtu 65536
        inet 127.0.0.1  netmask 255.0.0.0
        loop  txqueuelen 1000  (Local Loopback)
        RX packets 0  bytes 0 (0.0 B)
        RX errors 0  dropped 0  overruns 0  frame 0
        TX packets 0  bytes 0 (0.0 B)
        TX errors 0  dropped 0 overruns 0  carrier 0  collisions 0
```

❶ container start 명령어를 이용해 my-ubuntu 이미지로 생성한 컨테이너를 가동합니다.

❷ attach 명령어를 이용해 컨테이너 내부에 접속합니다.

❸ ifconfig 명령어를 이용해 IP 주소를 확인합니다.

❹ 컨테이너 내부 IP는 172.17.0.2라는 것을 알 수 있습니다.

🖥 터미널 2

```
eevee@myserver01:~$ ifconfig                                               ❶
docker0: flags=4163<UP,BROADCAST,RUNNING,MULTICAST>  mtu 1500
        inet 172.17.0.1  netmask 255.255.0.0  broadcast 172.17.255.255
        inet6 fe80::42:92ff:fe10:c81e  prefixlen 64  scopeid 0x20<link>
        ether 02:42:92:10:c8:1e  txqueuelen 0  (Ethernet)
        RX packets 3977  bytes 164187 (164.1 KB)
        RX errors 0  dropped 0  overruns 0  frame 0
        TX packets 6181  bytes 28784730 (28.7 MB)
        TX errors 0  dropped 0 overruns 0  carrier 0  collisions 0

enp0s3: flags=4163<UP,BROADCAST,RUNNING,MULTICAST>  mtu 1500
        inet 10.0.2.4  netmask 255.255.255.0  broadcast 10.0.2.255
        inet6 fe80::a00:27ff:fec3:3b5d  prefixlen 64  scopeid 0x20<link>
        ether 08:00:27:c3:3b:5d  txqueuelen 1000  (Ethernet)
        RX packets 389523  bytes 583658414 (583.6 MB)
        RX errors 0  dropped 0  overruns 0  frame 0
        TX packets 64305  bytes 4379973 (4.3 MB)
```

```
               TX errors 0  dropped 0 overruns 0  carrier 0  collisions 0

       lo: flags=73<UP,LOOPBACK,RUNNING>  mtu 65536
               inet 127.0.0.1  netmask 255.0.0.0
               inet6 ::1  prefixlen 128  scopeid 0x10<host>
               loop  txqueuelen 1000  (Local Loopback)
               RX packets 332  bytes 36527 (36.5 KB)
               RX errors 0  dropped 0  overruns 0  frame 0
               TX packets 332  bytes 36527 (36.5 KB)
               TX errors 0  dropped 0 overruns 0  carrier 0  collisions 0

       veth9816136: flags=4163<UP,BROADCAST,RUNNING,MULTICAST>  mtu 1500
               inet6 fe80::38a1:eaff:fe2e:a926  prefixlen 64  scopeid 0x20<link>
               ether 3a:a1:ea:2e:a9:26  txqueuelen 0  (Ethernet)
               RX packets 0  bytes 0 (0.0 B)
               RX errors 0  dropped 0  overruns 0  frame 0
               TX packets 13  bytes 1086 (1.0 KB)
               TX errors 0  dropped 0 overruns 0  carrier 0  collisions 0
```

❶ 터미널 2에서 **ifconfig** 명령어를 이용해 도커 호스트의 네트워크 정보를 확인합니다.

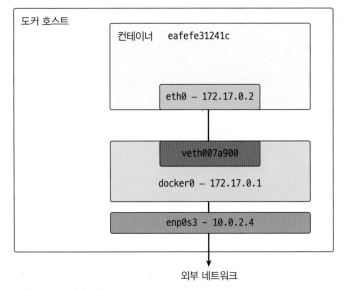

**그림 4-18** 도커 네트워크

[그림 4-18]을 보면 도커 호스트와 컨테이너 간의 네트워크 구조를 확인할 수 있습니다. 먼저 컨테이너 내부에는 자체적으로 eth0 인터페이스를 가지고 있는 것을 알 수 있습니다. 그리고 도커 호스

트에는 docker0, enp0s3, veth007a900이라는 인터페이스를 가지고 있습니다. docker0는 도커를 설치할 때 함께 설치되는 인터페이스로, 도커 호스트와 컨테이너를 연결하는 다리^Bridge 역할을 합니다. 그리고 컨테이너를 실행하면 veth라는 가상 인터페이스가 컨테이너 내부의 eth0과 도커 호스트의 docker0를 연결시켜 줍니다. 그리고 enp0s3는 도커 호스트 자체적으로 보유한 네트워크 인터페이스입니다.

 터미널 1
```
root@eafefe31241c:/# exit
exit
```

실습이 끝났으니 터미널 1을 통해 컨테이너에서 빠져나옵니다.

## 4.3.2 도커 네트워크 확인

이번에는 도커에서 컨테이너를 활용하기 위해 사용하는 네트워크에 대해 알아보겠습니다.

터미널 2
```
eevee@myserver01:~$ docker network ls          ❶
NETWORK ID      NAME       DRIVER    SCOPE
be8f8b63505a    bridge     bridge    local
2d1a75c7bcc7    host       host      local
0feadfe2e928    none       null      local
```

❶ 터미널 2에서 **docker network ls**를 입력하면 도커 네트워크를 확인할 수 있습니다. 위 결과와 같이 도커에서는 기본적으로 bridge, host, none이라는 세 가지 네트워크 드라이버를 제공합니다.

- **bridge 드라이버**: 컨테이너를 생성할 때 제공하는 기본 드라이버이며 각 컨테이너는 각자의 네트워크 인터페이스를 가집니다. 이는 도커 호스트의 docker0과 바인딩됩니다. bridge 드라이버는 컨테이너 생성 시 사용되는 기본 네트워크 드라이버이므로 우리가 지금까지 컨테이너를 생성할 때는 모두 bridge 드라이버를 사용한 것입니다. bridge 드라이버는 따로 옵션을 사용하지 않아도 적용되지만 **--network=bridge** 옵션을 사용할 수도 있습니다.

- **host 드라이버**: 컨테이너를 생성할 때 컨테이너 자체적으로 네트워크 인터페이스를 가지지 않고 호스트 네트워크 인터페이스를 공유합니다. host 드라이버를 사용하려면 컨테이너 실행 시 **--network=host**를 사용합니다. 다음은 host 드라이버를 활용해 컨테이너를 실행한 것입니다.

```
eevee@myserver01:~$ docker container run -it --network=host my-ubuntu:0.1        ❶
root@myserver01:/# ifconfig                                                       ❷
docker0: flags=4099<UP,BROADCAST,MULTICAST>  mtu 1500
        inet 172.17.0.1  netmask 255.255.0.0  broadcast 172.17.255.255
        inet6 fe80::42:92ff:fe10:c81e  prefixlen 64  scopeid 0x20<link>
        ether 02:42:92:10:c8:1e  txqueuelen 0  (Ethernet)
        RX packets 3977  bytes 164187 (164.1 KB)
        RX errors 0  dropped 0  overruns 0  frame 0
        TX packets 6181  bytes 28784730 (28.7 MB)
        TX errors 0  dropped 0 overruns 0  carrier 0  collisions 0

enp0s3: flags=4163<UP,BROADCAST,RUNNING,MULTICAST>  mtu 1500
        inet 10.0.2.4  netmask 255.255.255.0  broadcast 10.0.2.255
        inet6 fe80::a00:27ff:fec3:3b5d  prefixlen 64  scopeid 0x20<link>
        ether 08:00:27:c3:3b:5d  txqueuelen 1000  (Ethernet)
        RX packets 389578  bytes 583664246 (583.6 MB)
        RX errors 0  dropped 0  overruns 0  frame 0
        TX packets 64345  bytes 4387413 (4.3 MB)
        TX errors 0  dropped 0 overruns 0  carrier 0  collisions 0

lo: flags=73<UP,LOOPBACK,RUNNING>  mtu 65536
        inet 127.0.0.1  netmask 255.0.0.0
        inet6 ::1  prefixlen 128  scopeid 0x10<host>
        loop  txqueuelen 1000  (Local Loopback)
        RX packets 332  bytes 36527 (36.5 KB)
        RX errors 0  dropped 0  overruns 0  frame 0
        TX packets 332  bytes 36527 (36.5 KB)
        TX errors 0  dropped 0 overruns 0  carrier 0  collisions 0

root@myserver01:/# exit                                                          ❸
exit
```

위 결과와 같이 host 드라이버를 활용해 컨테이너를 실행한 후 네트워크 정보를 확인하면 호스트 네트워크 정보와 동일한 것을 볼 수 있습니다.

- **none 드라이버**: 실행한 컨테이너가 네트워크 인터페이스를 가지지 않아 컨테이너 외부와의 통신이 불가능합니다. none 드라이버를 사용하려면 컨테이너 실행 시 **--network=none** 옵션을 사용합니다. 다음은 none 드라이버를 활용해 컨테이너를 생성한 것입니다.

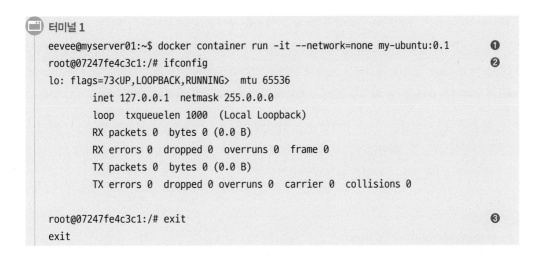

```
터미널 1
eevee@myserver01:~$ docker container run -it --network=none my-ubuntu:0.1        ❶
root@07247fe4c3c1:/# ifconfig                                                     ❷
lo: flags=73<UP,LOOPBACK,RUNNING>  mtu 65536
        inet 127.0.0.1  netmask 255.0.0.0
        loop  txqueuelen 1000  (Local Loopback)
        RX packets 0  bytes 0 (0.0 B)
        RX errors 0  dropped 0  overruns 0  frame 0
        TX packets 0  bytes 0 (0.0 B)
        TX errors 0  dropped 0 overruns 0  carrier 0  collisions 0

root@07247fe4c3c1:/# exit                                                         ❸
exit
```

위 결과와 같이 none 드라이버를 활용하면 컨테이너 자체적으로 네트워크 인터페이스를 가지고 있지 않는 것을 확인할 수 있습니다.

### 4.3.3 호스트에서 컨테이너로 파일 전송

지금까지는 도커 호스트에서 컨테이너를 실행했습니다. 그렇다면 도커 호스트에 존재하는 파일을 도커 컨테이너로 전송할 수는 없을까요? 이를 위해 호스트에서 컨테이너로 파일을 전송하는 실습을 하겠습니다.

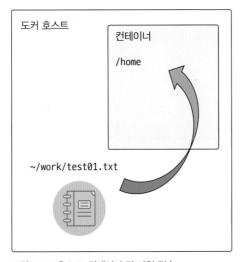
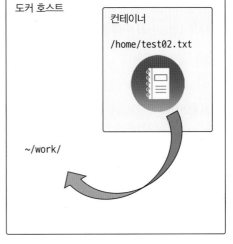

그림 4-19 호스트, 컨테이너 간 파일 전송

[그림 4-19]는 도커 호스트와 컨테이너 간 파일 전송을 나타낸 것입니다. 지금부터는 이 그림과 같은 실습을 진행할 예정입니다. 왼쪽 그림은 도커 호스트에 존재하는 test01.txt 파일을 도커 컨테이너 내부의 /home 경로에 복사하는 과정을 나타낸 것이고 오른쪽 그림은 컨테이너 내부의 /home 경로에 존재하는 test02.txt 파일을 도커 호스트에 복사하는 과정을 나타낸 것입니다.

이번 실습에서는 터미널 두 개가 필요합니다. 터미널 1은 호스트를 담당하고 터미널 2는 컨테이너 내부를 담당합니다. 즉, 터미널 1을 통해 호스트에 존재하는 파일을 컨테이너로 전송하고 터미널 2를 통해 컨테이너에 전송된 파일을 확인하겠습니다.

---

🖥️ **터미널 1**

```
eevee@myserver01:~$ cd work/                                    ❶
eevee@myserver01:~/work$ mkdir ch04                             ❷
eevee@myserver01:~/work$ ls                                     ❸
ch04
eevee@myserver01:~/work$ cd ch04/                              ❹
eevee@myserver01:~/work/ch04$ mkdir ex01                       ❺
eevee@myserver01:~/work/ch04$ ls                               ❻
ex01
eevee@myserver01:~/work/ch04$ cd ex01/                         ❼
eevee@myserver01:~/work/ch04/ex01$ vim test01.txt             ❽
Hello, I am Cheolwon.
eevee@myserver01:~/work/ch04/ex01$ cat test01.txt             ❾
Hello, I am Cheolwon.
eevee@myserver01:~/work/ch04/ex01$ pwd                         ❿
/home/eevee/work/ch04/ex01
```

---

다음 실습은 터미널 1에서 수행합니다.

❶ work 디렉터리로 이동합니다.

❷ 4장 실습 파일을 저장할 디렉터리를 만들어줍니다.

❸ 파일 목록을 확인합니다.

❹ ch04 디렉터리로 이동합니다.

❺ 이번 실습에 사용할 파일을 저장할 ex01이라는 디렉터리를 만듭니다.

❻ 제대로 만들어졌는지 확인합니다.

❼ ex01 디렉터리로 이동합니다.

❽ vim 편집기를 통해 test01.txt라는 파일을 만들고 적절한 문구를 입력합니다.

**⑨** cat 명령어를 통해 해당 파일 내용을 출력하면 데이터가 올바르게 저장되어 있는 것을 알 수 있습니다.

**⑩** pwd 명령어를 통해 현재 위치를 파악합니다.

🖥 **터미널 2**

```
eevee@myserver01:~$ docker container run -it ubuntu          ❶
root@fdf411cb471e:/# ls                                      ❷
bin   dev  home  lib32  libx32  mnt  proc  run   srv  tmp  var
boot  etc  lib   lib64  media   opt  root  sbin  sys  usr
root@fdf411cb471e:/# cd home/                                ❸
root@fdf411cb471e:/home# ls                                  ❹
root@fdf411cb471e:/home#
```

다음 실습은 터미널 2에서 수행합니다.

**❶** ubuntu 컨테이너를 실행합니다.

**❷** 컨테이너 내부에서 ls 명령어를 통해 파일 목록을 출력합니다.

**❸** home 디렉터리로 이동합니다.

**❹** ls 명령어를 입력하면 home 디렉터리 내부에는 파일이 존재하지 않는 것을 알 수 있습니다.

잠시 후 이곳에는 호스트로부터 받은 파일이 생성됩니다.

🖥 **터미널 1**

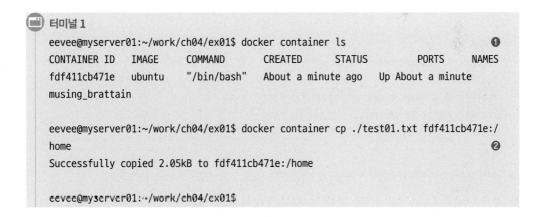

```
eevee@myserver01:~/work/ch04/ex01$ docker container ls                        ❶
CONTAINER ID   IMAGE     COMMAND       CREATED          STATUS          PORTS      NAMES
fdf411cb471e   ubuntu    "/bin/bash"   About a minute ago   Up About a minute
musing_brattain

eevee@myserver01:~/work/ch04/ex01$ docker container cp ./test01.txt fdf411cb471e:/
home                                                                          ❷
Successfully copied 2.05kB to fdf411cb471e:/home

eevee@myserver01:~/work/ch04/ex01$
```

다시 터미널 1로 돌아옵니다.

**❶** 터미널 1에서 실행 중인 컨테이너 목록을 확인하면 터미널 2에서 실행했던 컨테이너가 실행 중임을 알 수 있습니다.

**❷** docker container cp 명령어를 통해 호스트에 존재하는 파일을 컨테이너 내부로 복사합니다. 파일 복사 명령어는 다음과 같습니다.

**docker container cp [출발 경로/보내고 싶은 파일명] [도착 컨테이너:파일 저장 경로]**

이 명령어를 이용해 호스트에 존재하는 test01.txt 파일을 fdf411cb471e 컨테이너의 home 디렉터리로 복사할 수 있습니다.

---

📺 **터미널 2**

```
root@fdf411cb471e:/home# ls                    ❶
test01.txt
root@fdf411cb471e:/home# cat test01.txt        ❷
Hello, I am Cheolwon.
```

---

터미널 2로 이동합니다.

❶ 파일 목록을 확인하면 test01.txt 파일이 존재하는 것을 볼 수 있습니다.

❷ 내용물을 출력하면 앞서 생성한 파일임을 확인할 수 있습니다.

## 4.3.4 컨테이너에서 호스트로 파일 전송

이번에는 반대로 컨테이너에서 호스트로 파일을 전송하겠습니다. 터미널 2에서 확인할 수 있는 파일을 터미널 1의 호스트로 전송하는 것입니다. 먼저 터미널 2를 보겠습니다.

---

📺 **터미널 2**

```
root@fdf411cb471e:/home# ls                              ❶
test01.txt
root@fdf411cb471e:/home# cp test01.txt test02.txt        ❷
root@fdf411cb471e:/home# ls                              ❸
test01.txt  test02.txt
```

---

❶ 터미널 2에서 파일 목록을 확인하면 이전에 호스트로 받은 test01.txt 파일을 확인할 수 있습니다.

❷ cp 명령어를 통해 test01.txt 파일을 복사해 test02.txt 파일을 생성합니다.

❸ 다시 파일 목록을 확인하면 test02.txt 파일이 생성된 것을 볼 수 있습니다. 우리는 이렇게 생성한 test02.txt 파일을 호스트로 복사할 것입니다. 터미널 1로 이동합니다.

여기서 주의할 점은 컨테이너에서 호스트로 파일 전송을 한다고 해서 컨테이너가 실행 중인 터미널 2에서 파일 복사 명령어를 입력하는 것이 아니라 터미널 1에서 명령한다는 점입니다. 이는 생각해보면 터미널 2의 컨테이너 내부에는 도커가 설치되어 있지 않으므로 컨테이너 내부에서는 도커 명령어를 실행할 수 없다는 것을 알 수 있습니다.

터미널 1

```
eevee@myserver01:~/work/ch04/ex01$ pwd                              ❶
/home/eevee/work/ch04/ex01

eevee@myserver01:~/work/ch04/ex01$ ls                               ❷
test01.txt

eevee@myserver01:~/work/ch04/ex01$ docker cp fdf411cb471e:/home/test02.txt /home/
eevee/work/ch04/ex01                                                ❸

Successfully copied 2.05kB to /home/eevee/work/ch04/ex01

eevee@myserver01:~/work/ch04/ex01$ ls                               ❹
test01.txt   test02.txt

eevee@myserver01:~/work/ch04/ex01$ cat test02.txt                  ❺
Hello, I am Cheolwon.
```

❶ 컨테이너로부터 전송받은 파일을 저장할 호스트 경로를 터미널 1에서 확인합니다.

❷ 파일 목록을 확인하면 이전에 생성한 test01.txt 파일만 존재하는 것을 알 수 있습니다.

❸ **docker cp** 명령어를 통해 파일을 복사합니다. 출력 메시지를 보면 성공적으로 복사된 것을 볼 수 있습니다.

❹ 파일 목록을 확인하면 test02.txt 파일이 복사되어 있는 것을 알 수 있습니다.

❺ 파일 내용이 정확히 출력되는 것을 알 수 있습니다.

터미널 2

```
root@fdf411cb471e:/home# exit
exit
eevee@myserver01:~$
```

실습이 끝났으니 터미널 2를 통해 컨테이너 접속을 빠져나옵니다.

## 4.4 도커 스토리지

도커 컨테이너는 언젠가는 삭제되기 때문에 도커 컨테이너의 파일을 보존하기 위해서는 도커 스토리지가 필요합니다. 이 절에서는 도커 스토리지의 개념과 필요성 그리고 도커 스토리지의 종류에 대해 알아보겠습니다.

### 4.4.1 도커 스토리지의 개념

지금까지 도커 컨테이너의 성질을 보면 컨테이너가 삭제되면 컨테이너 내부에 존재하는 파일도 함께 사라지는 것을 알 수 있습니다. 그렇다면 도커 컨테이너 내부에서 사용되거나 생성되는 데이터가 컨테이너 실행 여부와 상관없이 유지할 수 있는 방법은 없을까요? 이를 위해 도커 스토리지라는 개념이 사용됩니다. 도커 스토리지는 도커 컨테이너에서 생성되는 데이터를 보존하기 위해 사용합니다.

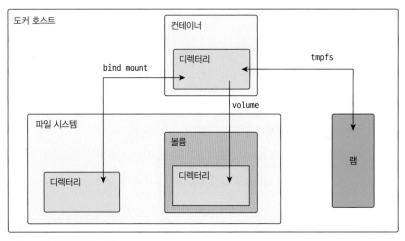

그림 4-20 도커 볼륨의 종류

[그림 4-20]의 bind mount, volume, tmpfs와 같이 도커 스토리지에는 세 가지 종류가 있습니다. 먼저 bind mount 방식의 경우 도커 호스트 디렉터리를 직접 공유하는 방식입니다. 그리고 volume은 도커를 활용해 볼륨을 생성한 후 컨테이너의 디렉터리와 공유하는 방식입니다. 마지막으로 tmpfs 방식은 도커 호스트 메모리에 파일이 저장되는 방식인데 컨테이너를 삭제하면 해당 파일도 함께 삭제됩니다. 각 방식의 세부적인 내용은 이후에 자세히 알아보겠습니다.

## 4.4.2 도커 스토리지의 필요성

도커 스토리지가 따로 필요한 이유는 무엇일까요? 데이터베이스의 한 종류인 PostgreSQL을 통해 도커 볼륨이 필요한 이유에 대해 알아보겠습니다.

그림 4-21 도커 허브에서 PostgreSQL 확인

먼저 도커 허브에서 postgres를 검색하면 [그림 4-21]과 같은 결과를 확인할 수 있는데, 검색 결과와 같은 postgres 이미지를 컨테이너로 다운로드하겠습니다.

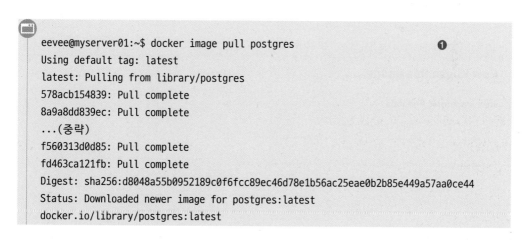

위 실습 내용은 도커 허브에서 postgres를 다운로드한 내용입니다.

❶ **docker image pull** 명령어를 이용해 PostgreSQL의 이미지를 다운로드하면 위 결과와 같습니다.

```
eevee@myserver01:~$ docker image ls                                    ❶
REPOSITORY      TAG        IMAGE ID        CREATED          SIZE
my-ubuntu       0.1        8252e4215d03    46 minutes ago   125MB
python          3.11.6     3f7984adbac4    2 weeks ago      1.01GB
ubuntu          latest     e4c58958181a    3 weeks ago      77.8MB
postgres        latest     fbd1be2cbb1f    6 weeks ago      417MB         ❷
```

❶ 이 명령어로 이미지 목록을 확인합니다.

❷ 그러면 postgres 이미지를 확인할 수 있습니다.

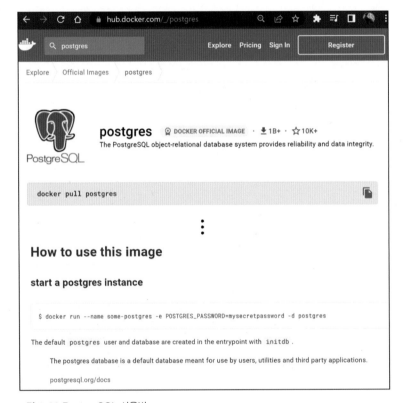

**그림 4-22** PostgreSQL 사용법

[그림 4-22]와 같이 도커 허브 검색 결과를 보면 postgres 컨테이너 실행 방법을 알 수 있습니다.
이를 참고해서 PostgreSQL 컨테이너를 실행하면 다음과 같습니다.

```
eevee@myserver01:~$ docker container run --name some-postgres -e POSTGRES_
PASSWORD=mysecretpassword -d postgres                         ❶


a9035064d02f41a63b6ef1c54fd00b3b2495d8c984064050dbd633a0937bd495


eevee@myserver01:~$ docker container ls                       ❷
CONTAINER ID   IMAGE      COMMAND              CREATED         STATUS
PORTS          NAMES
a9035064d02f   postgres   "docker-entrypoint.s…"  8 seconds ago   Up 8 seconds
5432/tcp       some-postgres
```

❶ 컨테이너를 실행하는 명령어입니다. **--name** 옵션은 컨테이너 이름을 의미하며 **-e**는 환경 변수를 설정하는 옵션
입니다. 이번 실습에서는 PostgreSQL의 비밀번호를 입력합니다. **-d** 옵션은 백그라운드 실행을 의미합니다.

❷ 컨테이너 목록을 확인하면 PostgreSQL 컨테이너가 실행 중임을 확인할 수 있습니다.

```
eevee@myserver01:~$ docker container exec -it a9035064d02f /bin/bash   ❶
root@a9035064d02f:/# psql -U postgres                                  ❷
psql (16.0 (Debian 16.0-1.pgdg120+1))
Type "help" for help.

postgres=# CREATE USER user01 PASSWORD '1234' SUPERUSER;               ❸
CREATE ROLE

postgres=# CREATE DATABASE test01 OWNER user01;                       ❹
CREATE DATABASE

postgres=# \c test01 user01                                           ❺
You are now connected to database "test01" as user "user01".

test01=# CREATE TABLE table01(
    id INTEGER PRIMARY KEY,
    name VARCHAR(20)
);                                                                    ❻
CREATE TABLE

test01=# \dt                                                          ❼
        List of relations
 Schema ¦  Name   ¦ Type  ¦ Owner
--------+---------+-------+--------
```

```
   public | table01 | table | user01
 (1 row)


 test01=# SELECT * FROM table01;                                        ❽
  id | name
 ----+------
 (0 rows)


 test01=# INSERT INTO table01 (id, name)
 VALUES(
     1,
     'Cheolwon'
 );                                                                     ❾
 INSERT 0 1


 test01=# SELECT * FROM table01;                                        ❿
  id |   name
 ----+----------
   1 | Cheolwon
 (1 row)


 test01=# \q                                                            ⓫
 root@a9035064d02f:/# exit                                              ⓬
 exit
 eevee@myserver01:~$
```

위 실습은 PostgreSQL에 접속해서 사용자, 데이터베이스, 테이블을 생성하는 코드입니다.

❶ 먼저 **exec -it** 옵션을 이용해 실행 중인 컨테이너 내부에 접속합니다.

❷ 접속한 컨테이너 내부에서 **psql** 명령어를 이용해 postgres 계정으로 PostgreSQL에 접속합니다. 이때 **-U**는 username을 의미합니다.

❸ SUPERUSER 권한을 부여한 user01이라는 새로운 사용자를 생성합니다.

❹ test01이라는 새로운 데이터베이스를 생성합니다. 소유자는 user01이라고 설정합니다.

❺ 설정이 끝났으면 user01으로 test01 데이터베이스에 접속합니다.

❻ test01 데이터베이스에 table01이라는 간단한 테이블을 생성합니다.

❼ 테이블 목록을 확인하면 방금 생성한 table01 테이블을 확인할 수 있습니다.

❽ table01 테이블의 데이터를 조회하면 아무것도 없는 것을 알 수 있습니다.

❾ **INSERT INTO**를 이용해 table01에 데이터를 삽입합니다.

⑩ 다시 table01 테이블의 데이터를 조회하면 데이터를 확인할 수 있습니다.

⑪ 실습이 끝났으니 PostgreSQL에서 빠져나갑니다.

⑫ 컨테이너에서도 빠져나갑니다.

그렇다면 이렇게 생성한 데이터는 언제까지 유지될 수 있을까요? 컨테이너를 정지시킨 후 다시 실행해서 앞서 생성한 데이터가 유지되는지 확인하겠습니다.

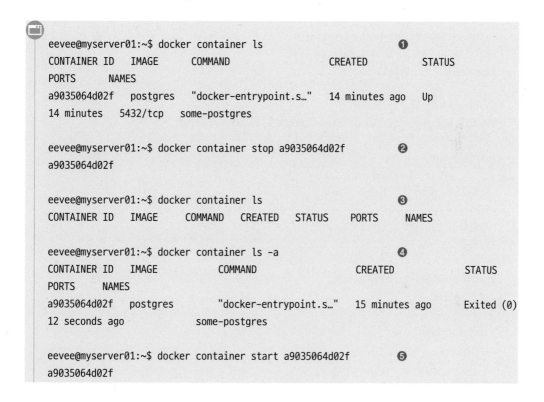

```
eevee@myserver01:~$ docker container ls                    ❶
CONTAINER ID   IMAGE      COMMAND             CREATED         STATUS
PORTS       NAMES
a9035064d02f   postgres   "docker-entrypoint.s…"  14 minutes ago   Up
14 minutes   5432/tcp   some-postgres

eevee@myserver01:~$ docker container stop a9035064d02f     ❷
a9035064d02f

eevee@myserver01:~$ docker container ls                    ❸
CONTAINER ID   IMAGE     COMMAND    CREATED   STATUS    PORTS     NAMES

eevee@myserver01:~$ docker container ls -a                 ❹
CONTAINER ID   IMAGE      COMMAND              CREATED         STATUS
PORTS     NAMES
a9035064d02f   postgres       "docker-entrypoint.s…"  15 minutes ago   Exited (0)
12 seconds ago           some-postgres

eevee@myserver01:~$ docker container start a9035064d02f    ❺
a9035064d02f
```

위 실습은 실행 중인 PostgreSQL 컨테이너를 정지시키는 코드입니다.

❶ 실행 중인 컨테이너를 확인하면 PostgreSQL 컨테이너가 실행 중인 것을 알 수 있습니다.

❷ **docker container stop [컨테이너 ID]** 명령어를 이용해 실행 중인 컨테이너를 정지시킵니다.

❸ 실행 중인 컨테이너 목록을 확인하면 없는 것을 볼 수 있습니다.

그럼 이렇게 정지시킨 PostgreSQL 컨테이너를 재실행하고 이전 실습에서 생성했던 데이터가 보존되는지 확인하겠습니다.

❹ 컨테이너 전체 목록을 확인해 PostgresSQL 컨테이너의 컨테이너 ID를 확인합니다.

❺ **docker container start [컨테이너 ID]** 명령어를 입력하면 정지 상태의 컨테이너를 실행할 수 있습니다.

```
eevee@myserver01:~$ docker container ls                          ❶
CONTAINER ID    IMAGE       COMMAND             CREATED          STATUS
PORTS       NAMES
a9035064d02f    postgres    "docker-entrypoint.s…"  19 minutes ago   Up
3 minutes    5432/tcp    some-postgres

eevee@myserver01:~$ docker container exec -it a9035064d02f /bin/bash   ❷

root@a9035064d02f:/# psql -U postgres                            ❸
psql (16.0 (Debian 16.0-1.pgdg120+1))
Type "help" for help.

postgres=# \c test01 user01                                     ❹
You are now connected to database "test01" as user "user01".

test01=# \dt                                                    ❺
        List of relations
 Schema ¦  Name   ¦ Type  ¦ Owner
--------+---------+-------+---------
 public ¦ table01 ¦ table ¦ user01
(1 row)

test01=# SELECT * FROM table01;                                 ❻
 id ¦   name
----+-----------
  1 ¦ Cheolwon
(1 row)

test01=# \q                                                     ❼
root@a9035064d02f:/# exit                                       ❽
exit
eevee@myserver01:~$
```

위 실습은 다시 실행한 PostgreSQL 컨테이너 내부에 접속해 이전 실습에서 생성한 데이터가 유지되는지 확인하는 것입니다.

❶ 실행 중인 컨테이너 목록을 확인하면 이전 실습에서 다시 실행한 PostgreSQL이 실행 중임을 알 수 있습니다.

❷ **docker container exec -it [컨테이너 ID]** 명령어를 이용해 실행 중인 컨테이너 내부에 접속합니다.

❸ 앞선 실습과 마찬가지로 **psql** 명령어를 이용해 postgres 계정으로 PostgreSQL에 접속합니다.

❹ user01로 test01 데이터베이스에 접속합니다. 이 명령어가 정상적으로 실행되는 것을 보면 앞서 생성한 user01 이라는 사용자 데이터가 그대로 보존되고 있는 것을 알 수 있습니다.

❺ 테이블 목록을 확인하면 앞서 생성한 table01을 확인할 수 있습니다.

❻ table01의 데이터를 조회하면 앞서 생성한 데이터가 그대로 유지되는 것을 볼 수 있습니다.

위 실습과 같이 컨테이너를 정지시킨 후 다시 실행해도 앞서 생성했던 테이블이 여전히 살아있는 것을 볼 수 있습니다.

❼ 실습이 끝났으므로 PostgreSQL을 종료합니다.

❽ 컨테이너에서도 빠져나옵니다.

지금부터 컨테이너를 단순히 정지시키는 것이 아닌 삭제를 한 후 새로운 컨테이너를 생성하면 데이터는 어떻게 되는지도 확인하겠습니다.

```
eevee@myserver01:~$ docker container ls                    ❶
CONTAINER ID   IMAGE      COMMAND            CREATED         STATUS        PORT
a9035064d02f   postgres   "docker-entrypoint.s…"   23 minutes ago   Up 7 minutes   5432

eevee@myserver01:~$ docker container stop a9035064d02f     ❷
a9035064d02f

eevee@myserver01:~$ docker container ls -a                 ❸
CONTAINER ID   IMAGE      COMMAND            CREATED         STATUS
PORTS       NAMES
a9035064d02f   postgres   "docker-entrypoint.s…"   24 minutes ago   Exited (0)
7 seconds ago               some-postgres

eevee@myserver01:~$ docker container rm a9035064d02f       ❹
a9035064d02f

eevee@myserver01:~$ docker container ls -a                 ❺
CONTAINER ID   IMAGE      COMMAND   CREATED   STATUS     PORTS       NAMES
```

위 실습은 컨테이너를 삭제하는 것입니다.

❶ 실행 중인 컨테이너를 확인합니다.

❷ 실행 중인 PostgreSQL 컨테이너를 정지시킵니다.

❸ 컨테이너 전체 목록을 확인합니다.

❹ 앞서 정지시킨 PostgreSQL 컨테이너를 삭제합니다. 컨테이너 삭제를 할 때는 **docker container rm [컨테이너 ID]** 명령어를 사용합니다.

❺ 컨테이너 전체 목록을 확인하면 해당 컨테이너가 삭제된 것을 확인할 수 있습니다.

새로운 컨테이너를 생성한 후 데이터가 보존되는지도 살펴보겠습니다.

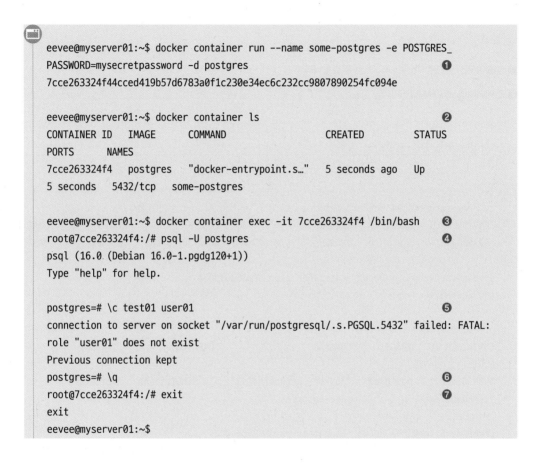

```
eevee@myserver01:~$ docker container run --name some-postgres -e POSTGRES_
PASSWORD=mysecretpassword -d postgres                                    ❶
7cce263324f44cced419b57d6783a0f1c230e34ec6c232cc9807890254fc094e

eevee@myserver01:~$ docker container ls                                  ❷
CONTAINER ID   IMAGE      COMMAND                CREATED        STATUS
PORTS       NAMES
7cce263324f4   postgres   "docker-entrypoint.s…"  5 seconds ago   Up
5 seconds    5432/tcp   some-postgres

eevee@myserver01:~$ docker container exec -it 7cce263324f4 /bin/bash     ❸
root@7cce263324f4:/# psql -U postgres                                    ❹
psql (16.0 (Debian 16.0-1.pgdg120+1))
Type "help" for help.

postgres=# \c test01 user01                                             ❺
connection to server on socket "/var/run/postgresql/.s.PGSQL.5432" failed: FATAL:
role "user01" does not exist
Previous connection kept
postgres=# \q                                                          ❻
root@7cce263324f4:/# exit                                              ❼
exit
eevee@myserver01:~$
```

위 실습은 새로운 컨테이너를 생성하고 앞선 실습에서 생성한 데이터가 보존되었는지 확인하는 것입니다.

❶ postgres 이미지를 이용해 새로운 컨테이너를 실행합니다.

❷ 컨테이너 목록을 확인하면 PostgreSQL 컨테이너가 실행 중인 것을 알 수 있습니다.

❸ **docker container exec -it [컨테이너 ID]** 명령어로 실행 중인 컨테이너에 접속합니다.

❹ 컨테이너 내부에서 **psql** 명령어를 이용해 postgres 사용자로 PostgreSQL에 접속합니다.

❺ user01로 test01 데이터베이스에 접속하는 명령어를 실행하면 에러 메시지가 뜨는데 이를 살펴보면 user01이라

는 사용자가 존재하지 않는 것을 알 수 있습니다. 이와 같이 새롭게 생성한 컨테이너에는 앞서 만들었던 user01이라는 사용자가 존재하지 않는 것을 볼 수 있습니다.

❻ 실습이 끝났으므로 PostgreSQL을 종료합니다.

❼ 컨테이너에서 빠져나옵니다.

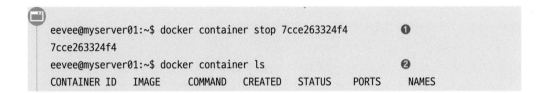

```
eevee@myserver01:~$ docker container stop 7cce263324f4          ❶
7cce263324f4
eevee@myserver01:~$ docker container ls                         ❷
CONTAINER ID   IMAGE   COMMAND   CREATED   STATUS   PORTS   NAMES
```

실습이 끝났으니 다음 과정으로 마무리합니다.

❶ 해당 컨테이너를 정지합니다.

❷ 컨테이너가 성공적으로 정지되었는지 확인합니다.


### 4.4.3 volume

앞서 도커 스토리지에는 세 가지 종류가 있다고 했습니다. 그중 volume 방식을 활용해 PostgreSQL 데이터를 관리하는 실습을 하겠습니다. volume은 도커 컨테이너에서 생성되는 데이터가 컨테이너를 삭제한 후에도 유지될 수 있도록 도와주는 저장소입니다. volume은 도커에 의해 관리됩니다.

```
eevee@myserver01:~$ docker volume ls                                         ❶
DRIVER     VOLUME NAME
local      77c983c5230ba4709c1e777cb44cf39ad8ec9e35fe7a7a8848712b7edd5ed7df
local      97e2725973a722816e5f10e47ff57c776a5672ea4a20b9d34f51b2ec18b13c0a

eevee@myserver01:~$ docker volume create myvolume01                          ❷
myvolume01

eevee@myserver01:~$ docker volume ls                                         ❸
DRIVER     VOLUME NAME
local      77c983c5230ba4709c1e777cb44cf39ad8ec9e35fe7a7a8848712b7edd5ed7df
local      97e2725973a722816e5f10e47ff57c776a5672ea4a20b9d34f51b2ec18b13c0a
local      myvolume01                                                        ❹
```

앞의 과정은 도커 볼륨을 생성하는 실습입니다.

❶ docker volume ls 명령어를 입력하면 도커 볼륨 리스트를 확인할 수 있습니다.

❷ docker volume create [도커 볼륨명] 명령어를 입력하면 자신이 원하는 도커 볼륨을 생성할 수 있습니다. 이 실습
에서는 myvolume01이라는 이름으로 생성했습니다.

❸ 도커 볼륨을 다시 확인합니다.

❹ myvolume01이라는 도커 볼륨이 생성된 것을 확인할 수 있습니다.

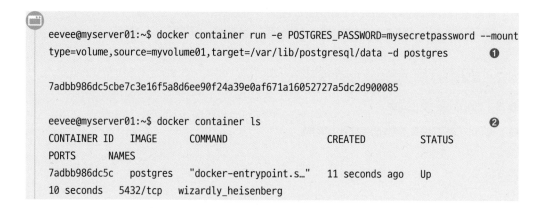

```
eevee@myserver01:~$ docker container run -e POSTGRES_PASSWORD=mysecretpassword --mount
type=volume,source=myvolume01,target=/var/lib/postgresql/data -d postgres         ❶

7adbb986dc5cbe7c3e16f5a8d6ee90f24a39e0af671a16052727a5dc2d900085

eevee@myserver01:~$ docker container ls                                           ❷
CONTAINER ID    IMAGE       COMMAND            CREATED         STATUS
PORTS        NAMES
7adbb986dc5c    postgres    "docker-entrypoint.s…"  11 seconds ago    Up
10 seconds    5432/tcp    wizardly_heisenberg
```

앞서 도커 볼륨을 생성했으니 이번에는 컨테이너를 실행하겠습니다.

❶ 도커 볼륨 myvolume01과 연동시켜 PostgreSQL 컨테이너를 실행하겠습니다. --mount 옵션을 활용해
source=[도커 볼륨명], target=[컨테이너 내부 경로] 형태로 사용합니다. 명령어 중 쉼표(,)를 사용할 때 띄어쓰기
를 하지 않는다는 점에 주의해야 합니다. 위 과정은 myvolume01 볼륨과 컨테이너 내부의 /var/lib/postgresql/
data 경로를 연결시키는 것을 의미합니다.

이렇게 컨테이너를 실행하면 컨테이너 내부의 /var/lib/postgresql/data 경로에 존재하는 파일들
은 모두 도커 볼륨에 보관됩니다. 참고로 /var/lib/postgresql/data은 PostgreSQL에서 데이터가
보관되는 경로입니다.

❷ 실행 중인 컨테이너를 확인하면 앞서 생성한 PostgreSQL 컨테이너가 실행 중임을 확인할 수 있습니다.

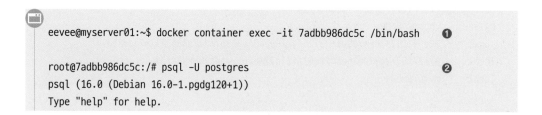

```
eevee@myserver01:~$ docker container exec -it 7adbb986dc5c /bin/bash        ❶

root@7adbb986dc5c:/# psql -U postgres                                       ❷
psql (16.0 (Debian 16.0-1.pgdg120+1))
Type "help" for help.
```

```
postgres=# CREATE USER user01 PASSWORD '1234' SUPERUSER;          ❸
CREATE ROLE

postgres=# \du                                                    ❹
                        List of roles
 Role name ¦                      Attributes
-----------+------------------------------------------------------------
 postgres  ¦ Superuser, Create role, Create DB, Replication, Bypass RLS
 user01    ¦ Superuser

postgres=# \q                                                     ❺

root@7adbb986dc5c:/# cd /var/lib/postgresql/data/                 ❻

root@7adbb986dc5c:/var/lib/postgresql/data# ls                    ❼
base            pg_ident.conf pg_serial      pg_tblspc     postgresql.auto.conf
global          pg_logical    pg_snapshots   pg_twophase   postgresql.conf
pg_commit_ts    pg_multixact  pg_stat        PG_VERSION    postmaster.opts
pg_dynshmem     pg_notify     pg_stat_tmp    pg_wal        postmaster.pid
pg_hba.conf     pg_replslot   pg_subtrans    pg_xact

root@7adbb986dc5c:/var/lib/postgresql/data# exit                  ❽
exit

eevee@myserver01:~$
```

이번에는 컨테이너 내부에 접속해서 새로운 사용자를 생성하겠습니다.

❶ 컨테이너 내부에 접속합니다.

❷ **psql** 명령어를 입력해서 postgres 사용자로 PostgreSQL에 접속합니다.

❸ user01이라는 사용자를 SUPERUSER 권한으로 생성합니다.

❹ 사용자 목록을 확인하면 방금 생성한 user01이라는 사용자를 확인할 수 있습니다. 바로 이 user01이라는 사용자 데이터가 도커 볼륨에 의해 유지될 예정입니다.

❺ PostgreSQL을 종료합니다.

❻ /var/lib/postgresql/data/로 이동합니다.

❼ 파일 목록을 확인합니다. **ls** 출력 결과로 나오는 파일들이 도커 볼륨에 저장될 예정입니다.

❽ 실습이 끝났으면 컨테이너에서 빠져나옵니다.

```
eevee@myserver01:~$ docker container ls                              ❶
CONTAINER ID    IMAGE      COMMAND             CREATED          STATUS
PORTS        NAMES
7adbb986dc5c    postgres   "docker-entrypoint.s…"   10 minutes ago   Up
10 minutes    5432/tcp   wizardly_heisenberg

eevee@myserver01:~$ docker container stop 7adbb986dc5c               ❷
7adbb986dc5c

eevee@myserver01:~$ docker container rm 7adbb986dc5c                 ❸
7adbb986dc5c
```

이번에는 앞선 실습과 같이 컨테이너를 완전히 삭제한 후 새로운 컨테이너를 생성했을 때 데이터가
유지되는지 확인하겠습니다.

❶ 먼저 실행 중인 컨테이너를 확인합니다.

❷ 컨테이너를 정지시킵니다.

❸ 컨테이너를 삭제합니다.

```
eevee@myserver01:~$ docker container run -e POSTGRES_PASSWORD=mysecretpassword -v
myvolume01:/var/lib/postgresql/data -d postgres                     ❶
41cd059e3d97e231aa0186e910e250a70ac12a1c4dc43b32db60d56546a39233

eevee@myserver01:~$ docker container ls                              ❷
CONTAINER ID    IMAGE      COMMAND             CREATED          STATUS
PORTS        NAMES
41cd059e3d97    postgres   "docker-entrypoint.s…"   7 seconds ago    Up
6 seconds    5432/tcp   relaxed_albattani

eevee@myserver01:~$ docker exec -it 41cd059e3d97 /bin/bash          ❸
root@41cd059e3d97:/# psql -U postgres                               ❹
psql (16.0 (Debian 16.0-1.pgdg120+1))
Type "help" for help.

postgres=# \du                                                     ❺
                        List of roles
 Role name ¦                        Attributes
-----------+------------------------------------------------------------
```

```
   postgres  ┆ Superuser, Create role, Create DB, Replication, Bypass RLS
   user01    ┆ Superuser

postgres=# \q                                                        ❻
root@41cd059e3d97:/# exit                                            ❼
exit
```

앞선 실습과 같이 컨테이너를 삭제한 이후 새로운 컨테이너를 생성해서 기존 데이터가 유지되는지
확인하겠습니다.

❶ postgres 이미지를 이용해 PostgreSQL 컨테이너를 실행합니다. 앞선 실습과 마찬가지로 myvolume01 볼륨과
  컨테이너 내부 경로 /var/lib/postgresql/data를 연결해서 실행합니다. 도커 볼륨을 컨테이너 내부 경로에 사용할
  때는 앞선 실습과 같이 **--mount** 옵션을 사용할 수도 있고 이번 실습처럼 **-v** 옵션을 사용할 수도 있습니다. −v에
  서 v는 volume의 줄임말로 **--volume** 형태로 사용할 수도 있습니다.

❷ 실행 중인 컨테이너 목록을 확인하면 PostgreSQL 컨테이너가 실행 중임을 볼 수 있습니다.

❸ 컨테이너 내부에 접속합니다.

❹ **psql** 명령어를 이용해 postgres 계정으로 PostgreSQL에 접속합니다.

❺ 사용자 목록을 확인하면 이전 실습에서 생성했던 user01이 존재하는 것을 볼 수 있습니다. 이처럼 도커 볼륨을 활용
  하면 컨테이너가 삭제되어도 컨테이너 내부 데이터를 관리하기 편리하다는 것을 알 수 있습니다.

❻ 실습이 끝났으니 종료합니다.

❼ 컨테이너에서 빠져나갑니다.

```
eevee@myserver01:~$ docker volume inspect myvolume01                 ❶
[
    {
        "CreatedAt": "2023-11-02T05:15:10Z",
        "Driver": "local",
        "Labels": null,
        "Mountpoint": "/var/lib/docker/volumes/myvolume01/_data",    ❷
        "Name": "myvolume01",
        "Options": null,
        "Scope": "local"
    }
]
```

❶ 도커 호스트에서 **inspect** 명령어를 사용하면 볼륨의 정보를 확인할 수 있습니다.

❷ Mountpoint가 컨테이너의 데이터를 보관하는 로컬 호스트 경로입니다. 즉, myvolume01이라는 볼륨에서 관리하는 데이터가 존재하는 경로는 /var/lib/docker/volumes/myvolume01/_data라는 뜻입니다.

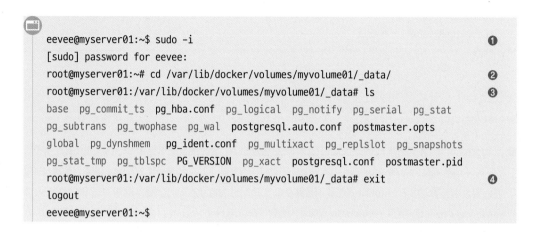

```
eevee@myserver01:~$ sudo -i                                               ❶
[sudo] password for eevee:
root@myserver01:~# cd /var/lib/docker/volumes/myvolume01/_data/           ❷
root@myserver01:/var/lib/docker/volumes/myvolume01/_data# ls              ❸
base  pg_commit_ts  pg_hba.conf  pg_logical  pg_notify  pg_serial  pg_stat
pg_subtrans  pg_twophase  pg_wal  postgresql.auto.conf  postmaster.opts
global  pg_dynshmem  pg_ident.conf  pg_multixact  pg_replslot  pg_snapshots
pg_stat_tmp  pg_tblspc  PG_VERSION  pg_xact  postgresql.conf  postmaster.pid
root@myserver01:/var/lib/docker/volumes/myvolume01/_data# exit            ❹
logout
eevee@myserver01:~$
```

다음의 과정을 통해 데이터가 모두 저장되었는지 확인합니다.

❶ 루트 권한으로 접속합니다.

❷ 해당 경로로 이동합니다.

❸ 컨테이너에서 확인했던 /var/lib/postgresql/data/ 경로의 데이터가 모두 저장되어 있는 것을 알 수 있습니다.

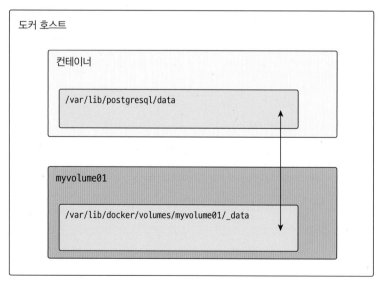

그림 4-23 volume

[그림 4-23]은 volume을 사용한 지금까지의 실습을 그림으로 나타낸 것입니다. 컨테이너 내부의 /var/lib/postgresql/data/ 경로가 도커 호스트 내 myvolume01의 /var/lib/docker/volumes/ myvolume01/_data 경로에 보관되어 있는 것을 알 수 있습니다.

```
eevee@myserver01:~$ docker container ls
CONTAINER ID   IMAGE      COMMAND                CREATED         STATUS
PORTS        NAMES
41cd059e3d97   postgres   "docker-entrypoint.s…"  9 minutes ago   Up 9 minutes
5432/tcp     relaxed_albattani
eevee@myserver01:~$ docker container stop 41cd059e3d97
41cd059e3d97
```

실습을 마쳤으니 컨테이너를 정지시켜 줍니다.

## 4.4.4 bind mount

두 번째로는 도커 스토리지 종류 중 하나인 bind mount에 대해 알아보겠습니다. bind mount 방식은 도커 호스트 디렉터리와 컨테이너 디렉터리를 연결시켜 데이터를 보관하는 방식입니다. 실습에는 두 개의 터미널을 이용할 것입니다.

**터미널 1**
```
eevee@myserver01:~$ ls                              ❶
work
eevee@myserver01:~$ cd work/ch04/ex01/              ❷
eevee@myserver01:~/work/ch04/ex01$ ls               ❸
test01.txt  test02.txt
eevee@myserver01:~/work/ch04/ex01$ pwd              ❹
/home/eevee/work/ch04/ex01
```

먼저 컨테이너 내부와 연결시킬 도커 호스트 경로를 설정하겠습니다.

❶ 터미널 1에서 도커 호스트 목록을 확인합니다.

❷ /home/eevee/work/ch04/ex01 경로로 이동합니다.

❸ 해당 디렉터리에 존재하는 파일을 컨테이너에 유지시켜 보겠습니다. 즉, test01.txt 파일과 test02.txt 파일이 도커 호스트뿐만 아니라 컨테이너에도 저장될 예정입니다.

❹ 해당 디렉터리의 절대 경로를 확인합니다.

```
eevee@myserver01:~/work/ch04/ex01$ docker container run -e POSTGRES_
PASSWORD=mysecretpassword --mount type=bind,source=/home/eevee/work/ch04/ex01,target=/
work -d postgres                                                          ❶

a09d02ab05e605daf50189523c0b8885b76d614b92f37d20f5889f672b718f45

eevee@myserver01:~/work/ch04/ex01$ docker container ls                    ❷
CONTAINER ID    IMAGE       COMMAND                 CREATED        STATUS
PORTS        NAMES
a09d02ab05e6    postgres    "docker-entrypoint.s…"  6 seconds ago  Up
5 seconds    5432/tcp    sad_shtern

eevee@myserver01:~/work/ch04/ex01$ docker container exec -it a09d02ab05e6 /bin/
bash                                                                      ❸
root@a09d02ab05e6:/# ls                                                   ❹
bin    docker-entrypoint-initdb.d  lib    libx32  opt   run   sys  var
boot   etc                         lib32  media   proc  sbin  tmp  work
dev    home                        lib64  mnt     root  srv   usr

root@a09d02ab05e6:/# cd work/                                            ❺
root@a09d02ab05e6:/work# ls                                             ❻
test01.txt  test02.txt
```

PostgreSQL 컨테이너를 실행하겠습니다.

❶ 위 코드와 같이 컨테이너를 실행할 때 도커 볼륨을 사용하기 위해 **--mount** 옵션을 사용하고 도커 호스트의 /home/eevee/work/ch04/ex01 경로와 도커 컨테이너 내부의 /work 경로를 연결시켜줍니다. 명령어 중 쉼표 (,)를 작성할 때 띄어쓰기를 하지 않도록 주의해야 합니다.

❷ 실행 중인 컨테이너 목록을 확인하면 원활하게 작동 중인 것을 알 수 있습니다.

❸ 실행 중인 컨테이너 내부에 접속합니다.

❹ 파일 목록을 확인합니다.

❺ work 디렉터리로 이동합니다.

❻ 파일 목록을 확인하면 도커 호스트에 존재했던 test01.txt 파일과 test02.txt 파일이 존재하는 것을 알 수 있습니다.

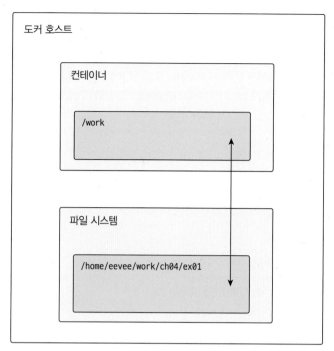

**그림 4-24** bind mount

[그림 4-24]는 앞의 실습을 그림으로 나타낸 것입니다. 컨테이너 내부의 /work를 도커 호스트 파일 시스템의 /home/eevee/work/ch04/ex01 경로와 연결시켰습니다.

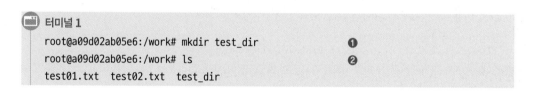

이번에는 컨테이너 내부에서 새로운 디렉터리를 생성하면 도커 호스트에는 어떤 변화가 있는지 알아보겠습니다.

❶ 컨테이너 내부의 /work 경로에서 **mkdir** 명령어를 이용해 test_dir이라는 디렉터리를 생성합니다.

❷ 파일 목록을 확인합니다.

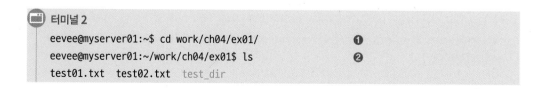

그리고 터미널 2를 새로 실행합니다.

❶ 도커 호스트에서 /work/ch04/ex01/ 경로로 이동합니다.

❷ 해당 경로의 파일 목록을 확인합니다. 그러면 이전 실습에서 컨테이너 내부에서 생성했던 test_dir이라는 디렉터리가 도커 호스트에도 생성되어 있는 것을 알 수 있습니다. 즉, 컨테이너 내부에서 파일이 변하면 연결되어 있는 도커 호스트 경로도 함께 변하는 것을 알 수 있습니다.

**터미널 2**
```
eevee@myserver01:~/work/ch04/ex01$ rm -rf test_dir          ❶
eevee@myserver01:~/work/ch04/ex01$ ls                       ❷
test01.txt  test02.txt
```

그렇다면 도커 호스트 경로에서 변화가 발생하면 컨테이너에는 어떤 영향을 미칠까요?

❶ 터미널 2를 통해 도커 호스트에서 앞서 생성했던 test_dir 디렉터리를 삭제합니다.

❷ 제대로 삭제되었는지 확인합니다.

**터미널 1**
```
root@a09d02ab05e6:/work# ls                                 ❶
test01.txt  test02.txt
root@a09d02ab05e6:/work# exit                               ❷
exit
```

그리고 다시 터미널 1로 이동합니다.

❶ 터미널 1에서 컨테이너 내부의 파일 목록을 다시 한번 확인하면 이전과는 달리 test_dir가 삭제되어 있는 것을 알 수 있습니다. 즉, 도커 호스트 경로에서 변동 사항이 생기면 컨테이너에도 동일한 영향을 미친다는 것을 알 수 있습니다.

❷ 실습이 끝났으니 컨테이너에서 빠져나갑니다.

**터미널 1**
```
eevee@myserver01:~/work/ch04/ex01$ docker container ls               ❶
CONTAINER ID   IMAGE      COMMAND                CREATED        STATUS
PORTS        NAMES
a09d02ab05e6   postgres   "docker-entrypoint.s…"  6 minutes ago  Up
6 minutes    5432/tcp   sad_shtern
eevee@myserver01:~/work/ch04/ex01$ docker container stop a09d02ab05e6  ❷
a09d02ab05e6
```

실습을 마쳤으니 컨테이너를 정지합니다.

## 4.4.5 tmpfs mount

세 번째로는 tmpfs mount를 활용하겠습니다. tmpfs mount는 앞서 배운 volume mount, bind mount와는 다르게 중요한 데이터를 일시적으로 도커 호스트 메모리에 저장하고 싶을 때 사용하며 컨테이너 간 데이터 공유를 지원하지 않습니다. 또한 실행 중인 컨테이너를 정지시키면 tmpfs mount도 삭제됩니다.

```
eevee@myserver01:~$ docker container run \
-e POSTGRES_PASSWORD=mysecretpassword \
--mount type=tmpfs,destination=/var/lib/postgresql/data \
-d postgres                                                          ❶

88d4c391e3166e07536bd7503e4fa113b5a2527f0471fc1c71512a782cdd15d4

eevee@myserver01:~$ docker container ls                              ❷
CONTAINER ID   IMAGE     COMMAND              CREATED        STATUS
PORTS      NAMES
88d4c391e316   postgres  "docker-entrypoint.s…"  8 seconds ago  Up
8 seconds   5432/tcp   reverent_meitner
eevee@myserver01:~$ docker inspect reverent_meitner --format ''     ❸
…(중략)
"Mounts": [
        {
            "Type": "tmpfs",
            "Source": "",
            "Destination": "/var/lib/postgresql/data",
            "Mode": "",
            "RW": true,
            "Propagation": ""
        }
    ],
…(중략)
```

위 실습은 컨테이너를 tmpfs mount시켜 실행하는 명령어입니다.

❶ --mount 옵션을 활용해 type=tmpfs라고 설정해주고 저장하고자 하는 경로를 destination으로 입력합니다.

❷ 실행 중인 컨테이너 목록을 확인하면 원활하게 작동하고 있는 것을 볼 수 있습니다.

❸ inspect 명령어를 이용해 확인해보면 tmpfs 타입으로 마운트된 것을 볼 수 있습니다.

```
eevee@myserver01:~$ docker container ls                              ❶
CONTAINER ID    IMAGE       COMMAND                 CREATED        STATUS
PORTS       NAMES
88d4c391e316    postgres    "docker-entrypoint.s…"  3 minutes ago  Up
3 minutes    5432/tcp    reverent_meitner
eevee@myserver01:~$ docker container stop 88d4c391e316              ❷
88d4c391e316
eevee@myserver01:~$ docker container rm 88d4c391e316               ❸
88d4c391e316
```

실습이 끝났으면 컨테이너를 정지하고 삭제합니다.

# 도커를 활용한 django 실행

---

지금까지 도커의 기초 명령어와 기능에 대해 알아보았습니다. 5장에서는 지금까지 배운 내용을 기반으로 django를 활용한 웹 서비스를 실행하겠습니다. 이를 위해 pyenv를 활용한 파이썬 가상 환경을 구축하고 YAML 파일의 개념에 대해 학습해봅니다. 이후 도커 컴포즈Docker Compose를 활용해 웹 서비스를 실행해보겠습니다.

CHAPTER

05

## 5.1 추가 실습 환경 구축

5장 실습을 위해 추가적인 환경을 구축하겠습니다. 5장에서는 django 라이브러리를 활용할 예정이라 먼저 pyenv를 설치해야 합니다. pyenv를 활용하면 파이썬 가상 환경 관리가 용이해집니다. 또한 디렉터리 구조를 명확히 이해하기 위해 tree를 설치하겠습니다. 그다음 django를 실행하기 위해 네트워크를 설정해봅니다.

### 5.1.1 pyenv 설치

먼저 본격적인 실습에 앞서 pyenv를 설치하겠습니다. pyenv는 파이썬 가상 환경을 관리할 수 있게 해주는 소프트웨어입니다.

```
eevee@myserver01:~$ sudo apt-get update; sudo apt-get install make build-essential
libssl-dev zlib1g-dev libbz2-dev libreadline-dev libsqlite3-dev wget curl llvm
libncursesw5-dev xz-utils tk-dev libxml2-dev libxmlsec1-dev libffi-dev liblzma-dev
```

먼저 pyenv를 설치하기 전에 위와 같은 프로그램을 사전에 설치해야 합니다.

```
eevee@myserver01:~$ curl https://pyenv.run ¦ bash                    ❶
Cloning into '/home/eevee/.pyenv'...
remote: Enumerating objects: 1113, done.
…(중략)
# Load pyenv automatically by appending
# the following to
~/.bash_profile if it exists, otherwise ~/.profile (for login shells)
and ~/.bashrc (for interactive shells) :

export PYENV_ROOT="$HOME/.pyenv"
command -v pyenv >/dev/null ¦¦ export PATH="$PYENV_ROOT/bin:$PATH"
eval "$(pyenv init -)"

# Restart your shell for the changes to take effect.

# Load pyenv-virtualenv automatically by adding
# the following to ~/.bashrc:
```

```
eval "$(pyenv virtualenv-init -)"
```

❶ 해당 명령어를 입력해서 pyenv를 설치합니다.

```
eevee@myserver01:~$ ls -al                                                    ❶
total 48
drwxr-x---  6 eevee eevee 4096 Nov  2 06:02 .
drwxr-xr-x  3 root  root  4096 Oct 31 13:51 ..
-rw-------  1 eevee eevee  344 Nov  2 04:36 .bash_history
-rw-r--r--  1 eevee eevee  220 Jan  6 2022 .bash_logout
-rw-r--r--  1 eevee eevee 3771 Jan  6 2022 .bashrc                            ❷
drwx------  2 eevee eevee 4096 Oct 31 13:55 .cache
-rw-------  1 eevee eevee   20 Nov  2 00:44 .lesshst
-rw-r--r--  1 eevee eevee  807 Jan  6 2022 .profile
drwxrwxr-x 12 eevee eevee 4096 Nov  2 06:02 .pyenv
drwx------  2 eevee eevee 4096 Oct 31 13:51 .ssh
-rw-r--r--  1 eevee eevee    0 Oct 31 13:57 .sudo_as_admin_successful
-rw-------  1 eevee eevee  819 Nov  2 04:19 .viminfo
drwxrwxr-x  3 eevee eevee 4096 Nov  2 04:18 work
```

pyenv를 사용하려면 추가 환경 설정이 필요합니다.

❶ 홈 디렉터리에서 해당 명령어를 입력합니다.

❷ 그러면 숨겨진 파일인 .bashrc 파일을 볼 수 있습니다.

pyenv를 사용하기 위해 해당 파일을 수정하겠습니다.

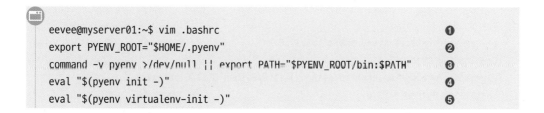

```
eevee@myserver01:~$ vim .bashrc                                              ❶
export PYENV_ROOT="$HOME/.pyenv"                                             ❷
command -v pyenv >/dev/null || export PATH="$PYENV_ROOT/bin:$PATH"           ❸
eval "$(pyenv init -)"                                                        ❹
eval "$(pyenv virtualenv-init -)"                                            ❺
```

다음으로 vim을 활용해 .bashrc 파일의 내용을 추가하겠습니다.

❶ vim으로 .bashrc를 실행합니다.

❷ ❸ ❹ ❺ 해당 코드를 문서 가장 아래 부분에 추가합니다.

```
eevee@myserver01:~$ exec $SHELL          ❶
```

❶ 셸을 재시작합니다.

```
eevee@myserver01:~$ pyenv          ❶
pyenv 2.3.31
Usage: pyenv <command> [<args>]
...(중략)
```

❶ pyenv가 성공적으로 설치되었는지 확인합니다. pyenv를 입력했을 때 위와 같이 버전 정보와 pyenv 사용법이 출력
된다면 제대로 설치된 것입니다.

### 5.1.2 pyenv를 활용한 파이썬 가상 환경 구축

다음으로는 pyenv를 활용해 파이썬 가상 환경을 구축하겠습니다.

```
eevee@myserver01:~$ pyenv install --list          ❶
...(중략)
3.11.6
...(생략)
```

❶ 해당 명령어를 활용해 설치 가능한 파이썬 버전을 확인합니다. 이번 실습에서는 파이썬 3.11.6 버전을 설치하겠습
니다.

```
eevee@myserver01:~$ pyenv install 3.11.6                                    ❶
Downloading Python-3.11.6.tar.xz...
-> https://www.python.org/ftp/python/3.11.6/Python-3.11.6.tar.xz
Installing Python-3.11.6...                                                 ❷
Installed Python-3.11.6 to /home/eevee/.pyenv/versions/3.11.6              ❸
```

❶ 해당 명령어를 입력하면 파이썬 3.11.6 버전을 설치하기 시작합니다.

❷ 몇 분 정도 소요됩니다. 시스템이 멈춘 것이 아니니 차분하게 기다리면 설치가 완료됩니다.

❸ 설치가 완료되면 이와 같은 메시지가 출력됩니다.

```
eevee@myserver01:~$ pyenv versions                    ❶
* system (set by /home/eevee/.pyenv/version)
  3.11.6                                              ❷
```

❶ 설치가 끝난 후 해당 명령어로 버전을 확인합니다.

❷ 파이썬 3.11.6 버전이 설치된 것을 볼 수 있습니다.

```
eevee@myserver01:~$ pyenv virtualenv 3.11.6 py3_11_6                      ❶
eevee@myserver01:~$ pyenv versions                                       ❷
* system (set by /home/eevee/.pyenv/version)
  3.11.6
  3.11.6/envs/py3_11_6
  py3_11_6 --> /home/eevee/.pyenv/versions/3.11.6/envs/py3_11_6          ❸
```

앞서 설치한 파이썬 3.11.6 버전을 활용해 py3_11_6이라는 가상 환경을 생성하겠습니다.

❶ pyenv virtualenv 명령어를 활용해 py3_11_6이라는 가상 환경을 만듭니다.

❷ 가상 환경 목록을 확인합니다.

❸ 해당 가상 환경이 생성된 것을 볼 수 있습니다.

```
eevee@myserver01:~$ pyenv activate py3_11_6           ❶
(py3_11_6) eevee@myserver01:~$                        ❷
```

❶ pyenv activate [가상 환경 이름]을 입력합니다.

❷ 해당 가상 환경을 실행할 수 있습니다.

```
(py3_11_6) eevee@myserver01:~$ pip install django              ❶
(py3_11_6) eevee@myserver01:~$ pip install gunicorn            ❷
(py3_11_6) eevee@myserver01:~$ pip install psycopg2-binary     ❸
```

다음은 실습에 필요한 파이썬 라이브러리를 설치하겠습니다.

❶ 웹 프레임워크인 django를 설치합니다.

**❷** 웹 서버와 통신하기 위한 라이브러리인 gunicorn을 설치합니다.

**❸** 파이썬에서 PostgreSQL을 활용하기 위해 사용하는 라이브러리인 psycopg2를 설치합니다.

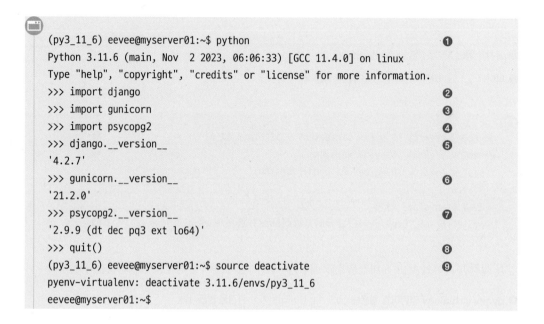

```
(py3_11_6) eevee@myserver01:~$ python                                    ❶
Python 3.11.6 (main, Nov  2 2023, 06:06:33) [GCC 11.4.0] on linux
Type "help", "copyright", "credits" or "license" for more information.
>>> import django                                                        ❷
>>> import gunicorn                                                       ❸
>>> import psycopg2                                                       ❹
>>> django.__version__                                                    ❺
'4.2.7'
>>> gunicorn.__version__                                                  ❻
'21.2.0'
>>> psycopg2.__version__                                                  ❼
'2.9.9 (dt dec pq3 ext lo64)'
>>> quit()                                                                ❽
(py3_11_6) eevee@myserver01:~$ source deactivate                         ❾
pyenv-virtualenv: deactivate 3.11.6/envs/py3_11_6
eevee@myserver01:~$
```

위 실습 과정은 가상 환경에서 파이썬을 실행하고 라이브러리가 성공적으로 설치되었는지 확인하는 코드입니다.

**❶** 가상 환경에서 파이썬을 실행합니다.

**❷❸❹** 앞서 설치한 라이브러리를 불러옵니다.

**❺❻❼** 각 라이브러리의 버전을 확인합니다.

**❽** 파이썬을 종료합니다.

**❾** 가상 환경을 종료합니다.

### 5.1.3 tree 설치

리눅스 시스템에서 파일 시스템 구조를 시각적으로 쉽게 확인할 수 있는 tree를 설치하겠습니다. tree를 설치하지 않으면 매번 디렉터리 경로를 확인하는 데 많은 시간이 소요됩니다.

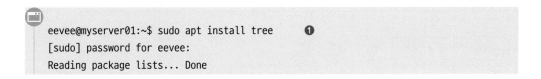

```
eevee@myserver01:~$ sudo apt install tree        ❶
[sudo] password for eevee:
Reading package lists... Done
```

위 과정은 tree를 설치하는 내용입니다.

❶ 해당 명령어를 사용하면 tree를 쉽게 설치할 수 있습니다.

```
eevee@myserver01:~$ tree ./
./
└── work
    └── ch04
        └── ex01
            ├── test01.txt
            └── test02.txt
3 directories, 2 files
```

설치 후에 **tree [경로]**를 입력하면 해당 경로를 포함한 하위 디렉터리 및 파일 구조를 쉽게 확인할 수 있습니다.

## 5.1.4 django를 실행하기 위한 네트워크 설정

이후 실습에서는 가상머신에서 django를 활용해 간단한 웹 서비스를 실행할 예정입니다. 그리고 호스트에서 해당 서비스에 접속하는 테스트를 진행할 예정인데 이를 위해서는 네트워크 설정이 필요합니다. 지금부터 호스트에서 가상머신에서 실행한 django 웹 서비스에 접속하기 위해 필요한 네트워크 설정을 진행해보겠습니다.

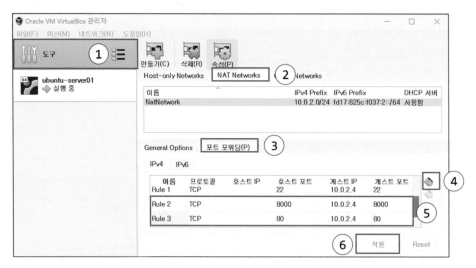

**그림 5-1** django 접속을 위한 포트포워딩 설정 (1)

버추얼박스에서 포트포워딩 설정을 하는 과정을 그림으로 나타내면 [그림 5-1]과 같습니다. 호스트 포트의 8000번과 ubuntu-server01의 IP인 10.0.2.4의 8000번 포트를 연결하고 호스트 포트의 80번 포트를 ubuntu-server01의 80번 포트를 연결시킵니다. 이를 그림으로 나타내면 [그림 5-2]와 같습니다.

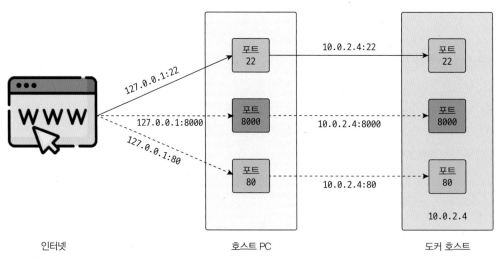

**그림 5-2** django 접속을 위한 포트포워딩 설정 (2)

[그림 5-2]는 [그림 5-1]에서 설정한 포트포워딩 과정을 그림으로 나타낸 것입니다. 포트포워딩 과정을 통해 호스트에서 가상 머신으로 접속이 가능합니다.

## 5.2 YAML 기초

이후 실습에서는 도커 컴포즈를 활용하게 됩니다. 이때 YAML 파일이 사용됩니다. 이 절에서는
YAML 파일이 무엇인지 알아보고 간단한 실습으로 YAML 문법에 대해 배워봅니다.

### 5.2.1 YAML의 개념

YAML은 "YAML Ain't Markup Language(YAML은 마크업 언어가 아니다)"의 줄임말입니다.
도커 컴포즈를 사용할 때 YAML 파일을 활용하며, 쿠버네티스에서도 YAML 파일을 사용합니다.
YAML 파일의 확장자는 .yaml과 .yml을 사용합니다. 두 확장자 모두 기능 차이는 없습니다. 단지
선호도 차이일 뿐인데, .yaml은 YAML 파일이라는 사실을 더 명확하게 인지할 수 있으므로 선호하
는 사람이 있습니다. .yml을 사용하게 되면 파일명이 줄어들게 되므로 더 간단히 YAML 파일을 생
성할 수 있습니다. 그래서 .yml을 더 선호하기도 합니다.

### 5.2.2 pyyaml 설치

YAML에 대해 좀 더 자세히 알아보기 위해 간단한 실습을 하겠습니다. 실습은 파이썬에서 YAML
파일을 다룰 수 있게 도와주는 pyyaml 라이브러리를 설치한 후, YAML 파일 내용을 해석하겠습
니다.

```
eevee@myserver01:~$ pyenv activate py3_11_6              ❶
(py3_11_6) eevee@myserver01:~$ pip install pyyaml        ❷
```

pyyaml 라이브러리를 먼저 설치하겠습니다.

❶ 파이썬 가상 환경에 접속합니다.

❷ pyyaml 라이브러리를 설치합니다.

```
(py3_11_6) eevee@myserver01:~$ python                                    ❶
Python 3.11.6 (main, Nov  2 2023, 06:06:33) [GCC 11.4.0] on linux
Type "help", "copyright", "credits" or "license" for more information.
>>> import yaml                                                          ❷
```

```
>>> quit()                                                        ❸
(py3_11_6) eevee@myserver01:~$ source deactivate                  ❹
pyenv-virtualenv: deactivate 3.11.6/envs/py3_11_6
```

설치가 잘 되었는지 확인하겠습니다.

❶ 파이썬 가상 환경에서 파이썬을 실행합니다.

❷ yaml 라이브러리를 불러옵니다.

❸ 잘 불러왔다면 파이썬을 종료합니다.

❹ 가상 환경을 종료합니다.


## 5.2.3 YAML 문법

앞 내용과 연결해서 본격적으로 YAML 파일의 구조를 알아보겠습니다.

```
eevee@myserver01:~$ cd work/                                      ❶
eevee@myserver01:~/work$ ls                                       ❷
ch04
eevee@myserver01:~/work$ mkdir ch05                               ❸
eevee@myserver01:~/work$ cd ch05/                                 ❹
eevee@myserver01:~/work/ch05$ mkdir ex01                          ❺
eevee@myserver01:~/work/ch05$ cd ex01/                            ❻
eevee@myserver01:~/work/ch05/ex01$
```

먼저 실습 디렉터리를 생성해야 합니다.

❶ ❷ work 디렉터리로 이동한 후 파일 목록을 확인합니다.

❸ 5장 실습이 진행될 ch05 디렉터리를 생성합니다.

❹ 해당 디렉터리로 이동합니다.

❺ yaml 실습이 진행될 ex01 디렉터리를 만듭니다.

❻ ex01 디렉터리로 이동합니다. 이제 이 실습은 ex01 디렉터리에서 진행하겠습니다.

```
eevee@myserver01:~/work/ch05/ex01$ vim yaml_practice.yml          ❶
apiVersion: v1
```

```
kind: Pod
metadata:
  name: nginx
spec:
  containers:
  - name: nginx
    image: nginx:latest
  - name: ubuntu
    image: ubuntu:latest
```

❶ vim를 활용해 YAML 파일을 생성합니다.

앞서 언급했듯이 YAML 파일의 확장자는 yaml 또는 yml을 사용하는데, 이 실습에서는 yml을 사용하겠습니다. YAML 파일은 기본적으로 **{key: value}** 구조를 사용하는 파이썬의 딕셔너리 자료형과 비슷합니다.

```
eevee@myserver01:~/work/ch05/ex01$ pyenv activate py3_11_6          ❶
(py3_11_6) eevee@myserver01:~/work/ch05/ex01$ python                ❷
Python 3.11.6 (main, Nov  2 2023, 06:06:33) [GCC 11.4.0] on linux
Type "help", "copyright", "credits" or "license" for more information.
>>> import yaml                                                     ❸
>>> raw = open("/home/eevee/work/ch05/ex01/yaml_practice.yml", "r+") ❹
>>> data = yaml.load(raw, Loader=yaml.SafeLoader)                   ❺
>>> data                                                            ❻
{'apiVersion': 'v1', 'kind': 'Pod', 'metadata': {'name': 'nginx'}, 'spec':
{'containers': [{'name': 'nginx', 'image': 'nginx:latest'}, {'name': 'ubuntu',
'image': 'ubuntu:latest'}]}}
>>> data['apiVersion']                                             ❼
'v1'
>>> data['kind']                                                   ❽
'Pod'
>>> data['metadata']                                              ❾
{'name': 'nginx'}
>>> data['metadata']['name']                                      ❿
'nginx'
>>> data['spec']                                                   ⓫
{'containers': [{'name': 'nginx', 'image': 'nginx:latest'}, {'name': 'ubuntu',
'image': 'ubuntu:latest'}]}
>>> data['spec']['containers']                                     ⓬
```

```
    [{'name': 'nginx', 'image': 'nginx:latest'}, {'name': 'ubuntu', 'image':
    'ubuntu:latest'}]
    >>> quit()                                                              ⑬
    (py3_11_6) eevee@myserver01:~/work/ch05/ex01$ source deactivate         ⑭
    pyenv-virtualenv: deactivate 3.11.6/envs/py3_11_6
```

파이썬을 활용해 앞서 생성한 YAML 파일을 불러와서 분석하겠습니다.

❶ pyenv를 활용해 파이썬 가상 환경을 실행합니다.

❷ 해당 가상 환경에서 파이썬을 실행합니다.

❸ YAML 파일을 해석하기 위해 필요한 pyyaml 라이브러리를 불러옵니다.

❹ 파이썬의 open 함수를 활용해 yml 파일을 불러옵니다.

❺ yaml 라이브러리의 load 함수를 활용해 데이터를 로드합니다.

❻ 불러온 data를 확인하면 기본적으로 {key: value} 쌍으로 구성된 딕셔너리 구조와 비슷한 것을 알 수 있습니다.

❼ apiVersion이라는 key의 value를 확인하면 v1이라는 것을 알 수 있습니다.

❽ kind라는 key의 value를 확인하면 Pod라는 것을 알 수 있습니다.

❾ 반면 metadata의 value를 확인하면 또 다른 {key: value} 쌍을 볼 수 있습니다. 이는 원본 yml 파일을 확인해도 동일하게 확인할 수 있습니다.

❿ 따라서 metadata와 name의 value를 확인하면 nginx라는 것을 볼 수 있습니다.

⓫ spec의 value를 확인하면 하나의 딕셔너리 구조가 나옵니다.

⓬ spec의 containers라는 key의 value를 확인하면 또 다른 딕셔너리 구조가 등장합니다.

딕셔너리 구조를 보면 {'name': 'nginx', 'image': 'nginx:latest'}와 같이 name과 image에 대한 데이터가 같은 딕셔너리로 구성되는데, 이를 가능하게 하는 것이 yml 파일에서의 '–'입니다. '–'로 시작하는 줄은 한 요소의 시작에 해당하며 '–'로 시작하지 않는 줄은 '–'로 시작하는 줄의 다음 요소로 추가됩니다. 따라서 '–'로 시작하는 **'name': 'nginx'**와 **'name': 'ubuntu'**가 구성 요소의 시작이 되는 것입니다.

⓭ 실습이 끝났으므로 파이썬을 종료합니다.

⓮ 파이썬 가상 환경까지 종료합니다.

## 5.3 도커를 활용한 django 실행

이번 실습에서는 도커를 활용해 django를 실행해봅니다. 이를 위해 도커 호스트에 django 프로젝트를 생성한 후 django 이미지를 빌드해보겠습니다. 그리고 django 컨테이너를 실행하겠습니다.

### 5.3.1 도커 호스트에 django 프로젝트 생성

도커를 활용해 django 프로젝트를 생성하겠습니다. django는 파이썬을 통해 웹사이트를 손쉽게 만들 수 있는 웹 프레임워크입니다. django를 활용하면 쉽고 간단하게 웹사이트를 만들 수 있습니다. 여기서도 django를 활용하여 간단한 웹사이트를 만들겠습니다.

```
eevee@myserver01:~$ ls                                    ❶
work
eevee@myserver01:~$ cd work/                              ❷
eevee@myserver01:~/work$ ls                               ❸
ch04  ch05
eevee@myserver01:~/work$ cd ch05                          ❹
eevee@myserver01:~/work/ch05$ ls                          ❺
ex01
eevee@myserver01:~/work/ch05$ mkdir ex02                  ❻
eevee@myserver01:~/work/ch05$ cd ex02                     ❼
eevee@myserver01:~/work/ch05/ex02$
```

실습에 필요한 디렉터리를 먼저 생성하겠습니다.

❶ ❷ ❸ work 디렉터리로 이동합니다.

❹ ❺ 5장 실습을 위해 ch05 디렉터리로 이동합니다.

❻ 이번 실습에 사용할 ex02 디렉터리를 만듭니다

❼ 해당 디렉터리로 이동합니다.

```
eevee@myserver01:~/work/ch05/ex02$ pyenv activate py3_11_6                      ❶
(py3_11_6) eevee@myserver01:~/work/ch05/ex02$ django-admin startproject myapp   ❷
(py3_11_6) eevee@myserver01:~/work/ch05/ex02$ ls                               ❸
myapp
(py3_11_6) eevee@myserver01:~/work/ch05/ex02$ tree ./                          ❹
```

```
./
└── myapp
    ├── manage.py
    └── myapp
        ├── asgi.py
        ├── __init__.py
        ├── settings.py
        ├── urls.py
        └── wsgi.py
2 directories, 6 files
```

위 실습은 django 프로젝트를 생성하는 코드입니다.

❶ pyenv를 활용해 파이썬 가상 환경 py3_11_6을 실행합니다.

❷ **django-admin** 명령어를 이용해 myapp이라는 프로젝트를 생성합니다.

❸ 파일 목록을 확인하면 myapp이라는 디렉터리가 새롭게 생성된 것을 볼 수 있습니다.

❹ tree를 이용해 myapp 디렉터리의 구조를 확인합니다. 그러면 django 프로젝트가 생성된 것을 확인할 수 있습니다.

```
(py3_11_6) eevee@myserver01:~/work/ch05/ex02$ cd myapp/myapp/
(py3_11_6) eevee@myserver01:~/work/ch05/ex02/myapp/myapp$ vim settings.py          ❶
```

❶ settings.py 파일에서 [그림 5-3]과 같이 **ALLOWED_HOSTS = ['*']**로 설정을 변경합니다. 이는 외부에서 접근할 수 있도록 접근 허용 호스트를 설정하는 옵션입니다. 이때 *를 작은 따옴표로 묶어줘야 한다는 것에 주의해야 합니다.

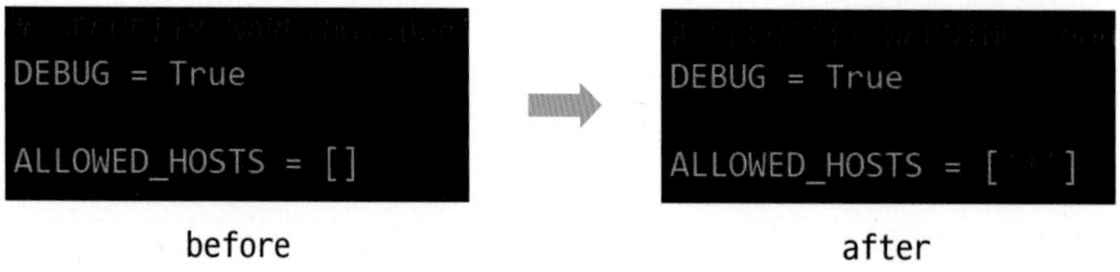

DEBUG = True

ALLOWED_HOSTS = []

before

DEBUG = True

ALLOWED_HOSTS = [ '*' ]

after

**그림 5-3** django 설정 변경

```
(py3_11_6) eevee@myserver01:~/work/ch05/ex02/myapp/myapp$ cd ..                     ❶
(py3_11_6) eevee@myserver01:~/work/ch05/ex02/myapp$ ls                              ❷
manage.py   myapp
(py3_11_6) eevee@myserver01:~/work/ch05/ex02/myapp$ python manage.py migrate        ❸
```

```
Operations to perform:
  Apply all migrations: admin, auth, contenttypes, sessions
Running migrations:
  Applying contenttypes.0001_initial... OK
  Applying auth.0001_initial... OK
  Applying admin.0001_initial... OK
  ...(중략)
  Applying auth.0011_update_proxy_permissions... OK
  Applying auth.0012_alter_user_first_name_max_length... OK
  Applying sessions.0001_initial... OK
```

django 프로젝트를 실행하기 전에 데이터베이스 변경사항을 적용하겠습니다.

❶ 해당 명령어를 통해 상위 디렉터리로 한 단계 이동합니다.

❷ 해당 디렉터리에 있는 manage.py 파일을 실행합니다.

❸ **migrate**는 실제 데이터베이스에 변경사항을 저장하는 명령어입니다.

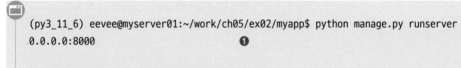

```
(py3_11_6) eevee@myserver01:~/work/ch05/ex02/myapp$ python manage.py runserver
0.0.0.0:8000                          ❶

Watching for file changes with StatReloader
Performing system checks...

System check identified no issues (0 silenced).
November 02, 2023 - 11:04:21
Django version 4.2.7, using settings 'myapp.settings'
Starting development server at http://0.0.0.0:8000/
Quit the server with CONTROL-C.
```

django 프로젝트를 실행할 준비가 되었습니다.

❶ **runserver** 명령어를 이용해 django 프로젝트를 실행합니다. 0.0.0.0:8000은 8000번 **포트를 활용**하겠다는 의미
입니다.

[그림 5-4]와 같이 접속을 확인한 후에는 〈Ctrl〉+〈C〉를 입력해 종료할 수 있습니다.

**그림 5-4** django 접속 확인

[그림 5-4]와 같이 웹 브라우저를 실행하고 주소창에 **127.0.0.1:8000**을 입력하면 접속이 잘 되는 것을 확인할 수 있습니다.

## 5.3.2 django 이미지 빌드

이번 실습에서는 앞서 만든 django 프로젝트를 컨테이너 이미지로 빌드하겠습니다.

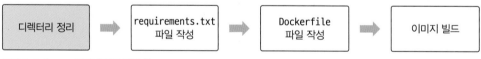

**그림 5-5** django 이미지 빌드 과정 (1)

[그림 5-5]는 앞서 만든 myapp 디렉터리에 존재하는 django 프로젝트를 도커 이미지 형태로 빌드하는 과정입니다. 이 순서에 따라 가장 먼저 디렉터리를 정리하겠습니다.

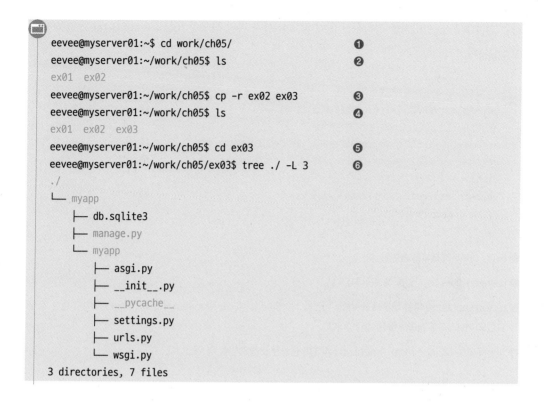

```
eevee@myserver01:~$ cd work/ch05/                        ❶
eevee@myserver01:~/work/ch05$ ls                         ❷
ex01  ex02
eevee@myserver01:~/work/ch05$ cp -r ex02 ex03            ❸
eevee@myserver01:~/work/ch05$ ls                         ❹
ex01  ex02  ex03
eevee@myserver01:~/work/ch05$ cd ex03                    ❺
eevee@myserver01:~/work/ch05/ex03$ tree ./ -L 3          ❻
./
└── myapp
    ├── db.sqlite3
    ├── manage.py
    └── myapp
        ├── asgi.py
        ├── __init__.py
        ├── __pycache__
        ├── settings.py
        ├── urls.py
        └── wsgi.py
3 directories, 7 files
```

위 실습은 기존에 존재했던 ex02 디렉터리를 복사해서 ex03 디렉터리를 만들고, 앞으로 이미지 빌드에 필요한 파일을 모두 ex03 디렉터리 내부에 생성할 것입니다. 즉, ex03 디렉터리 전체가 이미지 빌드에 사용될 예정입니다. 이를 위해 다음처럼 진행합니다.

❶ ❷ work/ch05 디렉터리로 이동합니다.

❸ ex02 디렉터리를 복사해서 ex03 디렉터리를 생성합니다.

❹ 성공적으로 생성되었는지 확인합니다.

❺ ex03 디렉터리로 이동합니다.

❻ tree 명령어를 이용해 디렉터리 구조를 확인합니다.

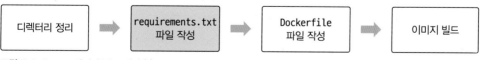

그림 5-6 django 이미지 빌드 과정 (2)

다음 단계로 도커 이미지를 생성하기 위해 필요한 설치 파일 목록인 requirements.txt 파일을 생성하겠습니다.

```
eevee@myserver01:~/work/ch05/ex03$ ls                    ❶
myapp
eevee@myserver01:~/work/ch05/ex03$ vim requirements.txt  ❷
eevee@myserver01:~/work/ch05/ex03$ cat requirements.txt  ❸
django==4.2.7
eevee@myserver01:~/work/ch05/ex03$ ls                    ❹
myapp  requirements.txt
```

❶ ex03 디렉터리 내부를 확인합니다.

❷ requirements.txt 파일을 생성합니다.

❸ requirements.txt 파일 내부에 django 버전을 적어줍니다. 참고로 requirements.txt 파일은 이미지 생성 시 필요한 라이브러리를 정리해 놓은 파일입니다.

❹ 파일 목록을 확인하면 requirements.txt 파일이 생성된 것을 확인할 수 있습니다.

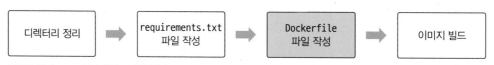

그림 5-7 django 이미지 빌드 과정 (3)

도커 이미지 파일을 생성하기 위해 필요한 명령어를 모아 놓은 파일을 Dockerfile이라고 합니다. 다음 단계로 Dockerfile을 생성하겠습니다.

```
eevee@myserver01:~/work/ch05/ex03$ vim Dockerfile        ❶
FROM python:3.11.6                                       ❷

WORKDIR /usr/src/app                                     ❸

COPY . .                                                 ❹

RUN python -m pip install --upgrade pip                  ❺
RUN pip install -r requirements.txt                      ❻

WORKDIR ./myapp                                          ❼
```

```
CMD python manage.py runserver 0.0.0.0:8000        ❽
EXPOSE 8000                                          ❾

eevee@myserver01:~/work/ch05/ex03$ ls              ❿
Dockerfile  myapp  requirements.txt
```

❶ vim을 활용해 Dockerfile을 생성합니다.

❷ **FROM** 명령어는 베이스 이미지를 의미합니다. 즉, 우리가 생성할 이미지 파일의 베이스가 python:3.11.6이라는 의미입니다.

❸ **WORKDIR** 명령어는 리눅스의 **cd** 명령어와 비슷한 명령어로 해당 작업 디렉터리로 전환할 때 사용합니다. 즉, **WORKDIR /usr/src/app**은 /usr/src/app 디렉터리로 전환하겠다는 의미입니다.

❹ **COPY** 명령어는 호스트에 존재하는 파일을 도커 이미지의 파일 시스템 경로로 복사하는 명령어입니다. 사용 방법은 **COPY 〈호스트 파일 경로〉:〈이미지 파일 경로〉**로 **COPY . .** 명령어는 호스트의 현재 경로인 myDjango01 디렉터리 내부에 존재하는 파일을 이미지 파일 경로의 현재 경로인 /usr/src/app 디렉터리로 복사한다는 의미입니다.

❺ **RUN** 명령어는 이미지 빌드 시 실행하고 싶은 명령어가 있을 때 사용하는 명령어입니다. 해당 명령어는 pip를 설치하는 명령어입니다.

❻ requirements.txt 파일 내부에 존재하는 프로그램을 설치합니다.

❼ myapp 디렉터리로 이동합니다.

❽ **CMD** 명령어로 서비스를 실행합니다.

> 💡 **CMD와 RUN의 차이**
>
> **RUN** 명령어는 이미지 빌드 시 실행되는 명령어를 입력하는 명령어이고 **CMD** 명령어는 컨테이너 실행 시 실행되는 명령어를 입력하는 명령어입니다.

❾ **EXPOSE** 명령어를 이용해 8000번 포트를 엽니다. Dockerfile을 다 작성했다면 vim으로 저장하고 종료합니다.

❿ 파일 목록을 확인하면 Dockerfile이 생성된 것을 볼 수 있습니다.

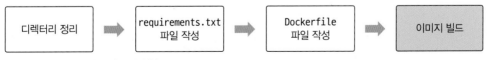

**그림 5-8** django 이미지 빌드 과정 (4)

다음 단계로 직접 이미지를 빌드하겠습니다. 우리는 도커 호스트의 디렉터리에 존재하는 파일을 바탕으로 도커 이미지를 생성할 것입니다.

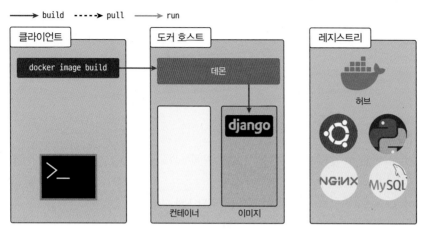

**그림 5-9** 도커 이미지 빌드

앞선 과정을 통해 Dockerfile과 requirements.txt 파일을 만들어 도커 이미지 파일을 생성할 준비가 되었습니다. [그림 5-9]와 같이 도커 이미지를 빌드하겠습니다. 도커 클라이언트에서 **docker image build** 명령어를 도커 데몬에 전달하면 django 이미지를 생성할 수 있습니다.

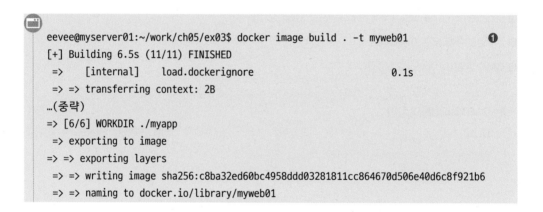

❶ **build** 명령어를 사용해 도커 이미지를 생성합니다. **build .**에서 **.**은 현재 디렉터리를 이미지로 빌드하겠다는 의미입니다. 그리고 **-t**는 이미지 태그를 정할 때 사용하는 옵션입니다.

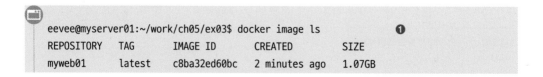

❶ 해당 명령어를 통해서 도커 이미지 목록을 보면 이미지가 올바르게 생성된 것을 확인할 수 있습니다.

### 5.3.3 django 컨테이너 실행

이번 실습에서는 앞서 생성한 도커 이미지를 바탕으로 컨테이너 형태로 배포하겠습니다.

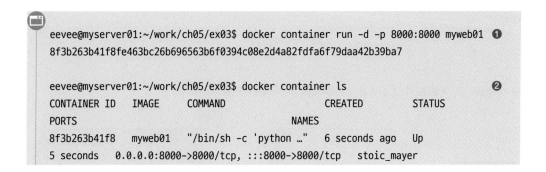

위 과정은 앞서 생성한 이미지를 컨테이너로 실행하는 내용입니다.

❶ 위 명령어에서 **-d** 옵션은 백그라운드 실행을 지정하는 옵션이고, **-p** 옵션은 포트포워딩하는 옵션입니다. **-p 〈도 커 호스트 포트〉:〈컨테이너 포트〉**와 같은 방법으로 사용합니다.

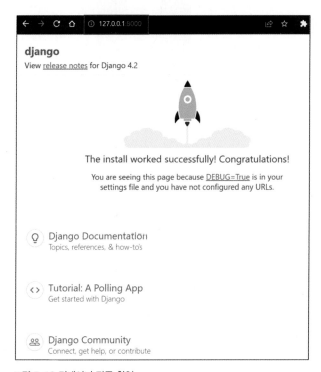

**그림 5-10** 컨테이너 작동 확인

[그림 5-10]과 같이 웹 브라우저를 실행한 후 주소창에 **127.0.0.1:8000**이라고 입력하고 접속을 확인합니다.

```
eevee@myserver01:~/work/ch05/ex03$ docker network inspect bridge | grep IPv4Address ❶
        "IPv4Address": "172.17.0.2/16",
```

❶ inspect 명령어를 활용하면 실행 중인 컨테이너의 IP 주소를 확인할 수 있습니다.

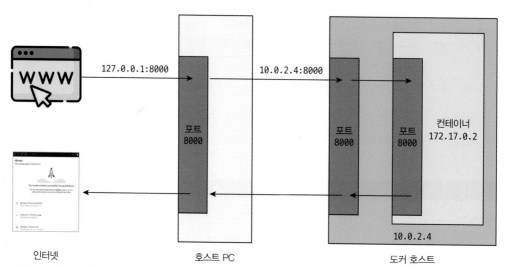

**그림 5-11** 컨테이너를 활용한 django 서비스 배포 개념

[그림 5-11]은 지금까지의 실습 내용을 그림으로 나타낸 것입니다. 호스트에서 웹 브라우저 주소창에 127.0.0.1:8000을 입력하면 포트포워딩을 통해 django가 실행 중인 10.0.2.4:8000과 통신하여 해당 서비스를 이용할 수 있는 것입니다.


## 5.4 Nginx, django 연동 후 실행

지금까지는 django만 사용해서 실습을 진행했습니다. 이번 실습에서는 django와 Nginx를 연동한 후 실행해보겠습니다. 이를 위해 Nginx 컨테이너를 실행하고 gunicorn을 통해 Nginx와 django를 연동하겠습니다.

## 5.4.1 Nginx 컨테이너 실행

도커를 활용해 Nginx 컨테이너를 배포하겠습니다.

**그림 5-12** Nginx 이미지 빌드 및 컨테이너 실행 과정 (1)

이를 위해 첫 단계로 디렉터리를 정리하겠습니다.

```
eevee@myserver01:~$ cd work/ch05/              ❶
eevee@myserver01:~/work/ch05$ ls               ❷
ex01  ex02  ex03
eevee@myserver01:~/work/ch05$ mkdir ex04       ❸
eevee@myserver01:~/work/ch05$ ls               ❹
ex01  ex02  ex03  ex04
```

이번 실습을 위한 디렉터리를 생성하겠습니다.

❶ work/ch05 디렉터리로 이동합니다.

❷ 파일 목록을 확인합니다.

❸ ex04라는 디렉터리를 생성합니다.

❹ 파일 목록을 확인합니다. 디렉터리가 생성되어 있는 것을 알 수 있습니다.

**그림 5-13** Nginx 이미지 빌드 및 컨테이너 실행 과정 (2)

다음 단계로 도커 이미지 빌드를 위해 필요한 Dockerfile을 생성하겠습니다.

```
eevee@myserver01:~/work/ch05$ cd ex04              ❶
eevee@myserver01:~/work/ch05/ex04$ vim Dockerfile  ❷
FROM nginx:1.25.3                                   ❸
CMD ["nginx", "-g", "daemon off;"]                 ❹
```

❶ 먼저 ex04 디렉터리로 이동합니다.

❷ vim을 사용해서 Dockerfile을 생성합니다.

❸ **FROM** 명령어를 이용해 이미지 빌드 시 필요한 베이스 이미지를 정합니다.

❹ **CMD** 명령어를 활용할 때는 대괄호([ ])를 사용하는 방법과 사용하지 않는 방법이 있습니다. 대괄호를 사용하지 않는 방법은 명령어 전체가 문자열로 인식되는 방법입니다. 위 내용과 같이 대괄호를 사용하는 방법은 json 형태로 전달되어 '-'와 같은 특수 문자를 활용할 때 정확성이 향상됩니다. 컨테이너를 활용해 Nginx를 실행할 때는 **daemon off** 옵션을 활용해 포그라운드foreground로 실행해주어야 합니다.

**그림 5-14** Nginx 이미지 빌드 및 컨테이너 실행 과정 (3)

도커 이미지를 빌드할 준비가 되었습니다. 이번 단계에서는 이미지를 빌드하겠습니다.

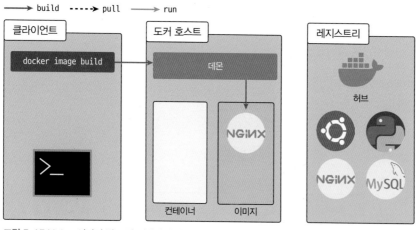

**그림 5-15** Nginx 이미지 빌드 및 컨테이너 실행 과정 (4)

앞서 생성한 Dockerfile을 기반으로 [그림 5-15]와 같이 도커 이미지를 빌드하겠습니다. 도커 클라이언트에서 **docker image build** 명령어를 도커 데몬으로 전달하면 Nginx 이미지를 빌드할 수 있습니다.

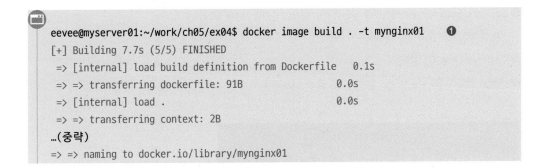

```
eevee@myserver01:~/work/ch05/ex04$ docker image build . -t mynginx01    ❶
[+] Building 7.7s (5/5) FINISHED
 => [internal] load build definition from Dockerfile    0.1s
 => => transferring dockerfile: 91B              0.0s
 => [internal] load .                            0.0s
 => => transferring context: 2B
…(중략)
 => => naming to docker.io/library/mynginx01
```

❶ docker image build 명령어를 활용해 이미지를 빌드합니다.

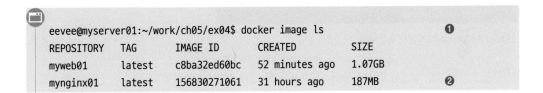

```
eevee@myserver01:~/work/ch05/ex04$ docker image ls                      ❶
REPOSITORY     TAG      IMAGE ID       CREATED        SIZE
myweb01        latest   c8ba32ed60bc   52 minutes ago  1.07GB
mynginx01      latest   156830271061   31 hours ago    187MB           ❷
```

❶ 해당 명령어를 사용하여 파일을 확인합니다.

❷ 도커 이미지가 빌드된 것을 확인할 수 있습니다.

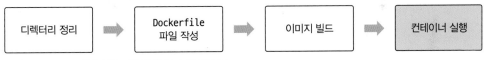

그림 5-16 Nginx 이미지 빌드 및 컨테이너 실행 과정 (5)

마지막 단계로 앞서 빌드한 이미지를 활용해 컨테이너를 실행하겠습니다.

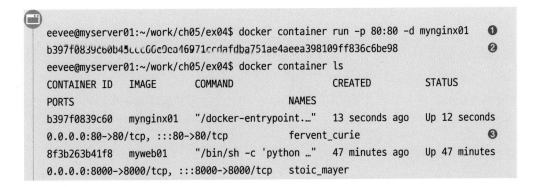

```
eevee@myserver01:~/work/ch05/ex04$ docker container run -p 80:80 -d mynginx01    ❶
b397f0839c60b45cccGGc0ca16971ccdafdba751ae4aeea398109ff836c6be98                 ❷
eevee@myserver01:~/work/ch05/ex04$ docker container ls
CONTAINER ID   IMAGE       COMMAND                 CREATED        STATUS
PORTS                                 NAMES
b397f0839c60   mynginx01   "/docker-entrypoint.…"  13 seconds ago  Up 12 seconds
0.0.0.0:80->80/tcp, :::80->80/tcp           fervent_curie                        ❸
8f3b263b41f8   myweb01     "/bin/sh -c 'python …"  47 minutes ago  Up 47 minutes
0.0.0.0:8000->8000/tcp, :::8000->8000/tcp   stoic_mayer
```

❶ **docker container run** 명령어를 활용해 mynginx01 컨테이너를 실행합니다.

-p 옵션은 포트 설정으로 **-p 〈호스트 포트〉:〈컨테이너 포트〉**와 같은 형태로 사용합니다.

❷ 컨테이너 목록을 확인합니다.

❸ Nginx 컨테이너가 성공적으로 실행된 것을 볼 수 있습니다.

**그림 5-17** Nginx 이미지 빌드 및 컨테이너 실행 과정 (6)

인터넷 브라우저를 실행하고 주소창에 80번 포트로 접속하면 위와 같이 Nginx가 원활하게 실행되는 것을 볼 수 있습니다.

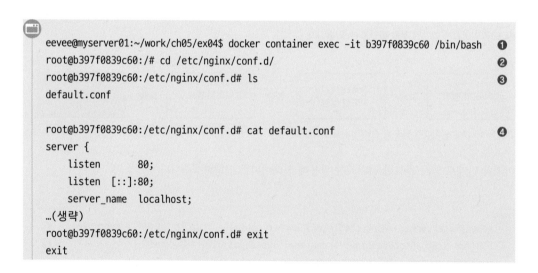

```
eevee@myserver01:~/work/ch05/ex04$ docker container exec -it b397f0839c60 /bin/bash   ❶
root@b397f0839c60:/# cd /etc/nginx/conf.d/                                             ❷
root@b397f0839c60:/etc/nginx/conf.d# ls                                                ❸
default.conf

root@b397f0839c60:/etc/nginx/conf.d# cat default.conf                                  ❹
server {
    listen       80;
    listen  [::]:80;
    server_name  localhost;
…(생략)
root@b397f0839c60:/etc/nginx/conf.d# exit
exit
```

이번에는 Nginx 내부 설정 파일을 확인하겠습니다. 이번 실습은 이후의 내용과 이어지는 부분입니다.

❶ 컨테이너 내부로 접속합니다.

❷ /etc/nginx/conf.d/의 경로로 이동합니다.

❸ default.conf라는 파일을 볼 수 있습니다.

❹ 이 파일 내부를 보면 django의 설정을 정할 수 있는 파일임을 알 수 있습니다.

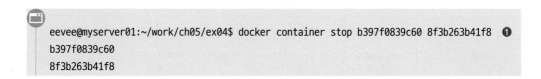

```
eevee@myserver01:~/work/ch05/ex04$ docker container stop b397f0839c60 8f3b263b41f8    ❶
b397f0839c60
8f3b263b41f8
```

❶ 실습을 마쳤으면 다음 실습을 위해 실행 중인 컨테이너를 모두 정지합니다.


## 5.4.2 gunicorn을 통한 연동

이후에는 앞서 생성했던 django와 Nginx를 연동해야 합니다. 이를 그림으로 나타내면 [그림 5-18]
과 같습니다.

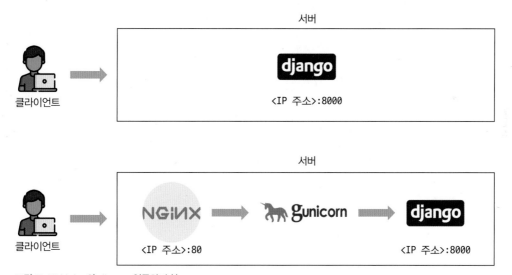

그림 5-18 Nginx와 django 연동하기 (1)

[그림 5-18]과 같이 django와 Nginx를 연동하기 위해서는 중간에 gunicorn이 필요합니다. guni
corn은 Nginx와 django를 연결해주는 역할을 수행합니다. 따라서 이후 실습에서는 gunicorn을
사용하겠습니다.

### 5.4.3 django 이미지 빌드

이번 실습에서는 Nginx와 연동하기 위해 앞서 생성했던 django 이미지를 수정하는 작업을 합니다. 앞서와 마찬가지로 연동 순서를 그림으로 정리했습니다. 이 그림 순서에 맞춰 진행하겠습니다.

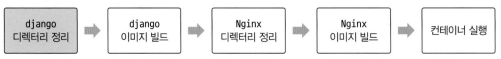

**그림 5-19** Nginx와 django 연동 순서 (1)

[그림 5-19]와 같이 가장 먼저 django 디렉터리를 정리하겠습니다.

```
eevee@myserver01:~$ cd work/ch05/                              ❶
eevee@myserver01:~/work/ch05$ ls                              ❷
ex01  ex02  ex03  ex04
eevee@myserver01:~/work/ch05$ mkdir ex05                      ❸
eevee@myserver01:~/work/ch05$ ls                              ❹
ex01  ex02  ex03  ex04  ex05
eevee@myserver01:~/work/ch05$ cp -r ex03 ex04 ex05            ❺
eevee@myserver01:~/work/ch05$ ls                              ❻
ex01  ex02  ex03  ex04  ex05
eevee@myserver01:~/work/ch05$ cd ex05/                        ❼
eevee@myserver01:~/work/ch05/ex05$ ls                         ❽
ex03  ex04
eevee@myserver01:~/work/ch05/ex05$ mv ex03 myDjango02         ❾
eevee@myserver01:~/work/ch05/ex05$ mv ex04 myNginx02          ❿
eevee@myserver01:~/work/ch05/ex05$ ls                         ⓫
myDjango02  myNginx02
```

위 실습은 디렉터리를 정리하는 실습입니다.

❶ 실습 디렉터리인 work/ch05로 이동합니다.

❷ 그러면 앞서 실습한 디렉터리들을 확인할 수 있습니다.

❸ ❹ 이번 실습을 위해 ex05 디렉터리를 생성합니다.

❺ ❻ 앞서 실습했던 ex03, ex04 디렉터리를 ex05 디렉터리로 복사합니다. ex03은 django 실습 디렉터리이고, ex 04는 Nginx 실습 디렉터리였습니다.

❼ ❽ ex05 디렉터리로 이동하면 복사된 디렉터리를 볼 수 있습니다.

❾ 디렉터리 이름을 변경합니다. 앞서 django 실습 관련 디렉터리였던 ex03은 myDjango02라고 이름을 변경했습니다.

❿ Nginx 실습 디렉터리였던 ex04는 myNginx02라고 변경했습니다.

⓫ 디렉터리 이름이 변경되었는지 확인합니다.

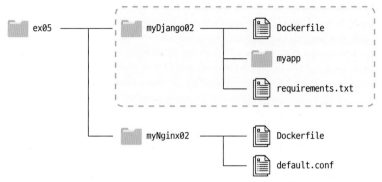

**그림 5-20** Nginx와 django 연동하기 (2)

디렉터리를 정리했다면 [그림 5-20]과 같이 먼저 django와 관련된 파일을 수정하겠습니다.

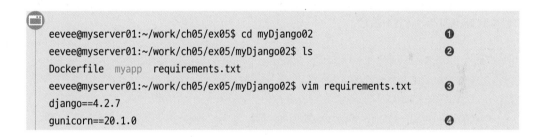

```
eevee@myserver01:~/work/ch05/ex05$ cd myDjango02                    ❶
eevee@myserver01:~/work/ch05/ex05/myDjango02$ ls                   ❷
Dockerfile  myapp  requirements.txt
eevee@myserver01:~/work/ch05/ex05/myDjango02$ vim requirements.txt  ❸
django==4.2.7
gunicorn==20.1.0                                                   ❹
```

먼저 myDjango01 디렉터리에 있는 requirements.txt 파일을 수정하겠습니다.

❶ **cd** 명령어를 활용해서 myDjango02 디렉터리로 이동합니다.

❷ 파일 목록을 확인합니다.

❸ vim을 이용해 requirements.txt 파일을 실행합니다.

❹ 가장 마지막 줄에 gunicorn==20.1.0을 추가합니다.

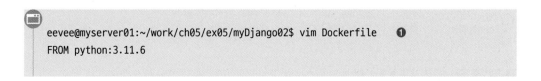

```
eevee@myserver01:~/work/ch05/ex05/myDjango02$ vim Dockerfile    ❶
FROM python:3.11.6
```

```
WORKDIR /usr/src/app

COPY . .

RUN python -m pip install --upgrade pip
RUN pip install -r requirements.txt

WORKDIR ./myapp
CMD gunicorn --bind 0.0.0.0:8000 myapp.wsgi:application          ❷

EXPOSE 8000
```

다음은 Dockerfile을 수정합니다.

❶ vim을 이용해 해당 파일을 엽니다.

❷ gunicorn과 연동하기 위해 기존에 존재하는 실행 구문을 삭제하고 해당 구문으로 수정합니다.

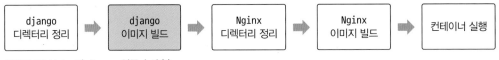

**그림 5-21** Nginx와 django 연동 순서 (2)

다음으로는 [그림 5–21]에서 보는 것과 같이 django 이미지를 빌드할 차례입니다.

```
eevee@myserver01:~/work/ch05/ex05/myDjango02$ docker image build . -t myweb02      ❶
[+] Building 8.4s (11/11) FINISHED
 => [internal] load build definition from Dockerfile     0.0s
 => => transferring dockerfile: 299B
…(생략)
```

❶ 도커 파일을 수정했으니 새로운 도커 이미지 파일을 빌드합니다.

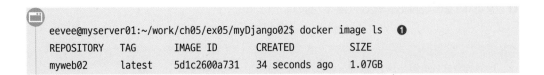

```
eevee@myserver01:~/work/ch05/ex05/myDjango02$ docker image ls      ❶
REPOSITORY      TAG        IMAGE ID       CREATED         SIZE
myweb02         latest     5d1c2600a731   34 seconds ago  1.07GB
```

❶ 그런 후 도커 이미지 파일 목록을 확인해보면 myweb02라는 이미지가 생성된 것을 볼 수 있습니다.

## 5.4.4 Nginx 이미지 빌드

Nginx 이미지를 빌드하겠습니다.

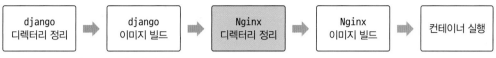

**그림 5-22** Nginx와 django 연동 순서 (3)

이를 위해 Nginx 디렉터리를 정리하겠습니다.

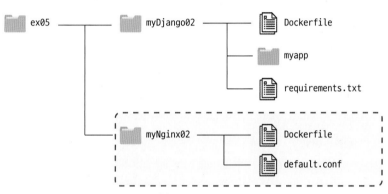

**그림 5-23** Nginx와 django 연동하기 (3)

[그림 5-23]과 같이 Nginx와 관련된 파일을 수정하거나 추가하겠습니다.

```
eevee@myserver01:~/work/ch05/ex05$ ls                              ❶
myDjango02   myNginx02
eevee@myserver01:~/work/ch05/ex05$ cd myNginx02/                   ❷
eevee@myserver01:~/work/ch05/ex05/myNginx02$ ls                    ❸
Dockerfile

eevee@myserver01:~/work/ch05/ex05/myNginx02$ vim default.conf      ❹
upstream myweb{
    server djangotest:8000;
}

server{
    listen 80;
    server_name localhost;
```

```
    location /{
        proxy_pass http://myweb;
    }
}
```

❶ ❷ ❸ 먼저 작업 디렉터리로 이동합니다.

❹ default.conf 파일을 새로 만들어줍니다.

파일 내용은 위와 같이 작성합니다. 위 코드에서 djangotest는 django를 이용해 생성하게 될 컨테이너 이름입니다. 즉, Nginx는 80번 포트로 받은 요청을 djangotest 컨테이너의 8000번 포트로 전송하겠다는 의미입니다.

```
eevee@myserver01:~/work/ch05/ex05/myNginx01$ vim Dockerfile        ❶
FROM nginx:1.25.3
RUN rm /etc/nginx/conf.d/default.conf                              ❷
COPY default.conf /etc/nginx/conf.d/                               ❸
CMD ["nginx", "-g", "daemon off;"]
```

❶ vim을 활용해 Dockerfile을 수정합니다. 기존의 Dockerfile에 ❷와 ❸만 추가해주면 됩니다.

❷ Nginx에서 사용하는 설정 파일인 default.conf 파일을 삭제한다는 의미입니다.

❸ 앞서 생성한 default.conf 파일을 이미지 파일 내부의 /etc/nginx/conf.d/ 경로로 복사한다는 의미입니다.

**그림 5-24** Nginx와 django 연동 순서 (4)

다음으로는 [그림 5-24]와 같이 Nginx 이미지를 빌드하겠습니다.

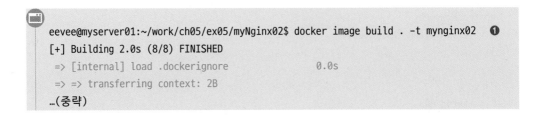

```
eevee@myserver01:~/work/ch05/ex05/myNginx02$ docker image build . -t mynginx02   ❶
[+] Building 2.0s (8/8) FINISHED
 => [internal] load .dockerignore                           0.0s
 => => transferring context: 2B
…(중략)
```

❶ 앞서 변경/추가된 파일을 기반으로 새로운 도커 이미지 mynginx02를 빌드합니다.

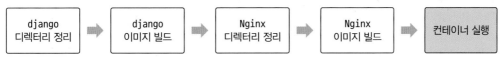

```
eevee@myserver01:~/work/ch05/ex05/myNginx02$ docker image ls          ❶
REPOSITORY    TAG        IMAGE ID        CREATED         SIZE
mynginx02     latest     dbcba4ae12da    56 seconds ago  187MB          ❷
myweb02       latest     5d1c2600a731    15 minutes ago  1.07GB
```

❶ 도커 이미지 파일 목록을 확인합니다.

❷ 그러면 앞서 생성한 mynginx02 파일이 생성되어 있는 것을 볼 수 있습니다.

## 5.4.5 django와 Nginx 연동 후 컨테이너 실행

이번 실습에서는 django와 Nginx를 연동해서 컨테이너를 실행하겠습니다.

django 디렉터리 정리 ➡ django 이미지 빌드 ➡ Nginx 디렉터리 정리 ➡ Nginx 이미지 빌드 ➡ 컨테이너 실행

그림 5-25 Nginx와 django 연동 순서 (5)

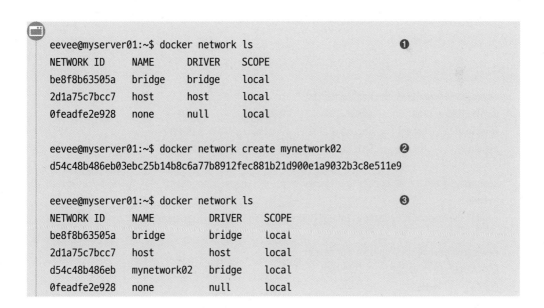

```
eevee@myserver01:~$ docker network ls                                 ❶
NETWORK ID       NAME        DRIVER      SCOPE
be8f8b63505a     bridge      bridge      local
2d1a75c7bcc7     host        host        local
0feadfe2e928     none        null        local

eevee@myserver01:~$ docker network create mynetwork02                 ❷
d54c48b486eb03ebc25b14b8c6a77b8912fec881b21d900e1a9032b3c8e511e9

eevee@myserver01:~$ docker network ls                                 ❸
NETWORK ID       NAME          DRIVER      SCOPE
be8f8b63505a     bridge        bridge      local
2d1a75c7bcc7     host          host        local
d54c48b486eb     mynetwork02   bridge      local
0feadfe2e928     none          null        local
```

먼저 도커 네트워크를 생성해야 합니다.

❶ 현재 네트워크 목록을 확인합니다.

❷ 새로운 네트워크를 생성하는데 이번 실습에서는 mynetwork02라는 네트워크를 생성했습니다.

❸ **docker network ls** 명령어로 네트워크 목록을 확인하면 새로운 네트워크 mynetwork02가 생성된 것을 알 수 있습니다.

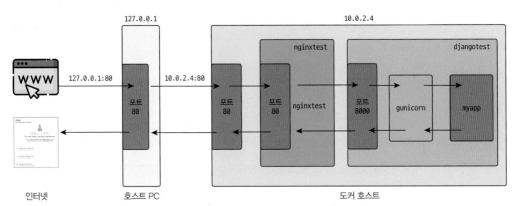

**그림 5-26** Nginx와 django 연동하기 (4)

[그림 5-26]은 이번에 실습할 내용을 그림으로 표현한 것입니다. 호스트의 웹 브라우저에서 주소창에 127.0.0.1:80을 입력하면 포트포워딩 기능을 통해 10.0.2.4:80으로 트래픽이 전달됩니다. 그러고 나서 nginxtest 컨테이너를 통과한 후 djangotest 컨테이너에 접속하게 되어 django 서비스를 활용할 수 있게 됩니다.

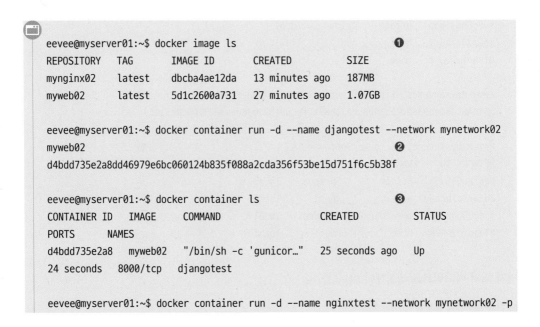

```
eevee@myserver01:~$ docker image ls                               ❶
REPOSITORY    TAG       IMAGE ID       CREATED        SIZE
mynginx02     latest    dbcba4ae12da   13 minutes ago  187MB
myweb02       latest    5d1c2600a731   27 minutes ago  1.07GB

eevee@myserver01:~$ docker container run -d --name djangotest --network mynetwork02
myweb02                                                           ❷
d4bdd735e2a8dd46979e6bc060124b835f088a2cda356f53be15d751f6c5b38f

eevee@myserver01:~$ docker container ls                           ❸
CONTAINER ID   IMAGE    COMMAND              CREATED         STATUS
PORTS        NAMES
d4bdd735e2a8   myweb02  "/bin/sh -c 'gunicor…"  25 seconds ago  Up
24 seconds   8000/tcp   djangotest

eevee@myserver01:~$ docker container run -d --name nginxtest --network mynetwork02 -p
```

```
    80:80 mynginx02                                                    ❹
    b08d7fb97e1e18ff64bd9225ab15e38ca2c5f8ae6d6f55ec970c15914bae93e7


    eevee@myserver01:~$ docker container ls                            ❺
    CONTAINER ID    IMAGE       COMMAND           CREATED              STATUS
    PORTS                           NAMES
    b08d7fb97e1e    mynginx02   "/docker-entrypoint.…"  17 seconds ago       Up
    16 seconds       0.0.0.0:80->80/tcp, :::80->80/tcp   nginxtest
    d4bdd735e2a8    myweb02     "/bin/sh -c 'gunicor…"  About a minute ago   Up
    About a minute   8000/tcp                        djangotest
```

이번에는 컨테이너를 실행하겠습니다.

❶ 먼저 도커 이미지 목록을 확인합니다.

❷ django 컨테이너를 실행합니다. **-d**를 이용해 백그라운드 실행을 하고 **--name** 옵션을 활용해 컨테이너 이름을 djangotest라고 짓습니다. 그리고 네트워크는 mynetwork02를 사용합니다.

❸ 컨테이너 목록을 확인하면 django 컨테이너가 실행된 것을 알 수 있습니다.

❹ Nginx 컨테이너를 실행합니다. **-p** 옵션으로 호스트의 80번 포트와 컨테이너의 80번 포트를 연결합니다.

❺ 컨테이너 목록을 확인하면 Nginx 컨테이너가 실행된 것을 알 수 있습니다.

**그림 5-27** Nginx와 django 연동하기 (5)

[그림 5-27]과 같이 웹 브라우저를 실행하고 주소창에 127.0.0.1:80을 입력하면 원활하게 접속되는 것을 알 수 있습니다.

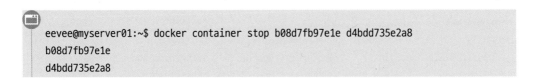

```
eevee@myserver01:~$ docker container stop b08d7fb97e1e d4bdd735e2a8
b08d7fb97e1e
d4bdd735e2a8
```

실습이 끝났으면 컨테이너를 정지시킵니다.

## 5.5 Nginx, django, PostgreSQL 컨테이너 연동

앞선 실습에서는 Nginx와 django를 연동해서 실행했습니다. 이번 실습에서는 Nginx와 django뿐만 아니라 웹 서비스에서 활용할 수 있는 데이터베이스인 PostgreSQL을 연동해보겠습니다.

### 5.5.1 PostgreSQL 컨테이너 실행

도커를 활용해 PostgreSQL 컨테이너를 배포하겠습니다.

그림 5-28 PostgreSQL 배포 과정 (1)

가장 먼저 디렉터리를 정리하겠습니다.

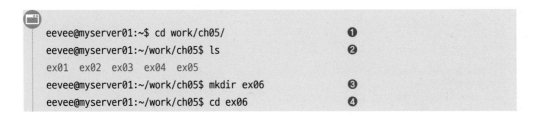

```
eevee@myserver01:~$ cd work/ch05/                          ❶
eevee@myserver01:~/work/ch05$ ls                           ❷
ex01  ex02  ex03  ex04  ex05
eevee@myserver01:~/work/ch05$ mkdir ex06                   ❸
eevee@myserver01:~/work/ch05$ cd ex06                      ❹
```

❶ 실습에 사용할 디렉터리를 생성하기 위해 work/ch05 디렉터리로 이동합니다.

❷ 파일 목록을 확인합니다.

❸ ex06이라는 디렉터리를 생성합니다.

❹ 파일 목록을 확인하면 제대로 생성된 것을 볼 수 있습니다.

**그림 5-29** PostgreSQL 배포 과정 (2)

```
eevee@myserver01:~/work/ch05$ cd ex06                          ❶
eevee@myserver01:~/work/ch05/ex06$ vim Dockerfile              ❷
FROM postgres:15.4                                             ❸
```

이번에는 도커 파일을 작성할 차례입니다.

❶ ex06 디렉터리로 이동합니다.

❷ vim을 활용해서 Dockerfile을 생성합니다.

❸ 도커 파일에는 **FROM** 명령어를 이용해 기본 베이스 이미지를 설정해주는데 postgres:15.4로 설정합니다.

**그림 5-30** PostgreSQL 배포 과정 (3)

```
eevee@myserver01:~/work/ch05/ex06$ docker image build . -t mypostgres03     ❶
[+] Building 15.6s (5/5) FINISHED
 => [internal] load build definition from Dockerfile      0.0s
 => => transferring dockerfile: 56B                       0.0s
 => [internal] load .dockerignore
…(중략)
 => => naming to docker.io/library/mypostgres03

eevee@myserver01:~/work/ch05/ex06$ docker image ls                          ❷
REPOSITORY       TAG       IMAGE ID       CREATED         SIZE
mypostgres03     latest    68a92c148701   6 weeks ago     411MB
```

도커 이미지를 생성하겠습니다.

❶ **docker image build** 명령어를 이용해 이미지를 빌드합니다.

❷ 도커 이미지 목록을 확인하면 mypostgres03 이미지가 생성된 것을 볼 수 있습니다.

**그림 5-31** PostgreSQL 배포 과정 (4)

```
eevee@myserver01:~/work/ch05/ex06$ docker volume create myvolume03        ❶
myvolume03

eevee@myserver01:~/work/ch05/ex06$ docker volume ls                       ❷
DRIVER      VOLUME NAME
...(중략)
local       myvolume03

eevee@myserver01:~/work/ch05/ex06$ docker container run -e POSTGRES_
PASSWORD=mysecretpassword --mount type=volume,source=myvolume03,target=/var/lib/
postgresql/data -d mypostgres03                                            ❸
c5a6cdd35a2c88d089e3a8861f7a05ec0d151d3bac2beb33bfed61f1443fcf3c

eevee@myserver01:~/work/ch05/ex06$ docker container ls                     ❹
CONTAINER ID    IMAGE        COMMAND              CREATED        STATUS
PORTS                        NAMES
c5a6cdd35a2c    mypostgres03 "docker-entrypoint.s…"  7 seconds ago  Up
6 seconds    5432/tcp                     hopeful_mirzakhani
```

다음으로는 앞서 빌드한 이미지를 활용해 컨테이너를 실행하겠습니다.

❶ PostgreSQL과 연동하기 위해 **docker volume create** 명령어를 활용해 도커 볼륨을 생성합니다. 도커 볼륨 이름은 myvolume03이라고 지었습니다.

❷ 도커 볼륨 목록을 확인하면 제대로 생성된 것을 볼 수 있습니다.

❸ 도커 컨테이너를 실행합니다. −e 옵션을 활용해 환경변수를 설정할 수 있습니다. 그리고 −mount 옵션을 활용해 도커 볼륨과 관련된 내용을 설정합니다.

❹ 실행 중인 컨테이너 목록을 확인합니다.

```
eevee@myserver01:~/work/ch05/ex06$ docker container stop c5a6cdd35a2c    ❶
c5a6cdd35a2c
```

❶ 실습이 끝났으면 실행 중인 컨테이너를 정지시킵니다.


## 5.5.2 django, Nginx, PostgreSQL 연동

앞서 실행했던 django, Nginx, PostgreSQL 컨테이너를 모두 연동하겠습니다.

**그림 5-32** django, Nginx, PostgreSQL 연동

여기에서 실습할 내용은 [그림 5-32]와 같은 구조입니다.

```
eevee@myserver01:~$ cd work/ch05                                         ❶
eevee@myserver01:~/work/ch05$ ls                                        ❷
ex01  ex02  ex03  ex04  ex05  ex06
eevee@myserver01:~/work/ch05$ cp -r ex05 ex07                           ❸
eevee@myserver01:~/work/ch05$ ls                                        ❹
ex01  ex02  ex03  ex04  ex05  ex06  ex07
eevee@myserver01:~/work/ch05$ cp -r ex06 ex07                           ❺
eevee@myserver01:~/work/ch05$ cd ex07                                   ❻
eevee@myserver01:~/work/ch05/ex07$ ls                                   ❼
ex06  myDjango02  myNginx02
eevee@myserver01:~/work/ch05/ex07$ mv myDjango02 myDjango03             ❽
eevee@myserver01:~/work/ch05/ex07$ mv myNginx02 myNginx03              ❾
eevee@myserver01:~/work/ch05/ex07$ mv ex06 myPostgres03                ❿
eevee@myserver01:~/work/ch05/ex07$ ls                                   ⓫
myDjango03  myNginx03  myPostgres03
```

본격적인 실습에 앞서 디렉터리를 정리하겠습니다.

❶ ❷ work/ch05 디렉터리로 이동합니다.

❸ ❹ django와 Nginx를 연동했던 ex05를 복사해서 ex07이라는 디렉터리를 만듭니다.

❺ Postgres를 실습할 때 사용한 ex06을 ex07 디렉터리 내부로 복사합니다.

❻ ex07 디렉터리로 이동합니다.

❼ 복사가 성공적으로 되었는지 확인합니다.

❽ myDjango02 디렉터리를 myDjango03으로 변경합니다.

❾ myNginx02는 myNginx03으로 변경합니다.

❿ ex06은 myPostgres03으로 변경합니다.

⓫ 의도대로 변경되었는지 확인합니다.


## 5.5.3 django 이미지 빌드

가장 먼저 django 이미지를 빌드합니다. 그러려면 [그림 5-33]처럼 django와 관련된 파일을 수정해야 합니다. 아래 그림을 참고하면 이해하기 쉬울 것입니다.

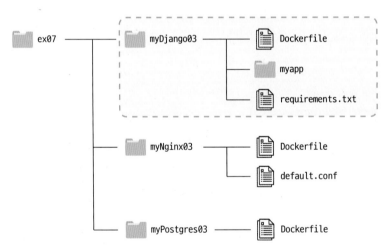

**그림 5-33** django 관련 파일 수정

```
eevee@myserver01:~/work/ch05/ex07$ cd myDjango03/                              ❶
eevee@myserver01:~/work/ch05/ex07/myDjango03$ ls                              ❷
Dockerfile  myapp  requirements.txt
eevee@myserver01:~/work/ch05/ex07/myDjango03$ cd myapp/myapp/                 ❸
eevee@myserver01:~/work/ch05/ex07/myDjango03/myapp/myapp$ ls                  ❹
asgi.py  __init__.py  __pycache__  settings.py  urls.py  wsgi.py
eevee@myserver01:~/work/ch05/ex07/myDjango03/myapp/myapp$ vim settings.py     ❺
DATABASES = {
    'default': {
        'ENGINE': 'django.db.backends.postgresql',                           ❻
        'NAME': 'postgres',                                                  ❼
        'USER': 'postgres',                                                 ❽
        'PASSWORD': 'mysecretpassword',                                     ❾
        'HOST': 'postgrestest',                                             ❿
        'PORT': 5432,                                                       ⓫
    }
}
```

django 내부의 settings.py 파일부터 수정하겠습니다. 이를 위해서 다음 과정을 진행합니다.

❶ myDjango01 디렉터리로 이동합니다.

❷ 파일 목록을 확인합니다.

❸ myapp/myapp으로 이동합니다.

❹ 파일 목록을 확인하면 settings.py 파일을 확인할 수 있습니다.

❺ vim을 이용해 settins.py를 수정합니다.

❻ ❼ ❽ ❾ ❿ ⓫ django와 PostgreSQL 컨테이너를 연동하기 위해 해당 파일의 DATABASES 설정 정보를 해당 코드와 같이 바꿔줍니다. 해당 코드에서 'HOST' 항목에는 postgreSQL 컨테이너 이름을 적어줍니다.

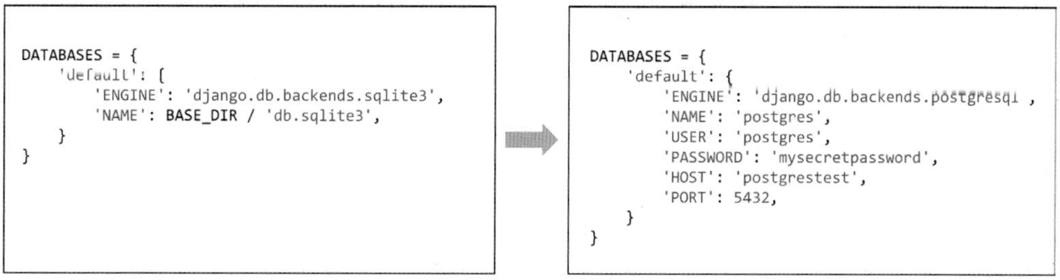

```
DATABASES = {
    'default': {
        'ENGINE': 'django.db.backends.sqlite3',
        'NAME': BASE_DIR / 'db.sqlite3',
    }
}
```
→
```
DATABASES = {
    'default': {
        'ENGINE': 'django.db.backends.postgresql',
        'NAME': 'postgres',
        'USER': 'postgres',
        'PASSWORD': 'mysecretpassword',
        'HOST': 'postgrestest',
        'PORT': 5432,
    }
}
```

그림 5-34 settings.py 수정

[그림 5-34]의 왼쪽 그림은 기존의 settings.py 파일 내용이고 오른쪽 그림은 postgreSQL과 연동하기 위해 새로 설정한 내용입니다.

```
eevee@myserver01:~/work/ch05/ex07/myDjango03/myapp/myapp$ cd ../..    ❶
eevee@myserver01:~/work/ch05/ex07/myDjango03$ ls                      ❷
Dockerfile  myapp  requirements.txt
eevee@myserver01:~/work/ch05/ex07/myDjango03$ vim requirements.txt    ❸
django==4.2.7
gunicorn==20.1.0
psycopg2==2.9.9
```

다음으로 requirements.txt 파일을 수정하겠습니다.

❶ myDjango03 디렉터리로 이동합니다.

❷ 파일 목록을 확인하면 requirements.txt 파일이 존재하는 것을 볼 수 있습니다.

❸ vim으로 requirements.txt 파일을 수정합니다.

❹ **psycopg2==2.9.9**를 추가합니다. psycopg2 라이브러리는 파이썬을 통해 postgreSQL을 활용하기 위해 사용하는 라이브러리입니다.

```
eevee@myserver01:~/work/ch05/ex07/myDjango03$ ls                      ❶
Dockerfile  myapp  requirements.txt
eevee@myserver01:~/work/ch05/ex07/myDjango03$ vim Dockerfile         ❷
FROM python:3.11.6

WORKDIR /usr/src/app

COPY . .

RUN python -m pip install --upgrade pip
RUN pip install -r requirements.txt

WORKDIR ./myapp

CMD gunicorn --bind 0.0.0.0:8000 myapp.wsgi:application

EXPOSE 8000
```

위 과정은 myDjango03 디렉터리 내부에 존재하는 Dockerfile을 나타냅니다. 이전 실습에서 추가되거나 수정되는 내용은 없습니다.

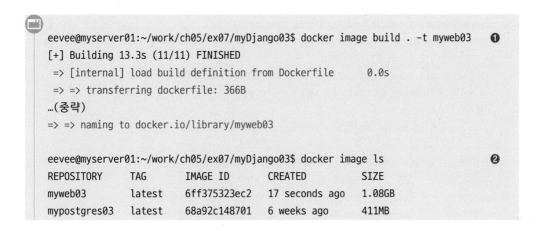

❶ **docker image build** 명령어를 활용해 도커 이미지를 빌드합니다.

❷ 도커 이미지를 확인하면 이미지 목록에 생성된 것을 볼 수 있습니다.


## 5.5.4 Nginx 이미지 빌드

두 번째로 Nginx 이미지를 빌드하겠습니다. 이번 실습에서는 [그림 5-35]와 같이 Nginx와 관련된 파일을 다룹니다.

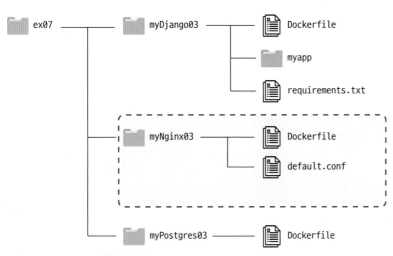

**그림 5-35** myNginx 디렉터리 수정

```
eevee@myserver01:~$ cd work/ch05/ex07/                                        ❶
eevee@myserver01:~/work/ch05/ex07$ ls                                         ❷
myDjango03  myNginx03  myPostgres03
eevee@myserver01:~/work/ch05/ex07$ cd myNginx03/                              ❸
eevee@myserver01:~/work/ch05/ex07/myNginx03$ docker image build . -t mynginx03  ❹
[+] Building 2.1s (8/8) FINISHED
 => [internal] load build definition from Dockerfile      0.0s
 => => transferring dockerfile: 168B       0.0s
…(중략)
 => => naming to docker.io/library/mynginx03

eevee@myserver01:~/work/ch05/ex07/myNginx03$ docker image ls                  ❺
REPOSITORY      TAG      IMAGE ID       CREATED         SIZE
myweb03         latest   6ff375323ec2   3 minutes ago   1.08GB
mynginx03       latest   dbcba4ae12da   2 hours ago     187MB
mypostgres03    latest   68a92c148701   6 weeks ago     411MB
```

이 내용은 Nginx 이미지를 빌드하는 과정인데 앞선 실습과 코드적으로 변동된 부분은 없습니다.

❶ ❷ ❸ work/ch05/ex07/myNginx03 디렉터리로 이동합니다.

❹ 도커 이미지를 빌드합니다.

❺ 도커 이미지가 성공적으로 생성되었는지 확인합니다.

## 5.5.5 django, Nginx, PostgreSQL 연동 후 컨테이너 실행

세 번째로 django, Nginx, PostgreSQL 컨테이너를 모두 연동해서 실행합니다. 이 과정을 [그림 5-36]에서 정리했습니다. [그림 5-36]은 여기에서 실행하는 다양한 소프트웨어들에 대한 전체 구조를 나타냅니다.

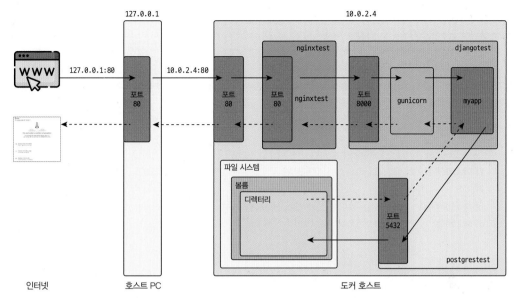

그림 5-36 전체 프로세스

호스트에서 웹 브라우저를 실행한 후 127.0.0.1:80에 접속하면 포트포워딩을 통해 10.0.2.4:80으로 트래픽이 전달됩니다. 이후, nginxtest 컨테이너를 거쳐 djangotest 컨테이너에 접속할 수 있으며, djangotest 컨테이너는 postgrestest 컨테이너를 통해 데이터베이스를 활용하게 됩니다.

```
eevee@myserver01:~$ docker network create mynetwork03          ❶
d9d34ced00090a5fdb7636c7e1fa2a9b6fa654032e7b12839db636f31e1747f6

eevee@myserver01:~$ docker network ls                          ❷
NETWORK ID      NAME           DRIVER      SCOPE
be8f8b63505a    bridge         bridge      local
2d1a75c7bcc7    host           host        local
d9d34ced0009    mynetwork03    bridge      local
```

컨테이너를 실행하기 전에 도커 네트워크를 생성하겠습니다.

❶ docker network create 명령어를 활용해 mynetwork03이라는 네트워크를 생성합니다.

❷ docker network ls 명령어를 활용해 도커 네트워크를 확인합니다.

```
eevee@myserver01:~$ docker container run --name postgrestest \          ❶
--network mynetwork03 \                                                  ❷
-e POSTGRES_PASSWORD=mysecretpassword \                                  ❸
--mount type=volume,source=myvolume03,target=/var/lib/postgresql/data \  ❹
-d mypostgres03                                                          ❺
687ad1b3f831b3c20fc1259d55c37c9923b4fb0d45f127f79cc6ab1d7383985d

eevee@myserver01:~$ docker container ls                                  ❻
CONTAINER ID    IMAGE           COMMAND             CREATED         STATUS
PORTS        NAMES
687ad1b3f831    mypostgres03    "docker-entrypoint.s…"   8 seconds ago   Up
7 seconds    5432/tcp    postgrestest
```

이번에는 PostgreSQL 컨테이너를 실행하겠습니다.

❶ **docker container run** 옵션으로 컨테이너를 실행합니다. **--name** 옵션으로 컨테이너 이름을 postgrestest라고 짓습니다.

❷ 네트워크는 mynetwork03을 활용합니다.

❸ **-e** 옵션으로 PostgreSQL 컨테이너의 환경 변수를 설정합니다.

❹ **--mount** 옵션을 활용해 도커 볼륨을 설정합니다.

❺ **-d** 옵션으로 백그라운드로 mypostgres03 이미지를 이용해 컨테이너를 실행합니다.

❻ 실행 중인 컨테이너 목록을 확인하면 원활하게 실행되고 있는 것을 볼 수 있습니다.

```
eevee@myserver01:~$ docker container run -d --name djangotest --network mynetwork03
myweb03                                                                 ❶
d7583ec82cb44d733969a42499fe39c5abf0c6cd26832e1ae2f7c21f0e4c2772

eevee@myserver01:~$ docker container ls                                 ❷
CONTAINER ID    IMAGE           COMMAND             CREATED         STATUS
PORTS        NAMES
d7583ec82cb4    myweb03         "/bin/sh -c 'gunicor…"   9 seconds ago   Up
8 seconds    8000/tcp    djangotest                                     ❸
687ad1b3f831    mypostgres03    "docker-entrypoint.s…"   2 minutes ago   Up
2 minutes    5432/tcp    postgrestest
```

위 과정은 django 컨테이너를 실행하고 컨테이너 목록을 확인하는 내용입니다.

❶ django 컨테이너를 실행합니다.

❷ 실행 중인 컨테이너 목록을 확인합니다.

❸ djangotest라는 컨테이너가 실행 중인 것을 볼 수 있습니다.

> 💡 djangotest라는 컨테이너 이름이 중복되어 실행이 되지 않는다는 오류 메시지가 나타나면 **docker container rm** 명령어를 활용해 앞서 사용했던 djangotest 컨테이너를 삭제하면 됩니다.

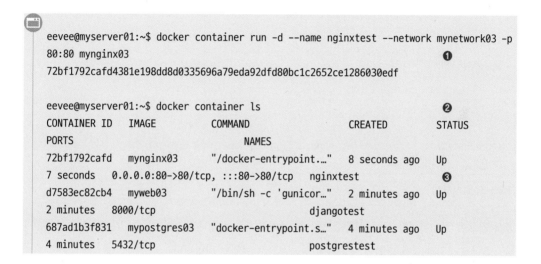

```
eevee@myserver01:~$ docker container run -d --name nginxtest --network mynetwork03 -p
80:80 mynginx03                                                        ❶
72bf1792cafd4381e198dd8d0335696a79eda92dfd80bc1c2652ce1286030edf

eevee@myserver01:~$ docker container ls                               ❷
CONTAINER ID    IMAGE         COMMAND             CREATED        STATUS
PORTS                         NAMES
72bf1792cafd    mynginx03     "/docker-entrypoint.…"  8 seconds ago  Up
7 seconds    0.0.0.0:80->80/tcp, :::80->80/tcp   nginxtest             ❸
d7583ec82cb4    myweb03       "/bin/sh -c 'gunicor…"  2 minutes ago  Up
2 minutes    8000/tcp                            djangotest
687ad1b3f831    mypostgres03  "docker-entrypoint.s…"  4 minutes ago  Up
4 minutes    5432/tcp                            postgrestest
```

위 과정은 Nginx 컨테이너를 실행하는 실습입니다.

❶ Nginx 컨테이너를 실행합니다.

❷ 실행 중인 컨테이너를 확인합니다.

❸ nginxtest 컨테이너가 실행 중인 것을 볼 수 있습니다.

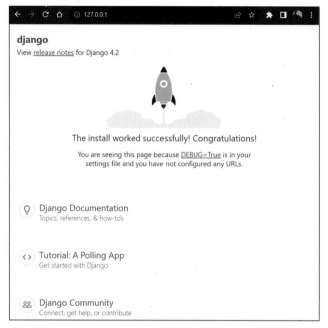

**그림 5-37** 접속 확인

앞서 필요한 컨테이너를 모두 실행했으니 웹 브라우저를 실행해서 접속할 수 있는지 확인하겠습니다. [그림 5-37]과 같은 화면이 나온다면 성공적으로 실행된 것입니다.

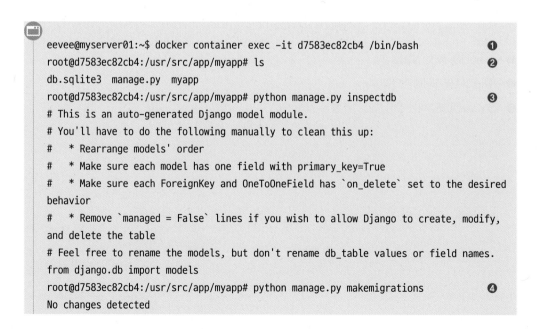

```
eevee@myserver01:~$ docker container exec -it d7583ec82cb4 /bin/bash        ❶
root@d7583ec82cb4:/usr/src/app/myapp# ls                                    ❷
db.sqlite3  manage.py  myapp
root@d7583ec82cb4:/usr/src/app/myapp# python manage.py inspectdb            ❸
# This is an auto-generated Django model module.
# You'll have to do the following manually to clean this up:
#   * Rearrange models' order
#   * Make sure each model has one field with primary_key=True
#   * Make sure each ForeignKey and OneToOneField has `on_delete` set to the desired
behavior
#   * Remove `managed = False` lines if you wish to allow Django to create, modify,
and delete the table
# Feel free to rename the models, but don't rename db_table values or field names.
from django.db import models
root@d7583ec82cb4:/usr/src/app/myapp# python manage.py makemigrations       ❹
No changes detected
```

```
root@d7583ec82cb4:/usr/src/app/myapp# python manage.py migrate          ❺
Operations to perform:
  Apply all migrations: admin, auth, contenttypes, sessions
Running migrations:
  Applying contenttypes.0001_initial... OK
  Applying auth.0001_initial... OK
  ...(중략)
  Applying auth.0012_alter_user_first_name_max_length... OK
  Applying sessions.0001_initial... OK
root@d7583ec82cb4:/usr/src/app/myapp# exit                              ❻
exit
eevee@myserver01:~$
```

이번에는 실행 중인 django와 PostgreSQL이 연결되었는지 확인하겠습니다.

❶ 실행 중인 djangotest 컨테이너 내부에 접속해서 셸을 실행합니다.

❷ 파일 목록을 확인해서 managy.py 파일이 존재하는 것을 확인합니다.

❸ ❹ ❺ 데이터베이스 연결 상태를 확인하기 위해 몇 가지 명령어를 입력합니다. 해당 명령어에 대해서는 앞에서 다루었으니 자세한 설명은 생략합니다.

❻ 결과를 확인한 후 해당 컨테이너에서 빠져나옵니다.

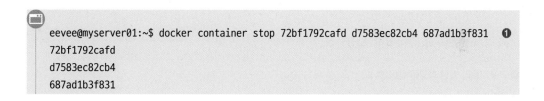

```
eevee@myserver01:~$ docker container stop 72bf1792cafd d7583ec82cb4 687ad1b3f831   ❶
72bf1792cafd
d7583ec82cb4
687ad1b3f831
```

❶ 실습이 끝났으면 컨테이너를 종료합니다.

## 5.6 Nginx, django와 로컬 PostgreSQL 연동

앞선 실습에서는 Nginx, django, PostgreSQL을 모두 컨테이너 형태로 실행했습니다. 이번 실습에서는 Nginx와 django는 컨테이너 형태로 실행하지만 PostgreSQL은 컨테이너 형태로 실행하지 않고 가상머신의 로컬에 설치한 후 Nginx, django 컨테이너와 연동하는 실습을 진행하겠습니다.

## 5.6.1 PostgreSQL 로컬 설치

이번 실습에서는 로컬에 PostgreSQL을 설치하겠습니다. 이후 설치 과정은 다음 웹사이트를 참고하면 도움이 됩니다.

- https://www.postgresql.org/download/linux/ubuntu/

```
eevee@myserver01:~$ sudo sh -c 'echo "deb http://apt.postgresql.org/pub/repos/apt
$(lsb_release -cs)-pgdg main" > /etc/apt/sources.list.d/pgdg.list'          ❶

eevee@myserver01:~$ wget --quiet -O - https://www.postgresql.org/media/keys/ACCC4CF8.
asc ¦ sudo apt-key add -                                                    ❷

Warning: apt-key is deprecated. Manage keyring files in trusted.gpg.d instead (see
apt-key(8)).
OK

eevee@myserver01:~$ sudo apt-get update                                     ❸
eevee@myserver01:~$ sudo apt-get -y install postgresql                      ❹
Reading package lists... Done
Building dependency tree... Done
Reading state information... Done
…(생략)
```

아래 순서대로 PostgreSQL을 설치합니다.

❶ 리포지토리 설정 파일을 생성합니다.

❷ 리포지토리 인증키를 불러옵니다.

❸ 우분투 패키지 리스트를 업데이트합니다.

❹ 최종적으로 PostgreSQL을 설치합니다.

```
eevee@myserver01:~$ sudo systemctl status postgresql.service               ❶
● postgresql.service - PostgreSQL RDBMS
     Loaded: loaded (/lib/systemd/system/postgresql.service; enabled; vendor preset: e>
     Active: active (exited) since Fri 2023-11-03 00:06:48 UTC; 33s ago
   Main PID: 71300 (code=exited, status=0/SUCCESS)
        CPU: 2ms

Nov 03 00:06:48 myserver01 systemd[1]: Starting PostgreSQL RDBMS...
Nov 03 00:06:48 myserver01 systemd[1]: Finished PostgreSQL RDBMS.
```

설치한 PostgreSQL이 실행 중인지 확인하겠습니다.

❶ 위와 같은 명령어를 입력하면 PostgreSQL의 상태가 나오는데 active 상태로 나오는 것을 보니 원활히 실행 중임을 알 수 있습니다.

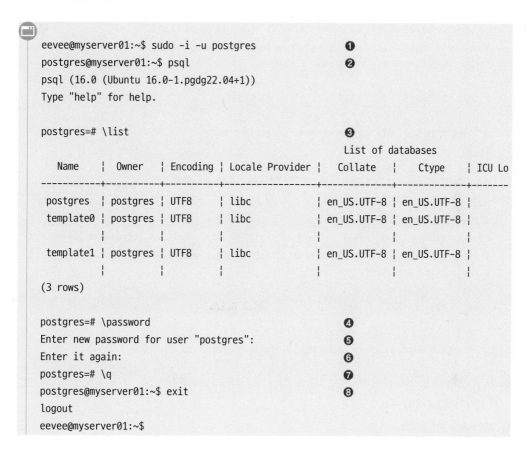

```
eevee@myserver01:~$ sudo -i -u postgres          ❶
postgres@myserver01:~$ psql                      ❷
psql (16.0 (Ubuntu 16.0-1.pgdg22.04+1))
Type "help" for help.

postgres=# \list                                 ❸
                                        List of databases
    Name     |   Owner   | Encoding | Locale Provider |   Collate   |    Ctype    | ICU Lo
-----------+----------+----------+-----------------+-------------+-------------+-------
 postgres   | postgres  | UTF8     | libc            | en_US.UTF-8 | en_US.UTF-8 |
 template0  | postgres  | UTF8     | libc            | en_US.UTF-8 | en_US.UTF-8 |
            |           |          |                 |             |             |
 template1  | postgres  | UTF8     | libc            | en_US.UTF-8 | en_US.UTF-8 |
            |           |          |                 |             |             |
(3 rows)

postgres=# \password                             ❹
Enter new password for user "postgres":          ❺
Enter it again:                                  ❻
postgres=# \q                                    ❼
postgres@myserver01:~$ exit                      ❽
logout
eevee@myserver01:~$
```

PostgreSQL에 접속해서 비밀번호를 변경하겠습니다.

❶ postgres 사용자로 변경합니다.

❷ psql을 실행합니다.

❸ 데이터베이스 목록을 확인합니다.

❹ ₩password를 이용해 암호를 설정합니다.

❺ 이전 실습과 동일한 환경을 설정하기 위해 비밀번호를 mysecretpassword로 설정했습니다.

❻ 동일한 비밀번호를 입력합니다.

❼ ❽ 비밀번호를 변경했으니 PostgreSQL을 종료합니다.

```
eevee@myserver01:~$ cd /etc/postgresql/16/main                                    ❶
eevee@myserver01:/etc/postgresql/16/main$ ls                                      ❷
conf.d      pg_ctl.conf  pg_ident.conf    start.conf
environment  pg_hba.conf  postgresql.conf
eevee@myserver01:/etc/postgresql/16/main$ sudo vim pg_hba.conf                    ❸
# Database administrative login by Unix domain socket
local   all             postgres                            peer

# TYPE  DATABASE        USER            ADDRESS             METHOD

# "local" is for Unix domain socket connections only
local   all             all                                 peer
# IPv4 local connections:
host    all             all             127.0.0.1/32        scram-sha-256
host    all             all             0.0.0.0/0           scram-sha-256   ❹
# IPv6 local connections:
host    all             all             ::1/128             scram-sha-256
# Allow replication connections from localhost, by a user with the
# replication privilege.
local   replication     all                                 peer
host    replication     all             127.0.0.1/32        scram-sha-256
```

위 과정은 외부에서 PostgreSQL에 접근할 수 있도록 설정하는 내용입니다.

❶ /etc/postgresql/16/main 디렉터리로 이동합니다. 이때 디렉터리 경로 중간에 있는 16은 PosgreSQL의 버전 에 따라 달라질 수 있습니다.

❷ 파일 목록을 확인합니다.

❸ vim을 이용해서 pg_hba.conf를 실행합니다.

❹ 외부 접근을 허용하기 위해 해당 코드를 추가하고 저장한 후 종료합니다.

```
eevee@myserver01:/etc/postgresql/16/main$ sudo vim postgresql.conf               ❶
#------------------------------------------------------------------------------
# CONNECTIONS AND AUTHENTICATION
#------------------------------------------------------------------------------


# - Connection Settings -

listen_addresses = '*'                      # what IP address(es) to listen on;   ❷
```

```
                                          # comma-separated list of addresses;
                                          # defaults to 'localhost'; use '*' for all
                                          # (change requires restart)
  port = 5432                             # (change requires restart)
  max_connections = 100                   # (change requires restart)
```

위 과정은 PostgreSQL 서버가 어떤 클라이언트의 요청을 수락할 것인지 정하는 내용입니다.

❶ vim을 활용해 postgresql.conf을 실행합니다.

❷ 주석으로 되어 있는 부분인데, 주석을 해제하고 **listen_addresses = '\*'**라고 입력합니다.

그림 5-38 postgresql.conf 수정

앞선 실습 내용을 그림으로 나타내면 [그림 5-38]과 같습니다.

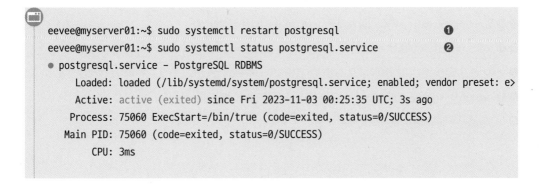

```
eevee@myserver01:~$ sudo systemctl restart postgresql                    ❶
eevee@myserver01:~$ sudo systemctl status postgresql.service            ❷
● postgresql.service - PostgreSQL RDBMS
     Loaded: loaded (/lib/systemd/system/postgresql.service; enabled; vendor preset: e>
     Active: active (exited) since Fri 2023-11-03 00:25:35 UTC; 3s ago
    Process: 75060 ExecStart=/bin/true (code=exited, status=0/SUCCESS)
   Main PID: 75060 (code=exited, status=0/SUCCESS)
        CPU: 3ms
```

```
Nov 03 00:25:35 myserver01 systemd[1]: Starting PostgreSQL RDBMS...
Nov 03 00:25:35 myserver01 systemd[1]: Finished PostgreSQL RDBMS.
```

PostgreSQL 설정 변경을 모두 마쳤으므로 재시작하겠습니다.

❶ PostgreSQL을 재시작합니다.

❷ 상태를 확인하면 정상적으로 실행 중인 것을 볼 수 있습니다.


## 5.6.2 django 이미지 빌드

다음으로는 django 이미지를 빌드하겠습니다.

```
eevee@myserver01:~$ cd work/ch05/                                    ❶
eevee@myserver01:~/work/ch05$ ls                                     ❷
ex01  ex02  ex03  ex04  ex05  ex06  ex07
eevee@myserver01:~/work/ch05$ cp -r ex07 ex08                        ❸
eevee@myserver01:~/work/ch05$ ls                                     ❹
ex01  ex02  ex03  ex04  ex05  ex06  ex07  ex08
eevee@myserver01:~/work/ch05$ cd ex08                                ❺
eevee@myserver01:~/work/ch05/ex08$ ls                                ❻
myDjango03  myNginx03  myPostgres03
eevee@myserver01:~/work/ch05/ex08$ rm -r myPostgres03                ❼
eevee@myserver01:~/work/ch05/ex08$ mv myDjango03 myDjango04          ❽
eevee@myserver01:~/work/ch05/ex08$ mv myNginx03 myNginx04            ❾
eevee@myserver01:~/work/ch05/ex08$ ls                                ❿
myDjango04  myNginx04
```

❶ ❷ 먼저 디렉터리를 정리해야 합니다. 실습을 위해 work/ch05/로 이동합니다.

❸ ❹ 앞서 실습했던 ex07 디렉터리를 복사해서 ex08 디렉터리를 생성합니다.

❺ ❻ ex08 디렉터리로 이동합니다.

❼ 여기서는 PostgreSQL을 컨테이너로 실행하지 않을 것이므로 PostgreSQL 관련 디렉터리는 삭제합니다.

❽ ❾ django와 Nginx를 이번 실습에 사용할 디렉터리 이름으로 변경합니다.

❿ 여기에서 사용할 디렉터리를 확인합니다.

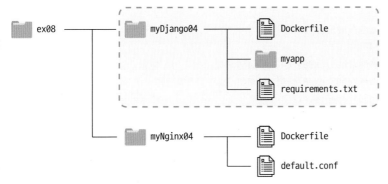

그림 5-39 django 디렉터리 파일 수정

여기에서 다룰 내용은 [그림 5-39]와 같이 django와 관련된 디렉터리 영역만 다룰 것입니다.

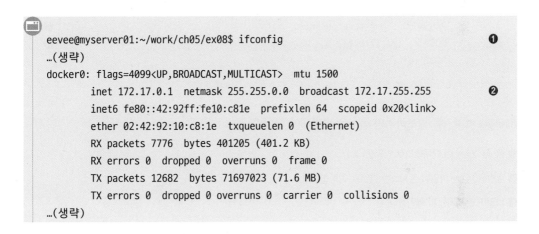

```
eevee@myserver01:~/work/ch05/ex08$ ifconfig                              ❶
…(생략)
docker0: flags=4099<UP,BROADCAST,MULTICAST>  mtu 1500
        inet 172.17.0.1  netmask 255.255.0.0  broadcast 172.17.255.255   ❷
        inet6 fe80::42:92ff:fe10:c81e  prefixlen 64  scopeid 0x20<link>
        ether 02:42:92:10:c8:1e  txqueuelen 0  (Ethernet)
        RX packets 7776  bytes 401205 (401.2 KB)
        RX errors 0  dropped 0  overruns 0  frame 0
        TX packets 12682  bytes 71697023 (71.6 MB)
        TX errors 0  dropped 0 overruns 0  carrier 0  collisions 0
…(생략)
```

본격적으로 연동을 하기 전에 docker0의 IP 주소를 확인해야 합니다. django와 Nginx는 컨테이너 형태로 실행되는 반면 PostgreSQL은 호스트(가상머신의 로컬)에 설치되어 있기 때문입니다. 따라서 django와 PostgreSQL이 서로 통신하려면 docker0을 이용해야 하므로 docker0의 IP 주소를 확인하겠습니다.

❶ ifconfig 명령어를 통해 docker0의 IP 주소를 확인합니다.

❷ 172.17.0.1이라는 것을 알 수 있습니다.

```
eevee@myserver01:~/work/ch05/ex08$ ls                                    ❶
myDjango04  myNginx04
eevee@myserver01:~/work/ch05/ex08$ cd myDjango04/                        ❷
eevee@myserver01:~/work/ch05/ex08/myDjango04$ ls                        ❸
Dockerfile  myapp  requirements.txt
eevee@myserver01:~/work/ch05/ex08/myDjango04$ cd myapp/myapp/           ❹
eevee@myserver01:~/work/ch05/ex08/myDjango04/myapp/myapp$ ls            ❺
asgi.py  __init__.py  __pycache__  settings.py  urls.py  wsgi.py
eevee@myserver01:~/work/ch05/ex08/myDjango04/myapp/myapp$ vim settings.py   ❻
DATABASES = {
    'default': {
        'ENGINE': 'django.db.backends.postgresql',
        'NAME': 'postgres',
        'USER': 'postgres',
        'PASSWORD': 'mysecretpassword',                                 ❼
        'HOST': '172.17.0.1',                                           ❽
        'PORT': '',
    }
}
```

django 이미지를 빌드하려면 설정을 변경해야 합니다.

❶ ❷ ❸ django 디렉터리로 이동합니다.

❹ settings.py 파일이 존재하는 경로로 이동합니다.

❺ 파일이 존재하는지 확인합니다.

❻ vim을 이용해서 settings.py 파일을 수정합니다.

❼ PASSWORD 부분을 앞서 변경했던 것과 같이 mysecretpassword로 설정해주는 것이 중요합니다. 앞서 mysecretpassword로 미리 설정했기 때문에 변경할 부분은 없지만 다시 한번 확인합니다.

❽ HOST도 docker0의 IP 주소를 입력합니다.

작업을 완료했으면 저장 후 종료합니다.

```
eevee@myserver01:~/work/ch05/ex08/myDjango04/myapp/myapp$ cd ../..      ❶
eevee@myserver01:~/work/ch05/ex08/myDjango04$ cat requirements.txt      ❷
django==4.2.7
gunicorn==20.1.0
psycopg2==2.9.9
```

이번에는 requirments.txt 파일을 확인하겠습니다.

❶ 기존 디렉터리 경로에서 requirements.txt 파일이 존재하는 경로로 이동합니다.

❷ requirements.txt 파일 내용을 확인합니다.

여기에서 진행할 실습에서 해당 파일을 수정할 필요는 없습니다.

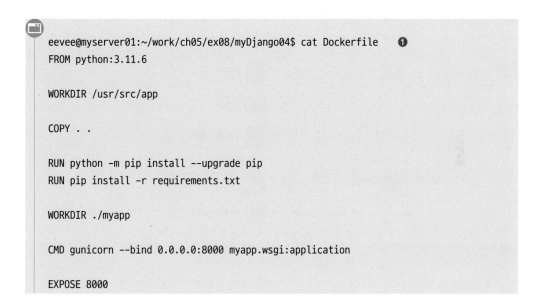

```
eevee@myserver01:~/work/ch05/ex08/myDjango04$ cat Dockerfile      ❶
FROM python:3.11.6

WORKDIR /usr/src/app

COPY . .

RUN python -m pip install --upgrade pip
RUN pip install -r requirements.txt

WORKDIR ./myapp

CMD gunicorn --bind 0.0.0.0:8000 myapp.wsgi:application

EXPOSE 8000
```

❶ 도커 파일을 확인합니다.

앞선 requirements.txt 파일과 마찬가지로 Dockerfile도 수정할 필요는 없습니다.

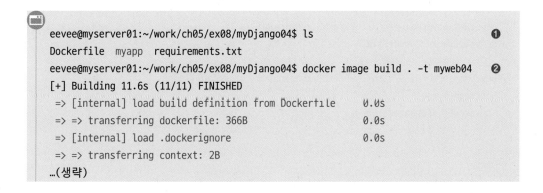

```
eevee@myserver01:~/work/ch05/ex08/myDjango04$ ls                            ❶
Dockerfile  myapp  requirements.txt
eevee@myserver01:~/work/ch05/ex08/myDjango04$ docker image build . -t myweb04    ❷
[+] Building 11.6s (11/11) FINISHED
 => [internal] load build definition from Dockerfile      0.0s
 => => transferring dockerfile: 366B                      0.0s
 => [internal] load .dockerignore                         0.0s
 => => transferring context: 2B                           0.0s
…(생략)
```

django 이미지를 빌드할 준비가 끝났습니다.

❶ 빌드할 파일을 확인합니다.

❷ 도커 이미지를 빌드합니다.

### 5.6.3 Nginx 이미지 빌드

이번 실습에서는 Nginx 이미지를 빌드하겠습니다.

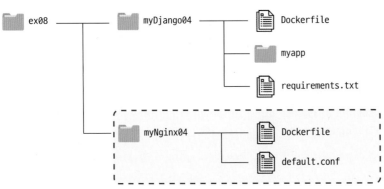

**그림 5-40** Nginx 디렉터리 파일 수정

여기에서 활용할 디렉터리는 [그림 5-40]과 같이 Nginx와 관련된 디렉터리입니다.

```
eevee@myserver01:~$ cd work/ch05/ex08/                                    ❶
eevee@myserver01:~/work/ch05/ex08$ ls                                     ❷
myDjango04  myNginx04
eevee@myserver01:~/work/ch05/ex08$ cd myNginx04/                          ❸
eevee@myserver01:~/work/ch05/ex08/myNginx04$ ls                          ❹
default.conf  Dockerfile

eevee@myserver01:~/work/ch05/ex08/myNginx04$ cat default.conf            ❺
upstream myweb{
    server djangotest:8000;
}

server{
    listen 80;
    server_name localhost;
```

```
    location /{
        proxy_pass http://myweb;
    }
}

eevee@myserver01:~/work/ch05/ex08/myNginx04$ cat Dockerfile          ❻
FROM nginx:1.25.3
RUN rm /etc/nginx/conf.d/default.conf
COPY default.conf /etc/nginx/conf.d/
CMD ["nginx", "-g", "daemon off;"]
```

위 과정은 Nginx 이미지를 빌드하기 전에 해당 디렉터리를 확인하는 과정입니다.

❶ ❷ ❸ Nginx 이미지를 빌드할 디렉터리로 이동합니다.

❹ 파일 목록을 확인합니다.

❺ ❻ default.conf 및 Dockerfile은 모두 수정하지 않고 그대로 사용합니다.

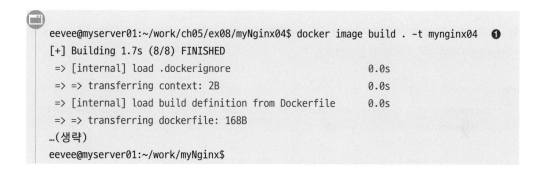
```
eevee@myserver01:~/work/ch05/ex08/myNginx04$ docker image build . -t mynginx04   ❶
[+] Building 1.7s (8/8) FINISHED
 => [internal] load .dockerignore                       0.0s
 => => transferring context: 2B                         0.0s
 => [internal] load build definition from Dockerfile    0.0s
 => => transferring dockerfile: 168B
…(생략)
eevee@myserver01:~/work/myNginx$
```

❶ 준비가 끝났으면 Nginx 이미지를 빌드합니다.


## 5.6.4 django, Nginx, PostgreSQL 연동

이번 실습에서는 앞서 생성한 도커 이미지를 컨테이너로 실행한 후 연동하겠습니다.

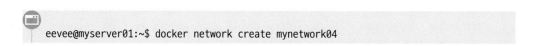
```
eevee@myserver01:~$ docker network create mynetwork04
```

먼저 **docker network create** 명령어를 입력해서 도커 네트워크를 생성합니다.

```
eevee@myserver01:~$ docker network ls                          ❶
NETWORK ID     NAME          DRIVER     SCOPE
be8f8b63505a   bridge        bridge     local
2d1a75c7bcc7   host          host       local
796322649cff   mynetwork04   bridge     local          ❷
```

❶ 네트워크 목록을 확인합니다.

❷ 도커 네트워크가 생성된 것을 볼 수 있습니다.

```
eevee@myserver01:~$ docker container run -d --name djangotest --network mynetwork04
myweb04            ❶

71c946a088362c7105ba8223de8e34d17c90880d502c8c46944580125512ffbe
```

이번에는 앞서 생성했던 django 컨테이너를 실행하겠습니다.

❶ −d 옵션으로 백그라운드 실행을 지정하고 −−name 옵션으로 컨테이너 이름을 설정합니다. 그리고 −−network 옵션으로 사용할 도커 네트워크를 설정합니다.

```
eevee@myserver01:~$ docker container run -d --name nginxtest --network mynetwork04 -p
80:80 mynginx04            ❶

bd4fd58ddbbe3b3401be0a5c8db7be947f59e64f0f403b0c8bac2ca550ba0507
```

이번에는 Nginx 컨테이너를 실행합니다.

❶ Nginx 컨테이너를 실행할 때는 -p 옵션으로 도커 호스트 포트와 컨테이너 포트를 포트포워딩합니다.

```
eevee@myserver01:~$ docker container ls                                        ❶
CONTAINER ID   IMAGE       COMMAND              CREATED        STATUS
PORTS                           NAMES
bd4fd58ddbbe   mynginx04   "/docker-entrypoint.…"  18 seconds ago  Up
18 seconds   0.0.0.0:80->80/tcp, :::80->80/tcp   nginxtest                    ❷
71c946a08836   myweb04     "/bin/sh -c 'gunicor…"  39 seconds ago  Up
39 seconds   8000/tcp                            djangotest                   ❸
```

이번에는 컨테이너가 성공적으로 실행되었는지 확인하겠습니다.

❶ 실행 중인 컨테이너를 확인합니다.

❷ ❸ Nginx와 django의 STATUS가 모두 UP으로 나옵니다. 이를 통해 모두 원활하게 실행 중인 것을 확인할 수 있습니다.

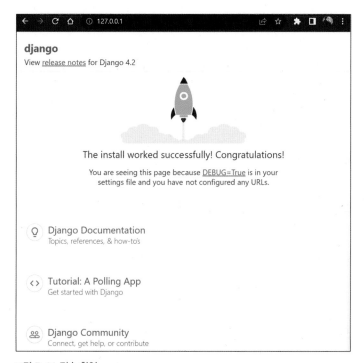

**그림 5-41** 접속 확인

웹 브라우저를 실행하고 접속이 되는지 확인하겠습니다. [그림 5-41]과 같은 화면이 나타난다면 제대로 실행된 것입니다.

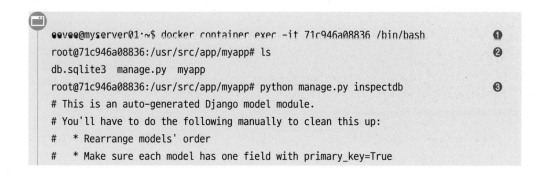

```
●●v●●@myserver01:~$ docker container exec -it 71c946a08836 /bin/bash      ❶
root@71c946a08836:/usr/src/app/myapp# ls                                  ❷
db.sqlite3  manage.py  myapp
root@71c946a08836:/usr/src/app/myapp# python manage.py inspectdb          ❸
# This is an auto-generated Django model module.
# You'll have to do the following manually to clean this up:
#   * Rearrange models' order
#   * Make sure each model has one field with primary_key=True
```

```
#   * Make sure each ForeignKey and OneToOneField has `on_delete` set to the desired
behavior
#   * Remove `managed = False` lines if you wish to allow Django to create, modify,
and delete the table
# Feel free to rename the models, but don't rename db_table values or field names.
from django.db import models

root@71c946a08836:/usr/src/app/myapp# exit                                        ❹
exit


eevee@myserver01:~$
```

이번에는 실행 중인 django와 PostgreSQL이 연결되었는지 확인하겠습니다.

❶ 실행 중인 djangotest 컨테이너 내부에 접속해서 셸을 실행합니다.

❷ 파일 목록을 확인해서 managy.py 파일이 존재하는 것을 확인합니다.

❸ 데이터베이스 연결 상태를 확인합니다.

❹ 결과를 확인한 후 해당 컨테이너에서 빠져나옵니다.

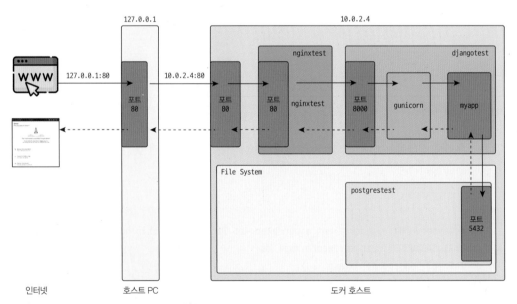

**그림 5-42** django, Nginx, PostgreSQL 연동

[그림 5-42]는 여기에서 실습한 내용의 전체 구조를 나타냅니다. 그림과 같이 Nginx와 django는 컨테이너 형태로 실행된 것을 볼 수 있으며, PostgreSQL은 컨테이너로 실행되지 않고 가상머신의 로컬에 설치되어 있는 것을 볼 수 있습니다.

```
eevee@myserver01:~$ docker container stop bd4fd58ddbbe 71c946a08836   ❶
bd4fd58ddbbe
71c946a08836
```

❶ 실습이 끝났으면 컨테이너를 정지시킵니다.


## 5.7 도커 컴포즈를 활용한 컨테이너 실행

도커 컴포즈라는 프로그램을 활용하면 다수의 컨테이너를 쉽게 실행하고 관리할 수 있습니다. 이번 실습에서는 앞선 실습 내용을 도커 컴포즈를 통해 진행해보겠습니다.


### 5.7.1 도커 컴포즈의 개념

앞서 애플리케이션을 도커를 활용해 컨테이너 형태로 실행할 때 여러 명령어를 사용했습니다. 앞선 실습 과정을 보면 하나의 컨테이너를 실행할 때도 다양한 옵션을 사용하는데, 이럴 때 도커 컴포즈를 사용하면 효율적입니다. 만약 실행해야 하는 컨테이너 개수가 많아지면 어떻게 될까요? 아무리 컨테이너 명령어가 짧다고 하더라도 여러 컨테이너를 실행하는 것은 번거로운 일이 될 것입니다. 이럴 때 도커 컴포즈를 사용하면 효율적입니다.

도커 컴포즈Docker Compose는 도커를 활용해 다수의 컨테이너 형태의 애플리케이션을 실행할 수 있는 도구입니다. 실행하고자 하는 애플리케이션의 설정 내용들을 YAML 파일로 작성하는 방법으로 도커 컴포즈를 활용할 수 있습니다. YAML 파일의 작성을 완료하면 간단한 명령어만으로도 YAML에 포함되어 있는 모든 서비스를 한번에 실행할 수 있습니다.

이후 실습에서는 도커 컴포즈를 설치한 후 도커 컴포즈를 활용해 다양한 컨테이너를 실행하겠습니다.

## 5.7.2 도커 컴포즈 설치

도커 컴포즈를 설치하겠습니다.

```
eevee@myserver01:~$ sudo apt-get update                              ❶
eevee@myserver01:~$ sudo apt-get install docker-compose-plugin       ❷
eevee@myserver01:~$ docker compose version                           ❸
Docker Compose version v2.27.0
```

위 내용은 도커 컴포즈를 설치하는 과정입니다.

❶ apt 패키지 목록을 업데이트합니다.

❷ **apt-get install** 명령어를 입력해 도커 컴포즈를 설치합니다.

❸ 설치된 도커 컴포즈 버전을 확인합니다.

## 5.7.3 실습 디렉터리 구성

다음으로 도커 컴포즈를 활용하기 위해 필요한 파일 및 디렉터리를 정리하겠습니다.

```
eevee@myserver01:~$ cd work/ch05                                     ❶
eevee@myserver01:~/work/ch05$ ls                                     ❷
ex01  ex02  ex03  ex04  ex05  ex06  ex07  ex08
eevee@myserver01:~/work/ch05$ cp -r ex07 ex09                        ❸
eevee@myserver01:~/work/ch05$ ls                                     ❹
ex01  ex02  ex03  ex04  ex05  ex06  ex07  ex08  ex09
eevee@myserver01:~/work/ch05$ cd ex09                                ❺
eevee@myserver01:~/work/ch05/ex09$ ls                                ❻
myDjango03  myNginx03  myPostgres03
```

여기에서 실습할 내용은 앞서 사용했던 ex07 디렉터리를 복사해서 사용할 것입니다.

❶❷ ch05 디렉터리로 이동합니다.

❸ 앞서 사용했던 ex07 디렉터리를 복사해 ex09 디렉터리를 생성합니다.

❹ 해당 디렉터리가 생성되었는지 확인합니다.

❺ 새로운 디렉터리로 이동합니다.

❻ 파일 목록을 확인하면 성공적으로 복사된 것을 볼 수 있습니다.

## 5.7.4 docker-compose.yml 파일 작성

docker-compose.yml 파일을 작성할 차례입니다.

```
eevee@myserver01:~/work/ch05/ex09$ vim docker-compose.yml        ❶

version: "3"                                                      ❷

services:                                                         ❸
  djangotest:                                                     ❹
    build: ./myDjango03                                           ❺
    networks:                                                     ❻
      - composenet01
    depends_on:                                                   ❼
      - postgrestest
    restart: always                                              ❽

  nginxtest:                                                      ❾
    build: ./myNginx03
    networks:
      - composenet01
    ports:                                                       ❿
      - "80:80"
    depends_on:                                                  ⓫
      - djangotest
    restart: always

  postgrestest:                                                  ⓬
    build: ./myPostgres03
    networks:
      - composenet01
    environment:                                                 ⓭
      POSTGRES_USER: postgres
      POSTGRES_PASSWORD: mysecretpassword
      POSTGRES_DB: postgres
    volumes:                                                     ⓮
```

```
      - composevol01:/var/lib/postgresql/data
    restart: always                                       ⑮

  networks:                                               ⑯
    composenet01:

  volumes:                                                ⑰
    composevol01:
```

위 과정은 도커 컴포즈를 활용하기 위해 실행하고자 하는 컨테이너 정보를 입력한 YAML 파일입니다.

❶ vim을 활용해 YAML 파일을 생성합니다.

❷ 컴포즈 파일 포맷 버전 정보를 입력합니다. 컴포즈 파일 포맷 버전은 크게 1 버전, 2 버전, 3 버전으로 나뉘는데 이 책에서는 3 버전을 활용하겠습니다. 다만, 현재 사용 중인 도커 컴포즈 버전 2.27.0에서는 version 정보를 생략해도 실행이 가능하므로 해당 라인은 제거해도 됩니다.

❸ 실행하고자 하는 서비스 목록을 입력합니다.

❹ django를 활용한 서비스 이름을 djangotest라고 지었습니다.

❺ 이미지를 빌드할 디렉터리 경로를 적어줍니다.

❻ 해당 서비스가 사용할 도커 네트워크 정보를 입력합니다.

❼ depends_on은 컨테이너 실행 순서를 정할 때 사용합니다. 만약 postgrestest가 입력되어 있다면 postgrestest 컨테이너를 먼저 실행한 후 djangotest가 나중에 실행되는 것입니다.

❽ **restart: always**는 컨테이너가 정지되면 재실행하라는 명령어입니다.

❾ Nginx 서비스에 관한 정보를 보겠습니다. 기본적으로 빌드하고자 하는 이미지 경로를 입력하고 사용할 도커 네트워크 정보를 입력합니다.

❿ **〈도커 호스트 포트〉:〈컨테이너 포트〉** 형태로 포트포워딩 정보를 입력합니다. – **"80:80"**에서 앞의 80은 도커 호스트 포트를 의미하고 뒤에 있는 80은 컨테이너 포트를 의미합니다.

⓫ **depends_on**을 통해 djangotest가 먼저 실행된 후에 nginxtest가 실행되도록 설정합니다.

⓬ PostgreSQL 서비스에 관한 정보를 입력하겠습니다. 기본적으로 빌드하고자 하는 이미지 경로를 입력하고 사용할 도커 네트워크 정보를 입력합니다.

⓭ PostgreSQL 컨테이너에 포함될 환경 변수 정보를 입력합니다.

⓮ 이번 실습에서는 PostgreSQL이 도커 볼륨을 사용하도록 설정했습니다. 따라서 **volumes**를 통해 도커 볼륨 정보를 입력합니다. **composevol01:/var/lib/postgresql/data**는 composevol01이라는 볼륨을 PostgreSQL 컨테이너 내부의 /var/lib/postgresql/data 경로에 마운트하겠다는 의미입니다.

⓯ 컨테이너가 정지되었을 때 재실행되도록 설정합니다.

⑯ 네트워크 정보를 입력합니다.

⑰ 볼륨 정보를 입력합니다.

## 5.7.5 빌드 및 실행

앞서 생성한 docker-compose 파일을 활용해 이미지를 빌드하고 컨테이너를 실행하겠습니다.

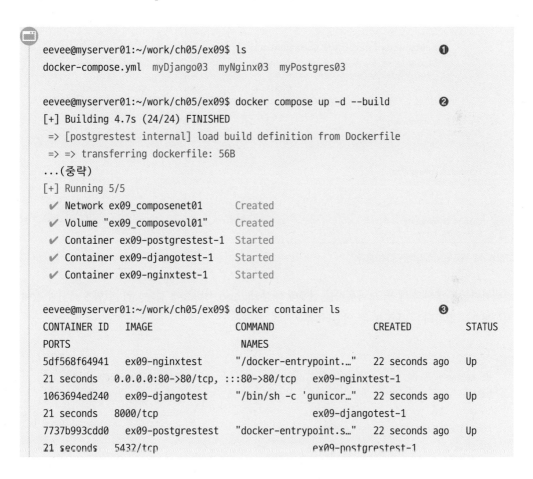

```
eevee@myserver01:~/work/ch05/ex09$ ls                              ❶
docker-compose.yml  myDjango03  myNginx03  myPostgres03

eevee@myserver01:~/work/ch05/ex09$ docker compose up -d --build    ❷
[+] Building 4.7s (24/24) FINISHED
 => [postgrestest internal] load build definition from Dockerfile
 => => transferring dockerfile: 56B
...(중략)
[+] Running 5/5
 ✔ Network ex09_composenet01      Created
 ✔ Volume "ex09_composevol01"     Created
 ✔ Container ex09-postgrestest-1  Started
 ✔ Container ex09-djangotest-1    Started
 ✔ Container ex09-nginxtest-1     Started

eevee@myserver01:~/work/ch05/ex09$ docker container ls             ❸
CONTAINER ID   IMAGE              COMMAND                CREATED          STATUS
PORTS                             NAMES
5df568f64941   ex09-nginxtest     "/docker-entrypoint.…"  22 seconds ago  Up
21 seconds   0.0.0.0:80->80/tcp, :::80->80/tcp   ex09-nginxtest-1
1063694ed240   ex09-djangotest    "/bin/sh -c 'gunicor…"  22 seconds ago  Up
21 seconds   8000/tcp                            ex09-djangotest-1
7737b993cdd0   ex09-postgrestest  "docker-entrypoint.s…"  22 seconds ago  Up
21 seconds   5432/tcp                            ex09-postgrestest-1
```

앞서 생성한 YAML 파일을 바탕으로 도커 컴포즈를 활용해 컨테이너를 실행하겠습니다.

❶ 해당 경로에 빌드할 파일 목록을 확인합니다.

❷ **docker compose up** 명령어를 통해 도커 컴포즈 YAML 파일이 포함하는 컨테이너를 모두 실행합니다. **-d** 옵션은 백그라운드로 실행하라는 의미이며 **--build** 옵션은 컨테이너를 실행하기 전에 이미지를 빌드하라는 옵션입니다.

❸ 실행 중인 컨테이너 목록을 확인하면 세 개의 컨테이너가 모두 실행된 것을 볼 수 있습니다.

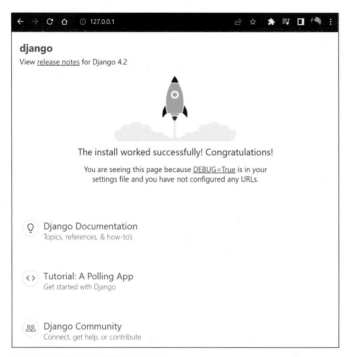

**그림 5-43** 성공적으로 실행된 접속 결과

컨테이너를 실행한 후에 웹 브라우저를 실행해 해당 django 서비스에 접속하면 [그림 5-43]과 같이 정상적으로 접속되는 것을 볼 수 있습니다.

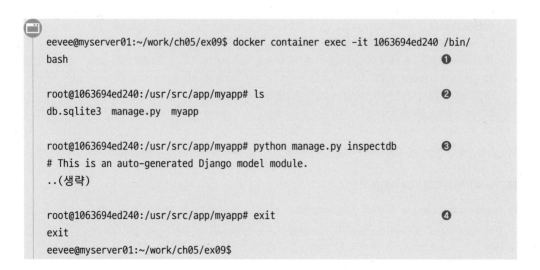

```
eevee@myserver01:~/work/ch05/ex09$ docker container exec -it 1063694ed240 /bin/
bash                                                                          ❶

root@1063694ed240:/usr/src/app/myapp# ls                                      ❷
db.sqlite3  manage.py  myapp

root@1063694ed240:/usr/src/app/myapp# python manage.py inspectdb              ❸
# This is an auto-generated Django model module.
..(생략)

root@1063694ed240:/usr/src/app/myapp# exit                                    ❹
exit
eevee@myserver01:~/work/ch05/ex09$
```

이번에는 django와 PostgreSQL이 정확히 연동되었는지 확인하겠습니다.

❶ 실행 중인 django 컨테이너 내부에 접속합니다.

❷ 파일 목록을 확인해서 manage.py 파일이 존재하는 것을 확인합니다.

❸ 데이터베이스가 연결되었는지 확인합니다.

❹ 확인이 끝났으면 컨테이너 밖으로 나갑니다.

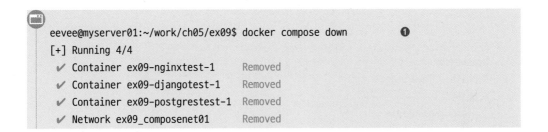

```
eevee@myserver01:~/work/ch05/ex09$ docker compose down          ❶
[+] Running 4/4
 ✔ Container ex09-nginxtest-1     Removed
 ✔ Container ex09-djangotest-1    Removed
 ✔ Container ex09-postgrestest-1  Removed
 ✔ Network ex09_composenet01      Removed
```

실습을 모두 마쳤으므로 컨테이너를 정지하겠습니다.

❶ **docker compose down** 명령어를 활용하면 도커 컴포즈를 활용해 실행했던 컨테이너를 정지시킬 수 있습니다.


## 5.7.6 추가 실습

이번에는 django, Nginx 컨테이너가 로컬 PostgreSQL과 연결하는 실습을 도커 컴포즈로 진행하 겠습니다.

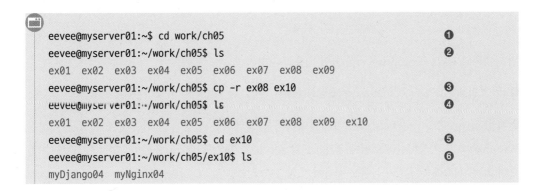

```
eevee@myserver01:~$ cd work/ch05                                ❶
eevee@myserver01:~/work/ch05$ ls                                ❷
ex01  ex02  ex03  ex04  ex05  ex06  ex07  ex08  ex09
eevee@myserver01:~/work/ch05$ cp -r ex08 ex10                   ❸
eevee@myserver01:~/work/ch05$ ls                                ❹
ex01  ex02  ex03  ex04  ex05  ex06  ex07  ex08  ex09  ex10
eevee@myserver01:~/work/ch05$ cd ex10                           ❺
eevee@myserver01:~/work/ch05/ex10$ ls                           ❻
myDjango04  myNginx04
```

❶ ❷ ch05 디렉터리로 이동합니다.

❸ ❹ 기존의 ex08 디렉터리를 복사해 ex10이라는 디렉터리를 생성합니다. 참고로 ex08 디렉터리는 앞서 django,

Nginx를 로컬 PostgreSQL과 연동한 실습 디렉터리입니다.

❺ ex10 디렉터리로 이동합니다.

❻ 실습에 사용할 파일을 확인합니다.

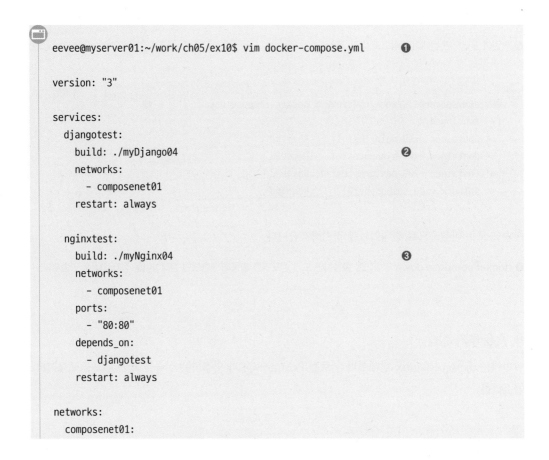

```
eevee@myserver01:~/work/ch05/ex10$ vim docker-compose.yml          ❶

version: "3"

services:
  djangotest:
    build: ./myDjango04                                            ❷
    networks:
      - composenet01
    restart: always

  nginxtest:
    build: ./myNginx04                                             ❸
    networks:
      - composenet01
    ports:
      - "80:80"
    depends_on:
      - djangotest
    restart: always

networks:
  composenet01:
```

위 과정은 docker-compose.yml 파일 내용입니다.

❶ vim을 활용해 docker-compose.yml을 생성합니다.

앞서 django-Nginx-PostgreSQL 컨테이너를 실행하는 실습과는 다르게 이번 실습에서는 PostgreSQL은 가상머신의 로컬에 존재하므로 services 목록에 PostgreSQL이 없는 것을 볼 수 있으며, 이번 실습에서는 도커 볼륨도 사용하지 않습니다.

❷ ❸ 이미지를 빌드할 디렉터리가 정확히 입력되었는지 확인하고 저장한 후 종료합니다.

```
eevee@myserver01:~/work/ch05/ex10$ ls
docker-compose.yml  myDjango04  myNginx04

eevee@myserver01:~/work/ch05/ex10$ docker compose up -d --build
[+] Building 3.0s (19/19) FINISHED
=> [djangotest internal] load .dockerignore
...(중략)
[+] Running 3/3
 ✔ Network ex10_composenet01    Created
 ✔ Container ex10-djangotest-1  Started
 ✔ Container ex10-nginxtest-1   Started
```

이번에는 도커 컴포즈를 활용해서 컨테이너를 실행하겠습니다. myService01 경로에서 도커 컴포즈를 활용한 컨테이너 실행을 하면 위와 같은 결과를 볼 수 있습니다.

```
eevee@myserver01:~/work/ch05/ex10$ docker container ls              ❶
CONTAINER ID   IMAGE           COMMAND               CREATED        STATUS
PORTS                         NAMES
4d740814297a   ex10-nginxtest     "/docker-entrypoint.…"  6 seconds ago  Up
5 seconds   0.0.0.0:80->80/tcp, :::80->80/tcp   ex10-nginxtest-1   ❷
7c5af2bd4eb9   ex10-djangotest    "/bin/sh -c 'gunicor…"  6 seconds ago  Up
5 seconds   8000/tcp                          ex10-djangotest-1  ❸
```

❶ 그리고 실행 중인 컨테이너 목록을 확인합니다.

❷ ❸ Nginx 컨테이너와 django 컨테이너 모두 STATUS가 UP 상태로 원활하게 실행 중인 것을 볼 수 있습니다.

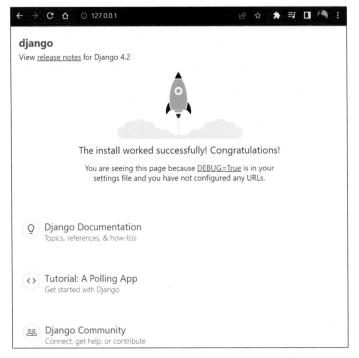

**그림 5-44** 성공적으로 실행된 접속 결과

웹 브라우저를 실행한 후 주소창에 해당 주소를 입력하면 [그림 5-44]와 같이 정상적으로 접속됨을
알 수 있습니다.

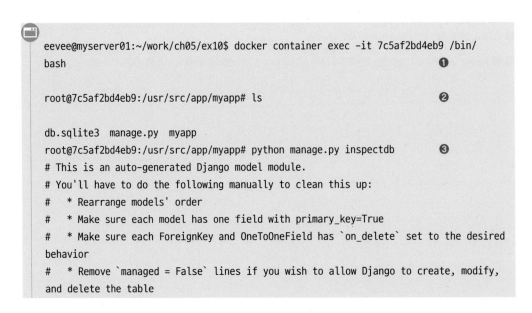

```
eevee@myserver01:~/work/ch05/ex10$ docker container exec -it 7c5af2bd4eb9 /bin/
bash                                                                          ❶

root@7c5af2bd4eb9:/usr/src/app/myapp# ls                                      ❷

db.sqlite3  manage.py  myapp
root@7c5af2bd4eb9:/usr/src/app/myapp# python manage.py inspectdb             ❸
# This is an auto-generated Django model module.
# You'll have to do the following manually to clean this up:
#    * Rearrange models' order
#    * Make sure each model has one field with primary_key=True
#    * Make sure each ForeignKey and OneToOneField has `on_delete` set to the desired
behavior
#    * Remove `managed = False` lines if you wish to allow Django to create, modify,
and delete the table
```

```
# Feel free to rename the models, but don't rename db_table values or field names.
from django.db import models

root@7c5af2bd4eb9:/usr/src/app/myapp# exit                          ❹
exit
eevee@myserver01:~/work/ch05/ex10$
```

이번에는 django와 PostgreSQL이 연동되었는지 확인하겠습니다.

❶ 먼저 실행 중인 django 컨테이너 내부에 접속합니다.

❷ 파일 목록을 확인해 manage.py 파일이 존재하는 것을 확인합니다.

❸ **python manage.py inspectdb** 명령어를 입력했을 때 위와 같은 결과가 나온다면 정상적으로 연결된 것입니다.

❹ 확인이 끝났으면 컨테이너 밖으로 나갑니다.

```
eevee@myserver01:~/work/ch05/ex10$ docker compose down          ❶
[+] Running 3/3
 ✔ Container ex10-nginxtest-1    Removed
 ✔ Container ex10-djangotest-1   Removed
 ✔ Network ex10_composenet01     Removed
```

실습을 모두 마쳤으므로 컨테이너를 정지하겠습니다.

❶ **docker compose down** 명령어를 활용하면 도커 컴포즈를 활용해 실행했던 컨테이너를 정지시킬 수 있습니다.

## 5.8 정리

5장에서는 django를 다양한 형태로 실행했습니다. 이를 위해 추가적인 환경 구축을 했으며, 도커 컴포즈 파일을 다루기 위한 YAML 활용법을 익혔습니다. 그리고 Nginx, django, PostgreSQL을 모두 컨테이너 형태로 실행한 후 연동하는 실습을 진행했습니다. 다른 방법으로 Nginx, django는 컨테이너 형태로 실행하고 PostgreSQL은 로컬 형태로 실행한 후 연동하는 실습도 진행했습니다. 그리고 이러한 실습 내용을 도커 컴포즈를 통해 쉽게 실행할 수 있는 방법도 다루었습니다.

# 도커를 활용한 Flask 실행

앞서 5장에서는 django를 활용해 웹 서비스를 실행했는데, 6장에서는 Flask를 활용해 웹 서비스를 실행해봅니다. 전체적인 실습 과정은 5장과 비슷하지만 django를 활용할 때와 Flask를 활용할 때의 차이점에 주안점을 두고 실습해보길 바랍니다. 동일하게 Flask를 활용할 때도 사용하는 소프트웨어 종류에 따라 사용하는 방법의 차이가 존재합니다.

CHAPTER

06

## 6.1 실습 환경 구축

6장 실습을 위해 필요한 환경을 구축합니다. 6장에서는 파이썬의 Flask 라이브러리를 활용하는데 이를 위해 Flask 라이브러리를 설치하고 Flask를 실행하기 위해 필요한 네트워크를 설정하겠습니다.

### 6.1.1 Flask 라이브러리 설치

실습에 필요한 Flask 라이브러리를 설치하겠습니다. Flask는 앞서 실습한 django와 마찬가지로 파이썬을 활용해 쉽게 웹사이트를 만들 수 있도록 도와주는 웹 프레임워크입니다.

```
eevee@myserver01:~$ pyenv activate py3_11_6                      ❶
((py3_11_6) eevee@myserver01:~$ pip install flask               ❷
Collecting flask
Downloading flask-3.0.0-py3-none-any.whl.metadata (3.6 kB)
...(생략)
```

위 과정은 Flask 라이브러리를 설치하는 내용입니다.

❶ pyenv를 통해 파이썬 가상 환경 py3_11_6을 실행합니다.

❷ pip install을 이용해 flask를 설치합니다.

```
(py3_11_6) eevee@myserver01:~$ python                            ❶
Python 3.11.6 (main, Nov  2 2023, 06:06:33) [GCC 11.4.0] on linux
Type "help", "copyright", "credits" or "license" for more information.
>>> import flask                                                ❷
>>> from importlib.metadata import version                      ❸
>>> version('flask')                                            ❹
'3.0.0'
>>> quit()                                                      ❺
(py3_11_6) eevee@myserver01:~$ source deactivate                ❻
pyenv-virtualenv: deactivate 3.11.6/envs/py3_11_6
eevee@myserver01:~$
```

설치된 Flask의 버전을 확인하겠습니다.

❶ 파이썬 가상 환경 py3_11_6가 실행된 상태에서 **python**을 실행합니다.

❷ Flask 라이브러리를 불러옵니다.

❸ ❹ 버전을 확인합니다. 3.0.0 버전이 설치된 것을 알 수 있습니다.

❺ 파이썬을 종료합니다.

❻ 파이썬 가상 환경도 종료합니다.


## 6.1.2 Flask 실행를 위한 네트워크 설정

다음으로 Flask로 만든 서비스를 실행하기 위해 필요한 네트워크를 설정하겠습니다.

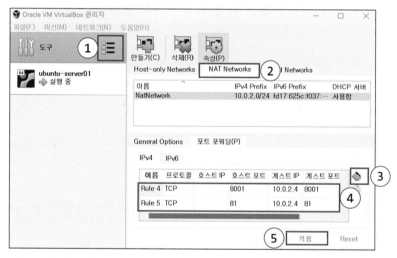

그림 6-1 네트워크 설정

[그림 6-1]처럼 8001포트와 81포트에 대해 포트포워딩을 추가합니다.

❶ 버추얼박스에서 도구 영역의 아이콘을 클릭합니다.

❷ **NAT Networks**를 선택합니다.

❸ ❹ 초록색 추가 버튼을 클릭한 후 포트포워딩할 때 필요한 정보인 호스트 포트, 게스트 IP, 게스트 포트를 입력합니다.

❺ [적용]을 클릭합니다.

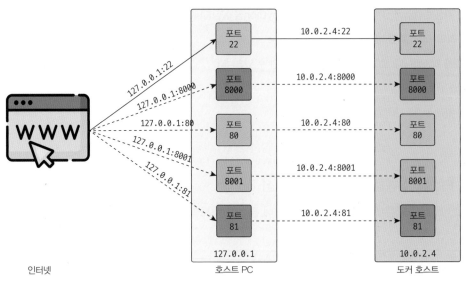

**그림 6-2** 네트워크 설정

앞서 언급한 네트워크 설정에서 지금까지 설정한 포트포워딩을 정리하면 [그림 6-2]와 같습니다. IP와 포트 번호를 확인하면서 혼동하지 않도록 주의합니다.

### 6.1.3 Flask로 실행하는 hello world!

Flask를 이용해 간단한 서비스 코드를 작성하겠습니다. 이를 통해 본격적으로 컨테이너를 활용해 코드를 배포하기 전에 도커 호스트에서 코드가 잘 실행되는지 확인하는 것입니다.

```
eevee@myserver01:~$ ls                       ❶
work
eevee@myserver01:~$ cd work/                 ❷
eevee@myserver01:~/work$ ls                  ❸
ch04  ch05
eevee@myserver01:~/work$ mkdir ch06          ❹
eevee@myserver01:~/work$ ls                  ❺
ch04  ch05  ch06
eevee@myserver01:~/work$ cd ch06             ❻
eevee@myserver01:~/work/ch06$ mkdir ex01     ❼
eevee@myserver01:~/work/ch06$ ls             ❽
ex01
```

6장의 실습 환경을 만들기 위해 디렉터리를 만들겠습니다.

❶ ❷ ❸ work 디렉터리로 이동합니다.

❹ ❺ 6장 실습을 위해 ch06이라는 디렉터리를 생성합니다.

❻ ch06 디렉터리로 이동합니다.

❼ ❽ 첫 실습을 위해 ex01이라는 디렉터리를 생성합니다.

```
eevee@myserver01:~/work/ch06$ cd ex01/                    ❶
eevee@myserver01:~/work/ch06/ex01$ mkdir myapp            ❷
eevee@myserver01:~/work/ch06/ex01$ ls                     ❸
myapp
eevee@myserver01:~/work/ch06/ex01$ cd myapp/              ❹
eevee@myserver01:~/work/ch06/ex01/myapp$
```

❶ ex01 디렉터리로 이동합니다.

❷ ❸ myapp이라는 디렉터리를 만듭니다. 이 디렉터리 내부에 Flask 코드를 작성할 예정입니다.

❹ myapp 디렉터리로 이동합니다.

```
eevee@myserver01:~/work/ch06/ex01/myapp$ vim main.py      ❶

from flask import Flask                                   ❷

app = Flask(__name__)                                     ❸

@app.route('/')                                           ❹
def hello_world():                                        ❺
    return 'hello world!'                                 ❻

if __name__ == '__main__':                                ❼
    app.run(host='0.0.0.0', port=8001)                    ❽
```

위 과정은 Flask로 만든 웹 페이지에 접근했을 때 'hello world'라는 문구를 보여주는 기능을 하는
코드입니다.

❶ vim으로 main.py 파일을 엽니다.

❷ flask 라이브러리를 불러옵니다.

❸ flask 웹 애플리케이션 객체를 app이라고 지정합니다.

❹ 루트 경로에 접근합니다.

❺ ❻ 'hello world'라는 문구를 보여주도록 설정합니다.

❼ ❽ 파이썬 스크립트가 실행되면 app.run을 통해 웹 애플리케이션을 실행하도록 정합니다. 이때 host='0.0.0.0'은
모든 IP 주소로부터 요청을 수락하도록 설정하는 옵션이고 port=8001은 8001번 포트를 사용하겠다는 의미입니다.

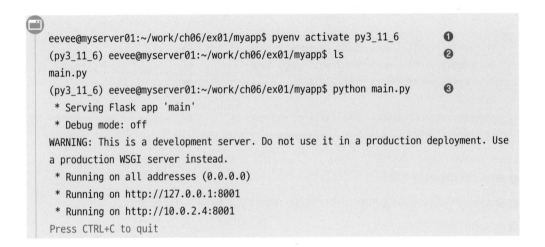

```
eevee@myserver01:~/work/ch06/ex01/myapp$ pyenv activate py3_11_6          ❶
(py3_11_6) eevee@myserver01:~/work/ch06/ex01/myapp$ ls                    ❷
main.py
(py3_11_6) eevee@myserver01:~/work/ch06/ex01/myapp$ python main.py        ❸
 * Serving Flask app 'main'
 * Debug mode: off
WARNING: This is a development server. Do not use it in a production deployment. Use
a production WSGI server instead.
 * Running on all addresses (0.0.0.0)
 * Running on http://127.0.0.1:8001
 * Running on http://10.0.2.4:8001
Press CTRL+C to quit
```

파이썬을 활용해 main.py를 실행해야 합니다.

❶ 파이썬 가상 환경을 실행합니다.

❷ 디렉터리 내부에 main.py 파일이 존재하는 것을 확인합니다.

❸ 파이썬으로 해당 파일을 실행하면 웹 애플리케이션이 실행됩니다.

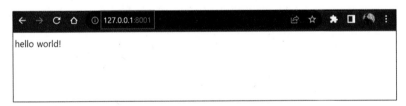

**그림 6-3** hello world! 실행 결과

웹 브라우저를 열고 주소창에 127.0.0.1:8001을 입력하면 hello world!가 출력되는 것을 확인할
수 있습니다.

```
(py3_11_6) eevee@myserver01:~/work/ch06/ex01/myapp$ python main.py
 * Serving Flask app 'main'
 * Debug mode: off
WARNING: This is a development server. Do not use it in a production deployment. Use
a production WSGI server instead.
 * Running on all addresses (0.0.0.0)
 * Running on http://127.0.0.1:8001
 * Running on http://10.0.2.4:8001
Press CTRL+C to quit
10.0.2.2 - - [04/Nov/2023 13:30:07] "GET / HTTP/1.1" 200 -
10.0.2.2 - - [04/Nov/2023 13:30:07] "GET /favicon.ico HTTP/1.1" 404 -
^C                                                            ❶
(py3_11_6) eevee@myserver01:~/work/ch06/ex01/myapp$
```

❶ 접속을 확인했다면 터미널에서 〈Ctrl〉 + 〈C〉를 입력해서 서버를 정지시킵니다.

```
(py3_11_6) eevee@myserver01:~/work/ch06/ex01/myapp$ source deactivate
pyenv-virtualenv: deactivate 3.11.6/envs/py3_11_6      ❶
```

❶ 실습이 끝났으니 파이썬 가상 환경을 종료합니다.


# 6.2 Nginx, Flask 연동 후 실행

이 절에서는 Nginx와 Flask를 컨테이너 형태로 연동한 후 실행하겠습니다. 이를 위해 실습 디렉토리를 정리하고 Flask와 Nginx 이미지를 각각 빌드한 후 컨테이너 형태로 실행합니다.


## 6.2.1 실습 디렉터리 정리

앞선 절에서는 도커 호스트에서 Flask 서비스를 실행했다면 이번 절에서는 도커 컨테이너 형태로 Flask 서비스를 실행해봅니다.

```
eevee@myserver01:~$ cd work/ch06                                    ❶
eevee@myserver01:~/work/ch06$ ls                                    ❷
ex01
eevee@myserver01:~/work/ch06$ mkdir ex02                            ❸
eevee@myserver01:~/work/ch06$ ls                                    ❹
ex01  ex02
eevee@myserver01:~/work/ch06$ cp -r ex01 ex02                       ❺
eevee@myserver01:~/work/ch06$ cd ex02                               ❻
eevee@myserver01:~/work/ch06/ex02$ ls                               ❼
ex01
eevee@myserver01:~/work/ch06/ex02$ mv ex01 myFlask02               ❽
eevee@myserver01:~/work/ch06/ex02$ ls                               ❾
myFlask02
```

이후 Flask 이미지를 빌드하기 위해 필요한 디렉터리를 생성하겠습니다.

❶ ❷ 6장 실습 디렉터리인 ch6으로 이동합니다.

❸ ❹ 새로운 실습을 위해 ex02라는 디렉터리를 생성합니다.

❺ 앞서 Flask를 실습할 때 사용했던 ex01을 ex02 디렉터리로 복사합니다.

❻ 그런 후 ex02 디렉터리로 이동합니다.

❼ ex01 디렉터리가 성공적으로 복사된 것을 볼 수 있습니다.

❽ ❾ ex01 디렉터리 이름을 myFlask02로 변경하고 확인합니다.

## 6.2.2 Flask 이미지 빌드

컨테이너를 실행하기 위해 필요한 Flask 이미지를 빌드하겠습니다.

```
eevee@myserver01:~$ cd work/ch06/ex02/                             ❶
eevee@myserver01:~/work/ch06/ex02$ ls                              ❷
myFlask02
eevee@myserver01:~/work/ch06/ex02$ cd myFlask02/                   ❸
eevee@myserver01:~/work/ch06/ex02/myFlask02$ ls                    ❹
myapp
```

Flask 이미지를 빌드하기 위해 Flask 디렉터리로 이동하겠습니다.

❶ work/ch06/ex02/로 이동합니다.

❷ myFlask02 디렉터리를 볼 수 있습니다.

❸ 해당 디렉터리로 이동합니다.

❹ Flask 이미지 빌드에 필요한 myapp 디렉터리를 볼 수 있습니다.

```
eevee@myserver01:~/work/ch06/ex02/myFlask02$ vim requirements.txt
flask==3.0.0
gunicorn==20.1.0
```

그리고 requirements.txt 파일을 생성한 후 도커 이미지 생성 시 필요한 라이브러리 정보를 입력합니다.

```
eevee@myserver01:~/work/ch06/ex02/myFlask02$ vim Dockerfile          ❶

FROM python:3.11.6

WORKDIR /usr/src/app

COPY . .

RUN python -m pip install --upgrade pip
RUN pip install -r requirements.txt

WORKDIR ./myapp

CMD gunicorn --bind 0.0.0.0:8001 main:app                            ❷

EXPOSE 8001                                                          ❸
```

이번에는 Dockerfile을 생성하겠습니다.

❶ vim을 활용해 Dockerfile을 생성하고 필요한 정보를 입력합니다. 전반적으로 5장에서 django 이미지 빌드할 때 사용했던 Dockerfile과 비슷합니다.

❷ ❸ 앞선 django와 다른 부분은 포트 번호입니다. 여기에서 실행하는 Flask 컨테이너는 8001번 포트를 사용하겠습니다. 작성이 끝났으면 저장 후 종료합니다.

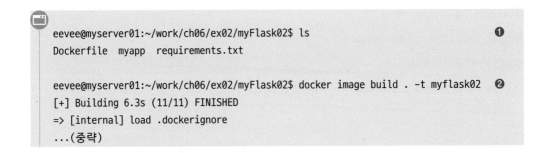

```
eevee@myserver01:~/work/ch06/ex02/myFlask02$ ls                          ❶
Dockerfile  myapp  requirements.txt

eevee@myserver01:~/work/ch06/ex02/myFlask02$ docker image build . -t myflask02  ❷
[+] Building 6.3s (11/11) FINISHED
=> [internal] load .dockerignore
...(중략)
```

도커 이미지를 빌드하겠습니다.

❶ 이미지 빌드에 필요한 디렉터리를 확인합니다.

❷ **docker image build** 명령어를 통해 도커 이미지를 빌드합니다.

```
eevee@myserver01:~/work/ch06/ex02/myFlask02$ docker image ls          ❶
REPOSITORY        TAG        IMAGE ID       CREATED        SIZE
myflask02         latest     931efe2c7e2b   8 seconds ago  1.04GB
```

❶ 도커 이미지 목록을 확인하면 Flask 이미지를 볼 수 있습니다.

### 6.2.3 Nginx 이미지 빌드

이번 실습에서는 Nginx 이미지를 빌드하겠습니다.

```
eevee@myserver01:~$ cd work/ch06/ex02/                    ❶
eevee@myserver01:~/work/ch06/ex02$ ls                     ❷
myFlask02
eevee@myserver01:~/work/ch06/ex02$ mkdir myNginx02f       ❸
eevee@myserver01:~/work/ch06/ex02$ ls                     ❹
myFlask02  myNginx02f
```

Nginx 이미지 빌드에 필요한 파일을 생성하기 위해 필요한 디렉터리를 생성하겠습니다.

❶ ❷ work/ch06/ex02/로 이동합니다.

❸ myNginx02f라는 디렉터리를 생성합니다. myNginx02f 디렉터리 가장 마지막에 f를 붙인 이유는 Flask를 위한 Nginx라는 뜻을 포함시킨 것입니다.

❹ 디렉터리가 생성되었는지 확인합니다.

```
eevee@myserver01:~/work/ch06/ex02/myNginx02f$ vim default.conf    ❶
upstream myweb{
    server flasktest:8001;                                        ❷
}

server{
    listen 81;                                                    ❸
    server_name localhost;

    location /{
        proxy_pass http://myweb;
    }
}
```

위 과정은 Nginx 디렉터리 내부에 default.conf를 생성하는 과정입니다.

❶ vim을 활용해 default.conf 파일을 생성합니다.

❷ 앞서 django 실습과 다르게 8001번 포트를 사용합니다.

❸ Nginx는 81번 포트로 요청받습니다.

작성을 완료했다면 저장 후 종료합니다.

```
eevee@myserver01:~/work/ch06/ex02/myNginx02f$ vim Dockerfile      ❶

FROM nginx:1.25.3
RUN rm /etc/nginx/conf.d/default.conf
COPY default.conf /etc/nginx/conf.d/
CMD ["nginx", "-g", "daemon off;"]
```

Dockerfile을 생성할 차례입니다.

❶ vim을 활용해 Dockerfile을 생성합니다. 앞선 django 실습 때와 동일하게 작성합니다.

작성을 완료했다면 저장 후 종료합니다.

```
eevee@myserver01:~/work/ch06/ex02/myNginx02f$ ls                          ❶
default.conf  Dockerfile

eevee@myserver01:~/work/ch06/ex02/myNginx02f$ docker image build . -t mynginx02f   ❷
[+] Building 2.1s (8/8) FINISHED
=> [internal] load build definition from Dockerfile
...(생략)
```

Nginx 이미지를 빌드하겠습니다.

❶ 이미지 빌드를 위해 필요한 파일을 확인합니다.

❷ Nginx 이미지를 빌드합니다.

```
eevee@myserver01:~/work/ch06/ex02/myNginx02f$ docker image ls          ❶
REPOSITORY     TAG       IMAGE ID       CREATED          SIZE
mynginx02f     latest    41fc04128088   2 minutes ago    187MB          ❷
myflask02      latest    931efe2c7e2b   18 minutes ago   1.04GB
```

❶ 도커 이미지 목록을 확인합니다.

❷ Nginx 이미지가 생성된 것을 볼 수 있습니다.

## 6.2.4 Flask, Nginx 컨테이너 연동

도커를 활용해 Flask와 Nginx를 컨테이너 형태로 연동한 후 실행하겠습니다.

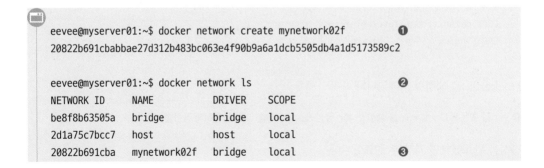

```
eevee@myserver01:~$ docker network create mynetwork02f            ❶
20822b691cbabbae27d312b483bc063e4f90b9a6a1dcb5505db4a1d5173589c2

eevee@myserver01:~$ docker network ls                            ❷
NETWORK ID     NAME           DRIVER    SCOPE
be8f8b63505a   bridge         bridge    local
2d1a75c7bcc7   host           host      local
20822b691cba   mynetwork02f   bridge    local                    ❸
```

위 과정은 도커 네트워크를 생성하는 내용입니다.

**❶ docker network create** 명령어를 활용해 새로운 네트워크를 생성합니다.

**❷** 네트워크를 생성한 후 도커 네트워크 목록을 확인합니다.

**❸** 해당 네트워크가 올바르게 생성된 것을 볼 수 있습니다.

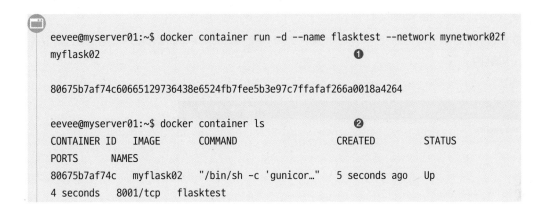

```
eevee@myserver01:~$ docker container run -d --name flasktest --network mynetwork02f
myflask02                                              ❶

80675b7af74c60665129736438e6524fb7fee5b3e97c7ffafaf266a0018a4264

eevee@myserver01:~$ docker container ls                ❷
CONTAINER ID    IMAGE       COMMAND          CREATED        STATUS
PORTS      NAMES
80675b7af74c  myflask02   "/bin/sh -c 'gunicor…"  5 seconds ago   Up
4 seconds   8001/tcp    flasktest
```

위 과정은 Flask 컨테이너를 실행하는 내용입니다.

**❶ docker container run** 명령어를 활용해 컨테이너를 실행합니다. **-d** 옵션을 활용해 컨테이너를 백그라운드로 실행합니다. 컨테이너 이름은 **--name** 옵션을 활용해 지정할 수 있고 **--network** 옵션을 통해 도커 네트워크를 지정할 수 있습니다.

**❷** 실행 중인 컨테이너 목록을 확인합니다. STATUS가 UP인 것을 보니 정상적으로 실행 중인 것을 알 수 있습니다.

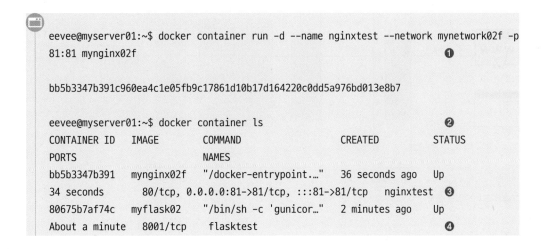

```
eevee@myserver01:~$ docker container run -d --name nginxtest --network mynetwork02f -p
81:81 mynginx02f                                          ❶

bb5b3347b391c960ea4c1e05fb9c17861d10b17d164220c0dd5a976bd013e8b7

eevee@myserver01:~$ docker container ls                    ❷
CONTAINER ID    IMAGE       COMMAND              CREATED        STATUS
PORTS                NAMES
bb5b3347b391  mynginx02f  "/docker-entrypoint.…"  36 seconds ago  Up
34 seconds       80/tcp, 0.0.0.0:81->81/tcp, :::81->81/tcp   nginxtest  ❸
80675b7af74c  myflask02   "/bin/sh -c 'gunicor…"  2 minutes ago   Up
About a minute   8001/tcp    flasktest                              ❹
```

이번에는 Nginx 컨테이너를 실행하겠습니다.

❶ **docker container** 명령어로 Nginx 컨테이너를 실행합니다. **-d** 옵션으로 백그라운드 실행을 지정하고 **--name** 옵션으로 컨테이너 이름을 지정합니다. **--network** 옵션으로 도커 네트워크를 지정하고 **-p〈도커 호스트 포트〉:〈컨테이너 포트〉** 옵션으로 포트포워딩을 설정합니다. 81:81은 도커 호스트의 81번 포트를 컨테이너의 81번 포트와 연결시킨다는 의미입니다.

❷ 실행 중인 컨테이너를 확인합니다.

❸ ❹ Nginx 컨테이너와 Flask 컨테이너에서 STATUS가 UP인 것으로 보아 모두 정상적으로 실행 중인 것을 알 수 있습니다.

**그림 6-4** hello world! 실행 결과

[그림 6-4]와 같이 웹 브라우저를 실행하고 127.0.0.1:81을 주소창에 입력해 접속을 확인합니다. 이때 주의할 점은 앞선 실습처럼 80번 포트를 사용하는 것이 아니라 81번 포트를 사용하는 것입니다.

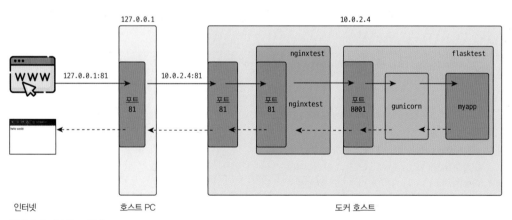

**그림 6-5** 네트워크 설정

```
eevee@myserver01:~$ docker container stop bb5b3347b391 80675b7af74c
bb5b3347b391
80675b7af74c
```

실습이 끝났으니 Flask와 Nginx 컨테이너를 모두 정지시킵니다.

## 6.3 도커 컴포즈를 활용한 컨테이너 실행

이번 실습에서는 도커 컴포즈를 통해 앞선 실습 내용을 간단히 실행해보겠습니다. 이를 위해 docker
-compose.yml 파일을 작성한 후 진행하는 순서를 거칩니다.

### 6.3.1 docker-compose.yml 파일 작성

도커 컴포즈를 활용해 Nginx와 Flask를 컨테이너 형태로 배포하겠습니다. 도커 컴포즈를 활용하기
위해 docker-compose.yml 파일을 만들겠습니다.

```
eevee@myserver01:~$ cd work/ch06/                                   ❶
eevee@myserver01:~/work/ch06$ ls                                    ❷
ex01  ex02
eevee@myserver01:~/work/ch06$ cp -r ex02 ex03                       ❸
eevee@myserver01:~/work/ch06$ ls                                    ❹
ex01  ex02  ex03
eevee@myserver01:~/work/ch06$ cd ex03                               ❺
eevee@myserver01:~/work/ch06/ex03$ ls                               ❻
myFlask02  myNginx02f
eevee@myserver01:~/work/ch06/ex03$ mv myFlask02 myFlask03           ❼
eevee@myserver01:~/work/ch06/ex03$ mv myNginx02f myNginx03f         ❽
eevee@myserver01:~/work/ch06/ex03$ ls
myFlask03  myNginx03f
```

실습 디렉터리를 정리하겠습니다.

❶ ❷ 6장 실습을 위한 디렉터리로 이동합니다.

❸ ❹ 앞서 실습에 사용했던 ex02 디렉터리를 복사해 ex03을 생성합니다.

❺ 해당 디렉터리로 이동합니다.

❻ 파일이 복사된 것을 볼 수 있습니다.

❼ ❽ 기존 디렉터리의 이름을 새롭게 변경합니다.

```
eevee@myserver01:~/work/ch06/ex03$ vim docker-compose.yml          ❶

version: "3"                                                        ❷

services:                                                           ❸
  flasktest:                                                        ❹
    build: ./myFlask03                                              ❺
    networks:                                                       ❻
      - composenet03
    restart: always                                                ❼

  nginxtest:                                                        ❽
    build: ./myNginx03f
    networks:
      - composenet03
    ports:                                                          ❾
      - "81:81"
    depends_on:                                                     ❿
      - flasktest
    restart: always

networks:                                                          ⓫
  composenet03:
```

위 과정은 도커 컴포즈를 활용하기 위해 실행하고자 하는 컨테이너 정보를 입력한 YAML 파일입니다.

❶ vim을 활용해 YAML 파일을 생성합니다.

❷ 컴포즈 파일 포맷 버전 정보를 입력합니다. 컴포즈 파일 포맷 버전은 크게 1 버전, 2 버전, 3 버전으로 나뉘는데 이 책에서는 3 버전을 활용하겠습니다. 다만, 현재 사용 중인 도커 컴포즈 버전 2.27.0에서는 version 정보를 생략해도 실행이 가능하므로 해당 라인은 제거해도 됩니다.

❸ 실행하고자 하는 서비스 목록을 입력합니다.

❹ Flask를 활용한 서비스 이름을 flasktest라고 지었습니다.

❺ 이미지를 빌드할 디렉터리 경로를 적어줍니다.

❻ 해당 서비스가 사용할 도커 네트워크 정보를 입력합니다.

❼ restart: always는 컨테이너가 정지되면 재실행하라는 명령어입니다.

❽ Nginx 서비스에 관한 정보를 보겠습니다. 기본적으로 빌드하고자 하는 이미지 경로를 입력하고 사용할 도커 네트워크 정보를 입력합니다.

⑨ **〈도커 호스트 포트〉:〈컨테이너 포트〉** 형태로 포트포워딩 정보를 입력합니다. – **"81 :81"**에서 앞의 81은 도커 호스트 포트이고 뒤에 있는 81은 컨테이너 포트입니다.

⑩ **depends_on**을 통해 flasktest가 먼저 실행된 후에 nginxtest가 실행되도록 설정합니다.

⑪ 네트워크 정보를 입력합니다.

## 6.3.2 빌드 및 실행

마지막으로 앞서 작성한 docker-compose.yml을 활용해 이미지를 빌드하고 컨테이너를 실행하겠습니다.

```
eevee@myserver01:~/work/ch06/ex03$ ls                              ❶
docker-compose.yml  myFlask03  myNginx03f

eevee@myserver01:~/work/ch06/ex03$ docker compose up -d --build    ❷
[+] Building 3.2s (19/19) FINISHED
=> [flasktest internal] load build definition from Dockerfile
...(중략)
[+] Running 3/3
 ✔ Network ex03_composenet03   Created
 ✔ Container ex03-flasktest-1  Started
 ✔ Container ex03-nginxtest-1  Started
```

위 과정은 도커 컴포즈를 활용해 컨테이너를 실행하는 내용입니다.

❶ 컨테이너를 실행하기 위해 디렉터리 구성을 확인합니다.

❷ 도커 컴포즈를 통해 컨테이너를 실행합니다.

```
eevee@myserver01:~/work/ch06/ex03$ docker container ls             ❶
CONTAINER ID   IMAGE            COMMAND                CREATED        STATUS
PORTS                                 NAMES
fe64e2057e42   ex03-nginxtest   "/docker-entrypoint.…"  2 minutes ago  Up
2 minutes   80/tcp, 0.0.0.0:81->81/tcp, :::81->81/tcp   ex03-nginxtest-1    ❷
e386cff54352   ex03-flasktest   "/bin/sh -c 'gunicor…"  2 minutes ago  Up
2 minutes   8001/tcp                            ex03-flasktest-1    ❸
```

❶ 실행 중인 컨테이너를 확인합니다.

❷ ❸ Nginx 컨테이너와 Flask 컨테이너가 실행 중인 것을 볼 수 있습니다.

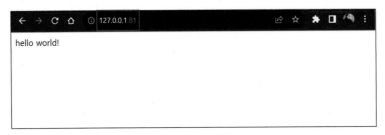

**그림 6-6** hello world! 실행 결과

접속 확인을 하겠습니다. 웹 브라우저 주소창에 주소를 입력하고 81번 포트를 입력하면 접속이 되는 것을 볼 수 있습니다.

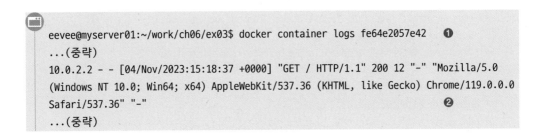

```
eevee@myserver01:~/work/ch06/ex03$ docker container logs fe64e2057e42    ❶
...(중략)
10.0.2.2 - - [04/Nov/2023:15:18:37 +0000] "GET / HTTP/1.1" 200 12 "-" "Mozilla/5.0
(Windows NT 10.0; Win64; x64) AppleWebKit/537.36 (KHTML, like Gecko) Chrome/119.0.0.0
Safari/537.36" "-"                                                        ❷
...(중략)
```

앞서 Flask로 만든 웹 페이지에 접속한 이후의 과정입니다.

❶ Nginx 컨테이너의 로그를 확인합니다.

❷ 접속 기록을 확인할 수 있습니다.

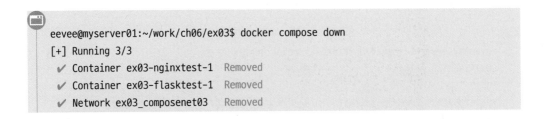

```
eevee@myserver01:~/work/ch06/ex03$ docker compose down
[+] Running 3/3
 ✔ Container ex03-nginxtest-1    Removed
 ✔ Container ex03-flasktest-1    Removed
 ✔ Network ex03_composenet03     Removed
```

실습이 끝났으니 컨테이너를 종료합니다.

# 쿠버네티스

—

1부에서는 도커에 대해 학습했고 2부에서는 쿠버네티스에 대해 다룹니다. 먼저 쿠버네티스의 기본 구조를 배우고 쿠버네티스 실습을 위해 필요한 추가적인 실습 환경을 구축합니다. 그리고 쿠버네티스 기초 개념 및 명령어를 학습하고 이를 바탕으로 쿠버네티스를 활용한 웹 서비스를 실행하는 실습을 진행합니다.

# 쿠버네티스의 기본 구조

6장까지는 도커에 관한 내용을 다루었습니다. 지금부터 새롭게 시작하는 7장부터 12장까지는 쿠버네티스에 관한 내용을 다룹니다. 7장에서는 쿠버네티스의 기본 개념과 구조에 대해 배웁니다. 쿠버네티스는 도커보다 더 규모가 크기 때문에 처음에는 다소 어렵게 느낄 수 있습니다. 따라서 한 번에 전체를 이해한다는 느낌보다는 조금씩 익혀나가는 것이 더 도움이 될 것입니다.

CHAPTER

07

# 7.1 쿠버네티스의 개념

본격적으로 쿠버네티스를 학습하기 전에 기본적인 쿠버네티스의 개념에 대해 알아보겠습니다. 쿠버네티스는 어떻게 탄생했으며 어떤 역할을 수행하는지 알아봅시다.

### 7.1.1 쿠버네티스의 어원과 역사

쿠버네티스Kubernetes는 컨테이너화된 애플리케이션의 자동 배포, 확장 및 관리를 해주는 오픈소스Open Source 플랫폼입니다. 쿠버네티스의 스펠링은 Kubernetes인데 이는 고대 그리스어로, 배의 조타수Helmsman를 의미합니다. 그리고 첫 글자인 K와 마지막 글자인 s 사이에 여덟 글자가 있다고 해서 쿠버네티스를 줄여서 K8s라고도 부릅니다.

쿠버네티스는 구글에서 시작한 사내 프로젝트로 2014년에 발표되었습니다. 쿠버네티스의 초기 디자인 대부분은 구글의 Borg 클러스터 매니저의 영향을 많이 받았습니다. Borg는 구글 사내에서 사용하는 시스템으로 수천 개의 서버에서 수백만개의 작업을 실행하고 관리하는 시스템입니다. 시간이 지나 2015년에 쿠버네티스 1.0 버전이 발표되었고, 2016년에는 쿠버네티스 패키지 관리 프로그램인 헬름Helm이 발표되었습니다. 이후 실습에서도 헬름을 사용할 예정입니다.

> 💡 헬름에 대해서는 9장에서 자세히 다룹니다.

### 7.1.2 쿠버네티스의 역할

쿠버네티스는 쉽게 말해 수많은 컨테이너를 관리하는 시스템입니다. 특히 서버를 다수 운영한다면 서로 다른 서버에서 작동하는 수많은 컨테이너를 한꺼번에 관리하는 것은 매우 어려운 일입니다.

예를 들어, 당장 컨테이너를 실행하려고 하는데, 컨테이너가 100개라면 **docker container run** 명령어를 100번 입력해야 합니다. 뿐만 아니라 실행 중인 컨테이너에 문제가 생겼을 때 대응하는 경우에도 비슷한 경우가 발생합니다. 따라서 컨테이너가 많을수록 당연히 컨테이너를 관리하는 것도 어렵습니다.

쿠버네티스를 사용하면 여러 개의 컨테이너를 쉽게 생성하고 관리할 수 있습니다. 바로 이런 부분 때문에 쿠버네티스를 사용하는 것입니다.

## 7.2 쿠버네티스의 구조

이 절에서는 쿠버네티스의 구조에 대해 알아보겠습니다. 쿠버네티스는 도커에 비해 더 복잡한 구성 요소로 이루어져 있습니다. 지금부터 쿠버네티스를 구성하는 쿠버네티스 클러스터, 컨트롤 플레인, 노드, 워크로드, 네트워크, 스토리지에 대해 살펴봅시다.

### 7.2.1 쿠버네티스 클러스터

쿠버네티스는 다수의 노드로 구성되는 경우가 많습니다. [그림 7-1]을 보면 쿠버네티스 클러스터는 크게 마스터 노드Mater Node와 워커 노드Worker Node로 구분되는 것을 알 수 있습니다. 개발자는 주로 마스터 노드와 통신하며 사용자는 인터넷을 통해 워커 노드와 통신하는 경우가 많습니다.

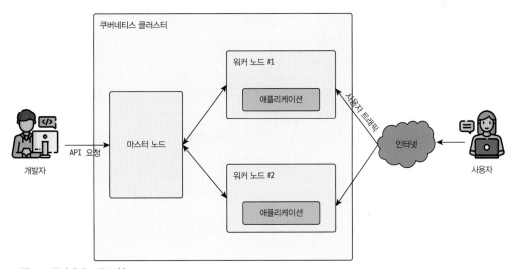

그림 7-1 쿠버네티스 구조 (1)

[그림 7-1]과 같은 구조를 유지하기 위해서는 마스터 노드와 워커 노드 간의 유기적인 통신이 중요합니다. 이를 위해 CNIContainer Network Interfaces(컨테이너 네트워크 인터페이스)라는 개념이 사용됩니다. CNI는 말 그대로 쿠버네티스 클러스터에 존재하는 컨테이너 간의 통신을 위해 필요한 인터페이스를 의미합니다. CNI를 사용하려고 쿠버네티스 네트워크 플러그인Kubernetes network plugin을 제공하는데, 대표적인 플러그인은 Flannel과 calico입니다. 이 책에서는 보안 기능이 뛰어나며 다양한 기능을 제공하는 calico를 사용할 예정입니다.

## 7.2.2 컨트롤 플레인

쿠버네티스 마스터 노드는 컨트롤 플레인Control Plane을 다루는데, 컨트롤 플레인이란 쿠버네티스 클러스터 전반의 작업을 관리하는 역할을 합니다. [그림 7-2]는 쿠버네티스의 구조를 나타낸 것입니다. 그림과 같이 마스터 노드에서 컨트롤 플레인을 구성하는 요소에는 API 서버, etcd, 스케줄러, 컨트롤러 매니저가 있습니다.

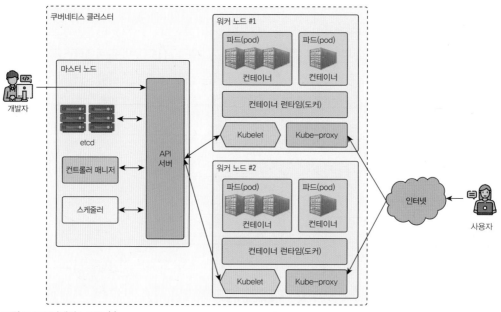

그림 7-2 쿠버네티스 구조 (2)

### API 서버

쿠버네티스의 작업은 **kubectl** 명령어를 통해 마스터 노드의 kube-apiserver에게 API 요청을 보냄으로써 이루어집니다. API 서버는 쿠버네티스 컨트롤 플레인에서의 프런트엔드 역할을 합니다.

### etcd

쿠버네티스 클러스터에 존재하는 모든 데이터를 저장하는 key-value 저장소입니다.

### 스케줄러

쿠버네티스에서는 이후 배울 파드pod라는 오브젝트를 통해 애플리케이션을 실행합니다. 파드는 쿠버네티스 클러스터를 구성하는 노드 중 하나에 실행됩니다. 이때 새롭게 생성되는 파드를 어느 노드에 실행시킬지 정하는 역할을 kube-scheduler가 수행합니다.

## 컨트롤러 매니저

쿠버네티스 컨트롤러 매니저는 쿠버네티스 리소스를 관리하고 제어하는 역할을 합니다. 컨트롤러는 마스터 노드에서 실행되며 클러스터 상태를 모니터링합니다. 컨트롤러에는 디플로이먼트Deployment 컨트롤러, 서비스Service 컨트롤러, 레플리카셋ReplicaSet 컨트롤러 등의 여러 종류가 있습니다. 각 컨트롤러는 특정 리소스 타입을 관리합니다.

## 7.2.3 노드

이번에는 쿠버네티스 노드를 구성하는 구성 요소와 역할에 대해 알아보겠습니다. 쿠버네티스의 노드는 다음과 같은 요소로 구성됩니다.

## Kubelet

쿠버네티스 클러스터를 구성하는 각 노드에는 Kubelet이 실행되는데 Kubelet은 파드 내부의 컨테이너 실행을 담당합니다. Kubelet은 파드의 상태를 모니터링하고, 파드의 상태에 이상이 있다면 해당 파드를 다시 배포합니다.

## Kube-Proxy

Kube-Proxy는 노드에서 네트워크 역할을 수행합니다. Kube-Proxy는 노드에 존재하는 파드들이 쿠버네티스 내부/외부와 네트워크 통신을 가능하게 합니다.

## 컨테이너 런타임

컨테이너 런타임Container Runtime은 컨테이너의 생명주기를 담당합니다. 이를 위해 Kubelet은 컨테이너 런타임과 통신하는데, 이때 사용하는 것이 컨테이너 런타임 인터페이스Container Runtime Interface입니다. 쿠버네티스가 사용하는 컨테이너 런타임에는 containerd, CRI-O 등이 있는데 이 책에서는 가장 보편적으로 사용하는 런타임인 containerd를 사용하겠습니다.

## 파드

앞서 도커에서는 컨테이너가 단독으로 실행되었지만 쿠버네티스에서는 컨테이너가 단독으로 실행하는 것이 아닌 파드<sup>Pod</sup> 내에서 실행됩니다. 파드는 컨테이너를 실행하기 위한 오브젝트인데, 각 파드는 한 개 혹은 여러 개의 컨테이너를 담을 수 있습니다. 즉, 파드는 컨테이너를 그룹화한 것이라고 생각하면 됩니다. 앞서 도커의 최소 실행 단위가 컨테이너였다면 쿠버네티스의 최소 실행 단위는 파드인 것입니다. 쿠버네티스에서 다수의 파드들은 여러 워커 노드에 분산되어 실행되는데, 하나의 파드에 속하는 컨테이너들은 모두 같은 노드에서 실행됩니다. 즉, 서로 다른 파드는 서로 다른 노드에서 실행될 수 있지만, 하나의 파드가 분할되어 여러 노드에 실행되는 일은 없다는 것입니다. 하나의 파드는 하나의 노드에서 실행됩니다.

하나의 파드에 속한 컨테이너들은 하나의 목적을 위해 구성된 컨테이너들입니다. 파드는 컨테이너처럼 일시적인 존재입니다. 파드는 실행할 때마다 IP 주소를 배정받으므로 파드의 IP 주소는 실행할 때마다 변경됩니다.

## 7.2.4 워크로드

워크로드<sup>Workload</sup>는 쿠버네티스에서 실행되는 애플리케이션을 의미합니다. 워크로드가 하나의 컴포넌트 형태로 실행하든, 다수의 컴포넌트가 함께 실행하든 쿠버네티스는 파드 내부에서 워크로드를 실행하게 됩니다. 이때 파드는 실행 중인 컨테이너의 집합을 나타냅니다. 워크로드의 종류는 다음과 같습니다.

## 레플리카셋

레플리카셋<sup>ReplicaSet</sup>은 파드의 복제를 관리하며 클라이언트가 요구하는 복제본 개수만큼 파드를 복제하고 모니터링하고 관리합니다.

## 디플로이먼트

디플로이먼트<sup>Deployment</sup>는 배치라는 의미가 있습니다. 이 의미에 맞게 디플로이먼트는 애플리케이션의 배포와 스케일링을 관리하는 역할을 담당합니다.

## 스테이트풀셋

스테이트풀셋StatefulSet은 파드 사이에서 순서와 고유성이 보장되어야 하는 경우에 사용합니다.

## 데몬셋

데몬셋DaemonSet은 쿠버네티스를 구성하는 모든 노드가 파드의 복사본을 실행하도록 합니다. 쿠버네티스 클러스터에 새로운 노드가 추가되면 파드 역시 추가됩니다. 데몬셋은 주로 로깅, 모니터링, 스토리지 등과 같은 시스템 수준의 서비스를 실행하는 데 사용됩니다.

## 잡과 크론잡

잡Job과 크론잡Cronjob은 작업Task이 정상적으로 완료되고 종료되는 것을 담당합니다. 만약, 파드가 정상적으로 종료되지 않는다면 재실행시킵니다. 잡은 작업이 한 번 종료되는 것을 담당하고 크론잡은 동일한 작업이 스케줄에 따라 여러 번 수행하는 것을 담당합니다. 크론잡은 리눅스에서 사용하는 크론 탭Crontab과 비슷한 역할을 합니다.

## 7.2.5 네트워크

쿠버네티스에서는 네트워크와 관련이 있는 두 가지 요소가 있습니다.

## 서비스

쿠버네티스의 서비스Service를 사용하면 파드를 여러 개 묶어서 클러스터 외부로 노출시킬 수 있습니다. 서비스를 사용하는 방법의 장점은 이미 실행 중인 파드를 외부로 노출시키기 위해 파드 내부를 수정할 필요가 없다는 것입니다. 쿠버네티스 서비스를 활용하면 실행 중인 파드 수정 없이도 외부에 노출시켜 클라이언트와 통신할 수 있습니다.

## 인그레스

인그레스Ingress를 활용하면 쿠버네티스 내부에 존재하는 서비스를 HTTP/HTTPS 루트를 클러스터 외부로 라우팅하는 역할을 합니다.

### 7.2.6 스토리지

컨테이너 내부에 존재하는 파일들은 수명이 짧습니다. 컨테이너에 이런저런 문제가 생기거나 컨테이너가 삭제되거나 재실행되면 해당 컨테이너 내부에 존재하는 파일을 모두 삭제되기 때문입니다. 하지만 쿠버네티스 스토리지를 활용하면 파드의 상태와 상관없이 파일을 보관할 수 있습니다.

# 쿠버네티스 실습 환경 구축

8장에서는 쿠버네티스 실습 환경을 구축해봅니다. 쿠버네티스를 설치할 때는 쿠버네티스를 곧바로 설치하는 것이 아니라 사전에 준비해야 하는 사항이 있습니다. 사전 준비 사항을 제대로 갖추지 않고 쿠버네티스를 설치한다면 설치에 실패하는 경우가 발생할 수 있으니 미리 실습 환경을 잘 구축해야 합니다.

CHAPTER

08

## 8.1 사전 준비 사항

쿠버네티스를 설치하기 전에는 사전에 준비해야 할 것들이 있습니다. 먼저 쿠버네티스 클러스터를 구성하기 위해 다수의 가상머신이 필요하며 각 가상머신의 설정을 변경해줘야 합니다. 또한 네트워크 설정 및 swap 설정도 필요한데, 이번 실습에서는 쿠버네티스를 설치하기 전에 미리 준비해야 할 내용을 다뤄보겠습니다.

### 8.1.1 가상머신 복제

8장에서는 쿠버네티스를 설치합니다. 본격적으로 쿠버네티스를 설치하기 전에 해둬야 하는 일이 꽤 있습니다. 그중 하나는 서버 개수를 늘리는 것입니다. 지금까지 우리가 실습할 때 사용한 서버는 myserver01이라는 서버 하나였습니다.

반면, 지금부터 배울 쿠버네티스는 서버가 여러 대일 때 좀 더 효율적으로 운영할 수 있습니다. 이를 위해 8장부터는 서버 세 대로 쿠버네티스 클러스터를 구축한 후 실습을 진행하겠습니다. 앞서 언급했듯이 쿠버네티스는 마스터 노드와 워커 노드라는 두 종류의 서버로 구성되어 있습니다. 하지만 지금부터는 편의상 '서버'라는 용어 대신 '노드node'라는 용어를 사용하겠습니다.

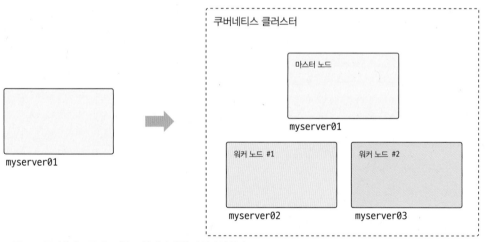

그림 8-1 쿠버네티스 클러스터를 구축하기 위한 가상머신 추가

이를 위해서는 myserver01 노드 외에도 두 대의 추가적인 노드가 필요합니다. 이렇게 만들기 위해 여기서는 우선 가상머신을 복제하겠습니다.

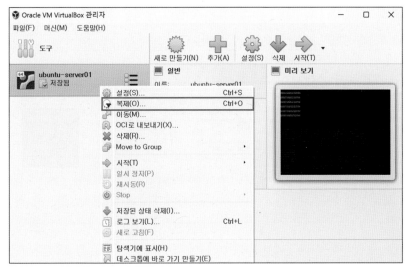

그림 8-2 가상머신 복제 (1)

가상머신을 추가하기 위해 버추얼박스를 실행합니다. 그러면 [그림 8-2]와 같이 기존에 생성했던 가상머신인 ubuntu-server01이 보입니다. 해당 가상머신에 마우스를 우 클릭한 후 [복제]를 클릭합니다.

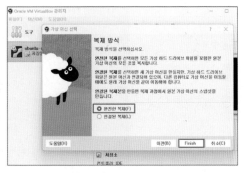

그림 8-3 가상머신 복제 (2)

[그림 8-3]은 가상머신을 복제하는 과정입니다. 왼쪽 그림에서 이름을 설정하는데 여기서는 **ubuntu-server02**라고 이름을 지었습니다. 그리고 MAC Address Policy 옵션을 **모든 네트워크 어댑터의 새 MAC 주소 생성**을 선택합니다. 그리고 [다음]을 클릭합니다.

오른쪽 그림과 같이 복제 방식을 선택하는 화면이 나오는데 **완전한 복제**를 선택하고 [Finish]를 클릭합니다. 그러면 [그림 8-4]와 같이 ubuntu-server02가 생성됩니다. 그렇다고 완전하게 복제가 된 것은 아닙니다. 완전한 복제는 기존 가상머신의 모든 파일을 복사하는 설정을 해야 합니다.

그림 8-4 가상머신 복제 (3)

[그림 8-4]에서 앞선 방법과 같은 방법으로 복제를 한 번 더 하면 ubuntu-server03도 만들 수 있습니다. 그러면 오른쪽 그림과 같이 ubuntu-server01, ubuntu-server02, ubuntu-server03과 같이 가상머신 세 대가 존재하는 것을 볼 수 있습니다.

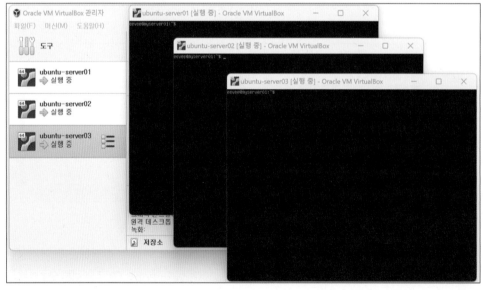

그림 8-5 가상머신 복제 (4)

[그림 8-5]는 가상머신 세 개를 동시에 실행한 화면입니다. 위와 같은 화면과 같이 노드 세 대를 동시에 실행시킨 후 이후의 설정을 이어 나가면 됩니다.

## 8.1.2 호스트 이름 변경

다음으로 설정하는 단계는 호스트 이름을 변경하는 것입니다. 이번 실습에서는 앞선 절에서 생성한 두 번째, 세 번째 가상머신의 호스트 이름을 바꿔주겠습니다.

```
eevee@myserver01:/$ sudo hostnamectl set-hostname myserver02    ❶
eevee@myserver01:/$ cat /etc/hostname                           ❷
myserver02
eevee@myserver01:/$ sudo reboot now                             ❸
```

위 코드는 두 번째 가상머신인 ubuntu-server02 노드에서 입력합니다. 그렇지만 PuTTY를 통해 접속한 것이 아니라 앞서 버추얼박스를 통해 실행한 가상머신 자체에서 입력합니다.

ubuntu-server02의 실행 창을 보면 사용자 이름과 호스트 이름이 첫 번째 노드인 ubuntu-server01과 동일하게 설정되어 있는 것을 볼 수 있습니다. 따라서 두 번째 가상머신의 호스트 이름을 변경해야 합니다.

❶ 두 번째 가상머신의 hostname을 myserver02로 변경합니다.

❷ 호스트 이름이 의도대로 변경되었는지 확인합니다. 출력 결과를 보니 호스트 이름이 myserver02로 변경되었습니다.

❸ 그리고 이를 적용하기 위해 재부팅합니다. 재부팅하면 가상머신의 호스트 이름이 변경된 것을 확인할 수 있습니다.

```
eevee@myserver01:/$ sudo hostnamectl set-hostname myserver02
eevee@myserver01:/$ cat /etc/hostname
myserver02
eevee@myserver01:/$ sudo reboot now
```
myserver02

```
eevee@myserver01:/$ sudo hostnamectl set-hostname myserver03
eevee@myserver01:/$ cat /etc/hostname
myserver03
eevee@myserver01:/$ sudo reboot now
```
myserver03

그림 8-6 호스트 이름 변경

[그림 8-6]을 참고해서 앞선 방법과 동일한 방법으로 세 번째 가상머신의 호스트 이름을 myserver03으로 변경합니다.

### 8.1.3 IP 주소 변경

앞서 추가한 두 번째, 세 번째 가상머신은 복제를 통해 생성한 가상머신이므로 IP 주소가 동일합니다. 쿠버네티스 클러스터를 구성하려면 세 가상머신 모두 IP 주소가 서로 달라야 합니다. 이를 위해 가상머신이 서로 다른 IP 주소를 가지도록 IP 주소를 변경하겠습니다.

```
eevee@myserver02:/$ ifconfig          ❶
...(중략)
enp0s3: inet 10.0.2.4
...(생략)
```

두 번째 가상머신인 myserver02에서 실행합니다.

❶ ifconfig 명령어를 통해 IP 주소를 확인하면 10.0.2.4라는 것을 알 수 있는데, 이는 myserver01과 동일한 IP 주소입니다. 이는 기존의 가상머신을 복사할 때 네트워크 설정도 모두 동일하게 복사되었기 때문입니다. 이후에 IP 주소를 변경하겠습니다.

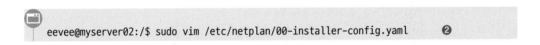

```
eevee@myserver02:/$ sudo vim /etc/netplan/00-installer-config.yaml          ❷
```

❷ 해당 명령어를 통해 00-installer-config.yaml 파일을 수정하면 IP 주소를 바꿀 수 있습니다. vim으로 파일을 열어 수정하겠습니다. vim을 통해 00-installer-config.yaml 파일을 다음과 같이 수정합니다.

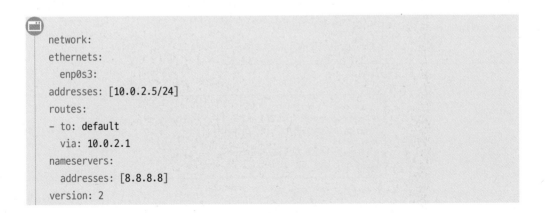

```
network:
ethernets:
  enp0s3:
addresses: [10.0.2.5/24]
routes:
- to: default
  via: 10.0.2.1
nameservers:
  addresses: [8.8.8.8]
version: 2
```

위 과정은 myserver02 노드의 IP 주소를 10.0.2.5로 변경하는 코드입니다.

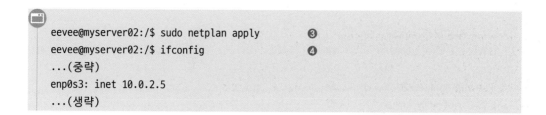

```
eevee@myserver02:/$ sudo netplan apply          ❸
eevee@myserver02:/$ ifconfig                    ❹
...(중략)
enp0s3: inet 10.0.2.5
...(생략)
```

❸ **netplan apply** 명령어를 통해 IP 주소 변경 사항을 적용합니다.

❹ IP 주소를 확인하면 10.0.2.5로 변경된 것을 알 수 있습니다.

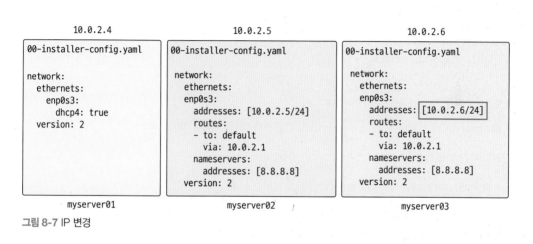

그림 8-7 IP 변경

[그림 8-7]을 참고해서 동일한 방법으로 myserver03의 IP 주소를 10.0.2.6으로 변경합니다.


## 8.1.4 DNS 설정

우리는 현재 세 대의 가상머신을 이용해 쿠버네티스 클러스터를 구축하기 위한 사전 작업을 하고 있습니다. 세 대의 가상머신을 활용해 쿠버네티스 클러스터를 구축하면 가상머신들은 서로 통신을 할 수 있어야 합니다. 이를 위해 DNS를 설정하겠습니다.

```
eevee@myserver02:~$ sudo vim /etc/hosts
```

가장 먼저 myserver02에서 myserver01로 접속할 수 있도록 설정을 변경하겠습니다. 이를 위해 vim으로 /etc/hosts 파일을 다음과 같이 수정합니다.

```
127.0.0.1 localhost
127.0.1.1 myserver02            ❶


10.0.2.4 myserver01             ❷
10.0.2.5 myserver02             ❸
10.0.2.6 myserver03             ❹


# The following lines are desirable for IPv6 capable hosts
::1     ip6-localhost ip6-loopback
fe00::0 ip6-localnet
ff00::0 ip6-mcastprefix
ff02::1 ip6-allnodes
ff02::2 ip6-allrouters
```

❶ 호스트 이름을 myserver02로 바꾸어줍니다.

❷ ❸ myserver01, myserver02. myserver03의 IP 주소와 호스트 이름을 적어줍니다.

```
eevee@myserver02:~$ ping myserver01            ❶
PING myserver01 (10.0.2.4) 56(84) bytes of data.
64 bytes from myserver01 (10.0.2.4): icmp_seq=1 ttl=64 time=0.706 ms
64 bytes from myserver01 (10.0.2.4): icmp_seq=2 ttl=64 time=0.824 ms
64 bytes from myserver01 (10.0.2.4): icmp_seq=3 ttl=64 time=1.71 ms
64 bytes from myserver01 (10.0.2.4): icmp_seq=4 ttl=64 time=1.26 ms
^C                                             ❷
--- myserver01 ping statistics ---
4 packets transmitted, 4 received, 0% packet loss, time 3023ms
rtt min/avg/max/mdev = 0.706/1.127/1.714/0.397 ms
```

❶ myserver02에서 myserver01로 ping을 보내면 원활하게 작동하는 것을 알 수 있습니다.

❷ 〈Ctrl〉 + 〈C〉를 눌러 종료합니다.

```
eevee@myserver02:~$ ssh myserver01             ❶
eevee@myserver01:~$                            ❷
eevee@myserver01:~$ exit                       ❸
eevee@myserver02:~$                            ❹
```

이번에는 myserver02에서 myserver01로 ssh 접속을 하겠습니다.

❶ myserver02에서 myserver01로 ssh 접속을 시도합니다. 접속이 잘 되는 것을 알 수 있습니다.

❷ myserver01로 접속된 화면을 보여줍니다.

❸ **exit** 명령어를 입력합니다.

❹ 다시 myserver02로 돌아갑니다.

```
      10.0.2.4                    10.0.2.5                    10.0.2.6
┌─────────────────────┐    ┌─────────────────────┐    ┌─────────────────────┐
│/etc/hosts           │    │/etc/hosts           │    │/etc/hosts           │
│                     │    │                     │    │                     │
│ 127.0.0.1 localhost │    │ 127.0.0.1 localhost │    │ 127.0.0.1 localhost │
│ 127.0.1.1 myserver01│    │ 127.0.1.1 myserver02│    │ 127.0.1.1 myserver03│
│                     │    │                     │    │                     │
│ 10.0.2.4 myserver01 │    │ 10.0.2.4 myserver01 │    │ 10.0.2.4 myserver01 │
│ 10.0.2.5 myserver02 │    │ 10.0.2.5 myserver02 │    │ 10.0.2.5 myserver02 │
│ 10.0.2.6 myserver03 │    │ 10.0.2.6 myserver03 │    │ 10.0.2.6 myserver03 │
│                     │    │                     │    │                     │
│                     │    │                     │    │                     │
└─────────────────────┘    └─────────────────────┘    └─────────────────────┘
      myserver01                  myserver02                  myserver03
```
그림 8-8 DNS 설정

[그림 8-8]을 참고해서 앞선 방법과 마찬가지로 모든 가상머신의 DNS를 설정하고 가상머신끼리 ssh를 통해 접속할 수 있는지 확인합니다.


## 8.1.5 UFW 방화벽 설정

쿠버네티스 클러스터를 구성하기 위한 노드는 각 노드별로 포트 통신이 원활해야 합니다. 따라서 이를 위해 기존에 사용하던 ufw를 정지시키겠습니다.

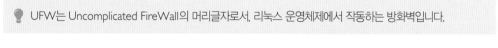

💡 UFW는 Uncomplicated FireWall의 머리글자로서, 리눅스 운영체제에서 작동하는 방화벽입니다.

```
eevee@myserver01:~$ sudo ufw status          ❶
Status: inactive
```

❶ 해당 명령어로 ufw 상태를 확인합니다. 만약 세 대의 가상머신의 ufw 상태를 확인했을 때, Status가 **inactive** 상태라면 방화벽 설정 과정은 생략해도 됩니다. 그러나 Status가 **active** 상태라면 다음 실습을 진행해서 ufw를

inactive 상태로 만들어야 합니다.

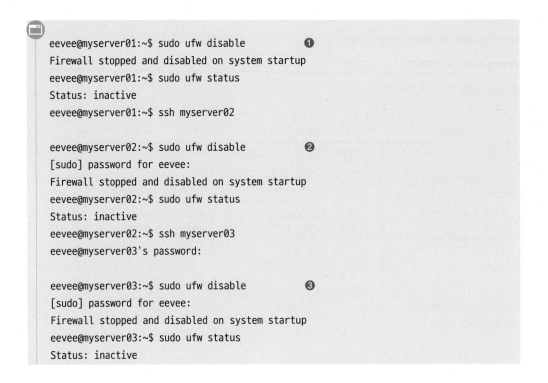

```
eevee@myserver01:~$ sudo ufw disable               ❶
Firewall stopped and disabled on system startup
eevee@myserver01:~$ sudo ufw status
Status: inactive
eevee@myserver01:~$ ssh myserver02

eevee@myserver02:~$ sudo ufw disable               ❷
[sudo] password for eevee:
Firewall stopped and disabled on system startup
eevee@myserver02:~$ sudo ufw status
Status: inactive
eevee@myserver02:~$ ssh myserver03
eevee@myserver03's password:

eevee@myserver03:~$ sudo ufw disable               ❸
[sudo] password for eevee:
Firewall stopped and disabled on system startup
eevee@myserver03:~$ sudo ufw status
Status: inactive
```

❶ ❷ ❸ 쿠버네티스 클러스터를 구성하는 노드인 myserver01, myserver02, myserver03에서 모두 ufw를 정지시
켜줍니다.


### 8.1.6 네트워크 설정

지금부터는 네트워크를 설정합니다. 먼저 IPv4를 포워딩하여 iptables가 연결된 트래픽을 볼 수 있
게 하겠습니다.

```
eevee@myserver01:~$ sudo -i                                              ❶
root@myserver01:~# cat <<EOF | sudo tee /etc/modules-load.d/k8s.conf     ❷
overlay                                                                  ❸
br_netfilter                                                             ❹
EOF                                                                      ❺
```

```
overlay
br_netfilter
```

위 실습은 쿠버네티스를 설치하기 전에 네트워크 설정하는 내용입니다.

❶ 루트 권한을 획득합니다.

❷ **tee** 명령어를 활용하면 출력을 두 곳으로 보낼 수 있는데, 한 곳은 tee 다음에 명시되어 있는 파일로 출력되고 다른 한 곳은 표준 출력(stdout)입니다. 즉, **tee** 명령어를 활용하면 화면에 출력됨과 동시에 파일에 저장됩니다.

❸ overlay는 리눅스 커널의 네트워크 드라이버를 가리킵니다. overlay는 서로 다른 호스트에 존재하는 파드 간의 네트워크 연결을 가능하게 하는 기술입니다. 즉 overlay를 활용하면 여러 개의 독립적인 네트워크 레이어를 겹쳐서 하나로 연결된 네트워크를 생성합니다. 즉, overlay를 활용해서 서로 다른 호스트에 존재하는 파드가 동일한 네트워크에 존재하는 것처럼 통신할 수 있게 합니다. 따라서 overlay를 입력하면 시스템 부팅 시 overlay 네트워크 드라이버를 로드하도록 설정합니다.

❹ br_netfilter는 네트워크 패킷 처리 관련 모듈로써 iptables/netfilter 규칙이 적용되게 합니다. 즉, 컨테이너와 호스트 간의 인터페이스 등에서 발생하는 트래픽에 대해 규칙을 적용해 트래픽을 관리한다는 의미입니다.

❺ EOF는 문서의 마지막을 의미합니다.

```
root@myserver01:~# sudo modprobe overlay            ❶
root@myserver01:~# sudo modprobe br_netfilter       ❷
```

❶❷ modeprobe는 리눅스 커널 모듈 관리 도구입니다. 이를 이용하면 특정 모듈을 로드하거나 제거할 수 있습니다.

```
root@myserver01:~# cat <<EOF | sudo tee /etc/sysctl.d/k8s.conf     ❶
net.bridge.bridge-nf-call-iptables  = 1                           ❷
net.bridge.bridge-nf-call-ip6tables = 1                           ❸
net.ipv4.ip_forward                 = 1                           ❹
EOF                                                               ❺

net.bridge.bridge-nf-call-iptables  = 1
net.bridge.bridge-nf-call-ip6tables = 1
net.ipv4.ip_forward                 = 1
```

❶ 필요한 sysctl 매개변수를 설정하면, 재부팅 후에도 값이 유지됩니다.

❷ 브릿지 네트워크 인터페이스에 대한 ipv4 트래픽이 iptables 규칙에 의해 처리되도록 만들어줍니다.

❸ ipv6에 대해 iptables를 처리합니다.

❹ 커널이 처리하는 패킷에 대해 외부로 ip4 포워딩이 가능하게 만들어 줍니다.

❺ EOF는 문서의 마지막을 의미합니다.

```
root@myserver01:~# sudo sysctl --system
```

위 코드와 같이 입력하면 재부팅하지 않고 sysctl 매개변수를 적용할 수 있습니다.

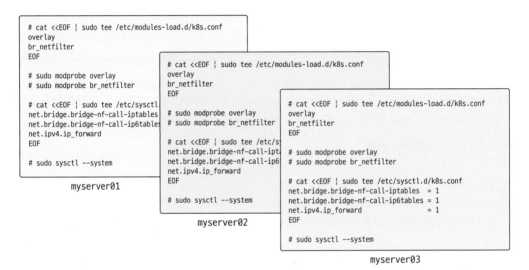

그림 8-9 ipv4 포워딩

[그림 8-9]를 참고해서 myserver01을 포함한 모든 가상머신에 대해 동일하게 작업합니다.

## 8.1.7 containerd 설정

이번에는 containerd 설정을 변경하겠습니다. 앞서 containerd는 도커 설치 과정에서 apt install containerd.io를 통해 이미 설치했습니다. 이렇게 설치한 containerd는 도커 관련 작업을 할 때 사용하는데, containerd를 쿠버네티스에서 컨테이너 런타임으로 사용할 수 있도록 설정을 변경하겠습니다. 관련 내용을 좀 더 자세히 알고 싶다면 다음 웹사이트를 참고하기 바랍니다.

* https://kubernetes.io/ko/docs/setup/production-environment/container-runtimes/#containerd

```
eevee@myserver01:~$ sudo mkdir -p /etc/containerd          ❶
eevee@myserver01:~$ containerd config default ¦ sudo tee /etc/containerd/config.toml
> /dev/null                                                 ❷
```

위 과정은 containerd의 설정값을 출력하고 config.toml 파일로 저장하는 내용입니다.

❶ 설정값을 저장할 디렉터리를 생성합니다.

❷ **containerd config default**를 통해 출력된 기본 설정값들을 **tee** 명령어를 통해 config.toml 파일로 저장합니다.

```
eevee@myserver01:~$ sudo vim /etc/containerd/config.toml          ❶
…(중략)
 [plugins. " io.containerd.grpc.v1.cri " .containerd.runtimes.runc]
 …(중략)
   [plugins."io.containerd.grpc.v1.cri".containerd.runtimes.runc.options]
     SystemdCgroup = true                                          ❷
```

이번에는 앞서 저장된 설정 파일의 내용을 수정하겠습니다.

❶ /etc/containerd/config.toml 파일의 내용을 수정합니다.

❷ false로 설정되어 있는 SystemdCgroup값을 true로 바꿔줍니다.

그림 8-10 SystemdCgroup 설정 변경

앞선 SystemdCgroup 변경을 그림으로 나타내면 [그림 8-10]과 같습니다.

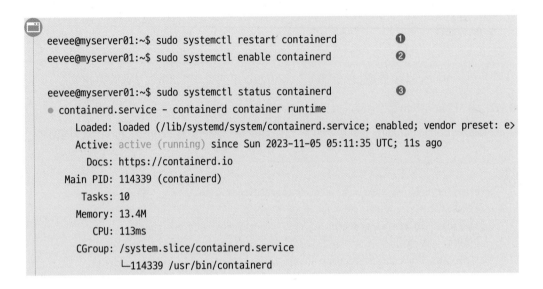

```
eevee@myserver01:~$ sudo systemctl restart containerd          ❶
eevee@myserver01:~$ sudo systemctl enable containerd           ❷

eevee@myserver01:~$ sudo systemctl status containerd           ❸
● containerd.service - containerd container runtime
     Loaded: loaded (/lib/systemd/system/containerd.service; enabled; vendor preset: e>
     Active: active (running) since Sun 2023-11-05 05:11:35 UTC; 11s ago
       Docs: https://containerd.io
   Main PID: 114339 (containerd)
      Tasks: 10
     Memory: 13.4M
        CPU: 113ms
     CGroup: /system.slice/containerd.service
             └─114339 /usr/bin/containerd
```

❶ ❷ ❸ containerd를 재가동하고 작동하는지 확인합니다.

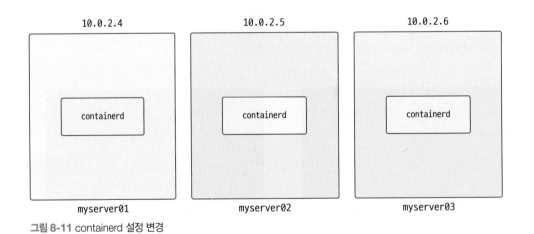

그림 8-11 containerd 설정 변경

[그림 8-11]을 참고해서 myserver01, myserver02, myserver03 모두에 containerd 설정을 변경합니다.

## 8.1.8 swap 메모리 비활성화

쿠버네티스는 수많은 컨테이너를 동시에 관리합니다. 따라서 원활하게 컨테이너를 관리하려면 swap 메모리 영역을 비활성화해야 합니다. 이를 위해 swap 메모리를 비활성화하겠습니다.

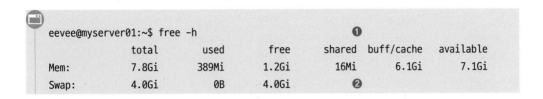

먼저 swap 메모리가 할당되어 있는지 확인하겠습니다.

❶ myserver01 노드에서 **free −h** 명령어를 통해 메모리 공간을 확인합니다.

❷ swap 메모리가 할당되어 있는 것을 알 수 있습니다.

💡 만약 Swap 영역이 0으로 설정되어 있다면 스왑 영역이 비활성화되어 있는 것으로 Swap 영역이 0이라면 다음의 실습 과정은 생략해도 됩니다.

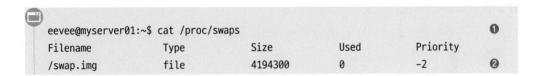

swap이 활성화 중인지 확인하는 방법 중에는 위와 같은 방법도 있습니다.

❶ /proc/swaps를 확인합니다.

❷ swap 영역이 활성화되어 있다면 swap 메모리가 할당되어 있는 것입니다. 만약, 존재하지 않는다면 swap 영역이 비활성화되어 있는 것입니다.

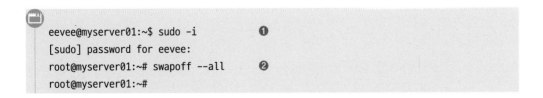

위 과정은 swap 메모리를 비활성화하는 내용입니다.

**❶** 관리자 모드로 변경합니다.

**❷ swapoff --all** 명령어를 입력하면 swap 메모리가 비활성화됩니다.

```
root@myserver01:~# free -h                      ❶
                total      used       free     shared  buff/cache   available
Mem:            7.8Gi     385Mi      1.2Gi       16Mi       6.1Gi       7.1Gi
Swap:              0B        0B         0B

root@myserver01:~# cat /proc/swaps              ❷
Filename         Type         Size         Used         Priority
```

**❶ ❷ free -h** 명령어와 **cat /proc/swaps**를 입력하면 swap 메모리가 비활성화된 것을 볼 수 있습니다.

```
root@myserver01:~# vim /etc/fstab                        ❶
#/swap.img      none      swap      sw       0       0    ❷
```

그리고 다음 작업을 합니다.

**❶** vim으로 /etc/fstab 파일의 swap 관련 내용을 엽니다.

**❷** /swap.img를 주석으로 처리합니다. 이 부분을 주석으로 처리해야 재부팅했을 때 swap 메모리가 다시 활성화되지 않습니다.

```
root@myserver01:~# shutdown -r now
```

시스템을 재부팅합니다.

```
eevee@myserver01:~$ sudo -i
root@myserver01:~# swapoff --all

root@myserver01:~# vim /etc/fstab
#/swap.img       none    swap    sw

root@myserver01:~# shutdown -r now
```
myserver01

```
eevee@myserver03:~$ sudo -i
root@myserver03:~# swapoff --all

root@myserver03:~# vim /etc/fstab
#/swap.img       none    swap    sw

root@myserver03:~# shutdown -r now
```
myserver03

```
eevee@myserver02:~$ sudo -i
root@myserver02:~# swapoff --all

root@myserver02:~# vim /etc/fstab
#/swap.img       none    swap    sw

root@myserver02:~# shutdown -r now
```
myserver02

그림 8-12 swap 메모리 비활성화

[그림 8-12]를 참고해서 swap 메모리를 비활성화하는 작업을 myserver02, myserver03 노드에 대해서도 동일하게 해줍니다.

## 8.2 쿠버네티스 설치

본격적으로 쿠버네티스를 설치할 차례입니다. 모든 노드에 쿠버네티스를 설치하고 마스터 노드와 워커 노드를 설정하겠습니다. 이후 쿠버네티스가 제대로 설치되었는지 확인하기 위해 Hello Wordl! 를 출력해보겠습니다. 추가로 쿠버네티스는 어떻게 삭제하는지에 대한 설명으로 이 절을 마무리하겠습니다.

### 8.2.1 모든 노드에 쿠버네티스 설치

쿠버네티스를 설치하겠습니다. 먼저 myserver01에 설치한 후 동일한 방법으로 myserver02, myserver03에도 설치하겠습니다. 그 후에 세 대의 노드를 하나의 쿠버네티스 클러스터로 만들기 위해 연결시키겠습니다. 설치에 필요한 좀 더 자세한 사항은 아래의 웹사이트를 참고하면 됩니다.

• https://kubernetes.io/ko/docs/setup/production-environment/tools/kubeadm/install-kubeadm/

```
eevee@myserver01:~$ sudo apt-get update                           ❶
eevee@myserver01:~$ sudo apt-get install -y apt-transport-https ca-certificates
curl                                                              ❷
```

❶ apt 패키지 목록을 업데이트합니다.

❷ 쿠버네티스 설치에 필요한 프로그램을 설치합니다.

```
eevee@myserver01:~$ sudo mkdir -p /etc/apt/keyrings               ❶
eevee@myserver01:~$ sudo curl -fsSL https://pkgs.k8s.io/core:/stable:/v1.29/
deb/Release.key | sudo gpg --dearmor -o /etc/apt/keyrings/kubernetes-apt-
keyring.gpg                                                       ❷

eevee@myserver01:~$ echo "deb [signed-by=/etc/apt/keyrings/kubernetes-apt-keyring.gpg]
https://pkgs.k8s.io/core:/stable:/v1.29/deb/ /" | sudo tee /etc/apt/sources.list.d/
kubernetes.list                                                  ❸

deb [signed-by=/etc/apt/keyrings/kubernetes-apt-keyring.gpg] https://pkgs.k8s.io/
core:/stable:/v1.29/deb/ /
```

❶ signing 키 다운로드를 위해 필요한 디렉터리를 생성합니다.

❷ 쿠버네티스 설치에 필요한 서명 키를 다운로드하여 /etc/apt/keyrings/ 디렉터리에 저장합니다.

❸ 쿠버네티스 패키지 저장소를 apt 패키지 관리자에 추가합니다.

💡 위 실습 내용은 공식 홈페이지의 설명과 조금 다릅니다. 공식 홈페이지 순서대로 하면 설치가 되지 않을 가
능성이 크기 때문에 위 실습 내용을 따르기 바랍니다.

```
eevee@myserver01:~$ sudo apt-get update                           ❺
Hit:4 https://download.docker.com/linux/ubuntu jammy InRelease
Hit:1 http://mirror.kakao.com/ubuntu jammy InRelease
...(생략)

eevee@myserver01:~$ sudo apt-get install -y kubelet=1.26.5-00 kubeadm=1.26.5-00
kubectl=1.26.5-00                                                ❻
Reading package lists... Done
Building dependency tree... Done
```

```
Reading state information... Done
eevee@myserver01:~$ sudo apt-mark hold kubelet kubeadm kubectl          ❼
kubelet set on hold.
kubeadm set on hold.
kubectl set on hold.
```

❺ apt 패키지 목록을 업데이트합니다. 이제 쿠버네티스를 설치할 준비가 끝났습니다.

❻ kubelet, kubeadm, kubectl을 설치하고 해당 버전을 고정시킵니다.

```
eevee@myserver01:~$ sudo -i                                             ❶
root@myserver01:~# kubelet --version                                    ❷
Kubernetes v1.29.5
root@myserver01:~# kubeadm version                                      ❸
kubeadm version: &version.Info{Major:"1", Minor:"26", GitVersion:"v1.29.5", GitCommi
t:"890a139214b4de1f01543d15003b5bda71aae9c7", GitTreeState:"clean", BuildDate:"2023-
05-17T14:13:34Z", GoVersion:"go1.19.9", Compiler:"gc", Platform:"linux/amd64"}

root@myserver01:~# kubectl version --output=yaml                        ❹
clientVersion:
  buildDate: "2023-05-17T14:14:46Z"
  compiler: gc
  gitCommit: 890a139214b4de1f01543d15003b5bda71aae9c7
  gitTreeState: clean
  gitVersion: v1.29.5
  goVersion: go1.19.9
  major: "1"
  minor: "26"
  platform: linux/amd64
kustomizeVersion: v4.5.7
The connection to the server localhost:8080 was refused - did you specify the right
host or port?
```

❶ ❷ ❸ ❹ 설치한 kubelet, kubeadm, kubectl이 올바르게 설치되었는지 확인합니다.

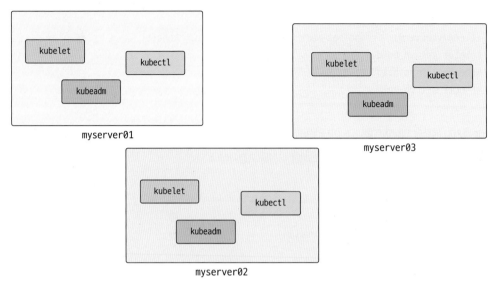

그림 8-13 모든 노드에 쿠버네티스 설치

[그림 8-13]을 참고해서 동일한 방법으로 모든 노드(myserver01, myserver02, myserver03)에 kubelet, kubeadm, kubectl을 설치합니다.

## 8.2.2 마스터 노드 설정

이번 절에서는 쿠버네티스 클러스터를 설정하겠습니다. myserver01이 마스터 노드가 되고 my server02가 워커 노드가 됩니다.

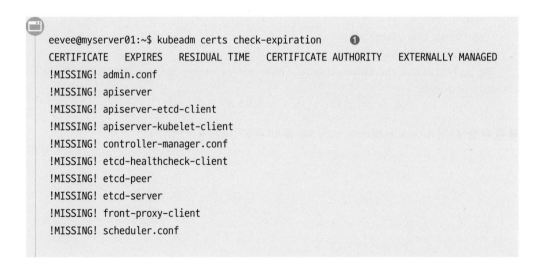

```
eevee@myserver01:~$ kubeadm certs check-expiration        ❶
CERTIFICATE    EXPIRES    RESIDUAL TIME   CERTIFICATE AUTHORITY   EXTERNALLY MANAGED
!MISSING! admin.conf
!MISSING! apiserver
!MISSING! apiserver-etcd-client
!MISSING! apiserver-kubelet-client
!MISSING! controller-manager.conf
!MISSING! etcd-healthcheck-client
!MISSING! etcd-peer
!MISSING! etcd-server
!MISSING! front-proxy-client
!MISSING! scheduler.conf
```

```
CERTIFICATE AUTHORITY        EXPIRES   RESIDUAL TIME   EXTERNALLY MANAGED
!MISSING! ca
!MISSING! etcd-ca
!MISSING! front-proxy-ca
```

먼저 쿠버네티스 인증서 상태를 확인하겠습니다.

❶ myserver01 노드에서 해당 명령어를 입력하면 인증이 하나도 되지 않은 것을 알 수 있습니다.

```
eevee@myserver01:~$ kubeadm config images list                    ❶

I1105 06:13:59.280667   14008 version.go:256] remote version is much newer: v1.28.3;
falling back to: stable-1.26
registry.k8s.io/kube-apiserver:v1.26.10
registry.k8s.io/kube-controller-manager:v1.26.10
registry.k8s.io/kube-scheduler:v1.26.10
registry.k8s.io/kube-proxy:v1.26.10
registry.k8s.io/pause:3.9
registry.k8s.io/etcd:3.5.6-0
registry.k8s.io/coredns/coredns:v1.9.3
```

❶ 해당 명령어를 사용해서 kubeadm이 사용할 수 있는 이미지 리스트를 출력합니다.

```
eevee@myserver01:~$ sudo -i                                        ❶
root@myserver01:~# kubeadm config images pull                      ❷
...(중략)
Found multiple CRI endpoints on the host. Please define which one do you wish to use
by setting the 'criSocket' field in the kubeadm configuration file: unix:///var/run/
containerd/containerd.sock, unix:///var/run/cri-dockerd.sock       ❸
To see the stack trace of this error execute with --v=5 or higher
```

이번에는 쿠버네티스 설치에 필요한 이미지를 다운로드하겠습니다.

❶ 루트 권한을 획득합니다.

❷ 쿠버네티스 설치에 필요한 이미지를 다운로드합니다.

❸ 이 에러 메시지는 CRI가 여러 개 발견되었다는 의미입니다. containerd를 설치했기 때문에 발생하는 에러입니다.
CRI를 하나로 고정해주면 해결됩니다.

```
root@myserver01:~# kubeadm config images pull --cri-socket /run/containerd/containerd.
sock                                                                    ❶

W1105 06:16:51.121202   14538 initconfiguration.go:119] Usage of CRI endpoints without
URL scheme is deprecated and can cause kubelet errors in the future. Automatically
prepending scheme "unix" to the "criSocket" with value "/run/containerd/containerd.
sock". Please update your configuration!
I1105 06:16:51.643212   14538 version.go:256] remote version is much newer: v1.28.3;
falling back to: stable-1.26
[config/images] Pulled registry.k8s.io/kube-apiserver:v1.26.10
[config/images] Pulled registry.k8s.io/kube-controller-manager:v1.26.10
[config/images] Pulled registry.k8s.io/kube-scheduler:v1.26.10
[config/images] Pulled registry.k8s.io/kube-proxy:v1.26.10
[config/images] Pulled registry.k8s.io/pause:3.9
[config/images] Pulled registry.k8s.io/etcd:3.5.6-0
[config/images] Pulled registry.k8s.io/coredns/coredns:v1.9.3
```

❶ --cri-socket 옵션을 활용해 CRI를 containerd로 설정해주면 이미지를 받을 수 있습니다(pull).

```
root@myserver01:~# kubeadm init --apiserver-advertise-address=10.0.2.4 --pod-network-
cidr=192.168.0.0/16 --cri-socket /run/containerd/containerd.sock          ❶

W0520 03:29:54.665421   53714 initconfiguration.go:119] Usage of CRI endpoints without
URL scheme is deprecated and can cause kubelet errors in the future. Automatically
prepending scheme "unix" to the "criSocket" with value "/var/run/cri-dockerd.sock".
Please update your configuration!
I0520 03:29:55.084927   53714 version.go:256] remote version is much newer: v1.27.2;
falling back to: stable-1.26
[init] Using Kubernetes version: v1.29.5
[preflight] Running pre-flight checks
[preflight] Pulling images required for setting up a Kubernetes cluster
...(중략)...
Your Kubernetes control-plane has initialized successfully!

To start using your cluster, you need to run the following as a regular user:

  mkdir -p $HOME/.kube
  sudo cp -i /etc/kubernetes/admin.conf $HOME/.kube/config
  sudo chown $(id -u):$(id -g) $HOME/.kube/config
```

```
Alternatively, if you are the root user, you can run:

  export KUBECONFIG=/etc/kubernetes/admin.conf

You should now deploy a pod network to the cluster.
Run "kubectl apply -f [podnetwork].yaml" with one of the options listed at:
  https://kubernetes.io/docs/concepts/cluster-administration/addons/

Then you can join any number of worker nodes by running the following on each as root:

kubeadm join 10.0.2.4:6443 --token q56pek.f16j77pe8zpiicke \                    ❷
        --discovery-token-ca-cert-hash sha256:8c2fa5dd3d2bcdbe91b5d8d5c3cdb74ff4831f1
c62094a9e9582327fde3a0271
```

❶ **kubeadm init**을 사용해 초기화합니다. **--apiserver-advertise-address** 옵션을 통해 쿠버네티스 마스터 노드의 IP 주소를 입력합니다. 그리고 **--pod-network-cidr**를 통해 네트워크 대역을 설정할 수 있습니다. calico를 사용하는 경우에는 192.168.0.0/16을 입력하고 flannel을 사용할 경우에는 10.244.0.0/16을 입력합니다. 이 책에서는 calico를 사용할 것이므로 192.168.0.0/16을 입력합니다.

❷ 이후에 워커 노드와 마스터 노드를 연결할 때 사용할 구문입니다. 이후 실습에 사용할 예정이니 메모장 같은 곳에 따로 저장해두기 바랍니다.

```
root@myserver01:~# kubeadm certs check-expiration        ❶

[check-expiration] Reading configuration from the cluster...
[check-expiration] FYI: You can look at this config file with 'kubectl -n kube-system
get cm kubeadm-config -o yaml'

CERTIFICATE              EXPIRES              RESIDUAL TIME   CERTIFICATE
AUTHORITY     EXTERNALLY MANAGED
admin.conf               Nov 04, 2024 06:18 UTC   364d           ca
no
apiserver                Nov 04, 2024 06:18 UTC   364d           ca
no
apiserver-etcd-client    Nov 04, 2024 06:18 UTC   364d           etcd-ca
no
apiserver-kubelet-client Nov 04, 2024 06:18 UTC   364d           ca
no
```

```
controller-manager.conf   Nov 04, 2024 06:18 UTC   364d        ca
no
etcd-healthcheck-client   Nov 04, 2024 06:18 UTC   364d        etcd-ca
no
etcd-peer                 Nov 04, 2024 06:18 UTC   364d        etcd-ca
no
etcd-server               Nov 04, 2024 06:18 UTC   364d        etcd-ca
no
front-proxy-client        Nov 04, 2024 06:18 UTC   364d        front-proxy-ca
no
scheduler.conf            Nov 04, 2024 06:18 UTC   364d        ca
no


CERTIFICATE AUTHORITY   EXPIRES                  RESIDUAL TIME   EXTERNALLY MANAGED
ca                      Nov 02, 2033 06:18 UTC   9y              no
etcd-ca                 Nov 02, 2033 06:18 UTC   9y              no
front-proxy-ca          Nov 02, 2033 06:18 UTC   9y              no
```

❶ 다시 쿠버네티스 인증서 상태를 확인해보면 인증이 되어 있는 것을 볼 수 있습니다.

```
root@myserver01:~# exit                                                       ❶
logout
eevee@myserver01:~$ mkdir -p $HOME/.kube                                       ❷
eevee@myserver01:~$ sudo cp -i /etc/kubernetes/admin.conf $HOME/.kube/config   ❸
eevee@myserver01:~$ sudo chown $(id -u):$(id -g) $HOME/.kube/config            ❹
```

이번에는 루트 권한이 아니라 사용자 권한으로도 쿠버네티스를 사용할 수 있게 설정하겠습니다.

❶ root 세션을 종료하고 기존 사용자로 돌아갑니다.

❷ 사용자가 쿠버네티스를 활용할 수 있도록 쿠버네티스 설정을 저장할 새로운 디렉터리를 만듭니다.

❸ 기존 설정 파일을 새로운 디렉터리로 복사합니다.

❹ 설정 디렉터리의 소유자와 그룹을 변경해 현재 사용자가 사용할 수 있도록 변경합니다.

```
eevee@myserver01:~$ kubectl create -f https://raw.githubusercontent.com/
projectcalico/calico/v3.26.3/manifests/tigera-operator.yaml                   ❶

namespace/tigera-operator created
```

```
customresourcedefinition.apiextensions.k8s.io/bgpconfigurations.crd.projectcalico.org
created
...(생략)

eevee@myserver01:~$ curl https://raw.githubusercontent.com/projectcalico/calico/
v3.26.3/manifests/custom-resources.yaml -O                          ❷

  % Total     % Received % Xferd  Average Speed   Time    Time     Time  Current
                                  Dload  Upload   Total   Spent    Left  Speed
  824   100   824     0       0    2571       0 --:--:-- --:--:-- --:--:--  2575

eevee@myserver01:~$ ls                                              ❸
custom-resources.yaml  work

eevee@myserver01:~$ kubectl create -f custom-resources.yaml        ❹
installation.operator.tigera.io/default created
apiserver.operator.tigera.io/default created
```

위 실습은 calico로 네트워크를 설정하는 내용입니다.

❶ calico를 설치하기 위해 해당 URL에 존재하는 yaml 파일을 실행합니다.

❷ calico 설치를 위해 필요한 커스텀 리소스를 설치합니다.

❸ 다운로드한 파일을 확인합니다.

❹ 해당 yaml을 활용해 calico를 설치합니다.

> 💡 calico 설치와 관련된 자세한 문서는 다음 웹사이트를 참고합니다.
>
> • https://docs.tigera.io/calico/latest/getting-started/kubernetes/self-managed-onprem/
>   onpremises
>
> flannel로 설정하고 싶다면 다음 웹사이트를 참고하면 됩니다.
>
> • https://github.com/flannel-io/flannel

```
eevee@myserver01:~$ watch kubectl get pods -n calico-system        ❶
NAME                                         READY   STATUS    RESTARTS   AGE
calico-kube-controllers-7996d5fd5d-fgnbd     1/1     Running   0          108s
calico-node-p27hj                            1/1     Running   0          108s
```

```
 calico-typha-576cfcd8c8-2s25r        1/1      Running    0          108s
 csi-node-driver-mls8q                2/2      Running    0          108s
```

❶ 설치가 완료된 후 calico에 대한 파드가 실행 중인지를 확인합니다. 모든 요소가 작동하려면 약 2분 정도의 시간이 필요합니다.

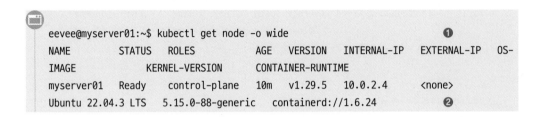

```
eevee@myserver01:~$ kubectl get node -o wide                        ❶
NAME          STATUS    ROLES          AGE    VERSION    INTERNAL-IP    EXTERNAL-IP    OS-
IMAGE            KERNEL-VERSION        CONTAINER-RUNTIME
myserver01    Ready     control-plane  10m    v1.29.5    10.0.2.4       <none>
Ubuntu 22.04.3 LTS    5.15.0-88-generic    containerd://1.6.24         ❷
```

❶ 쿠버네티스 클러스터 노드를 확인합니다.

❷ 지금은 myserver01로만 구성되어 있습니다. 이후 실습에서 myserver02와 myserver03을 추가할 것입니다.

---

**NOTE**  마스터 노드에 파드를 추가하는 방법

마스터 노드에도 파드를 추가하고 싶을 때는 마스터 노드에 다음 명령어를 입력합니다.

```
eevee@myserver01:~$ kubectl get node                                ❶
NAME          STATUS    ROLES          AGE    VERSION
myserver01    Ready     control-plane  87d    v1.29.5                ❷
myserver02    Ready     <none>         87d    v1.29.5
myserver03    Ready     <none>         87d    v1.29.5

eevee@myserver01:~$ kubectl describe node myserver01 | grep Taints  ❸
Taints:              node-role.kubernetes.io/control-plane:NoSchedule  ❹

eevee@myserver01:~$ kubectl taint nodes --all node-role.kubernetes.io/
controlplane-node/myserver01 untainted                              ❺
```

❶ 먼저 노드 이름을 확인합니다.

❷ 결과를 보면 마스터 노드 이름이 myserver01임을 알 수 있습니다.

❸ ❹ 마스터 노드 myserver01의 Taints를 확인하면 마스터 노드의 정보가 node-role.kubernetes.io/control-plane이라는 것을 알 수 있습니다. 이때 명령어는 **kubectl describe node [마스터 노드명] |**

## 8.2.3 워커 노드 설정

워커 노드를 설정하겠습니다. 이번 절에서 실습은 myserver02와 myserver03 노드를 대상으로 진행합니다.

```
eevee@myserver02:~$ mkdir -p $HOME/.kube                                    ❶
eevee@myserver02:~$ scp -p eevee@10.0.2.4:~/.kube/config ~/.kube/config     ❷
eevee@10.0.2.4's password:
config                                     100% 5632      2.2MB/s   00:00
eevee@myserver02:~$ cd .kube/                                               ❸
eevee@myserver02:~/.kube$ ls                                                ❹
config
```

마스터 노드인 myserver01에서 설정 파일을 그대로 가져오겠습니다. 이때 마스터 노드의 IP 주소는 10.0.2.4입니다.

❶ 관련 디렉터리를 만듭니다.

❷ **scp -p {USERID}@{IP_ADDRESS}:~/.kube/config ~/.kube/config** 문법을 참고하면 됩니다.

❸ .kube 디렉터리로 이동합니다.

❹ config 파일을 확인할 수 있습니다.

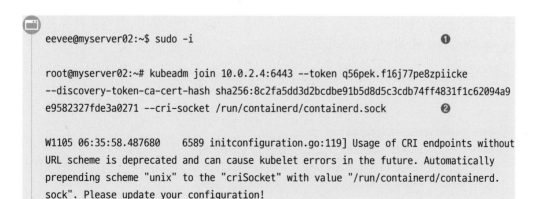

```
eevee@myserver02:~$ sudo -i                                                ❶

root@myserver02:~# kubeadm join 10.0.2.4:6443 --token q56pek.f16j77pe8zpiicke
--discovery-token-ca-cert-hash sha256:8c2fa5dd3d2bcdbe91b5d8d5c3cdb74ff4831f1c62094a9
e9582327fde3a0271 --cri-socket /run/containerd/containerd.sock             ❷

W1105 06:35:58.487680    6589 initconfiguration.go:119] Usage of CRI endpoints without
URL scheme is deprecated and can cause kubelet errors in the future. Automatically
prepending scheme "unix" to the "criSocket" with value "/run/containerd/containerd.
sock". Please update your configuration!
```

```
[preflight] Running pre-flight checks
[preflight] Reading configuration from the cluster...
[preflight] FYI: You can look at this config file with 'kubectl -n kube-system get cm
kubeadm-config -o yaml'
[kubelet-start] Writing kubelet configuration to file "/var/lib/kubelet/config.yaml"
[kubelet-start] Writing kubelet environment file with flags to file "/var/lib/kubelet/
kubeadm-flags.env"
[kubelet-start] Starting the kubelet
[kubelet-start] Waiting for the kubelet to perform the TLS Bootstrap...

This node has joined the cluster:
* Certificate signing request was sent to apiserver and a response was received.
* The Kubelet was informed of the new secure connection details.

Run 'kubectl get nodes' on the control-plane to see this node join the cluster.
```

위 과정은 워커 노드를 마스터 노드와 연계시키는 내용입니다.

❶ 루트 권한을 획득합니다.

❷ 앞서 저장했던 쿠버네티스 클러스터에 노드를 추가하는 명령어를 입력합니다. 이때 주의할 점은 **--cri-socket /run/containerd/containerd.sock**은 앞서 저장한 구문에 포함되어 있지 않으므로 추가해야 합니다. 이 구문은 컨테이너 런타임 소켓을 지정하는 것입니다.

```
eevee@myserver01:~$ kubectl get node
NAME         STATUS    ROLES           AGE      VERSION
myserver01   Ready     control-plane   19m      v1.29.5
myserver02   Ready     <none>          2m37s    v1.29.5
```

그리고 다시 myserver01로 이동한 후 노드를 확인해보면 myserver02가 추가된 것을 볼 수 있습니다. Ready 상태가 될 때까지 약 1분 정도 걸립니다.

앞서 수행한 것과 동일한 작업을 myserver03에서도 수행합니다.

```
eevee@myserver01:~$ kubectl get nodes
NAME         STATUS    ROLES           AGE      VERSION
myserver01   Ready     control-plane   23m      v1.29.5
myserver02   Ready     <none>          5m58s    v1.29.5
myserver03   Ready     <none>          72s      v1.29.5
```

그러면 위와 같이 myserver03도 워커 노드로 추가된 것을 알 수 있습니다.

## 8.2.4 쿠버네티스로 실행하는 Hello World!

쿠버네티스를 설치했으니 이번에는 "Hello world"를 입력하겠습니다. 지금부터 작업은 쿠버네티스 마스터 노드인 myserver01에서 이루어집니다.

```
eevee@myserver01:~$ kubectl run hello-world --image=hello-world --restart=Never
pod/hello-world created                          ❶

eevee@myserver01:~$ kubectl get pod              ❷
NAME          READY   STATUS      RESTARTS   AGE
hello-world   0/1     Completed   0          38s
```

❶ restart=Never 옵션을 주게 되면 파드가 종료되어도 다시 시작하지 않겠다는 뜻입니다.

❷ kubectl get pod 명령어를 입력하면 파드 목록을 확인할 수 있는데 hello-world 파드가 실행된 것을 볼 수 있습니다.

파드에 관한 자세한 내용은 이후에 알아보겠습니다.

## 8.2.5 쿠버네티스 삭제 방법

이번 절에서는 쿠버네티스를 삭제하는 방법을 알아보겠습니다. 혹시나 설치 과정에서 실수를 해서 삭제해야 하는 상황이 생긴다면 다음 코드를 참고하면 됩니다.

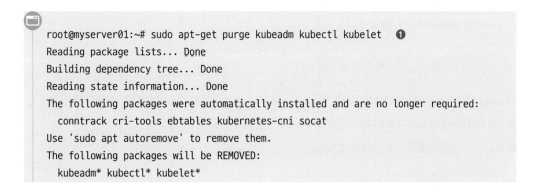

```
root@myserver01:~# sudo apt-get purge kubeadm kubectl kubelet   ❶
Reading package lists... Done
Building dependency tree... Done
Reading state information... Done
The following packages were automatically installed and are no longer required:
  conntrack cri-tools ebtables kubernetes-cni socat
Use 'sudo apt autoremove' to remove them.
The following packages will be REMOVED:
  kubeadm* kubectl* kubelet*
```

```
The following held packages will be changed:
  kubeadm kubectl kubelet
0 upgraded, 0 newly installed, 3 to remove and 63 not upgraded.
After this operation, 204 MB disk space will be freed.
Do you want to continue? [Y/n] Y
(Reading database ... 124982 files and directories currently installed.)
Removing kubeadm (1.27.2-00) ...
Removing kubectl (1.27.2-00) ...
Removing kubelet (1.27.2-00) ...
(Reading database ... 124978 files and directories currently installed.)
Purging configuration files for kubeadm (1.27.2-00) ...
Purging configuration files for kubelet (1.27.2-00) ...

root@myserver01:~# sudo apt-get autoremove                    ❷
Reading package lists... Done
Building dependency tree... Done
Reading state information... Done
The following packages will be REMOVED:
  conntrack cri-tools ebtables kubernetes-cni socat
0 upgraded, 0 newly installed, 5 to remove and 63 not upgraded.
After this operation, 125 MB disk space will be freed.
Do you want to continue? [Y/n] Y
(Reading database ... 124976 files and directories currently installed.)
Removing conntrack (1:1.4.6-2build2) ...
Removing cri-tools (1.26.0-00) ...
Removing ebtables (2.0.11-4build2) ...
Removing kubernetes-cni (1.2.0-00) ...
dpkg: warning: while removing kubernetes-cni, directory '/opt' not empty so not
removed
Removing socat (1.7.4.1-3ubuntu4) ...
Processing triggers for man-db (2.10.2-1) ...

root@myserver01:~# sudo rm -rf ~/.kube                        ❸
```

위 실습은 쿠버네티스를 삭제하는 내용입니다.

❶ **purge** 명령어를 통해 쿠버네티스 설치에 사용했던 kubeadm, kubectl, kubelet 패키지를 삭제합니다.

❷ 시스템에서 사용하지 않는 패키지를 자동으로 삭제해주는 autoremove를 설치합니다.

❸ 쿠버네티스 설정 관련 .kube 디렉터리를 삭제합니다.

# 쿠버네티스 기초

9장에서는 쿠버네티스의 기초 개념과 명령어에 대해 학습합니다. 먼저 쿠버네티스의 전체적인 구성을 살펴보고 디플로이먼트, 서비스, 스토리지 볼륨, 스테이트풀셋, 인그레스, 잡, 크론잡과 같은 다양한 워크플로에 대해서 실습해봅니다.

CHAPTER

09

# 9.1 쿠버네티스 둘러보기

쿠버네티스를 효과적으로 다루기 위해서는 쿠버네티스가 어떻게 구성되어 있는지 알아야 합니다. 먼저 기본적인 쿠버네티스 사용 방법을 살펴볼 것입니다. 우선 명령행을 활용한 파드 실행 방법을 배우고 매니페스트를 활용한 파드 실행 방법을 설명하겠습니다.

### 9.1.1 쿠버네티스 구성

쿠버네티스는 마스터 노드와 워커 노드라는 두 가지 종류의 노드로 구성되어 있습니다. 마스터 노드는 클라이언트의 API 요청을 받고 워커 노드를 다루는 역할을 합니다. 한편 워커 노드는 실제 컨테이너를 실행하는 역할을 합니다.

앞서 쿠버네티스 클러스터를 구축했다면 지금부터는 쿠버네티스에 대해 둘러보겠습니다.

```
eevee@myserver01:~$ kubectl cluster-info          ❶
Kubernetes control plane is running at https://10.0.2.4:6443
CoreDNS is running at https://10.0.2.4:6443/api/v1/namespaces/kube-system/services/
kube-dns:dns/proxy

To further debug and diagnose cluster problems, use 'kubectl cluster-info dump'.
```

먼저 쿠버네티스 클러스터 정보를 확인합니다.

❶ kubectl cluster-info를 입력하면 쿠버네티스 클러스터 정보를 확인할 수 있습니다.

```
eevee@myserver01:~$ kubectl get nodes            ❶
NAME         STATUS    ROLES           AGE      VERSION
myserver01   Ready     control-plane   3d18h    v1.29.5
myserver02   Ready     <none>          3d17h    v1.29.5
myserver03   Ready     <none>          3d17h    v1.29.5
```

다음은 쿠버네티스 노드 정보를 확인하겠습니다.

❶ kubectl get nodes 명령어를 입력하면 쿠버네티스 클러스터를 구성하고 있는 노드 정보를 확인할 수 있습니다. myserver01, myserver02, myserver03 모두 쿠버네티스 클러스터로 구성되어 있는 것을 확인할 수 있습니다.

```
eevee@myserver01:~$ kubectl get pod                    ❶
NAME           READY   STATUS       RESTARTS   AGE
hello-world    0/1     Completed    0          8s

eevee@myserver01:~$ kubectl get pod -o wide            ❷
NAME           READY   STATUS       RESTARTS   AGE    IP             NODE
NOMINATED NODE    READINESS GATES
hello-world    0/1     Completed    0          3d17h  192.168.131.2  myserver02
<none>            <none>
```

이번에는 파드 목록을 확인하겠습니다.

❶ kubectl get pod 명령어를 입력하면 파드 목록을 확인할 수 있습니다. 결과를 보면 6장에서 실행했던 hello-world 파드임을 확인할 수 있습니다.

❷ -o wide 옵션을 활용하면 더 자세한 정보를 확인할 수 있습니다. 결과를 확인해보면 해당 파드의 IP 주소와 실행 중인 노드임을 확인할 수 있습니다. 해당 파드의 IP 주소는 192.168.131.2이고 myserver02에서 실행 중인 것을 알 수 있습니다.

```
eevee@myserver01:~$ kubectl delete pod hello-world     ❶
pod "hello-world" deleted
eevee@myserver01:~$ kubectl get pod                    ❷
No resources found in default namespace.
```

이번에는 파드를 삭제하겠습니다.

❶ delete 명령어를 활용하면 파드를 삭제할 수 있습니다. 명령어 사용 방법은 kubectl delete pod [파드 이름]입니다.

❷ 파드를 삭제한 후 파드 목록을 확인하면 해당 파드가 존재하지 않는 것을 볼 수 있습니다.

## 9.1.2 파드 실행

이번 실습에서는 hello-world 이미지를 활용해 파드를 실행하겠습니다.

```
eevee@myserver01:~$ kubectl run hello-world --image=hello-world --restart=Always    ❶
pod/hello-world created

eevee@myserver01:~$ kubectl get all                                                  ❷
NAME                READY    STATUS              RESTARTS       AGE
pod/hello-world     0/1      CrashLoopBackOff    1 (12s ago)    18s                   ❸

NAME                  TYPE        CLUSTER-IP     EXTERNAL-IP    PORT(S)    AGE
service/kubernetes    ClusterIP   10.96.0.1      <none>         443/TCP    3d18h       ❹
```

위 과정은 hello-world 이미지를 통해 파드를 실행시키고 관련 정보를 확인하는 내용입니다.

❶ hello-world 이미지 활용해 파드를 실행합니다.

❷ **kubectl get all** 명령어를 입력하게 되면 파드 정보와 서비스 정보를 볼 수 있습니다.

❸ 파드 정보를 보면 파드 이름은 hello-world라는 것을 알 수 있고 상태와 재시작 횟수에 대해 알 수 있습니다.
   STATUS가 CrashLoopBackOff라는 것은 컨테이너가 재시작되기 전에 대기하고 있는 상태를 의미합니다.

❹ 서비스에 대해서는 추후 서비스를 다루는 절에서 더 자세히 알아보겠습니다.

```
eevee@myserver01:~$ kubectl delete pod hello-world
pod "hello-world" deleted
```

실습이 끝났으니 해당 명령어로 파드를 삭제합니다.

---

**NOTE** ❘ **파드가 생성되지 않아요**

실습 중에 파드가 생성되지 않으면 다음과 같은 메시지가 나타날 수 있습니다.

```
eevee@myserver01:~/work/ch09/ex14$ kubectl describe pod/hello-world
Failed to create pod sandbox: rpc error: code = Unknown desc = failed to setup
network for sandbox "56e9be09cf4062ca5b0177ec3ad0f04299875909dcb97315d9919f7a4
21fa497": plugin type="calico" failed (add): error getting ClusterInformation:
connection is unauthorized: Unauthorized
```

이 메시지는 calico가 원인이므로 calico 파드를 삭제해줘야 합니다. 삭제된 파드는 자동으로 재생성되므로 걱정하지 않아도 됩니다.

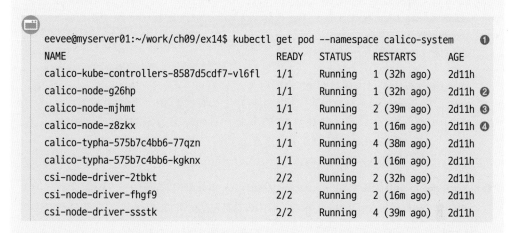

```
eevee@myserver01:~/work/ch09/ex14$ kubectl get pod --namespace calico-system    ❶
NAME                                        READY   STATUS    RESTARTS        AGE
calico-kube-controllers-8587d5cdf7-vl6fl    1/1     Running   1 (32h ago)     2d11h
calico-node-g26hp                           1/1     Running   1 (32h ago)     2d11h  ❷
calico-node-mjhmt                           1/1     Running   2 (39m ago)     2d11h  ❸
calico-node-z8zkx                           1/1     Running   1 (16m ago)     2d11h  ❹
calico-typha-575b7c4bb6-77qzn               1/1     Running   4 (38m ago)     2d11h
calico-typha-575b7c4bb6-kgknx               1/1     Running   1 (16m ago)     2d11h
csi-node-driver-2tbkt                       2/2     Running   2 (32h ago)     2d11h
csi-node-driver-fhgf9                       2/2     Running   2 (16m ago)     2d11h
csi-node-driver-ssstk                       2/2     Running   4 (39m ago)     2d11h
```

❷ ❸ ❹ calico–node–xxxxx라고 되어 있는 파드를 삭제하면 됩니다. 파드 삭제 방법은 다음과 같습니다.

```
$ kubectl delete pod calico-node-g26hp --namespace calico-system
```

**파드가 삭제되지 않아요**

앞서 파드를 삭제하는 실습에서 파드가 삭제되지 않는 경우가 있습니다.

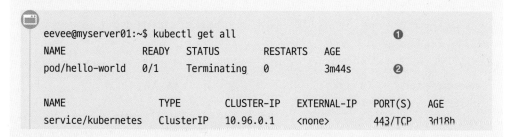

```
eevee@myserver01:~$ kubectl get all                                     ❶
NAME              READY   STATUS        RESTARTS   AGE
pod/hello-world   0/1     Terminating   0          3m44s                ❷

NAME                 TYPE        CLUSTER-IP   EXTERNAL-IP   PORT(S)   AGE
service/kubernetes   ClusterIP   10.96.0.1    <none>        443/TCP   3d18h
```

❶ 파드를 삭제한 후 관련 정보를 확인합니다.

❷ 파드의 STATUS가 Terminating인 상태에서 멈추는 현상이 발생할 수 있습니다. 즉 이와 같은 상황에서는 다음과 같이 파드를 강제로 삭제해야 합니다.

```
eevee@myserver01:~$ kubectl delete pod hello-world --grace-period=0 --force    ❶
Warning: Immediate deletion does not wait for confirmation that the running
resource has been terminated. The resource may continue to run on the cluster
indefinitely.
pod "hello-world" force deleted

eevee@myserver01:~$ kubectl get all                                             ❷
NAME                    TYPE        CLUSTER-IP    EXTERNAL-IP    PORT(S)    AGE
service/kubernetes      ClusterIP   10.96.0.1     <none>         443/TCP    3d18h
```

파드를 강제로 삭제하는 방법은 다음과 같습니다.

❶ kubectl delete pod [파드 이름] --grace-period=0 --force를 입력하면 해당 파드를 강제로 삭제할
수 있습니다. grace-period란 파드를 종료할 때까지의 대기 시간을 의미하고 force는 강제로 삭제한다는 의
미입니다.

❷ 파드를 강제로 삭제한 후 정보를 확인하면 해당 파드가 삭제된 것을 볼 수 있습니다.

### 9.1.3 매니페스트를 활용한 파드 실행

매니페스트Manifest란 쿠버네티스 오브젝트를 생성하기 위한 메타 정보를 YAML 혹은 JSON 형식으
로 작성한 파일을 의미합니다. 이 책에서는 YAML 파일을 활용해 매니페스트를 생성하므로 해당
YAML 파일 내부에 실행하고 싶은 파드 정보 등을 입력해야 합니다.

앞선 실습에서 파드를 실행했는데 이번 실습에서는 매니페스트를 활용해서 파드를 실행하겠습니다.

```
eevee@myserver01:~$ cd work/                           ❶
eevee@myserver01:~/work$ ls                             ❷
ch04  ch05  ch06
eevee@myserver01:~/work$ mkdir ch09                     ❸
eevee@myserver01:~/work$ ls                             ❹
ch04  ch05  ch06  ch09
eevee@myserver01:~/work$ cd ch09                        ❺
eevee@myserver01:~/work/ch09$ mkdir ex01                ❻
eevee@myserver01:~/work/ch09$ ls                        ❼
ex01
```

```
eevee@myserver01:~/work/ch09$ cd ex01                    ❽
eevee@myserver01:~/work/ch09/ex01$
```

실습을 위한 디렉터리 정리를 하겠습니다.

❶ ❷ work 디렉터리로 이동합니다.

❸ ❹ 9장 실습을 위한 디렉터리인 ch09를 생성합니다.

❺ ch09 디렉터리로 이동합니다.

❻ ❼ 첫 번째 실습을 위한 ex01 디렉터리를 생성합니다.

❽ 해당 디렉터리로 이동합니다.

```
eevee@myserver01:~/work/ch09/ex01$ vim nginx-test01.yml    ❶
apiVersion: v1                                             ❷
kind: Pod                                                  ❸
metadata:                                                 ❹
  name: nginx01                                           ❺
spec:                                                     ❻
  containers:                                             ❼
  - name: nginx-test01                                    ❽
    image: nginx:latest                                   ❾
```

이번에는 작동할 파드를 생성하는 매니페스트 파일을 생성하겠습니다.

❶ vim으로 nginx-test01.yml이라는 YAML 파일을 생성합니다.

❷ apiVersion을 v1이라고 지정합니다.

❸ kind는 생성할 오브젝트의 종류를 입력하는 곳인데, 우리는 파드를 생성할 것이므로 Pod라고 적어줍니다.

❹ metadata를 통해 생성하고자 하는 오브젝트의 메타 정보를 작성합니다.

❺ 메타데이터의 name 항목은 다른 오브젝트들과 구분할 수 있는 식별자라고 생각하면 됩니다. 파드 이름을 nginx01
   이라고 지었습니다.

❻ spec은 앞으로 생성할 파드의 상태를 지정하는 구문입니다.

❼ containers는 파드에 포함될 컨테이너들을 지정하는 구문입니다.

❽ 파드에 포함될 컨테이너 이름을 nginx-test01이라고 지었습니다.

❾ 해당 컨테이너는 nginx:latest 이미지를 통해 생성될 것이라고 지정했습니다.

```
eevee@myserver01:~/work/ch09/ex01$ kubectl apply -f nginx-test01.yml    ❶
pod/nginx01 created                                                      ❷

eevee@myserver01:~/work/ch09/ex01$ kubectl get pod                       ❸
NAME       READY    STATUS      RESTARTS    AGE
nginx01    1/1      Running     0           33s                          ❹
```

❶ 앞서 작성한 yml 파일에 **apply** 명령어를 적용해 파드를 생성합니다. apply 명령어를 사용하는 방법은 **kubectl apply -f [파일 이름]**과 같은 방식을 사용하는데 **-f** 옵션은 filename을 의미합니다.

❷ nginx01이라는 파드가 생성된 것을 볼 수 있습니다.

❸ 파드를 확인합니다.

❹ nginx01이라는 파드가 원활하게 작동 중인 것을 볼 수 있습니다.

```
eevee@myserver01:~/work/ch09/ex01$ kubectl delete -f nginx-test01.yml    ❶
pod "nginx01" deleted                                                    ❷

eevee@myserver01:~/work/ch09/ex01$ kubectl get pod                       ❸
No resources found in default namespace.                                 ❹
```

이번에는 앞서 생성한 파드를 삭제하겠습니다.

❶ **kubectl delete -f [파일 이름]** 명령어를 활용합니다.

❷ 앞서 생성한 파드를 삭제할 수 있습니다.

❸ 삭제한 후 파드를 확인합니다.

❹ 성공적으로 삭제된 것을 볼 수 있습니다.


## 9.2 디플로이먼트

디플로이먼트는 쿠버네티스를 구성하는 핵심 개념 중 하나입니다. 이 절에서는 디플로이먼트의 개념을 익히고 디플로이먼트 실행 방법에 대해 알아보겠습니다. 그리고 레플리카셋을 통해 파드 개수를 관리하는 방법도 배웁니다. 덧붙여 스케일, 롤아웃, 롤백에 관한 내용도 살펴봅니다.

## 9.2.1 디플로이먼트 개념

쿠버네티스에서는 파드를 관리하기 위해 디플로이먼트<sup>Deployment</sup>라는 개념을 사용합니다. 하지만 디플로이먼트에 대해 배우기 전에 레플리카셋<sup>Replicaset</sup>에 대해 먼저 알아야 합니다. 레플리카셋은 명시되어 있고 유지해야 하는 파드 개수에 대한 가용성을 보증하는 데 사용됩니다. 이런 레플리카셋을 직접 다루는 게 대신 디플로이먼트를 통해 이용하는 것입니다. 즉, 디플로이먼트는 레플리카셋을 관리하는 컨트롤러<sup>Controller</sup>입니다.

디플로이먼트의 개념을 그림으로 나타내면 [그림 9-1]과 같습니다.

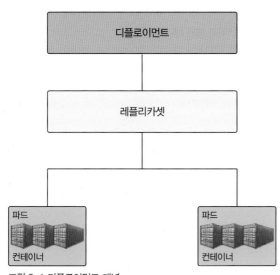

그림 9-1 디플로이먼트 개념

## 9.2.2 디플로이먼트 실행

디플로이먼트의 개념에 대해 이해했으니 디플로이먼트를 바로 실행하겠습니다.

```
eevee@myserver01:~$ kubectl create deployment deploy-hello --image=hello-world   ❶
deployment.apps/deploy-hello created

eevee@myserver01:~$ kubectl get all                                              ❷
NAME                                 READY   STATUS            RESTARTS       AGE
pod/deploy-hello-54df7ff57c-qgncl    0/1     CrashLoopBackOff  4 (89s ago)    3m4s
```

```
NAME                    TYPE        CLUSTER-IP     EXTERNAL-IP     PORT(S)    AGE
service/kubernetes      ClusterIP   10.96.0.1      <none>          443/TCP    17d


NAME                         READY     UP-TO-DATE     AVAILABLE     AGE
deployment.apps/deploy-hello  0/1       1                 0          3m4s                    ❸


NAME                                      DESIRED    CURRENT    READY    AGE
replicaset.apps/deploy-hello-54df7ff57c      1          1          0      3m4s
```

❶ 해당 명령어를 입력하면 디플로이먼트를 생성할 수 있습니다.

❷ 쿠버네티스 클러스터에 대한 모든 리소스 정보를 확인합니다. 이때 **all**이라는 명령어를 사용하고 '모든' 리소스라는 표현을 썼지만 정확히는 모든 리소스는 아니고 대부분의 리소스라고 보면 됩니다.

❸ 디플로이먼트가 생성된 것을 볼 수 있습니다.

```
eevee@myserver01:~$ kubectl get pod                           ❶
NAME                               READY     STATUS            RESTARTS     AGE
deploy-hello-54df7ff57c-qgncl      0/1       CrashLoopBackOff  3 (43s ago)  92s

eevee@myserver01:~$ kubectl get replicaset                    ❷
NAME                       DESIRED    CURRENT    READY    AGE
deploy-hello-54df7ff57c       1          1          0      15s

eevee@myserver01:~$ kubectl get deployment                    ❸
NAME           READY    UP-TO-DATE    AVAILABLE    AGE
deploy-hello   0/1      1                 0        2m41s
```

앞선 실습에서는 **all** 명령어를 통해 모든 리소스를 확인했습니다. 그렇지만 개별 리소스를 따로 확인해야 할 때도 있습니다.

❶ 파드 정보만 확인하고 싶다면 **kubectl get pod**를 입력합니다.

❷ ❸ 이와 비슷한 방식으로 레플리카셋 정보 및 디플로이먼트 정보를 확인할 수 있습니다.

```
eevee@myserver01:~$ kubectl get deployment,replicaset,pod                    ❶
NAME                         READY     UP-TO-DATE     AVAILABLE     AGE
deployment.apps/deploy-hello  0/1       1                 0          4m22s
```

```
NAME                                         DESIRED    CURRENT   READY   AGE
replicaset.apps/deploy-hello-54df7ff57c      1          1         0       4m22s


NAME                                  READY   STATUS              RESTARTS        AGE
pod/deploy-hello-54df7ff57c-qgncl     0/1     CrashLoopBackOff    5 (75s ago)     4m22s

eevee@myserver01:~$ kubectl get deploy,rs,po                              ❷
NAME                                 READY   UP-TO-DATE   AVAILABLE   AGE
deployment.apps/deploy-hello         0/1     1            0           5m25s


NAME                                         DESIRED    CURRENT   READY   AGE
replicaset.apps/deploy-hello-54df7ff57c      1          1         0       5m25s


NAME                                  READY   STATUS              RESTARTS        AGE
pod/deploy-hello-54df7ff57c-qgncl     0/1     CrashLoopBackOff    5 (2m18s ago)   5m25s
```

❶ 해당 명령어를 활용하면 디플로이먼트와 레플리카셋 및 파드 정보를 함께 확인할 수도 있습니다.

❷ deployment를 간단히 deploy라고 줄여서 말하고 replicaset은 줄여서 rs, pod는 줄여서 po라고도 사용합니다.

```
eevee@myserver01:~$ kubectl delete deployment deploy-hello          ❶
deployment.apps "deploy-hello" deleted
eevee@myserver01:~$ kubectl get deploy,rs,po                        ❷
No resources found in default namespace.
```

❶ 실습이 끝났으니 해당 명령어로 디플로이먼트를 삭제합니다.

❷ 결과를 확인하면 삭제가 잘 된 것을 볼 수 있습니다.


### 9.2.3 레플리카셋 조정

레플리카셋Replicaset은 원하는 파드 개수만큼 유지시켜주는 역할을 하는 컨트롤러입니다. 이번 실습에서는 레플리카셋을 통해 파드 개수를 조정하겠습니다. 앞서 언급했듯이, 파드 개수를 조절하려면 레플리카셋을 직접 다루는 것이 아니라 디플로이먼트를 통해야 합니다.

```
eevee@myserver01:~$ kubectl create deployment deploy-nginx --image=nginx --replicas=3   ❶
deployment.apps/deploy-nginx created
```

```
eevee@myserver01:~$ kubectl get deploy,rs,po                                    ❷
NAME                             READY   UP-TO-DATE   AVAILABLE   AGE
deployment.apps/deploy-nginx     3/3     3            3           21s           ❸


NAME                                        DESIRED   CURRENT   READY   AGE
replicaset.apps/deploy-nginx-7d74c85c6f     3         3         3       21s     ❹


NAME                                   READY   STATUS    RESTARTS   AGE
pod/deploy-nginx-7d74c85c6f-967d7      1/1     Running   0          21s          ❺
pod/deploy-nginx-7d74c85c6f-c5kvn      1/1     Running   0          21s
pod/deploy-nginx-7d74c85c6f-qzvlx      1/1     Running   0          21s
```

이번 실습에서는 Nginx 이미지를 활용해 파드 세 개를 동시에 실행하겠습니다.

❶ 디플로이먼트를 생성합니다. **replicas** 옵션을 활용하면 파드 개수를 정할 수 있습니다.

❷ 디플로이먼트, 레플리카셋, 파드 정보를 확인합니다.

❸ 디플로이먼트 정보를 확인합니다.

❹ 레플리카셋 정보를 확인하면 파드 세 개가 실행된 것을 볼 수 있습니다.

❺ 파드 정보를 보면 각 파드를 확인할 수 있습니다.

```
eevee@myserver01:~$ kubectl get deploy,rs,po -o wide              ❶
NAME                             READY   UP-TO-DATE   AVAILABLE   AGE     CONTAINERS
IMAGES    SELECTOR
deployment.apps/deploy-nginx     3/3     3            3           2m32s   nginx
nginx     app=deploy-nginx


NAME                                        DESIRED   CURRENT   READY   AGE
CONTAINERS    IMAGES    SELECTOR
replicaset.apps/deploy-nginx-7d74c85c6f     3         3         3       2m32s   nginx
nginx     app=deploy-nginx,pod-template-hash=7d74c85c6f


NAME                                   READY   STATUS    RESTARTS   AGE     IP
NODE           NOMINATED NODE   READINESS GATES
pod/deploy-nginx-7d74c85c6f-967d7      1/1     Running   0          2m32s
192.168.149.132   myserver03   <none>          <none>         ❷
```

```
    pod/deploy-nginx-7d74c85c6f-c5kvn   1/1       Running   0           2m32s
    192.168.131.10    myserver02    <none>          <none>        ❸
    pod/deploy-nginx-7d74c85c6f-qzvlx   1/1       Running   0           2m32s    192.168.131.9
    myserver02    <none>          <none>                        ❹
```

이번에는 앞선 결과보다 상세한 정보를 확인하겠습니다.

❶ wide 옵션을 적용하면 좀 더 자세한 결과를 확인할 수 있습니다.

❷ 해당 파드의 IP 주소가 192.168.149.132인 것을 볼 수 있습니다. 해당 파드가 실행 중인 노드 위치는 myserver 03이라는 사실을 알 수 있습니다.

❸ ❹ 다른 파드의 정보를 확인할 수 있습니다. 결과를 그림으로 나타내면 [그림 9-2]와 같습니다.

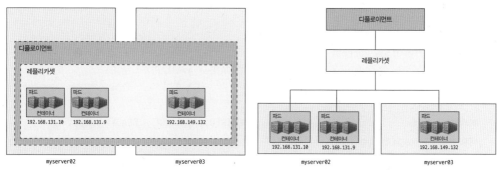

그림 9-2 디플로이먼트와 레플리카셋의 개념 (1)

앞서 실습한 내용은 [그림 9-2]의 왼쪽 그림과 같이 나타낼 수도 있고 오른쪽 그림 같이 나타낼 수 있습니다. 실행된 파드들은 myserver02와 myserver03에 각각 흩어져 있지만 이들은 하나의 레플리카셋, 하나의 디플로이먼트에 속한 것입니다.

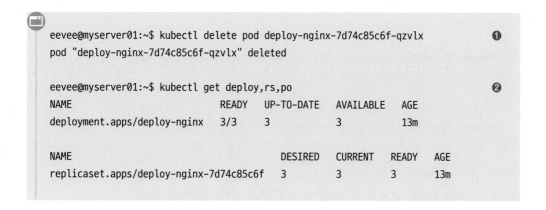
```
eevee@myserver01:~$ kubectl delete pod deploy-nginx-7d74c85c6f-qzvlx              ❶
pod "deploy-nginx-7d74c85c6f-qzvlx" deleted

eevee@myserver01:~$ kubectl get deploy,rs,po                                      ❷
NAME                          READY    UP-TO-DATE   AVAILABLE   AGE
deployment.apps/deploy-nginx   3/3      3            3           13m

NAME                                      DESIRED   CURRENT   READY   AGE
replicaset.apps/deploy-nginx-7d74c85c6f   3         3         3       13m
```

```
NAME                                  READY   STATUS            RESTARTS   AGE
pod/deploy-nginx-7d74c85c6f-967d7     1/1     Running           0          13m
pod/deploy-nginx-7d74c85c6f-c5kvn     1/1     Running           0          13m
pod/deploy-nginx-7d74c85c6f-wxnwr     1/1     ContainerCreating 0               4s    ❸
```

이번 실습을 통해 디플로이먼트를 구성하는 파드 하나를 삭제하면 어떤 일이 생기는지 살펴보겠습니다.

❶ 앞서 확인한 파드 이름을 토대로 해당 파드를 삭제합니다.

❷ 파드 삭제 명령어를 입력합니다.

❸ 정보를 확인하면 해당 파드가 삭제되고 다른 파드를 생성하는 것을 볼 수 있습니다. 이는 앞서 디플로이먼트를 생성할 때 레플리카셋을 3으로 설정했으므로 파드 갯수를 세 개로 유지하기 위해서입니다.

```
eevee@myserver01:~$ kubectl get deploy,rs,po                            ❶
NAME                            READY   UP-TO-DATE   AVAILABLE   AGE
deployment.apps/deploy-nginx    3/3     3            3           13m

NAME                                         DESIRED   CURRENT   READY   AGE
replicaset.apps/deploy-nginx-7d74c85c6f      3         3         3       13m

NAME                                  READY   STATUS    RESTARTS   AGE
pod/deploy-nginx-7d74c85c6f-967d7     1/1     Running   0          13m
pod/deploy-nginx-7d74c85c6f-c5kvn     1/1     Running   0          13m
pod/deploy-nginx-7d74c85c6f-wxnwr     1/1     Running   0          15s    ❷
```

❶ ❷ 그리고 수 초 후에 다시 디플로이먼트, 레플리카셋, 파드 정보를 확인하면 해당 파드가 다시 생성된 것을 볼 수 있습니다.

```
eevee@myserver01:~$ kubectl delete deployment deploy-nginx        ❶
deployment.apps "deploy-nginx" deleted

eevee@myserver01:~$ kubectl get deploy,rs,po                      ❷
No resources found in default namespace.
```

❶ 실습이 끝났으면 디플로이먼트를 삭제합니다.

❷ 디플로이먼트를 삭제하고 난 후 리소스 정보를 확인하면 정확히 삭제한 것을 볼 수 있습니다.

## 9.2.4 매니페스트를 활용한 디플로이먼트 실행

이번 실습에서는 매니페스트를 활용해서 디플로이먼트를 실행하겠습니다.

```
eevee@myserver01:~$ cd work/                              ❶
eevee@myserver01:~/work$ ls                               ❷
ch04  ch05  ch06  ch09
eevee@myserver01:~/work$ cd ch09/                         ❸
eevee@myserver01:~/work/ch09$ ls                          ❹
ex01
eevee@myserver01:~/work/ch09$ mkdir ex02                  ❺
eevee@myserver01:~/work/ch09$ ls                          ❻
ex01  ex02
eevee@myserver01:~/work/ch09$ cd ex02/                    ❼
eevee@myserver01:~/work/ch09/ex02$
```

❶ ❷ work 디렉터리로 이동합니다.

❸ ❹ 9장 실습을 위해 ch09 디렉터리로 이동합니다.

❺ ❻ 이번 실습을 위해 ex02라는 디렉터리를 만듭니다.

❼ 해당 디렉터리로 이동합니다.

```
eevee@myserver01:~/work/ch09/ex02$ vim deploy-test01.yml    ❶

apiVersion: apps/v1                                         ❷
kind: Deployment                                            ❸
metadata:                                                   ❹
  name: deploy-test01                                       ❺
spec:                                                       ❻
  replicas: 3                                               ❼
  selector:                                                 ❽
    matchLabels:                                            ❾
      app.kubernetes.io/name: web-deploy                    ❿
  template:                                                 ⓫
    metadata:                                               ⓬
      labels:                                               ⓭
        app.kubernetes.io/name: web-deploy                  ⓮
    spec:                                                   ⓯
```

```
        containers:                                    ⑯
        - name: nginx                                  ⑰
          image: nginx:latest                          ⑱
```

위 실습은 디플로이먼트를 실행하기 위해 필요한 매니페스트 파일 내용입니다.

❶ vim을 통해 YAML 파일을 생성합니다.

❷ apiVersion을 apps/v1이라고 입력합니다. 앞서 파드를 생성할 때는 단순히 v1이라고 입력했는데, 디플로이먼트와 같이 리소스를 관리하는 오브젝트의 경우에는 apps/v1을 사용합니다.

❸ 생성하게 될 오브젝트 종류를 지정합니다. 이번 실습에서는 디플로이먼트를 생성할 것이므로 Deployment라고 입력합니다.

❹ 메타 정보를 입력합니다.

❺ 생성할 디플로이먼트 이름을 deploy-test01이라고 짓겠습니다.

❻ spec을 활용해 생성할 디플로이먼트의 상태를 정합니다.

❼ 생성할 레플리카셋은 세 개로 정합니다.

❽ selector는 파드에 라벨을 붙이는 옵션이라고 생각하면 이해하기 쉽습니다. selector를 활용해 디플로이먼트가 관리할 파드를 연결합니다.

❾ ❿ matchLabels의 app.kubernetes.io/name으로 지정하는 이름은 selector로 적용하는 이름이 되므로 이는 파드를 생성했을 때의 이름과 동일해야 합니다.

⓫ template은 생성할 파드의 정보를 표현할 때 사용합니다.

⓬ ⓭ ⓮ 파드의 메타 정보를 입력합니다.

⓮ 디플로이먼트가 관리할 파드 라벨입니다.

⓯ ⓰ ⓱ ⓲ 파드의 spec을 입력합니다.

```
apiVersion: apps/v1
kind: Deployment
metadata:
  name: deploy-test01
spec:
  replicas: 3
  selector:
    matchLabels:
      app.kubernetes.io/name: web-deploy  ◀------------ 디플로이먼트와 파드를 묶는 라벨
    template:                              파드 템플릿
      metadata:
        labels:
          app.kubernetes.io/name: web-deploy  ◀----------
      spec:
        containers:
        - name: nginx
          image: nginx:latest
```

그림 9-3 디플로이먼트 YAML 구조

[그림 9-3]은 앞서 작성한 디플로이먼트 매니페스트 YAML 파일의 구조를 나타낸 것입니다.

```
eevee@myserver01:~/work/ch09/ex02$ kubectl apply -f deploy-test01.yml      ❶
deployment.apps/deploy-test01 created                                      ❷

eevee@myserver01:~/work/ch09/ex02$ kubectl get deploy,rs,po                ❸
NAME                            READY   UP-TO-DATE   AVAILABLE   AGE
deployment.apps/deploy-test01   3/3     3            3           66s

NAME                                      DESIRED   CURRENT   READY   AGE
replicaset.apps/deploy-test01-5545987bd6  3         3         3       66s

NAME                                 READY   STATUS    RESTARTS   AGE
pod/deploy-test01-5545987bd6-7qnnt   1/1     Running   0          66s
pod/deploy-test01-5545987bd6-bq2m2   1/1     Running   0          66s
pod/deploy-test01-5545987bd6-nb6ph   1/1     Running   0          66s
```

❶ 앞서 작성한 yml 파일을 실행합니다.

❷ 디플로이먼트가 생성된 것을 볼 수 있습니다.

❸ 몇 초가 지난 후, 디플로이먼트, 레플리카셋, 파드 정보를 확인하면 제대로 실행 중인 것을 볼 수 있습니다.

```
eevee@myserver01:~/work/ch09/ex02$ kubectl delete -f deploy-test01.yml
deployment.apps "deploy-test01" deleted

eevee@myserver01:~/work/ch09/ex02$ kubectl get deploy,rs,po
No resources found in default namespace.
```

실습이 끝났으므로 디플로이먼트를 종료합니다.

## 9.2.5 스케일

쿠버네티스에서 스케일은 앞서 배운 디플로이먼트 YAML 파일을 수정해서 파드 개수를 조정하는 것
입니다. 바로 스케일 실습을 해보겠습니다.

```
eevee@myserver01:~$ cd work/ch09/                          ❶
eevee@myserver01:~/work/ch09$ ls                           ❷
ex01  ex02
eevee@myserver01:~/work/ch09$ cp -r ex02 ex03              ❸
eevee@myserver01:~/work/ch09$ ls                           ❹
ex01  ex02  ex03
eevee@myserver01:~/work/ch09$ cd ex03/                     ❺
eevee@myserver01:~/work/ch09/ex03$ ls                      ❻
deploy-test01.yml
```

실습을 위해 디렉터리를 생성합니다.

❶ ❷ work/ch09 디렉터리로 이동합니다.

❸ ❹ 앞서 사용했던 ex02 디렉터리를 복사해 ex03 디렉터리를 생성합니다.

❺ 해당 디렉터리로 이동합니다.

❻ 앞서 사용했던 deploy-test01.yml 파일을 확인할 수 있습니다.

```
eevee@myserver01:~/work/ch09/ex03$ kubectl apply -f deploy-test01.yml          ❶
deployment.apps/deploy-test01 created

eevee@myserver01:~/work/ch09/ex03$ kubectl get deploy,rs,po                     ❷
NAME                            READY   UP-TO-DATE   AVAILABLE   AGE
deployment.apps/deploy-test01   3/3     3            3           22s


NAME                                      DESIRED   CURRENT   READY   AGE
replicaset.apps/deploy-test01-5545987bd6  3         3         3       22s


NAME                               READY   STATUS    RESTARTS   AGE
pod/deploy-test01-5545987bd6-6xr5w  1/1     Running   0          22s      ❸
pod/deploy-test01-5545987bd6-dcmmr  1/1     Running   0          22s
pod/deploy-test01-5545987bd6-gq2n5  1/1     Running   0          22s
```

이번에는 해당 매니페스트를 실행하겠습니다.

❶ **apply** 명령어를 통해 디플로이먼트를 실행합니다.

❷ 결과를 확인합니다.

❸ 파드가 세 개 실행되는 것을 볼 수 있습니다.

이후에는 매니페스트 파일 수정을 통해 파드 개수를 수정하겠습니다.

```
eevee@myserver01:~/work/ch09/ex03$ ls                                          ❶
deploy-test01.yml
eevee@myserver01:~/work/ch09/ex03$ cp deploy-test01.yml deploy-test02.yml      ❷
eevee@myserver01:~/work/ch09/ex03$ ls                                          ❸
deploy-test01.yml   deploy-test02.yml
```

이번 실습에서는 스케일 조정을 하는 yml 파일을 생성하겠습니다.

❶ 디렉터리 내부의 파일 목록을 확인하면 deploy-test01.yml 파일이 존재합니다.

❷ 이를 복사해 deploy-test02.yml 파일을 생성합니다.

❸ 파일 목록을 확인하면 deploy-test02.yml 파일이 생성된 것을 볼 수 있습니다.

```
eevee@myserver01:~/work/ch09/ex03$ vim deploy-test02.yml          ❶

apiVersion: apps/v1
kind: Deployment
metadata:
  name: deploy-test01
spec:
  replicas: 5                                                      ❷
  selector:
    matchLabels:
      app.kubernetes.io/name: web-deploy
  template:
    metadata:
      labels:
        app.kubernetes.io/name: web-deploy
    spec:
      containers:
      - name: nginx
        image: nginx:latest
```

이번에는 스케일 조정을 하는 deploy-test02.yml 파일을 수정하겠습니다.

❶ vim으로 deploy-test02.yml 파일을 수정합니다.

❷ 기존에는 replicas: 3으로 설정되어 있는 부분을 replicas: 5로 수정합니다. 이는 레플리카셋을 5로 지정하겠다는 의미입니다.

수정이 끝나면 파일을 저장하고 종료합니다.

```
eevee@myserver01:~/work/ch09/ex03$ kubectl get pod                ❶
NAME                            READY   STATUS    RESTARTS   AGE
deploy-test01-5545987bd6-6xr5w  1/1     Running   0          13m
deploy-test01-5545987bd6-dcmmr  1/1     Running   0          13m
deploy-test01-5545987bd6-gq2n5  1/1     Running   0          13m

eevee@myserver01:~/work/ch09/ex03$ kubectl apply -f deploy-test02.yml   ❷
deployment.apps/deploy-test01 configured

eevee@myserver01:~/work/ch09/ex03$ kubectl get pod                ❸
NAME                            READY   STATUS    RESTARTS   AGE
```

```
deploy-test01-5545987bd6-5w87k   1/1    Running   0    7s     ❹
deploy-test01-5545987bd6-6xr5w   1/1    Running   0    13m
deploy-test01-5545987bd6-dcmmr   1/1    Running   0    13m
deploy-test01-5545987bd6-gq2n5   1/1    Running   0    13m
deploy-test01-5545987bd6-v2c69   1/1    Running   0    7s     ❺
```

앞서 수정한 스케일을 적용하겠습니다.

❶ 현재 실행 중인 파드를 확인합니다. 그러면 세 개의 파드가 작동 중인 것을 알 수 있습니다.

❷ 앞서 수정한 yml 파일을 적용합니다. 그러면 설정되었다(configured)는 메시지를 볼 수 있습니다.

❸ 그 후에 다시 파드 목록을 활용합니다.

❹ ❺ 앞서 작동하고 있었던 세 개의 파드 외에도 두 개의 파드가 추가되어 총 다섯 개의 파드가 작동하는 것을 볼 수 있습니다. 새롭게 추가된 파드는 AGE가 0에 가까운 것을 볼 수 있습니다.

```
eevee@myserver01:~/work/ch09/ex03$ kubectl delete -f deploy-test02.yml   ❶
deployment.apps "deploy-test01" deleted

eevee@myserver01:~/work/ch09/ex03$ kubectl get pod                       ❷
No resources found in default namespace.
```

❶ 실습이 끝났으니 디플로이먼트를 종료합니다.

❷ 파드를 확인하면 삭제된 것을 볼 수 있습니다.


## 9.2.6 롤아웃

쿠버네티스에서 롤아웃Rollout은 컨테이너 업데이트를 의미합니다. 이번 절에서는 롤아웃을 통해 이미 배포되어 있는 컨테이너의 버전을 업데이트하겠습니다.

```
eevee@myserver01:~$ cd work/ch09/                                        ❶
eevee@myserver01:~/work/ch09$ ls                                        ❷
ex01  ex02  ex03
eevee@myserver01:~/work/ch09$ cp -r ex02 ex04                           ❸
eevee@myserver01:~/work/ch09$ ls                                        ❹
ex01  ex02  ex03  ex04
```

```
eevee@myserver01:~/work/ch09$ cd ex04                                          ❺
eevee@myserver01:~/work/ch09/ex04$ ls                                          ❻
deploy-test01.yml
eevee@myserver01:~/work/ch09/ex04$ mv deploy-test01.yml deploy-test03.yml      ❼
eevee@myserver01:~/work/ch09/ex04$ ls                                          ❽
deploy-test03.yml
```

롤아웃을 하기 위한 yml 파일을 생성하겠습니다.

❶ ❷ work/ch09 디렉터리로 이동합니다.

❸ ❹ 기존의 ex02 디렉터리를 복사해 ex04 디렉터리를 생성합니다.

❺ ❻ 새로 생성한 ex04 디렉터리로 이동합니다.

❼ 기존에 존재하는 deploy-test01.yml 파일 이름을 deploy-test03.yml로 변경합니다.

❽ 파일 목록을 다시 확인하면 deploy-test03.yml을 확인할 수 있습니다.

```
eevee@myserver01:~/work/ch09/ex04$ vim deploy-test03.yml          ❶

apiVersion: apps/v1
kind: Deployment
metadata:
  name: deploy-test01
spec:
  replicas: 3
  selector:
    matchLabels:
      app.kubernetes.io/name: web-deploy
  template:
    metadata:
      labels:
        app.kubernetes.io/name: web-deploy
    spec:
      containers:
      - name: nginx
        image: nginx:1.24                                         ❷
```

이번에는 롤아웃을 위해 yml 파일을 수정하겠습니다.

❶ vim으로 deploy-test03.yml 파일을 열어서 수정합니다.

❷ Nginx 버전을 1.24로 설정했습니다.

```
eevee@myserver01:~/work/ch09/ex04$ kubectl apply -f deploy-test03.yml    ❶
deployment.apps/deploy-test01 created

eevee@myserver01:~/work/ch09/ex04$ kubectl get pod                       ❷
NAME                            READY   STATUS    RESTARTS   AGE
deploy-test01-6d85bdf7fd-dlpwj  1/1     Running   0          32s
deploy-test01-6d85bdf7fd-s969p  1/1     Running   0          32s
deploy-test01-6d85bdf7fd-zmfv2  1/1     Running   0          32s
```

앞서 YAML 파일을 생성했다면 해당 파일을 통해 디플로이먼트를 실행하겠습니다.

❶ apply 명령어를 활용해 deploy-test03.yml 파일을 실행하면 디플로이먼트가 생성됩니다.

❷ 파드 정보를 확인하면 디플로이먼트가 실행된 것을 알 수 있습니다.

그렇다면 해당 파드의 Nginx 버전은 어떻게 확인할 수 있을까요?

```
eevee@myserver01:~/work/ch09/ex04$ kubectl describe deployment deploy-test01  ❶
Name:                   deploy-test01
Namespace:              default
CreationTimestamp:      Sat, 11 Nov 2023 05:25:32 +0000
Labels:                 <none>
Annotations:            deployment.kubernetes.io/revision: 1
Selector:               app.kubernetes.io/name=web-deploy
Replicas:               3 desired | 3 updated | 3 total | 3 available | 0 unavailable
StrategyType:           RollingUpdate
MinReadySeconds:        0
RollingUpdateStrategy:  25% max unavailable, 25% max surge
Pod Template:
  Labels:  app.kubernetes.io/name=web-deploy
  Containers:
   nginx:
    Image:        nginx:1.24                                                  ❷
...(생략)
```

이번에는 파드에서 실행 중인 Nginx의 버전을 확인하겠습니다.

❶ describe 명령어를 활용합니다.

❷ 파드 정보를 확인하면 Nginx 버전이 1.24인 것을 알 수 있습니다.

```
eevee@myserver01:~/work/ch09/ex04$ ls                                           ❶
deploy-test03.yml
eevee@myserver01:~/work/ch09/ex04$ cp deploy-test03.yml deploy-test04.yml       ❷
eevee@myserver01:~/work/ch09/ex04$ vim deploy-test04.yml                         ❸

apiVersion: apps/v1
kind: Deployment
metadata:
  name: deploy-test01
spec:
  replicas: 3
  selector:
    matchLabels:
      app.kubernetes.io/name: web-deploy
  template:
    metadata:
      labels:
        app.kubernetes.io/name: web-deploy
    spec:
      containers:
      - name: nginx
        image: nginx:1.25                                                       ❹
```

지금부터는 실행 중인 파드의 Nginx 버전을 바꿔보겠습니다.

❶ 파일 목록을 확인합니다.

❷ deploy-test03.yml 파일을 복사해서 deploy-test04.yml 파일을 생성합니다.

❸ vim을 활용해 해당 파일을 엽니다.

❹ Nginx 버전을 1.25로 수정합니다.

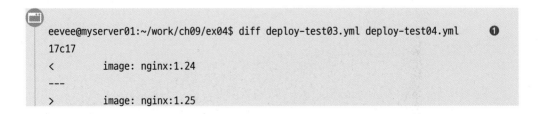

```
eevee@myserver01:~/work/ch09/ex04$ diff deploy-test03.yml deploy-test04.yml     ❶
17c17
<         image: nginx:1.24
---
>         image: nginx:1.25
```

❶ 앞서 수정하기 전의 파일인 deploy-test03.yml과 수정 후 파일인 deploy-test04.yml 파일의 차이를 보면
  Nginx 버전의 차이가 있는 것을 볼 수 있습니다.

```
eevee@myserver01:~/work/ch09/ex04$ kubectl apply -f deploy-test04.yml        ❶
deployment.apps/deploy-test01 configured

eevee@myserver01:~/work/ch09/ex04$ kubectl get pod                           ❷
NAME                             READY   STATUS             RESTARTS   AGE
deploy-test01-5c7d4bcfd5-fnqzh   0/1     ContainerCreating  0          0s       ❸
deploy-test01-5c7d4bcfd5-k7wwp   1/1     Running            0          6s
deploy-test01-5c7d4bcfd5-n7z5l   1/1     Running            0          3s
deploy-test01-6d85bdf7fd-dlpwj   1/1     Terminating        0          7m17s    ❹
deploy-test01-6d85bdf7fd-zmfv2   1/1     Running            0          7m17s

eevee@myserver01:~/work/ch09/ex04$ kubectl get pod                           ❺
NAME                             READY   STATUS    RESTARTS   AGE
deploy-test01-5c7d4bcfd5-fnqzh   1/1     Running   0          34s
deploy-test01-5c7d4bcfd5-k7wwp   1/1     Running   0          40s
deploy-test01-5c7d4bcfd5-n7z5l   1/1     Running   0          37s
```

앞서 수정한 YAML 파일을 적용하겠습니다.

❶ apply 명령어를 활용해 해당 파일의 내용을 디플로이먼트에 적용시킵니다.

❷ 파드 정보를 확인합니다.

❸ ❹ 일부 파드는 새로 생성 중이거나 종료 중인 것을 알 수 있습니다.

❺ 그리고 몇 초 후에 다시 파드 정보를 확인하면 새로운 파드가 생성되어 실행 중인 것을 볼 수 있습니다.

다음으로 현재 실행 중인 파드의 Nginx 버전을 확인하겠습니다.

```
eevee@myserver01:~/work/ch09/ex04$ kubectl describe deployment deploy-test01    ❶
Name:                   deploy-test01
Namespace:              default
CreationTimestamp:      Sat, 11 Nov 2023 05:25:32 +0000
Labels:                 <none>
Annotations:            deployment.kubernetes.io/revision: 2
Selector:               app.kubernetes.io/name=web-deploy
Replicas:               3 desired | 3 updated | 3 total | 3 available | 0 unavailable
StrategyType:           RollingUpdate
MinReadySeconds:        0
RollingUpdateStrategy:  25% max unavailable, 25% max surge
Pod Template:
```

```
    Labels:  app.kubernetes.io/name=web-deploy
    Containers:
     nginx:
      Image:        nginx:1.25                                               ❷
 ...(생략)
```

앞서 설정했던 대로 Nginx 버전이 1.25로 바뀌었는지 확인하겠습니다.

❶ describe 명령어를 활용해 디플로이먼트 정보를 확인합니다.

❷ Nginx 버전이 1.25인 것을 알 수 있습니다. 여기의 실습은 다음 절 실습과 이어지므로 디플로이먼트를 종료하지 않
  겠습니다.


## 9.2.7 롤백

롤백 기능을 살펴보겠습니다. 쿠버네티스에서 롤백^Rollback이란 롤아웃 이전의 컨테이너 상태로 되돌
리는 것을 의미합니다.

```
eevee@myserver01:~/work/ch09/ex04$ kubectl rollout undo deployment deploy-test01   ❶
deployment.apps/deploy-test01 rolled back

eevee@myserver01:~/work/ch09/ex04$ kubectl get pod                                 ❷
NAME                            READY   STATUS    RESTARTS   AGE
deploy-test01-6d85bdf7fd-dj249  1/1     Running   0          7s
deploy-test01-6d85bdf7fd-dxg4g  1/1     Running   0          5s
deploy-test01-6d85bdf7fd-mqgcs  1/1     Running   0          4s

eevee@myserver01:~/work/ch09/ex04$ kubectl describe deployment deploy-test01       ❸
Name:                   deploy-test01
Namespace:              default
CreationTimestamp:      Sat, 11 Nov 2023 05:25:32 +0000
Labels:                 <none>
Annotations:            deployment.kubernetes.io/revision: 3
Selector:               app.kubernetes.io/name=web-deploy
Replicas:               3 desired | 3 updated | 3 total | 3 available | 0 unavailable
StrategyType:           RollingUpdate
MinReadySeconds:        0
RollingUpdateStrategy:  25% max unavailable, 25% max surge
Pod Template:
```

```
    Labels:    app.kubernetes.io/name=web-deploy
    Containers:
     nginx:
      Image:          nginx:1.24                                          ❹
...(중략)
```

이 실습은 롤백을 하는 내용입니다.

❶ rollout 명령어를 활용하면 롤백을 할 수 있습니다. 결과를 보면 롤백되었다는 것을 확인할 수 있습니다.

❷ 실행 중인 파드 정보를 확인합니다.

❸ describe 명령어를 활용해 디플로이먼트 정보를 확인합니다.

❹ Nginx가 다시 이전 버전인 1.24 버전인 것을 확인할 수 있습니다.

```
eevee@myserver01:~/work/ch09/ex04$ kubectl delete -f deploy-test04.yml  ❶
deployment.apps "deploy-test01" deleted

eevee@myserver01:~/work/ch09/ex04$ kubectl get deploy,replicaset,pod    ❷
No resources found in default namespace.
```

❶ 실습이 끝났으니 디플로이먼트를 종료합니다.

❷ 종료된 것을 결과로 확인하고 파드를 확인하면 삭제된 것을 볼 수 있습니다.


# 9.3 서비스

이번 절에서는 쿠버네티스 서비스에 대해 알아보겠습니다. 쿠버네티스 서비스는 클라이언트와 파드의 연결을 담당합니다. 먼저 쿠버네티스 서비스의 개념을 알아보고 서비스의 종류인 ClusterIP, NodePort, LoadBalancer, ExternalName에 내해 순서대로 살펴봅니다.


## 9.3.1 서비스 개념

쿠버네티스에서 파드는 일시적인 존재로 언젠가는 정지됩니다. 즉, 특정 서비스를 제공하기 위해서 수많은 파드의 탄생과 죽음이 반복되는 것입니다. 파드가 클라이언트에게 서비스를 제공하려면 클라이언트는 파드의 IP에 요청을 해야 하는데, 이때 각 파드는 개별적인 IP 주소를 가집니다. 그렇다면 서비스 중인 파드가 죽고, 해당 서비스를 제공하는 다른 파드가 생기면 요청을 보내야할 IP 주소가 변경되는데, 이런 상황에서 클라이언트와 서버를 어떻게 연결할 수 있을까요? 쿠버네티스 서비스를 활용하면 이러한 문제를 해결할 수 있습니다.

쿠버네티스 서비스는 논리적인 파드 셋을 정의하고 클라이언트가 그 파드들에 접근할 수 있는 정책을 정의하는 추상적 개념입니다. 이를 위해 외부 트래픽 노출, 로드 밸런싱 및 파드들에 대한 서비스 디스커버리를 가능하게 합니다. 이때 서비스 디스커버리Service Discovery란 서비스를 구성하는 개별 인스턴스를 찾는 프로세스를 의미합니다.

쿠버네티스 서비스는 YAML 또는 JSON을 통해 정의되는데, 쿠버네티스 서비스를 활용하면 파드 내부를 수정하지 않아도 외부로 노출시킬 수 있다는 장점이 있습니다.

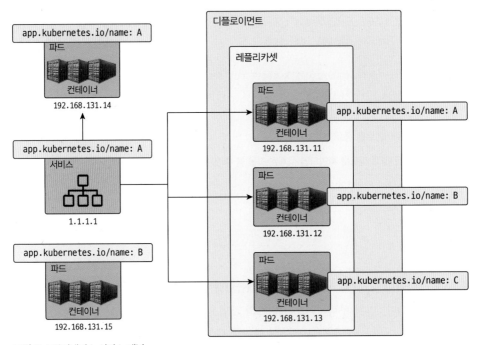

**그림 9-4** 쿠버네티스 서비스 개념

[그림 9-4]를 참고해서 설명하겠습니다. 그림을 보면 파드들에는 각각의 IP 주소가 있습니다. 이때 파드들은 쿠버네티스 워커 노드에 존재합니다. 따라서 파드들을 쿠버네티스 클러스터 외부로 노출시키려면 다른 무언가의 도움이 필요합니다. 이때 사용하는 것이 쿠버네티스 서비스입니다. 쿠버네티스 서비스를 활용하면 파드들이 외부의 트래픽을 받을 수 있도록 노출시킬 수 있습니다.

쿠버네티스 서비스에는 ClusterIP, NodePort, LoadBalancer, ExternalName이 존재합니다. 그리고 이들은 YAML에서 spec에서 type 형태로 지정할 수 있습니다. 각 type에 대해서는 해당 내용을 다룰 때 자세히 알아보겠습니다.

## 9.3.2 ClusterIP

ClusterIP는 쿠버네티스 서비스의 기본 설정값으로 클러스터 내에서만 파드에 접근될 수 있도록 하는 유형입니다. ClusterIP 유형을 사용하면 클러스터 내부에서만 접근 가능한 IP를 할당하며, 외부에서는 접근할 수 없습니다.

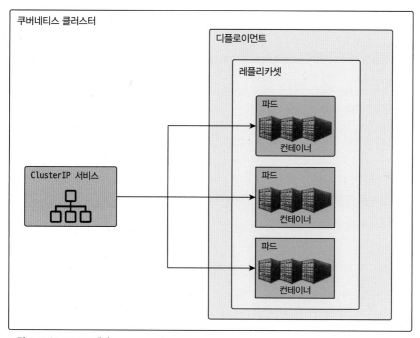

**그림 9-5** ClusterIP 개념

[그림 9-5]는 ClusterIP 서비스의 개념을 나타낸 그림입니다.

지금부터는 실습을 진행하겠습니다. 실습 내용은 ClusterIP 타입의 서비스를 생성한 후 파드와 연결하는 내용입니다.

```
eevee@myserver01:~$ cd work/ch09/                              ❶
eevee@myserver01:~/work/ch09$ ls                               ❷
ex01  ex02  ex03  ex04
eevee@myserver01:~/work/ch09$ cp -r ex02 ex05                  ❸
eevee@myserver01:~/work/ch09$ ls                               ❹
ex01  ex02  ex03  ex04  ex05
eevee@myserver01:~/work/ch09$ cd ex05/                         ❺
eevee@myserver01:~/work/ch09/ex05$ ls                          ❻
deploy-test01.yml
```

쿠버네티스 서비스를 생성하기 위해 디렉터리를 만들겠습니다.

❶ work/ch09/ 디렉터리로 이동합니다.

❷ 파일 목록을 확인합니다.

❸ ❹ 앞서 디플로이먼트를 실습할 때 사용했던 ex02 디렉터리를 복사해 ex05 디렉터리로 생성합니다.

❺ 해당 디렉터리로 이동합니다.

❻ 그러면 앞서 사용했던 디플로이먼트 생성 파일이 보입니다.

다음으로는 해당 디플로이먼트와 연동되는 쿠버네티스를 생성하겠습니다.

```
eevee@myserver01:~/work/ch09/ex05$ vim service-test01.yml      ❶
apiVersion: v1                                                 ❷
kind: Service                                                  ❸
metadata:                                                      ❹
  name: web-service                                            ❺
spec:                                                          ❻
  selector:                                                    ❼
    app.kubernetes.io/name: web-deploy                         ❽
  type: ClusterIP                                              ❾
  ports:                                                       ❿
  - protocol: TCP                                              ⓫
    port: 80                                                   ⓬
```

이 실습은 쿠버네티스 서비스를 생성하는 YAML 파일을 만드는 내용입니다.

❶ vim을 활용해 파일을 생성합니다.

❷ apiVersion을 생성합니다. 쿠버네티스 서비스를 생성할 때는 v1로 입력합니다.

❸ 오브젝트의 종류는 서비스이므로 kind는 Service라고 입력합니다.

❹ 서비스의 메타 데이터를 입력합니다.

❺ 해당 서비스 이름은 web-service라고 짓겠습니다.

❻ 서비스의 상태를 입력합니다.

❼ selector 항목에는 서비스에 연결할 파드를 입력합니다.

❽ 우리가 생성하게 될 서비스는 앞서 생성했던 web-deploy 파드와 연결할 것이므로 서비스에 연결할 파드 정보를 입력합니다.

❾ type은 ClusterIP라고 적어줍니다.

❿ 포트 정보를 입력합니다.

⓫ 프로토콜은 TCP를 사용합니다.

⓬ 포트는 80번을 사용합니다.

```
eevee@myserver01:~/work/ch09/ex05$ kubectl apply -f deploy-test01.yml     ❶
deployment.apps/deploy-test01 created
eevee@myserver01:~/work/ch09/ex05$ kubectl apply -f service-test01.yml    ❷
service/web-service created
```

이번에는 디플로이먼트와 서비스를 실행하겠습니다.

❶ 디플로이먼트를 실행합니다.

❷ 서비스를 실행합니다.

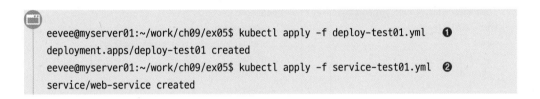

```
eevee@myserver01:~/work/ch09/ex05$ kubectl get all                                        ❶
NAME                                   READY     STATUS     RESTARTS     AGE
pod/deploy-test01-5545987bd6-5mlnt     1/1       Running    0            18s
pod/deploy-test01-5545987bd6-kwhgm     1/1       Running    0            18s
pod/deploy-test01-5545987bd6-rgssr     1/1       Running    0            18s

NAME                    TYPE        CLUSTER-IP      EXTERNAL-IP     PORT(S)     AGE
service/kubernetes      ClusterIP   10.96.0.1       <none>          443/TCP     5d23h
service/web-service     ClusterIP   10.107.43.35    <none>          80/TCP      13s       ❷

NAME                            READY     UP-TO-DATE     AVAILABLE     AGE
deployment.apps/deploy-test01   3/3       3              3             18s
```

| NAME | DESIRED | CURRENT | READY | AGE |
|---|---|---|---|---|
| replicaset.apps/deploy-test01-5545987bd6 | 3 | 3 | 3 | 18s |

앞서 생성한 쿠버네티스 서비스가 성공적으로 생성되었는지 확인하겠습니다.

❶ 클러스터 내 모든 리소스 정보를 출력합니다.

❷ 출력 결과를 보면 앞서 생성한 web-service라는 서비스가 생성된 것을 볼 수 있습니다.

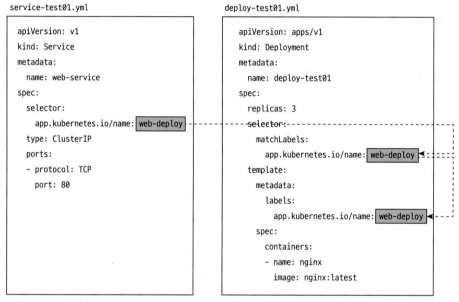

**그림 9-6** yml 파일 구조

[그림 9-6]과 같이 서비스 파일을 작성할 때는 spec.selector.app.kubernetes.io/name을 통해 해당 서비스와 연동될 디플로이먼트를 지정해야 합니다.

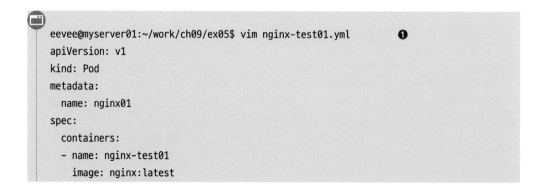

이번에는 앞서 생성한 쿠버네티스 서비스가 작동하는지 확인하겠습니다. 쿠버네티스 서비스는 ClusterIP 형식이므로 파드로부터 요청을 받아 정보를 제공할 수 있습니다. 이를 위해 앞서 생성한 쿠버네티스 서비스에 요청할 파드를 생성하겠습니다.

❶ 기존 디렉터리에 nginx-test01.yml 파일을 통해 생성하는 파드에서 쿠버네티스 서비스에 요청을 보냅니다.

```
eevee@myserver01:~/work/ch09/ex05$ kubectl apply -f nginx-test01.yml        ❶
pod/nginx01 created

eevee@myserver01:~/work/ch09/ex05$ kubectl get all                          ❷
NAME                                  READY   STATUS    RESTARTS   AGE
pod/deploy-test01-5545987bd6-5mlnt    1/1     Running   0          7m27s
pod/deploy-test01-5545987bd6-kwhgm    1/1     Running   0          7m27s
pod/deploy-test01-5545987bd6-rgssr    1/1     Running   0          7m27s
pod/nginx01                           1/1     Running   0          5s          ❸

NAME                  TYPE        CLUSTER-IP     EXTERNAL-IP   PORT(S)   AGE
service/kubernetes    ClusterIP   10.96.0.1      <none>        443/TCP   6d
service/web-service   ClusterIP   10.107.43.35   <none>        80/TCP    7m22s

NAME                            READY   UP-TO-DATE   AVAILABLE   AGE
deployment.apps/deploy-test01   3/3     3            3           7m27s

NAME                                        DESIRED   CURRENT   READY   AGE
replicaset.apps/deploy-test01-5545987bd6    3         3         3       7m27s
```

이번에는 앞서 언급한 yml 파일을 활용해 Nginx 파드를 생성하겠습니다.

❶ **apply** 명령어를 활용해 Nginx 파드를 생성합니다.

❷ 파드가 생성되었는지 확인합니다.

❸ Nginx 파드가 생성된 것을 볼 수 있습니다.

```
eevee@myserver01:~/work/ch09/ex05$ kubectl exec -it nginx01 -- /bin/bash      ❶
root@nginx01:/# curl "10.107.43.35:80"                                        ❷
<!DOCTYPE html>
<html>
<head>
<title>Welcome to nginx!</title>
```

```
<style>
html { color-scheme: light dark; }
body { width: 35em; margin: 0 auto;
font-family: Tahoma, Verdana, Arial, sans-serif; }
</style>
</head>
<body>
<h1>Welcome to nginx!</h1>
<p>If you see this page, the nginx web server is successfully installed and
working. Further configuration is required.</p>

<p>For online documentation and support please refer to
<a href="http://nginx.org/">nginx.org</a>.<br/>
Commercial support is available at
<a href="http://nginx.com/">nginx.com</a>.</p>

<p><em>Thank you for using nginx.</em></p>
</body>
</html>
root@nginx01:/# exit                                                        ❸
exit
eevee@myserver01:~/work/ch09/ex05$
```

앞서 생성한 Nginx 파드 내부에 접속해서 쿠버네티스 서비스에 요청을 보내겠습니다.

❶ **exec** 명령어에 **-it** 옵션을 적용해 Nginx 파드에 접속해 셸을 실행합니다.

❷ Nginx 파드 내부에서 **curl** 명령어를 활용해 쿠버네티스 서비스에 요청을 보내겠습니다. 서비스의 IP 주소와 포트 번호를 입력하면 접속이 잘 되는 것을 볼 수 있습니다.

❸ 실습이 끝났으니 Nginx 파드에서 빠져나갑니다.

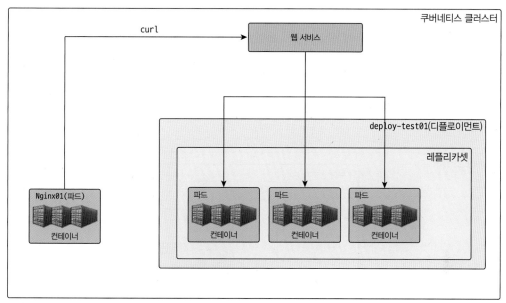

**그림 9-7** ClusterIP 실습 내용 도식화

[그림 9-7]은 지금까지의 실습을 그림으로 나타낸 것입니다. Nginx01 파드에 접속한 후 **curl** 명령어를 사용하여 쿠버네티스 서비스에 요청을 보내고 해당 서비스가 관리하는 파드들을 통해 응답을 받았습니다.

```
eevee@myserver01:~/work/ch09/ex05$ kubectl delete -f service-test01.yml      ❶
service "web-service" deleted
eevee@myserver01:~/work/ch09/ex05$ kubectl delete -f deploy-test01.yml        ❷
deployment.apps "deploy-test01" deleted
eevee@myserver01:~/work/ch09/ex05$ kubectl delete -f nginx-test01.yml         ❸
pod "nginx01" deleted
eevee@myserver01:~/work/ch09/ex05$ kubectl get pod                            ❹
No resources found in default namespace.
```

❶ 실습이 끝났으니 쿠버네티스 서비스를 종료합니다.

❷ 디플로이먼트를 종료합니다.

❸ 접속 테스트에 사용했던 Nginx 파드를 종료합니다.

❹ 파드 정보를 확인하면 모두 종료된 것을 볼 수 있습니다.

### 9.3.3 NodePort

NodePort는 각 노드의 특정 포트를 통해 외부 접근을 제공하는 유형입니다. NAT를 사용하는 클러스터 내에서 각 노드들의 지정된 포트(30000~23767)를 외부에 노출시켜 줍니다. **〈NodeIP〉: 〈NodePort〉**를 이용해 클러스터 외부에서 서비스에 접근할 수 있게 해줍니다. NodePort는 Cluster IP의 상위 집합입니다.

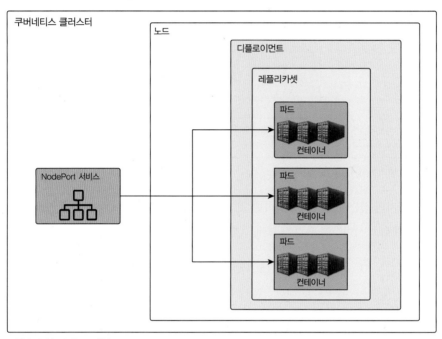

**그림 9-8** NodePort 개념

[그림 9-8]은 NodePort의 개념을 나타낸 그림입니다.

```
eevee@myserver01:~$ cd work/ch09                            ❶
eevee@myserver01:~/work/ch09$ ls                            ❷
ex01  ex02  ex03  ex04  ex05
eevee@myserver01:~/work/ch09$ cp -r ex02 ex06               ❸
eevee@myserver01:~/work/ch09$ ls                            ❹
ex01  ex02  ex03  ex04  ex05  ex06
eevee@myserver01:~/work/ch09$ cd ex06                       ❺
eevee@myserver01:~/work/ch09/ex06$ ls                       ❻
deploy-test01.yml
```

본격적으로 NodePort 서비스를 실습하겠습니다.

❶ ❷ 실습 디렉터리로 이동합니다.

❸ ❹ 기존 ex02 디렉터리를 복사해서 ex06 디렉터리를 생성합니다. ex02는 앞서 디플로이먼트를 실습했을 때 사용
했던 파일입니다.

❺ 해당 디렉터리로 이동합니다.

❻ 파일 목록을 확인하면 디플로이먼트를 생성하는 매니페스트를 볼 수 있습니다.

```
eevee@myserver01:~/work/ch09/ex06$ vim service-test02.yml       ❶

apiVersion: v1                                                  ❷
kind: Service                                                   ❸
metadata:                                                       ❹
  name: web-service-nodeport                                    ❺
spec:                                                           ❻
  selector:                                                     ❼
    app.kubernetes.io/name: web-deploy                          ❽
  type: NodePort                                                ❾
  ports:                                                        ❿
  - protocol: TCP                                               ⓫
    nodePort: 31001                                             ⓬
    port: 80                                                    ⓭
    targetPort: 80                                              ⓮
```

NodePort 타입의 서비스를 생성하기 위한 yml 파일을 작성합니다.

❶ vim으로 서비스 yml 파일을 생성합니다.

❷ apiVersion을 설정합니다.

❸ 오브젝트 타입은 Service라고 설정합니다.

❹ 메타 데이터를 작성합니다.

❺ 서비스 이름을 정합니다.

❻ spec을 통해 오브젝트의 상태를 정해줍니다.

❼ 해당 서비스가 연동하게 될 앱을 정합니다.

❽ 앞서 만든 디플로이먼트 파일인 deploy-test01에서 생성한 web-deploy 앱과 연동할 것이므로 web-deploy
라고 정합니다.

❾ 서비스 타입을 NodePort라고 정합니다.

⑩ 해당 서비스를 사용하기 위한 포트를 정합니다.

⑪ 프로토콜은 TCP를 설정합니다.

⑫ ⑬ ⑭ 노드로 연결할 NodePort, 서비스가 사용하는 Port, 파드가 받게 될 포트인 targetPort를 설정합니다.

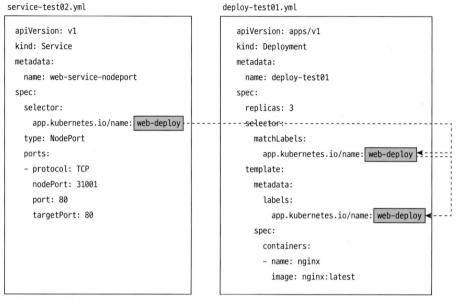

**그림 9-9** yml 연결

[그림 9-9]는 쿠버네티스 서비스가 연동하게 될 디플로이먼트와의 관계를 나타낸 그림입니다.

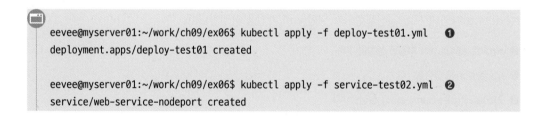

❶ ❷ 앞서 생성한 서비스와 디플로이먼트를 실행하겠습니다.

```
eevee@myserver01:~/work/ch09/ex06$ kubectl get all                                ❶
NAME                                   READY    STATUS     RESTARTS    AGE
pod/deploy-test01-5545987bd6-hdzs5    1/1      Running    0           55s         ❷
```

```
    pod/deploy-test01-5545987bd6-rhm4q    1/1    Running    0    55s    ❸

    pod/deploy-test01-5545987bd6-ww8f8    1/1    Running    0    55s    ❹

    NAME                          TYPE        CLUSTER-IP      EXTERNAL-IP    PORT(S)        AGE
    service/kubernetes            ClusterIP   10.96.0.1       <none>         443/TCP        6d4h
    service/web-service-nodeport  NodePort    10.111.230.14   <none>         80:31001/TCP   50s    ❺

    NAME                              READY    UP-TO-DATE    AVAILABLE    AGE
    deployment.apps/deploy-test01     3/3      3             3            55s    ❻

    NAME                                         DESIRED    CURRENT    READY    AGE
    replicaset.apps/deploy-test01-5545987bd6     3          3          3        55s    ❼
```

디플로이먼트와 서비스 실행 결과를 확인합니다.

❶ get 명령어를 활용합니다.

❷ ❸ ❹ ❺ ❻ ❼ 파드, 서비스, 디플로이먼트, 레플리카셋이 모두 원활하게 실행 중인 것을 볼 수 있습니다.

```
eevee@myserver01:~/work/ch09/ex06$ kubectl get pod -o wide            ❶
NAME                             READY    STATUS    RESTARTS    AGE    IP
NODE            NOMINATED NODE    READINESS GATES
deploy-test01-5545987bd6-hdzs5   1/1      Running   0           2m6s   192.168.131.22
myserver02      <none>            <none>                                              ❷
deploy-test01-5545987bd6-rhm4q   1/1      Running   0           2m6s   192.168.149.144
myserver03      <none>            <none>                                              ❸
deploy-test01-5545987bd6-ww8f8   1/1      Running   0           2m6s   192.168.149.145
myserver03      <none>            <none>                                              ❹
```

실행 중인 파드 정보를 자세히 알아보겠습니다.

❶ wide 옵션을 활용해 파드 정보를 확인합니다.

❷ myserver02에는 한 개의 파드가 실행 중인 것을 볼 수 있습니다.

❸ ❹ myserver03에는 두 개의 파드가 실행 중인 것을 볼 수 있습니다.

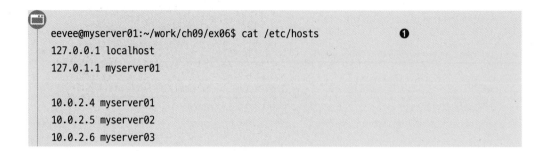

```
eevee@myserver01:~/work/ch09/ex06$ cat /etc/hosts            ❶
127.0.0.1 localhost
127.0.1.1 myserver01

10.0.2.4 myserver01
10.0.2.5 myserver02
10.0.2.6 myserver03
```

❶ 파드가 실행 중인 노드에 접속하기 위해 호스트 정보를 확인합니다. myserver02와 myserver03의 IP 주소를 확인합니다.

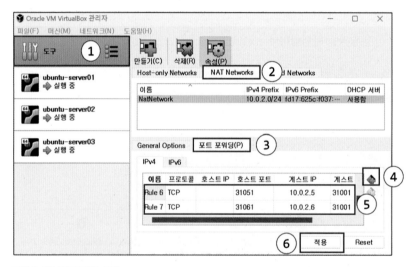

그림 9-10 포트포워딩 설정

NodePort 접속을 위해 포트포워딩을 설정하면 [그림 9-10]의 번호 순서대로 진행하면 됩니다. 호스트 포트는 임의로 31051, 31061로 설정하겠습니다. 31051 호스트 포트로 접속하면 이를 10.0.2.5 노드의 NodePort 31001로 포트포워딩하고, 31061 호스트 포트로 접속하면 이를 10.0.2.6 노드의 NodePort 31001로 포트포워딩하도록 설정합니다.

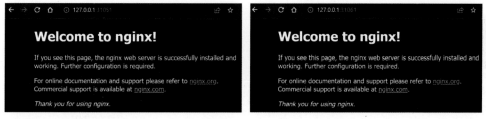

**그림 9-11** 접속 확인 결과 화면

웹 브라우저를 실행하고 접속을 확인하면 [그림 9-11]과 같이 접속되는 것을 알 수 있습니다. 왼쪽 그림은 10.0.2.5 노드로 접속했을 경우이고 오른쪽 그림은 10.0.2.6 노드로 접속했을 경우입니다. 이를 좀 더 자세히 그리면 다음과 같습니다.

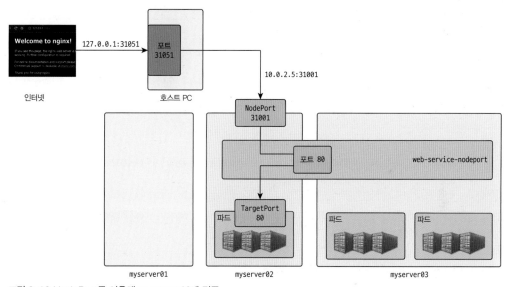

**그림 9-12** NodePort를 이용해 myserver02에 접근

[그림 9-12]를 보면 myserver02에서 파드가 제공하는, 실행 중인 웹 페이지에 접근하는 것을 알 수 있습니다. 호스트에서 웹 브라우저 주소창에 127.0.0.1:31051을 입력하면 포트포워딩을 통해 10.0.2.5:31001로 전달되며 이는 쿠버네티스 서비스를 거쳐 Nginx 파드에 도달합니다.

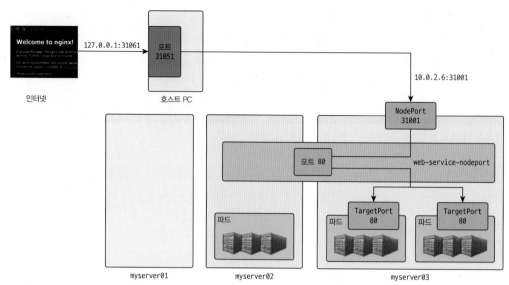

**그림 9-13** NodePort를 이용해 myserver03에 접근

[그림 9-13]은 myserver03에 접근하는 과정을 나타낸 것입니다. 앞선 실습과는 다르게 127.0.0.1:
31061로 접속하고 있는데 이때 포트포워딩을 통해 10.0.2.6:31001로 전달됩니다.

```
eevee@myserver01:~/work/ch09/ex06$ kubectl delete -f service-test02.yml        ❶
service "web-service-nodeport" deleted

eevee@myserver01:~/work/ch09/ex06$ kubectl delete -f deploy-test01.yml          ❷
deployment.apps "deploy-test01" deleted

eevee@myserver01:~/work/ch09/ex06$ kubectl get all                              ❸
NAME                  TYPE        CLUSTER-IP    EXTERNAL-IP    PORT(S)    AGE
service/kubernetes    ClusterIP   10.96.0.1     <none>         443/TCP    6d5h
```

❶ ❷ ❸ 실습이 끝났으니 서비스와 디플로이먼트를 종료합니다.

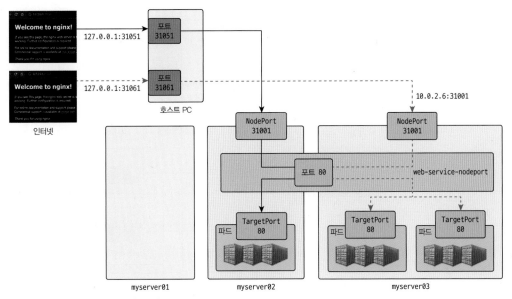

**그림 9-14** NodePort 실습 내용 정리

지금까지의 실습을 그림으로 나타내면 [그림 9-14]와 같습니다. 이처럼 포트포워딩 기능을 활용하여 특정 노드에서 실행 중인 파드에 접근할 수 있습니다.

## 9.3.4 LoadBalancer

LoadBalancer는 외부용 LoadBalancer를 생성하고 서비스에 고정된 공인 IP를 할당합니다. LoadBalancer를 활용하면 IP 및 포트 번호를 활용해 클러스터 외부에서 서비스에 접근할 수 있습니다. LoadBalancer는 NodePort의 상위 집합입니다.

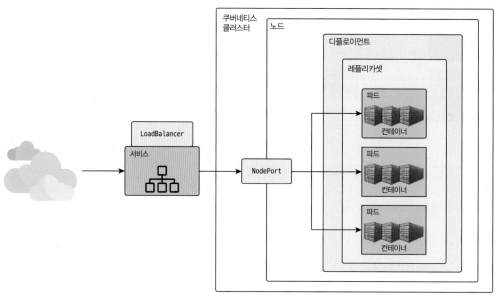

**그림 9-15** LoadBalancer 개념

[그림 9-15]는 LoadBalancer의 개념을 나타낸 그림입니다.

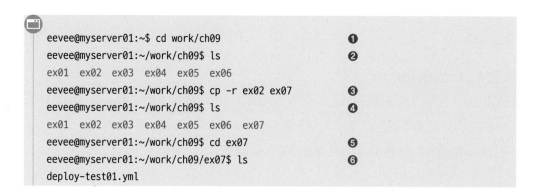

```
eevee@myserver01:~$ cd work/ch09                            ❶
eevee@myserver01:~/work/ch09$ ls                            ❷
ex01  ex02  ex03  ex04  ex05  ex06
eevee@myserver01:~/work/ch09$ cp -r ex02 ex07               ❸
eevee@myserver01:~/work/ch09$ ls                            ❹
ex01  ex02  ex03  ex04  ex05  ex06  ex07
eevee@myserver01:~/work/ch09$ cd ex07                       ❺
eevee@myserver01:~/work/ch09/ex07$ ls                       ❻
deploy-test01.yml
```

LoadBalancer 서비스를 실습하겠습니다.

❶ ❷ 실습 디렉터리로 이동합니다.

❸ ❹ 기존 디플로이먼트 실습을 위해 사용했던 ex02 디렉터리를 복사해 ex07이라는 디렉터리를 생성합니다.

❺ ❻ 해당 디렉터리로 이동합니다.

```
eevee@myserver01:~/work/ch09/ex07$ vim service-test03.yml          ❶

apiVersion: v1                                                      ❷
kind: Service                                                       ❸
metadata:                                                           ❹
  name: web-service-loadbalancer                                    ❺
spec:                                                               ❻
  selector:                                                         ❼
    app.kubernetes.io/name: web-deploy                              ❽
  type: LoadBalancer                                                ❾
  ports:                                                            ❿
  - protocol: TCP                                                   ⓫
    nodePort: 31002                                                 ⓬
    port: 80                                                        ⓭
    targetPort: 80                                                  ⓮
  externalIPs:                                                      ⓯
  - 10.0.2.4                                                        ⓰
```

위 과정은 LoadBalancer 서비스를 생성하는 yml 파일입니다.

❶ vim을 통해 만듭니다.

❷ 먼저 apiVersion을 정합니다.

❸ 오브젝트 종류는 Service로 정합니다.

❹ 메타 데이터를 설정합니다.

❺ 서비스 이름을 설정합니다.

❻ spec을 통해 서비스 상태를 정합니다.

❼ 해당 서비스가 연동할 app을 설정합니다.

❽ 앞서 만들었던 deploy-test01.yml을 사용합니다. deploy-test01.yml을 통해 만들었던 web-deploy를 연동할 디플로이먼트로 정합니다.

❾ 서비스 타입은 LoadBalancer로 실정합니다.

❿ 사용할 포트를 설정합니다.

⓫ 프로토콜을 정합니다.

⓬ 각 노드로 접근할 NodePort를 정합니다.

⓭ 서비스가 사용할 Port를 정합니다.

⓮ 파드가 사용할 targetPort를 정합니다.

💡 LoadBalancer를 생성할 때는 NodePort를 사용하지 않아도 됩니다. 그러나 이번 실습에서는 NodePort를 지정하겠습니다. NodePort를 지정하지 않으면 자동으로 설정합니다.

⓯ 외부에서 접근할 수 있는 외부 IP를 정합니다.

⓰ myserver01의 IP로 정합니다.

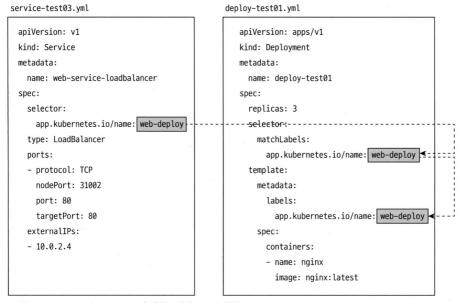

**그림 9-16** LoadBalancer yml과 디플로이먼트 yml 연동

[그림 9-16]은 LoadBalancer와 디플로이먼트를 연동하기 위해 yml 파일을 작성하는 내용을 정리한 그림입니다.

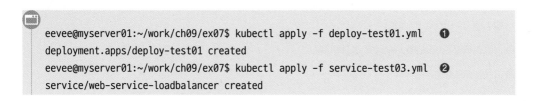

```
eevee@myserver01:~/work/ch09/ex07$ kubectl apply -f deploy-test01.yml     ❶
deployment.apps/deploy-test01 created
eevee@myserver01:~/work/ch09/ex07$ kubectl apply -f service-test03.yml     ❷
service/web-service-loadbalancer created
```

❶ ❷ yml 파일의 작성을 마쳤으므로 디플로이먼트와 서비스를 실행합니다.

```
eevee@myserver01:~/work/ch09/ex07$ kubectl get all                              ❶
NAME                                   READY   STATUS     RESTARTS   AGE
pod/deploy-test01-5545987bd6-ct2fx     1/1     Running    0          7s           ❷
pod/deploy-test01-5545987bd6-ljthk     1/1     Running    0          7s           ❸
pod/deploy-test01-5545987bd6-nr4q6     1/1     Running    0          7s           ❹

NAME                              TYPE           CLUSTER-IP      EXTERNAL-IP   PORT(S)
service/kubernetes               ClusterIP      10.96.0.1       <none>        443/TCP
service/web-service-loadbalancer LoadBalancer   10.110.89.116   10.0.2.4      80:3100    ❺

NAME                              READY   UP-TO-DATE   AVAILABLE   AGE
deployment.apps/deploy-test01     3/3     3            3           7s               ❻

NAME                                        DESIRED   CURRENT   READY   AGE
replicaset.apps/deploy-test01-5545987bd6    3         3         3       7s           ❼
```

실행한 디플로이먼트 및 서비스가 원활하게 작동 중인지 확인하겠습니다.

❶ get 명령어로 확인합니다.

❷ ❸ ❹ 파드가 실행 중인 것을 볼 수 있습니다.

❺ 서비스 상태를 보면 성공적으로 실행된 것을 볼 수 있습니다. EXTERNAL-IP 항목을 보면 LoadBalancer의 외부 IP를 확인할 수 있는데, 이후에 이 IP로 접속할 예정입니다.

❻ ❼ 디플로이먼트와 레플리카셋도 정상적으로 실행 중임을 볼 수 있습니다.

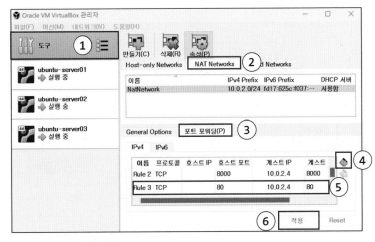

그림 9-17 포트포워딩 설정

웹 브라우저를 통해 접속하기 전에 [그림 9-17]의 번호 순서대로 포트포워딩이 정확히 되어 있는지 확인합니다. 앞서 호스트 포트 80에 대해 myserver01의 포트 80으로 포트포워딩을 미리 설정했으므로 정확히 되어 있는지만 확인하면 됩니다.

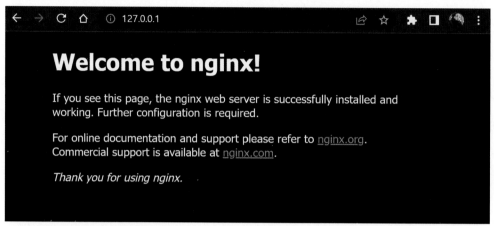

**그림 9-18** LoadBalancer 접속 확인 결과

로컬에서 웹 브라우저를 실행한 후 127.0.0.1:80에 접속하면 [그림 9-18]과 같이 Nginx가 실행 중인 것을 확인할 수 있습니다.

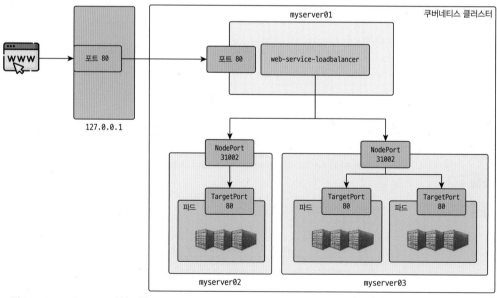

**그림 9-19** LoadBalancer 실습 내용

지금까지 실습 내용을 정리하면 [그림 9-19]와 같습니다. LoadBalancer를 활용하면 쿠버네티스 클러스터 외부에서도 쿠버네티스 클러스터 내부에 존재하는 파드에 접근할 수 있습니다.

```
eevee@myserver01:~/work/ch09/ex07$ kubectl delete -f service-test03.yml      ❶
service "web-service-loadbalancer" deleted

eevee@myserver01:~/work/ch09/ex07$ kubectl delete -f deploy-test01.yml       ❷
deployment.apps "deploy-test01" deleted

eevee@myserver01:~/work/ch09/ex07$ kubectl get all                           ❸
NAME                     TYPE        CLUSTER-IP     EXTERNAL-IP   PORT(S)    AGE
service/kubernetes       ClusterIP   10.96.0.1      <none>        443/TCP    6d6h
```

❶ ❷ ❸ 실습이 끝났으므로 서비스와 디플로이먼트를 종료합니다.


## 9.3.5 ExternalName

ExternalName은 CNAME 레코드를 통해 클러스터 외부 서비스로의 DNS 조회를 제공하는 유형입니다. 즉, 서비스가 클러스터 외부에 있는 외부 도메인을 가리키도록 설정할 수 있습니다. ExternetName의 개념을 그림으로 나타내면 [그림 9-20]과 같습니다.

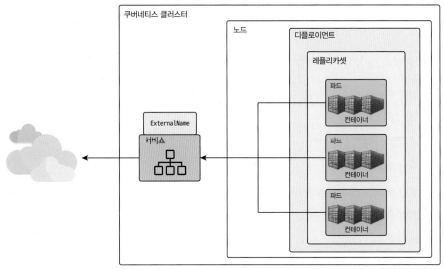

그림 9-20 ExternalName 개념

```
eevee@myserver01:~$ cd work/ch09                              ❶
eevee@myserver01:~/work/ch09$ ls                             ❷
ex01  ex02  ex03  ex04  ex05  ex06  ex07
eevee@myserver01:~/work/ch09$ cp -r ex01 ex08                ❸
eevee@myserver01:~/work/ch09$ ls                             ❹
ex01  ex02  ex03  ex04  ex05  ex06  ex07  ex08
eevee@myserver01:~/work/ch09$ cd ex08                        ❺
eevee@myserver01:~/work/ch09/ex08$ ls                        ❻
nginx-test01.yml
```

지금부터는 ExternalName 타입 서비스를 생성하겠습니다.

❶ ❷ 실습 디렉터리로 이동합니다.

❸ ❹ 기존 파드 실습 디렉터리인 ex01을 복사해서 ex08 디렉터리를 생성합니다.

❺ ❻ 해당 디렉터리로 이동합니다.

```
eevee@myserver01:~/work/ch09/ex08$ vim service-test04.yml    ❶
apiVersion: v1                                               ❷
kind: Service                                                ❸
metadata:                                                    ❹
  name: web-service-externalname                             ❺
spec:                                                        ❻
  type: ExternalName                                         ❼
  externalName: www.google.com                               ❽
```

위 실습은 서비스 yml을 생성하는 내용입니다.

❶ vim을 활용해서 ExternalName 타입의 서비스인 service-test04.yml 파일을 생성합니다.

❷ apiVersion은 v1로 설정합니다.

❸ 종류는 Service로 설정합니다.

❹ 다음으로는 메타 데이터를 작성합니다.

❺ 서비스 이름은 web-service-externalname으로 정하겠습니다.

❻ 서비스 상태를 입력합니다.

❼ 타입은 ExternalName으로 설정합니다.

❽ 파드에서 연결을 시도할 외부 애플리케이션 이름을 설정합니다. 이번 실습에서는 구글 사이트로 설정하고 접속하겠습니다.

```
eevee@myserver01:~/work/ch09/ex08$ kubectl apply -f service-test04.yml  ❶
service/web-service-externalname created
eevee@myserver01:~/work/ch09/ex08$ kubectl apply -f nginx-test01.yml     ❷
pod/nginx01 created
```

앞서 yml 파일을 생성했다면 이번에는 서비스를 작동시키겠습니다.

❶ **apply** 명령어를 활용해 앞서 작성했던 service−test04.yml 파일을 실행합니다.

❷ 해당 서비스를 활용하기 위한 파드로서 nginx−test01.yml도 실행합니다. Nginx·파드 내부에서 web−service−
externalname 서비스를 활용해 www.google.com 사이트에 접속할 예정입니다.

```
eevee@myserver01:~/work/ch09/ex08$ kubectl get all                       ❶
NAME            READY   STATUS    RESTARTS   AGE
pod/nginx01     1/1     Running   0          26s                          ❷

NAME                            TYPE           CLUSTER-IP      EXTERNAL-IP
PORT(S)    AGE
service/kubernetes              ClusterIP      10.96.0.1       <none>          443/
TCP    6d6h
service/web-service-externalname  ExternalName   <none>          www.google.com  <none>
32s                                                                        ❸
```

앞서 실행시킨 파드와 서비스를 확인합니다.

❶ **kubectl get all**을 활용해 실행 중인 오브젝트 정보를 확인합니다.

❷ 앞서 생성한 Nginx 파드가 실행 중인 것을 볼 수 있습니다.

❸ ExternalName 서비스도 생성된 것을 볼 수 있습니다.

```
eevee@myserver01:~/work/ch09/ex08$ kubectl exec -it nginx01 -- /bin/bash  ❶
root@nginx01:/# curl 'web-service-externalname'                           ❷
<!DOCTYPE html>
<html lang=en>
  <meta charset=utf-8>
  <meta name=viewport content="initial-scale=1, minimum-scale=1, width=device-width">
  <title>Error 404 (Not Found)!!1</title>                                 ❸
...(중략)
```

이번에는 실행 중인 nginx01 파드 내부에서 'web-service-externalname'를 통해 쿠버네티스 클러스터 외부에 존재하는 www.google.com에 접속하겠습니다.

❶ **exec** 명령어를 활용해 nginx01파드에 접속하고 **/bin/bash** 명령어를 실행합니다.

❷ 파드에 접속한 후 **curl** 명령어를 활용해 www.google.com에 접근합니다. 그러면 접속 결과가 나오는 것을 볼 수 있습니다.

❸ 여기서 404 에러가 뜨는 이유는 구글 사이트는 쿠버네티스 외부에 존재하는 리소스이기 때문입니다.

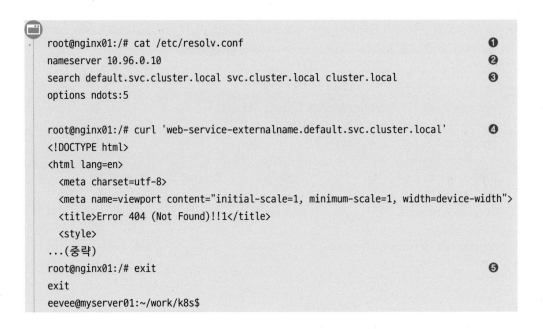

```
root@nginx01:/# cat /etc/resolv.conf                                    ❶
nameserver 10.96.0.10                                                   ❷
search default.svc.cluster.local svc.cluster.local cluster.local       ❸
options ndots:5

root@nginx01:/# curl 'web-service-externalname.default.svc.cluster.local'   ❹
<!DOCTYPE html>
<html lang=en>
  <meta charset=utf-8>
  <meta name=viewport content="initial-scale=1, minimum-scale=1, width=device-width">
  <title>Error 404 (Not Found)!!1</title>
  <style>
...(중략)
root@nginx01:/# exit                                                    ❺
exit
eevee@myserver01:~/work/k8s$
```

만약, 위 실습이 작동하지 않는다면 다음처럼 진행해야 합니다.

❶ 파드 내부에서의 DNS 정보를 확인합니다. DNS 정보는 /etc/resolv.conf에서 확인할 수 있습니다.

❷ 10.96.0.10은 쿠버네티스 클러스터 내부에서 사용하는 coreDNS의 IP 주소를 의미합니다. coreDNS는 쿠버네티스 내부에서 사용하는 DNS입니다.

❸ default.svc.cluster.local은 쿠버네티스 클러스터 내부에서 사용하는 도메인 이름 체계를 나타내는데, 이는 서비스에 접근할 때 사용합니다. 이는 **〈서비스 이름〉.〈네임스페이스〉.svc.cluster.local**과 같은 형식으로 사용합니다. default는 기본 네임스페이스를 의미합니다.

❹ 앞선 실습에서 **curl 'web-service-externalname'** 명령어가 작동하지 않았다면 위 코드 **curl 'web-service-externalname.default.svc.cluster.local'**과 같이 좀 더 명확하게 작성합니다. 그러면 접속 결과를 확인할 수 있습니다.

❺ 실습이 끝났으면 파드에서 빠져 나갑니다.

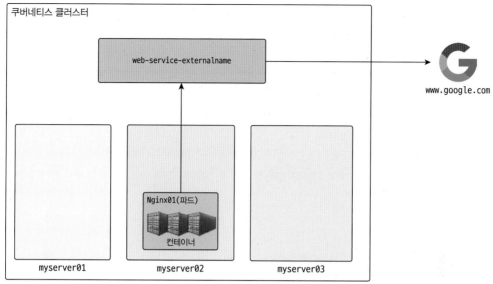

그림 9-21 ExternalName 실습 내용

지금까지 ExternalName 실습 내용을 정리하면 [그림 9-21]처럼 나타낼 수 있습니다. External
Name을 활용하면 클러스터 내부의 파드에서 클러스터 외부 도메인을 가리키도록 설정할 수 있습니다.

```
eevee@myserver01:~/work/ch09/ex08$ kubectl delete -f nginx-test01.yml          ❶
pod "nginx01" deleted
eevee@myserver01:~/work/ch09/ex08$ kubectl delete -f service-test04.yml         ❷
service "web-service-externalname" deleted
eevee@myserver01:~/work/ch09/ex08$ kubectl get all                              ❸
NAME                  TYPE        CLUSTER-IP    EXTERNAL-IP   PORT(S)   AGE
service/kubernetes    ClusterIP   10.96.0.1     <none>        443/TCP   6d6h
```

❶ ❷ 실습이 끝났으니 파드와 서비스를 종료합니다.

❸ 결과를 확인합니다.

여기에서 실습한 실습은 다음과 같은 에러 메시지가 나타나면서 구글 사이트에 접근이 안 될 수도 있습니다.

```
root@nginx01:/# curl 'web-service-externalname.default.svc.cluster.local'        ❶
curl: (6) Could not resolve host: web-service-externalname.default.svc.cluster.local  ❷
```

❶ nginx01 파드 내부에서 web-service-externalname 서비스에 접근하는 코드입니다.

❷ DNS 관련 에러 메시지가 출력되며 작동되지 않는 것을 볼 수 있습니다. 만약 이와 같은 에러 메시지가 뜬다면 다음과 같은 실습을 수행합니다.

```
root@nginx01:/# curl 'http://www.naver.com'                                      ❶
<html>
<head><title>302 Found</title></head>
<body>
<center><h1>302 Found</h1></center>
<hr><center> NWS </center>
</body>
</html>

root@nginx01:/# curl 'http://www.google.com'                                     ❷
<!doctype html><html itemscope="" itemtype="http://schema.org/WebPage"
...(중략)

root@nginx01:/# curl 'web-service-externalname.default.svc.cluster.local'        ❸
<!DOCTYPE html>
<html lang=en>
  <meta charset=utf-8>
  <meta name=viewport content="initial-scale=1, minimum-scale=1, width=device-
width">
  <title>Error 404 (Not Found)!!1</title>
...(중략)
```

❶ 먼저 네이버에 접속합니다. 결과를 보면 정상적으로 작동하는 것을 볼 수 있습니다.

❷ 구글 사이트 주소를 입력해 **curl**로 접근하면 접근이 되는 것을 볼 수 있습니다.

❸ 그러고 나서 다시 web-service-externalname 서비스에 접근하면 올바르게 작동하는 것을 볼 수 있습니다.

**NOTE** **coreDNS**

앞서 coreDNS라는 단어가 나왔는데 coreDNS에 대해 자세히 알아보겠습니다.

```
eevee@myserver01:~ $ kubectl get pods --namespace kube-system ¦ grep coredns   ❶
coredns-787d4945fb-n7fvx        1/1     Running   0           36d
coredns-787d4945fb-rp6gp        1/1     Running   0           36d
```

coreDNS는 항상 실행 중인 것을 볼 수 있습니다.

❶ coredns 파드 정보를 확인하는 명령어를 입력하면 두 개의 coredns 파드가 실행 중인 것을 확인할 수 있습니다.

```
eevee@myserver01:~ $ kubectl get svc --namespace=kube-system        ❶
NAME        TYPE        CLUSTER-IP      EXTERNAL-IP    PORT(S)                      AGE
kube-dns    ClusterIP   10.96.0.10      <none>         53/UDP,53/TCP,9153/TCP       36d
```

❶ coredns 서비스 정보를 확인합니다. 정보를 확인하면 coredns 서비스가 작동 중인 것을 볼 수 있으며 CLUSTER-IP 정보를 확인하면 앞서 nginx01 파드 내부에서 확인했던 /etc/resolv.conf 파일 내부의 IP 주소와 동일한 것을 알 수 있습니다.

```
eevee@myserver01:~$ kubectl logs -n kube-system -l k8s-app=kube-dns        ❶
[WARNING] plugin/health: Local health request to "http://:8080/health" took more
than 1s: 5.583683593s
[WARNING] plugin/health: Local health request to "http://:8080/health" took more
than 1s: 2.473750106s
```

❶ coredns의 로그도 확인해볼 수 있습니다.

```
eevee@myserver01:~$ kubectl delete pod -n kube-system coredns-787d4945fb-n7fvx    ❶
pod "coredns-787d4945fb-n7fvx" deleted
eevee@myserver01:~$ kubectl delete pod -n kube-system coredns-787d4945fb-rp6gp    ❷
pod "coredns-787d4945fb-rp6gp" deleted

eevee@myserver01:~$ kubectl get pods --namespace kube-system ¦ grep coredns       ❸
coredns-787d4945fb-g8bd6        1/1     Running   0           31s
coredns-787d4945fb-zd7vn        1/1     Running   0           55s
```

만약 coreDNS에 이상이 있다면 재시작할 수 있습니다.

**❶ ❷** 앞서 확인한 coreDNS 파드 이름을 활용해 해당 coreDNS를 삭제합니다.

**❸** coreDNS를 삭제하면 곧바로 또 다른 coreDNS 파드가 생성되는 것을 볼 수 있습니다.


## 9.4 스토리지 볼륨

도커에서는 컨테이너가 삭제될 때 파일을 보존하기 위해 도커 볼륨이라는 개념을 활용했습니다. 이와 비슷하게 쿠버네티스에서는 컨테이너 파일을 보존하기 위해 스토리지 볼륨Storage Volume이라는 개념을 활용합니다. 이 절에서는 스토리지 볼륨의 개념을 살펴보고 다양한 스토리지 볼륨에 대해 알아보겠습니다.


### 9.4.1 스토리지 볼륨의 개념

쿠버네티스 컨테이너 내부의 파일 시스템은 일시적인 스토리지를 제공합니다. 즉, 쿠버네티스 파드가 삭제된 후 다시 실행된다면 기존 컨테이너 내부에 존재하는 파일은 모두 사라집니다. 따라서 쿠버네티스 컨테이너 내부에서 제공하는 파일 시스템은 제한적이라는 특징이 있습니다.

따라서 이러한 문제점을 해결하려고 파드가 재실행되더라도 데이터를 보존할 수 있는 스토리지를 제공합니다. 이때 스토리지는 노드 내부의 일부 디스크 공간을 파드와 공유하는 방식으로 제공할 수도 있고 노드 외부의 스토리지 시스템과 연결하는 방식도 존재합니다.

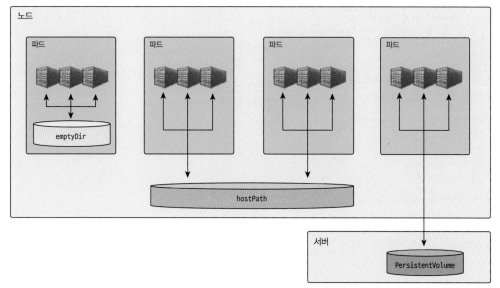

그림 9-22 쿠버네티스 스토리지 볼륨 개념

[그림 9-22]는 쿠버네티스 스토리지 볼륨 개념을 나타냅니다. 쿠버네티스 볼륨은 크게 emptyDir, hostPath, PersistentVolume으로 나뉘어집니다.

- **emptyDir**: 파드 내부에서 임시적으로 사용하는 볼륨입니다.
- **hostPath**: 노드 내에 데이터를 저장할 수 있는 볼륨입니다.
- **PersistentVolume**: 외부 서버에 데이터를 저장하는 볼륨입니다.

지금부터 각각의 볼륨에 대해서 알아보겠습니다.

## 9.4.2 emptyDir

emptyDir 볼륨이란 앞서 언급했듯이 파드 내부에서 임시적으로 사용하는 볼륨입니다. 따라서 파드는 노드의 디스크를 일시적으로 사용합니다. emptyDir 볼륨은 파드가 노드에 할당될 때 처음으로 생성되고 파드가 노드에서 실행하는 동안만 존재합니다.

emptyDir 볼륨은 그 이름으로 알 수 있듯이 초기에 비어 있는 상태로 시작합니다. 그리고 파드에 존재하는 모든 컨테이너는 emptyDir 볼륨에 존재하는 동일한 파일을 읽고 쓸 수 있습니다. 이는 볼륨이 각 컨테이너의 서로 다른 경로에 마운트되어도 가능합니다.

파드가 노드에서 삭제되면 emptyDir 내부에 존재하는 데이터도 삭제됩니다.

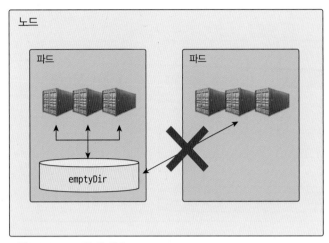

**그림 9-23** emptyDir의 개념

[그림 9-23]과 같이 emptyDir 볼륨을 활용하면 같은 파드 내부의 서로 다른 컨테이너들은 파일을 공유할 수 있지만 다른 파드에서는 접근할 수 없습니다.

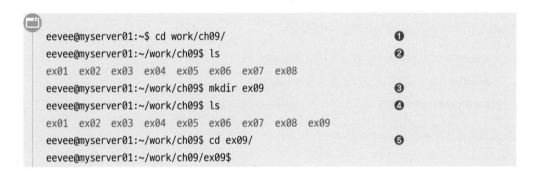

```
eevee@myserver01:~$ cd work/ch09/                                    ❶
eevee@myserver01:~/work/ch09$ ls                                     ❷
ex01  ex02  ex03  ex04  ex05  ex06  ex07  ex08
eevee@myserver01:~/work/ch09$ mkdir ex09                             ❸
eevee@myserver01:~/work/ch09$ ls                                     ❹
ex01  ex02  ex03  ex04  ex05  ex06  ex07  ex08  ex09
eevee@myserver01:~/work/ch09$ cd ex09/                               ❺
eevee@myserver01:~/work/ch09/ex09$
```

그럼 실습을 위해 실습 디렉터리로 이동하겠습니다.

❶ ❷ 홈 디렉터리에서 work/ch09/ 디렉터리로 이동합니다.

❸ ❹ 실습을 위해 ex09 디렉터리를 생성합니다.

❺ 해당 디렉터리로 이동합니다.

```
eevee@myserver01:~/work/ch09/ex09$ vim volume-test01.yml             ❶
apiVersion: v1                                                        ❷
kind: Pod                                                             ❸
metadata:                                                             ❹
```

```
   name: nginx-volume-01                            ⑤
 spec:                                               ⑥
   containers:                                       ⑦
   - name: nginx-test01                              ⑧
     image: nginx:latest                             ⑨
     volumeMounts:                                   ⑩
     - name: empty-test01                            ⑪
       mountPath: /mount01                           ⑫
   volumes:                                          ⑬
   - name: empty-test01                              ⑭
     emptyDir: {}                                    ⑮
```

다음으로 emptyDir 볼륨 실습을 위해 yml 파일을 생성하겠습니다.

❶ vim을 활용해 yml 파일을 생성합니다.

❷ apiVersion을 입력합니다.

❸ 종류는 Pod로 설정합니다.

❹ 메타 데이터를 입력합니다.

❺ 적절한 파드 이름을 생성합니다.

❻ spec을 통해 파드 내부의 상태를 정합니다. 파드 내부에는 컨테이너와 볼륨을 생성할 예정입니다.

❼ 컨테이너를 생성합니다.

❽ 컨테이너 이름을 정합니다.

❾ 컨테이너 생성에 사용할 이미지를 설정합니다.

❿ 컨테이너가 사용할 볼륨을 마운트합니다.

⓫ 컨테이너가 사용하게 될 볼륨 이름을 작성합니다. 이때 사용하는 볼륨 이름은 이후 생성할 볼륨 이름과 일치해야 합니다.

⓬ 볼륨을 마운트할 경로를 작성합니다. 이렇게 하면 컨테이너 설정이 완료됩니다.

⓭ 추가적으로 파드 내부에 생성할 볼륨을 생성합니다.

⓮ 볼륨 이름을 정합니다.

⓯ 볼륨 타입을 설정합니다. **emptyDir**로 설정하면 됩니다. {}는 추가 옵션을 사용하지 않겠다는 의미입니다.

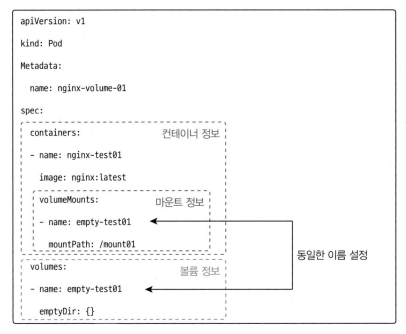

```
apiVersion: v1

kind: Pod

Metadata:

  name: nginx-volume-01

spec:

  containers:                        컨테이너 정보

  - name: nginx-test01

    image: nginx:latest

    volumeMounts:                    마운트 정보

    - name: empty-test01

      mountPath: /mount01
                                                      동일한 이름 설정
  volumes:                           볼륨 정보

  - name: empty-test01

    emptyDir: {}
```

**그림 9-24** 실습 파일 yml 설명

위 설명을 그림으로 설명하면 [그림 9-24]와 같습니다.

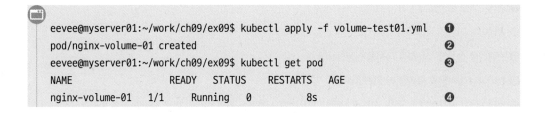

```
eevee@myserver01:~/work/ch09/ex09$ kubectl apply -f volume-test01.yml    ❶
pod/nginx-volume-01 created                                              ❷
eevee@myserver01:~/work/ch09/ex09$ kubectl get pod                       ❸
NAME                READY   STATUS    RESTARTS   AGE
nginx-volume-01     1/1     Running   0          8s                       ❹
```

앞서 yml 파일 작성이 완료되었으면 해당 파드를 실행하겠습니다.

❶ apply 명령어를 활용해 yml 파일 내용을 실행합니다.

❷ 파드가 생성되는 것을 볼 수 있습니다.

❸ 생성된 파드 정보를 확인합니다.

❹ 파드가 생성된 것을 볼 수 있습니다.

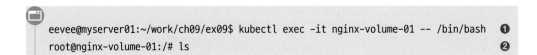

```
eevee@myserver01:~/work/ch09/ex09$ kubectl exec -it nginx-volume-01 -- /bin/bash   ❶
root@nginx-volume-01:/# ls                                                          ❷
```

```
bin    dev   docker-entrypoint.sh  home  lib32  libx32  mnt      opt   root  sbin  sys  usr
boot  docker-entrypoint.d  etc  lib    lib64  media   mount01  proc  run   srv   tmp  var
root@nginx-volume-01:/# cd mount01/                                                    ❸
root@nginx-volume-01:/mount01# echo "volume test" > ./test.txt                         ❹
root@nginx-volume-01:/mount01# ls                                                      ❺
test.txt
root@nginx-volume-01:/mount01# cat test.txt                                            ❻
volume test
root@nginx-volume-01:/mount01# exit                                                    ❼
exit
```

이번에는 생성된 파드 내부에 접근해서 emptyDir이 마운트된 경로에서 새로운 파일을 생성하겠습니다.

❶ exec 명령어를 활용해 실행 중인 파드에 접속해 /bin/bash 명령어를 입력합니다.

❷ 내부 파일 목록을 확인합니다.

❸ emptyDir이 마운트되어 있는 경로로 이동합니다.

❹ echo 명령어를 활용해 "volume test"라는 텍스트를 test.txt 파일에 저장시킵니다.

❺ 파일 목록을 다시 확인하면 test.txt 파일이 생성된 것을 볼 수 있습니다.

❻ 해당 파일의 내용을 출력해보면 올바르게 저장된 것을 볼 수 있습니다.

❼ 실습을 마쳤으니 파드에서 빠져나갑니다.

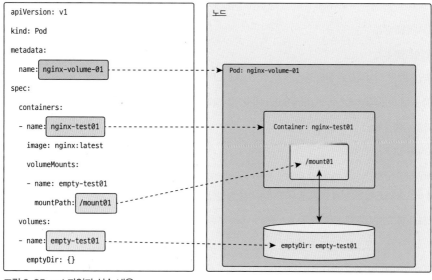

그림 9-25 yml 파일과 실습 내용

[그림 9-25]는 앞서 실습한 내용을 그림으로 정리한 것입니다.

```
eevee@myserver01:~/work/ch09/ex09$ kubectl delete -f volume-test01.yml        ❶
pod "nginx-volume-01" deleted

eevee@myserver01:~/work/ch09/ex09$ kubectl apply -f volume-test01.yml         ❷
pod/nginx-volume-01 created

eevee@myserver01:~/work/ch09/ex09$ kubectl get pod                            ❸
NAME              READY   STATUS    RESTARTS   AGE
nginx-volume-01   1/1     Running   0          4s

eevee@myserver01:~/work/ch09/ex09$ kubectl exec -it nginx-volume-01 -- /bin/bash  ❹
root@nginx-volume-01:/# ls                                                    ❺
bin   docker-entrypoint.d   home    lib64    mnt       proc   sbin   tmp
boot  docker-entrypoint.sh  lib     libx32   mount01   root   srv    usr
dev   etc                   lib32   media    opt       run    sys    var
root@nginx-volume-01:/# cd mount01/                                           ❻
root@nginx-volume-01:/mount01# ls                                            ❼
root@nginx-volume-01:/mount01# exit                                         ❽
exit
```

앞선 실습을 통해서 생성한 파드를 삭제하고 파드를 새롭게 생성했을 때도 볼륨 내부의 파일 데이터가 유지되는지 확인하겠습니다.

❶ 기존의 파드를 삭제합니다.

❷ 새로운 파드를 생성합니다.

❸ 파드 상태를 확인해보면 정상적으로 실행 중임을 알 수 있습니다.

❹ **exec** 명령어를 통해 파드 내부에 진입해 **/bin/bash** 명령어를 입력합니다.

❺ 파드 내부의 파일 목록을 확인합니다.

❻ 마운트 위치로 이동합니다.

❼ 파일 목록을 확인하면 앞서 생성한 test.txt 파일은 존재하지 않는 것을 볼 수 있습니다. 그리고 emptyDir 타입의 볼륨을 생성하면 파드가 삭제될 때 볼륨도 함께 사라지는 것을 확인할 수 있습니다.

❽ 실습이 끝났으므로 파드에서 빠져나갑니다.

```
eevee@myserver01:~/work/ch09/ex09$ kubectl delete -f volume-test01.yml    ❶
pod "nginx-volume-01" deleted
eevee@myserver01:~/work/ch09/ex09$ kubectl get pod                        ❷
No resources found in default namespace.
```

❶ 실습이 끝났으므로 파드를 종료합니다.

❷ 종료되었는지 확인합니다.


### 9.4.3 hostPath

hostPath 볼륨은 호스트 노드의 파일 시스템으로부터 파일을 마운트하는 것을 의미합니다. [그림 9-26]은 hostPath의 개념을 나타내는 그림입니다. 그림에서 보듯이 hostPath는 노드 내부 경로에 볼륨을 두는 형식입니다. 따라서 서로 다른 파드라고 할지라도 실행되는 노드가 동일하면 데이터가 유지됩니다.

그리고 emptyDir과는 다르게 서로 다른 파드가 동일하게 데이터를 보관할 수 있다는 게 장점입니다. 하지만 노드 자체에 장애가 생기면 데이터를 유실하게 된다는 단점도 있습니다.

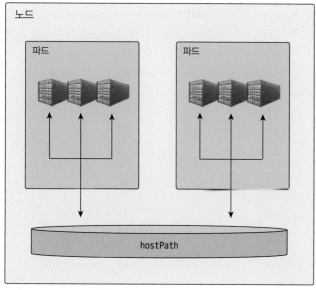

그림 9-26 hostPath 개념

💡 hostPath 볼륨은 2024년 현재, 보안 이슈가 많아 쿠버네티스 공식 홈페이지에서는 가급적 사용하지 않을 것을 권고합니다. 그렇지만 꼭 hostPath를 써야만 하는 상황이라면 파일이나 디렉터리에게 ReadOnly 권한만 줄 것을 권장합니다.

```
eevee@myserver01:~$ kubectl get nodes --show-labels          ❶
NAME           STATUS    ROLES           AGE      VERSION    LABELS
myserver01     Ready     control-plane   6d20h    v1.29.5    beta.kubernetes.io/
arch=amd64,beta.kubernetes.io/os=linux,kubernetes.io/arch=amd64,kubernetes.io/
hostname=myserver01,kubernetes.io/os=linux,node-role.kubernetes.io/control-
plane=,node.kubernetes.io/exclude-from-external-load-balancers=          ❷
myserver02     Ready     <none>          6d20h    v1.29.5    beta.kubernetes.io/
arch=amd64,beta.kubernetes.io/os=linux,kubernetes.io/arch=amd64,kubernetes.io/
hostname=myserver02,kubernetes.io/os=linux          ❸
myserver03     Ready     <none>          6d19h    v1.29.5    beta.kubernetes.io/
arch=amd64,beta.kubernetes.io/os=linux,kubernetes.io/arch=amd64,kubernetes.io/
hostname=myserver03,kubernetes.io/os=linux          ❹
```

본격적으로 실습하기에 앞서 쿠버네티스 클러스터 노드 이름을 확인하겠습니다.

❶ get nodes 명령어에 옵션을 추가해 노드별로 자세한 정보를 확인합니다.

❷ ❸ ❸ 결과를 보면 hostname을 확인할 수 있습니다. 각각 myserver01, myserver02, myserver03인 것을 알 수 있습니다.

```
eevee@myserver01:~$ ssh myserver03                    ❶
eevee@myserver03's password:
eevee@myserver03:~$ ls                                ❷
work
eevee@myserver03:~$ cd work/                          ❸
eevee@myserver03:~/work$ ls                           ❹
ch04  ch05  ch06
eevee@myserver03:~/work$ mkdir volhost01              ❺
eevee@myserver03:~/work$ ls                           ❻
ch04  ch05  ch06  volhost01
eevee@myserver03:~/work$ cd volhost01/                ❼
eevee@myserver03:~/work/volhost01$ pwd                ❽
/home/eevee/work/volhost01
```

```
eevee@myserver03:~/work/volhost01$ exit                    ❾
logout
Connection to myserver03 closed.
eevee@myserver01:~$                                        ❿
```

지금부터 hostPath 실습을 하기 위해 myserver03에 hostPath 볼륨을 생성할 것입니다. 그러므로 myserver03으로 이동해서 hostPath 볼륨을 생성할 디렉터리를 생성해야 합니다.

❶ **ssh**를 활용해 myserver03으로 이동합니다.

❷ 파일 목록을 확인합니다.

❸ work 디렉터리로 이동합니다.

❹ 파일 목록을 확인합니다.

❺ hostPath 볼륨을 생성할 volhost01 디렉터리를 생성합니다.

❻ 파일 목록을 확인하면 volhost01 디렉터리가 생성된 것을 볼 수 있습니다.

❼ volhost01 디렉터리로 이동합니다.

❽ 경로를 확인합니다. 해당 경로를 기억합니다.

❾ myserver03에서 빠져나옵니다.

❿ myserver01로 돌아갑니다.

```
eevee@myserver01:~$ cd work/ch09/                          ❶
eevee@myserver01:~/work/ch09$ ls                           ❷
ex01  ex02  ex03  ex04  ex05  ex06  ex07  ex08  ex09
eevee@myserver01:~/work/ch09$ mkdir ex10                   ❸
eevee@myserver01:~/work/ch09$ ls                           ❹
ex01  ex02  ex03  ex04  ex05  ex06  ex07  ex08  ex09  ex10
eevee@myserver01:~/work/ch09$ cd ex10/                     ❺
eevee@myserver01:~/work/ch09/ex10$
```

다음으로 hostPath 실습을 위한 디렉터리로 이동하겠습니다.

❶ ❷ **cd** 명령어를 통해 work/ch09/ 디렉터리로 이동하고 디렉터리를 확인합니다.

❸ ❹ 실습을 위해 ex10 디렉터리를 생성합니다.

❺ 해당 디렉터리로 이동합니다.

```
eevee@myserver01:~/work/ch09/ex10$ vim volume-test02.yml        ❶
apiVersion: v1                                                  ❷
kind: Pod                                                       ❸
metadata:                                                       ❹
  name: nginx-volume-02                                         ❺
spec:                                                           ❻
  nodeSelector:                                                 ❼
    kubernetes.io/hostname: myserver03                          ❽
  containers:                                                   ❾
  - name: nginx-test01                                          ❿
    image: nginx:latest                                         ⓫
    volumeMounts:                                               ⓬
    - name: hostpath-test01                                     ⓭
      mountPath: /mount01                                       ⓮
  volumes:                                                      ⓯
  - name: hostpath-test01                                       ⓰
    hostPath:                                                   ⓱
      path: /home/eevee/work/volhost01                          ⓲
      type: DirectoryOrCreate                                   ⓳
```

hostPath 볼륨 실습을 위해 yml 파일을 생성하겠습니다.

❶ vim을 활용해 yml 파일을 생성합니다.

❷ apiVersion을 입력합니다.

❸ 종류는 Pod로 설정합니다.

❹ 메타 데이터를 입력합니다.

❺ 적절한 파드 이름을 생성합니다.

❻ spec을 통해 파드 내부의 상태를 정해주게 됩니다. 파드 내부에는 컨테이너와 볼륨을 생성할 예정입니다.

❼ nodeSelector를 통해 파드가 실행될 노드를 정합니다.

❽ 이번 실습에서 생성할 파드가 hostPath가 존재하는 myserver03에 생성되도록 설정하겠습니다.

❾ 컨테이너를 생성합니다.

❿ 컨테이너 이름을 정합니다.

⓫ 컨테이너 생성에 사용할 이미지를 설정합니다.

⓬ 컨테이너가 사용할 볼륨을 마운트합니다.

⓭ 컨테이너가 사용하게 될 볼륨 이름을 작성합니다. 이때 사용하는 볼륨 이름은 이후 생성할 볼륨 이름과 일치해야 합니다.

⑭ 볼륨을 마운트할 경로를 작성합니다. 이렇게 하면 컨테이너 설정이 완료됩니다.

⑮ 추가적으로 파드 내부에 생성할 볼륨을 생성합니다.

⑯ 볼륨 이름을 정합니다.

⑰ 볼륨 타입을 설정해야 하는데 이번 실습에서는 hostPath로 설정하겠습니다.

⑱ hostPath 볼륨을 생성할 경로를 입력해야 하는데, 앞서 myserver03에서 생성했던 디렉터리로 설정합니다.

⑲ hostPath 볼륨 타입을 설정합니다. **DirectoryOrCreate** 타입은 디렉터리가 존재하지 않는 경우에는 자동으로 생성하라는 옵션입니다.

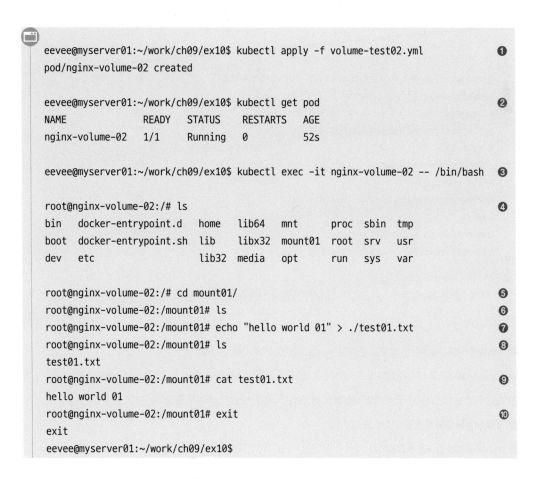

```
eevee@myserver01:~/work/ch09/ex10$ kubectl apply -f volume-test02.yml          ❶
pod/nginx-volume-02 created

eevee@myserver01:~/work/ch09/ex10$ kubectl get pod                             ❷
NAME              READY    STATUS     RESTARTS    AGE
nginx-volume-02   1/1      Running    0           52s

eevee@myserver01:~/work/ch09/ex10$ kubectl exec -it nginx-volume-02 -- /bin/bash  ❸

root@nginx-volume-02:/# ls                                                     ❹
bin   docker-entrypoint.d    home   lib64    mnt        proc   sbin   tmp
boot  docker-entrypoint.sh   lib    libx32   mount01    root   srv    usr
dev   etc                           lib32    media      opt        run    sys    var

root@nginx-volume-02:/# cd mount01/                                            ❺
root@nginx-volume-02:/mount01# ls                                             ❻
root@nginx-volume-02:/mount01# echo "hello world 01" > ./test01.txt            ❼
root@nginx-volume-02:/mount01# ls                                             ❽
test01.txt
root@nginx-volume-02:/mount01# cat test01.txt                                 ❾
hello world 01
root@nginx-volume-02:/mount01# exit                                          ❿
exit
eevee@myserver01:~/work/ch09/ex10$
```

앞서 생성한 yml 파일을 통해 작성한 파드 및 볼륨을 실행하겠습니다.

❶ **apply** 명령어를 통해 파드를 실행합니다.

❷ 파드가 실행 중인지 확인합니다.

❸ **exec** 명령어를 통해 해당 파드로 접속한 후 **/bin/bash** 명령어를 입력합니다.

❹ 파드 내부의 파일 목록을 확인합니다.

❺ 볼륨이 마운트되는 디렉터리로 이동합니다.

❻ 파일 목록을 확인하면 아무것도 존재하지 않는 것을 볼 수 있습니다.

❼ 볼륨을 통해 저장할 파일을 생성합니다. **echo** 명령어를 통해 텍스트를 저장하는 test01.txt 파일을 생성합니다.

❽ 파일 목록을 확인하면 test01.txt 파일이 존재하는 것을 볼 수 있습니다.

❾ 파일 내용을 출력합니다.

❿ 작업이 끝났으므로 파드 내부에서 빠져나갑니다.

```
eevee@myserver01:~/work/ch09/ex10$ ssh myserver03              ❶
eevee@myserver03's password:
eevee@myserver03:~$ cd work/volhost01/                          ❷
eevee@myserver03:~/work/volhost01$ ls                           ❸
test01.txt
eevee@myserver03:~/work/volhost01$ cat test01.txt               ❹
hello world 01
eevee@myserver03:~/work/volhost01$ exit                         ❺
logout
Connection to myserver03 closed.
eevee@myserver01:~/work/ch09/ex10$                              ❻
```

앞서 파드 내 볼륨 마운트 경로에서 생성했던 test01.txt 파일이 hostPath 볼륨에도 존재하는지 확인하겠습니다.

❶ **ssh**를 활용해 hostPath 볼륨이 존재하는 myserver03으로 이동합니다.

❷ myserver03으로 갔으면 해당 노드 내부에 존재하는 hostPath 볼륨이 저장되는 경로로 이동합니다.

❸ 파일 목록을 확인해보면 앞서 파드 내부에서 생성했던 파일이 hostPath에도 존재하는 것을 볼 수 있습니다.

❹ 파일 내용을 출력하면 올바르게 출력됩니다.

❺ myserver03 접속을 종료합니다.

❻ myserver01로 돌아갑니다.

```
eevee@myserver01:~/work/ch09/ex10$ kubectl delete -f volume-test02.yml    ❶
pod "nginx-volume-02" deleted
```

```
eevee@myserver01:~/work/ch09/ex10$ kubectl get pod                              ❷
No resources found in default namespace.

eevee@myserver01:~/work/ch09/ex10$ kubectl apply -f volume-test02.yml            ❸
pod/nginx-volume-02 created

eevee@myserver01:~/work/ch09/ex10$ kubectl get pod                              ❹
NAME              READY    STATUS     RESTARTS    AGE
nginx-volume-02   1/1      Running    0           4s
```

이번에는 파드를 삭제한 후 재생성했을 때 데이터가 유지되는지 확인하겠습니다.

❶ 파드를 종료합니다.

❷ 실행 중인 파드를 확인하면 아무것도 존재하지 않는 것을 볼 수 있습니다.

❸ 다시 파드를 실행합니다.

❹ 실행 중인 파드를 확인하면 정상적으로 실행된 것을 볼 수 있습니다.

```
eevee@myserver01:~/work/ch09/ex10$ kubectl exec -it nginx-volume-02 -- /bin/bash  ❶
root@nginx-volume-02:/# ls                                                        ❷
bin   docker-entrypoint.d    home    lib64    mnt       proc   sbin   tmp
boot  docker-entrypoint.sh   lib     libx32   mount01   root   srv    usr
dev   etc                    lib32   media    opt       run    sys    var

root@nginx-volume-02:/# cd mount01/                                               ❸
root@nginx-volume-02:/mount01# ls                                                 ❹
test01.txt
root@nginx-volume-02:/mount01# cat test01.txt                                     ❺
hello world 01
root@nginx-volume-02:/mount01# exit                                               ❻
exit
eevee@myserver01:~/work/ch09/ex10$
```

이번에는 파드를 종료한 후 다시 실행한 파드에 접속하겠습니다.

❶ exec 명령어를 활용해 파드 내부에 접속한 후 /bin/bash 명령어를 입력합니다.

❷ 파드 내부에서 파일 목록을 확인합니다.

❸ hostPath 볼륨이 마운트된 경로로 이동합니다.

❹ 파일 목록을 확인합니다. 그러면 앞서 생성했던 test01.txt 파일이 파드를 종료하고 재실행했을 때도 존재하는 것을 볼 수 있습니다.

❺ 파일 내용을 출력해보면 이상이 없는 것을 볼 수 있습니다.

❻ 실습이 끝났으므로 파드에서 빠져나갑니다.

```
eevee@myserver01:~/work/ch09/ex10$ vim volume-test03.yml          ❶
apiVersion: v1
kind: Pod
metadata:
  name: nginx-volume-03                                            ❷
spec:
  nodeSelector:
    kubernetes.io/hostname: myserver02                             ❸
  containers:
  - name: nginx-test01
    image: nginx:latest
    volumeMounts:
    - name: hostpath-test01
      mountPath: /mount01
  volumes:
  - name: hostpath-test01
    hostPath:
      path: /home/eevee/work/volhost01
      type: DirectoryOrCreate
```

이번에는 다른 파드를 생성하겠습니다. 이번에 생성할 파드는 myserver02에 생성될 파드입니다.

❶ vim을 활용해 파드를 생성하는 yml 파일을 생성합니다.

❷ 기존 파일과 전체적으로 비슷합니다. 파드 이름만 새롭게 정합니다.

❸ 파드가 실행될 노드를 myserver02로 설정합니다.

```
eevee@myserver01:~/work/ch09/ex10$ kubectl apply -f volume-test03.yml      ❶
pod/nginx-volume-03 created

eevee@myserver01:~/work/ch09/ex10$ kubectl get pod -o wide                  ❷
NAME             READY   STATUS    RESTARTS   AGE    IP           NODE
NOMINATED NODE    READINESS GATES
```

```
 nginx-volume-02    1/1      Running    0          4m7s     192.168.149.156    myserver03
 <none>             <none>                                                              ❸
 nginx-volume-03    1/1      Running    0          5s       192.168.131.29     myserver02
 <none>             <none>                                                              ❹

 eevee@myserver01:~/work/ch09/ex10$ kubectl exec -it nginx-volume-03 -- /bin/bash      ❺
 root@nginx-volume-03:/# ls                                                            ❻
 bin    docker-entrypoint.d    home    lib64    mnt       proc    sbin   tmp
 boot   docker-entrypoint.sh   lib     libx32   mount01   root    srv    usr
 dev    etc                    lib32   media    opt       run     sys    var

 root@nginx-volume-03:/# cd mount01/                                                   ❼
 root@nginx-volume-03:/mount01# ls                                                     ❽
 root@nginx-volume-03:/mount01# exit                                                   ❾
 exit
 eevee@myserver01:~/work/ch09/ex10$
```

새롭게 생성한 yml 파일을 실행합니다.

❶ **apply** 명령어를 통해 파드 및 볼륨을 실행하고 파드 정보를 확인합니다.

❷ 실행 중인 파드를 확인합니다.

❸ 앞서 생성했던 nginx-volume-02 파드는 myserver03 노드에서 실행되는 것을 볼 수 있습니다.

❹ 이번에 새롭게 생성한 nginx-volume-03 파드는 myserver02 노드에서 실행되는 것을 볼 수 있습니다.

그렇다면 새롭게 생성한 nginx-volume-03 파드에도 앞서 생성한 test01.txt 파일이 존재하는지 확인하겠습니다.

❺ **exec** 명령어를 통해 nginx-volume-03 파드 내부에 접속한 후 **/bin/bash** 명령어를 실행합니다.

❻ 파일 목록을 확인합니다.

❼ 볼륨 마운트 디렉터리로 이동합니다.

❽ 파일 목록을 확인하면 아무것도 존재하지 않는 것을 볼 수 있습니다.

❾ 실습이 끝났으므로 파드 내부에서 빠져나갑니다.

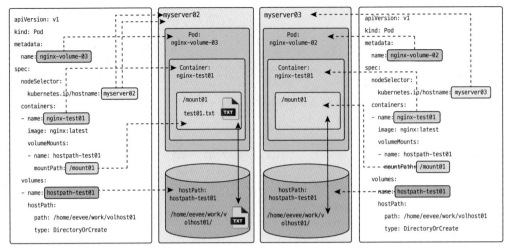

**그림 9-27** hostPath 실습 내용 정리

[그림 9–27]은 위 실습 내용을 정리하여 나타낸 것입니다.

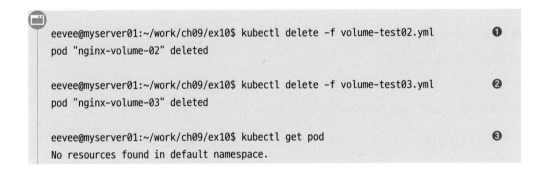

```
eevee@myserver01:~/work/ch09/ex10$ kubectl delete -f volume-test02.yml    ❶
pod "nginx-volume-02" deleted

eevee@myserver01:~/work/ch09/ex10$ kubectl delete -f volume-test03.yml    ❷
pod "nginx-volume-03" deleted

eevee@myserver01:~/work/ch09/ex10$ kubectl get pod                         ❸
No resources found in default namespace.
```

실습이 끝났으므로 파드를 모두 종료합니다.

## 9.4.4 PV

PV는 PersistentVolume의 머리글자로, 외부 스토리지를 의미합니다. PV를 사용하려면 PV와 PVC <sup>PersistentVolumeClaim</sup>를 이용해야 합니다. PV는 스토리지 자원을 의미하며 PVC는 스토리지를 동적으로 바인딩하기 위한 요청 객체를 말합니다. 쉽게 말해 쿠버네티스 클러스터 관리자가 PV를 생성, 관리하고, 사용자는 PVC를 통해 PV를 요청합니다.

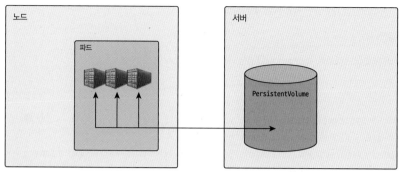

그림 9-28 PV 개념

PV의 개념을 그림으로 나타내면 [그림 9-28]과 같습니다.

```
eevee@myserver01:~$ sudo apt install nfs-common                  ❶
eevee@myserver01:~$ ssh myserver02                               ❷
eevee@myserver02's password:

eevee@myserver02:~$ sudo apt install nfs-common                  ❸
eevee@myserver02:~$ ssh myserver03                               ❹
eevee@myserver03's password:

eevee@myserver03:~$ sudo apt install nfs-common                  ❺
[sudo] password for eevee:
eevee@myserver03:~$ sudo apt install nfs-kernel-server           ❻
[sudo] password for eevee:
Reading package lists... Done
Building dependency tree... Done
Reading state information... Done
...(생략)
```

PV를 사용하기 위해서 myserver03을 NFS 서버로 사용하겠습니다. NFS^Network File System 서버란 원격 서버에 존재하는 파일들을 마치 내 컴퓨터에 있는 것처럼 사용하는 것을 의미합니다. NFS를 사용하려면 클라이언트 측에는 nfs-common을 설치해야 하고 서버 측에는 nfs-kernel-server를 설치해야 합니다. 먼저 클라이언트인 myserver01, myserver02에 nfs-common을 설치하겠습니다.

❶ myserver01에 nfs-common을 설치합니다.

❷ myserver02로 이동합니다.

❸ myserver02도 클라이언트이므로 nfs-common을 설치합니다.

❹ myserver03으로 이동합니다.

❺ ❻ myserver03은 서버 역할이므로 nfs-common와 nfs-kernel-server를 모두 설치합니다.

```
eevee@myserver03:~$ systemctl status nfs-server.service          ❶
● nfs-server.service - NFS server and services
    Loaded: loaded (/lib/systemd/system/nfs-server.service; enabled; vendor preset: e>
    Active: active (exited) since Sun 2023-11-12 03:47:51 UTC; 12s ago          ❷
  Main PID: 67834 (code=exited, status=0/SUCCESS)
       CPU: 17ms
```

NFS 서버인 myserver03에 nfs-server가 제대로 작동하고 있는지 확인하겠습니다.

❶ systemctl status nfs-server.service 명령어를 입력하면 nfs-server의 상태를 확인할 수 있습니다.

❷ 상태가 active인 것을 보니 정상적으로 작동하고 있는 것을 알 수 있습니다.

```
eevee@myserver03:~$ sudo -i                      ❶
root@myserver03:~# cd /tmp/                       ❷
root@myserver03:/tmp# mkdir k8s-pv                ❸
root@myserver03:/tmp# ls                          ❹
k8s-pv
```

myserver03에서 실습에 사용할 PV 디렉터리를 생성하겠습니다.

❶ 루트 권한을 획득합니다.

❷ /tmp 디렉터리로 이동합니다.

❸ PV용 디렉터리로 k8s-pv을 생성합니다.

❹ 디렉터리가 생성되었는지 확인합니다.

```
eevee@myserver03:/$ sudo vim /etc/exports                      ❶
# /etc/exports: the access control list for filesystems which may be exported
...(중략)
#
/tmp/k8s-pv 10.0.2.5(rw,no_root_squash)                        ❷
```

이번에는 NFS 서버가 공유하는 디렉터리를 설정하겠습니다.

❶ vim을 활용해 설정 파일을 수정합니다.

❷ 설정은 **[공유할 디렉터리 이름] [접속을 허용할 IP(옵션)]** 형태로 작성합니다.

NFS 서버는 /tmp/k8s-pv 디렉터리를 10.0.2.5에게 허용할 것입니다. 이때 10.0.2.5는 myserver 02입니다. **rw**는 읽기, 쓰기 권한을 주는 것이고 **no_root_squash**는 클라이언트의 루트 권한을 인정해준다는 의미입니다. **no_root_squash** 옵션을 사용하지 않으면 클라이언트가 해당 디렉터리에 루트 권한으로 쓰기가 안 됩니다.

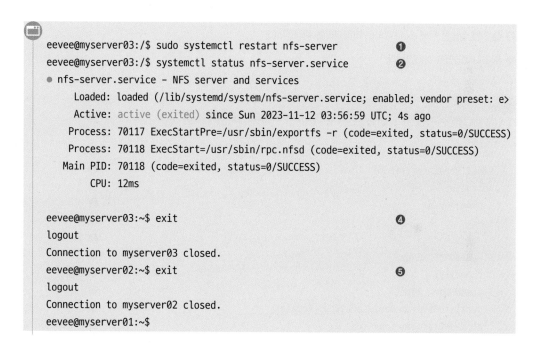

```
eevee@myserver03:/$ sudo systemctl restart nfs-server              ❶
eevee@myserver03:/$ systemctl status nfs-server.service            ❷
● nfs-server.service - NFS server and services
     Loaded: loaded (/lib/systemd/system/nfs-server.service; enabled; vendor preset: e>
     Active: active (exited) since Sun 2023-11-12 03:56:59 UTC; 4s ago
    Process: 70117 ExecStartPre=/usr/sbin/exportfs -r (code=exited, status=0/SUCCESS)
    Process: 70118 ExecStart=/usr/sbin/rpc.nfsd (code=exited, status=0/SUCCESS)
   Main PID: 70118 (code=exited, status=0/SUCCESS)
        CPU: 12ms

eevee@myserver03:~$ exit                                           ❹
logout
Connection to myserver03 closed.
eevee@myserver02:~$ exit                                           ❺
logout
Connection to myserver02 closed.
eevee@myserver01:~$
```

NFS 서버의 설정 파일을 변경했으므로 서비스를 재시작하겠습니다.

❶ **restart** 명령어를 통해 nfs-server를 재시작합니다.

❷ 상태를 확인합니다,

❸ active 상태인 것으로 보아 원활하게 작동하고 있는 것을 볼 수 있습니다.

❹ ❺ 작업이 모두 끝났으므로 myserver03에서 빠져나가고 myserver02에서도 빠져나가서 myserver01로 갑니다.

```
eevee@myserver01:~$ cd work/ch09/                                    ❶
eevee@myserver01:~/work/ch09$ ls                                     ❷
ex01  ex02  ex03  ex04  ex05  ex06  ex07  ex08  ex09  ex10
eevee@myserver01:~/work/ch09$ mkdir ex11                             ❸
eevee@myserver01:~/work/ch09$ ls                                     ❹
ex01  ex02  ex03  ex04  ex05  ex06  ex07  ex08  ex09  ex10  ex11
eevee@myserver01:~/work/ch09$ cd ex11                                ❺
eevee@myserver01:~/work/ch09/ex11$
```

❶ ❷ PersistentVolume 실습을 하기 위해 work/ch09/ 디렉터리로 이동합니다.

❸ ❹ 이번 실습을 위해 ex11이라는 디렉터리를 생성합니다.

❺ 해당 디렉터리로 이동합니다.

```
eevee@myserver01:~/work/ch09/ex11$ vim volume-test04-1-pv.yml        ❶

apiVersion: v1                                                       ❷
kind: PersistentVolume                                              ❸
metadata:                                                          ❹
  name: pv-01                                                      ❺
spec:                                                             ❻
  accessModes:                                                   ❼
  - ReadWriteOnce                                                ❽
  capacity:                                                      ❾
    storage: 100Mi                                              ❿
  persistentVolumeReclaimPolicy: Retain                          ⓫
  storageClassName: pv-test-01                                   ⓬
  nfs:                                                          ⓭
    server: 10.0.2.6                                            ⓮
    path: /tmp/k8s-pv                                           ⓯
```

위 과정은 myserver03에다가 PV를 생성하는 yml 파일을 만드는 실습입니다.

❶ 먼저 vim을 활용해 pv를 생성하는 yml 파일을 생성합니다.

❷ apiVersion을 입력합니다.

❸ 종류는 PersistentVolume으로 설정합니다.

❹ 다음으로는 메타 데이터를 입력합니다.

❺ 적절한 PV 이름을 생성합니다.

❻ spec을 통해 내부의 상태를 정합니다.

❼ accessModes를 설정합니다.

❽ ReadWriteOnce는 단 하나의 노드만이 읽기, 쓰기를 위해 마운트하는 것을 의미합니다.

❾ ❿ 이번에는 용량을 100메가바이트로 설정합니다.

⓫ **persistentVolumeReclaimPolicy**는 pv와 pvc 연결에 대한 정책을 결정하는 옵션입니다.

reclaiming은 사용이 끝난 PVC가 사용 중이던 PV를 reclaim(초기화)하는 과정을 의미합니다. reclaim에 대한 옵션에는 **Retain**, **Delete**, **Recycle**이 존재합니다. 이 옵션에 대해서 간단히 설명하면 다음과 같습니다.

- **Retain**: PVC가 삭제되어도 PV 내부의 데이터는 그대로 유지하는 옵션입니다.
- **Delete**: PVC가 삭제될 때 PV 역시 삭제하고 연계되어 있는 외부 스토리지 데이터도 삭제하는 옵션입니다.
- **Recycle**: PV 내부 파일을 삭제할 때 사용하는데, 지금은 지원하지 않는 옵션입니다.

⓬ storageClassName을 설정합니다. 이때 설정하는 이름은 이후 작성할 PVC와의 연결점이 됩니다.

⓭ NFS 서버 정보를 입력합니다.

⓮ NFS 서버 IP 주소를 입력합니다.

⓯ NFS 서버 내부에서 PV로 사용할 경로를 입력합니다.

```
eevee@myserver01:~/work/ch09/ex11$ vim volume-test04-2-pvc.yml    ❶

apiVersion: v1                                                    ❷
kind: PersistentVolumeClaim                                       ❸
metadata:                                                         ❹
  name: pvc-01                                                    ❺
spec:                                                             ❻
  accessModes:                                                    ❼
  - ReadWriteOnce                                                 ❽
  resources:                                                      ❾
    requests:                                                     ❿
      storage: 30Mi                                               ⓫
  storageClassName: pv-test-01                                    ⓬
```

위 과정은 앞서 작성한 PV와 연동할 PVC를 생성하는 내용입니다.

❶ vim으로 PVC를 생성할 yml 파일을 생성합니다.

❷ apiVersion을 입력합니다.

❸ 오브젝트 종류를 PersistentVolumeClaim으로 합니다.

❹ 메타 데이터를 입력합니다.

❺ 실행할 PVC 이름을 정합니다.

❻ spec을 통해 PVC 내부 상태를 정합니다.

❼ ❽ accessModes는 앞서 PV와 마찬가지로 ReadWriteOnce라고 정합니다.

❾ resources를 통해 사용할 자원을 설정하겠습니다.

❿ PV에게 보낼 요청 사항을 작성합니다.

⓫ 리소스 사용량은 30메가바이트로 설정합니다.

⓬ PVC가 사용할 PV의 storageClassName을 설정해주는데, 이는 앞서 PV 파일 내부에서 사용한 storageClass
   Name과 동일한 이름으로 설정합니다.

```
eevee@myserver01:~/work/k8s$ vim volume-test04-3-pod.yml      ❶
apiVersion: v1                                                ❷
kind: Pod                                                     ❸
metadata:                                                     ❹
  name: nginx-volume-04                                       ❺
spec:                                                         ❻
  nodeSelector:                                               ❼
    kubernetes.io/hostname: myserver02                        ❽
  containers:                                                 ❾
  - name: nginx-test01                                        ❿
    image: nginx:latest                                       ⓫
    volumeMounts:                                             ⓬
    - name: nfs-pv-01                                         ⓭
      mountPath: /mount01                                     ⓮
  volumes:                                                    ⓯
  - name: nfs-pv-01                                           ⓰
    persistentVolumeClaim:                                    ⓱
      claimName: pvc-01                                       ⓲
```

PersistentVolume 실습을 위해 yml 파일을 생성하겠습니다.

❶ vim을 활용해 yml 파일을 생성합니다.

❷ apiVersion을 입력합니다.

❸ 종류는 Pod로 설정합니다.

❹ 다음으로는 메타 데이터를 입력합니다.

❺ 적절한 파드 이름을 생성합니다.

❻ spec을 통해 파드 내부의 상태를 정해야 하는데, 파드 내부에는 컨테이너와 볼륨을 생성할 예정입니다.

❼ nodeSelector를 통해 파드가 실행될 노드를 정합니다.

❽ 이번 실습에서 생성할 파드는 myserver02에 생성되도록 설정합니다.

❾ 컨테이너를 생성합니다.

❿ 컨테이너 이름을 정합니다.

⓫ 컨테이너 생성에 사용할 이미지를 설정합니다.

⓬ 컨테이너가 사용할 볼륨을 마운트합니다.

⓭ 컨테이너가 사용하게 될 볼륨 이름을 작성합니다. 이때 사용하는 볼륨 이름은 이후 생성할 볼륨 이름과 일치해야 합니다.

⓮ 볼륨을 마운트할 경로를 작성합니다. 이렇게 하면 컨테이너 설정이 완료됩니다.

⓯ 추가적으로 파드 내부에 생성할 볼륨을 생성합니다.

⓰ 볼륨 이름을 정합니다.

⓱ 볼륨 타입을 설정하는데, 이번 실습에서는 persistentVolumeClaim으로 설정해주면 됩니다.

⓲ PVC 이름은 앞서 생성한 pvc-01이라고 작성합니다.

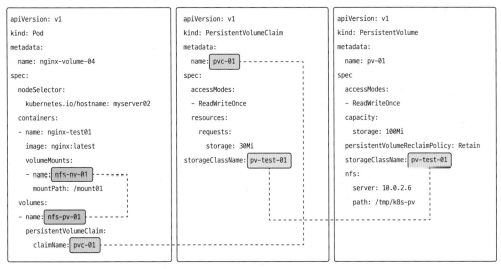

**그림 9-29** pod, pvc, pv 관계

이렇게 pod, pvc, pv를 생성하는 각각의 yml 파일을 작성했습니다. 이와 같이 생성한 세 개의 yml 은 [그림 9-29]와 같이 연동되어 있습니다.

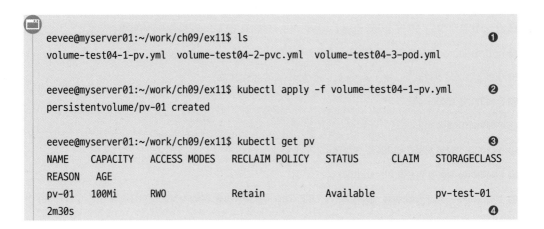

```
eevee@myserver01:~/work/ch09/ex11$ ls                                    ❶
volume-test04-1-pv.yml  volume-test04-2-pvc.yml  volume-test04-3-pod.yml

eevee@myserver01:~/work/ch09/ex11$ kubectl apply -f volume-test04-1-pv.yml   ❷
persistentvolume/pv-01 created

eevee@myserver01:~/work/ch09/ex11$ kubectl get pv                        ❸
NAME    CAPACITY   ACCESS MODES   RECLAIM POLICY   STATUS      CLAIM   STORAGECLASS
REASON    AGE
pv-01   100Mi      RWO            Retain           Available           pv-test-01
2m30s                                                                         ❹
```

앞서 생성한 yml을 이용해 pv를 생성하겠습니다.

❶ 앞서 생성한 YAML 파일이 생성되었는지 확인합니다.

❷ apply 명령어를 통해 PV를 생성합니다.

❸ 실행 중인 PV를 확인하면 성공적으로 생성된 것을 볼 수 있습니다.

❹ PV의 STATUS 항목을 보면 Available인 것을 볼 수 있습니다. 이 상태는 이후 PVC를 생성하면 바뀌게 될 것입니다.

```
eevee@myserver01:~/work/ch09/ex11$ kubectl apply -f volume-test04-2-pvc.yml   ❶
persistentvolumeclaim/pvc-01 created

eevee@myserver01:~/work/ch09/ex11$ kubectl get pvc                       ❷
NAME     STATUS   VOLUME   CAPACITY   ACCESS MODES   STORAGECLASS   AGE
pvc-01   Bound    pv-01    100Mi      RWO            pv-test-01     11s

eevee@myserver01:~/work/ch09/ex11$ kubectl get pv                       ❸
NAME    CAPACITY   ACCESS MODES   RECLAIM POLICY   STATUS   CLAIM
STORAGECLASS   REASON   AGE
pv-01   100Mi      RWO            Retain           Bound    default/pvc-01
pv-test-01               4m7s                                                  ❹
```

이번에는 pvc를 생성하겠습니다.

**❶ apply** 명령어로 pvc를 실행합니다.

**❷** PVC가 실행 중인 것을 확인할 수 있습니다.

**❸** PV를 다시 확인합니다.

**❹** 이전에 STATUS가 Available에서 Bound로 바뀐 것을 볼 수 있습니다.

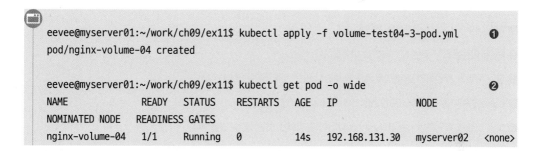

```
eevee@myserver01:~/work/ch09/ex11$ kubectl apply -f volume-test04-3-pod.yml      ❶
pod/nginx-volume-04 created

eevee@myserver01:~/work/ch09/ex11$ kubectl get pod -o wide                        ❷
NAME            READY   STATUS   RESTARTS   AGE   IP              NODE
NOMINATED NODE   READINESS GATES
nginx-volume-04  1/1    Running  0          14s   192.168.131.30  myserver02    <none>
```

마지막으로 파드를 생성하겠습니다.

**❶ apply** 명령어를 통해 파드를 생성합니다.

**❷** 파드 정보를 확인하면 파드는 myserver02에 생성된 것을 알 수 있습니다.

이후 myserver02에 생성된 파드가 myserver03에 설치된 NFS 서버를 사용하는 실습을 할 것입니다.

```
eevee@myserver01:~/work/ch09/ex11$ kubectl exec -it nginx-volume-04 -- /bin/bash  ❶
root@nginx-volume-04:/# ls                                                        ❷
bin   docker-entrypoint.d   home   lib64   mnt      proc  sbin  tmp
boot  docker-entrypoint.sh  lib    libx32  mount01  root  srv   usr
dev   etc                   lib32  media   opt      run   sys   var

root@nginx-volume-04:/# cd mount01/                                               ❸
root@nginx-volume-04:/mount01# ls                                                 ❹
root@nginx volume 04:/mount01# echo "hello nfs pv!" > ./nts_pvtest.txt            ❺
root@nginx-volume-04:/mount01# ls                                                 ❻
nfs_pvtest.txt
root@nginx-volume-04:/mount01# cat nfs_pvtest.txt                                 ❼
hello nfs pv!
root@nginx-volume-04:/mount01# exit                                               ❽
exit
eevee@myserver01:~/work/ch09/ex11$
```

앞서 파드, PV, PVC를 실행했는데, 정상적으로 연동되었는지 확인하겠습니다. 이를 위해 my server02에서 실행 중인 파드에 접속해서 파일을 생성합니다. 그런 후 NFS 서버로 사용하고 있는 myserver03에 접속해서 데이터가 유지되는지 확인합니다. 먼저 myserver02에 실행 중인 파드 내부에 접속하겠습니다.

❶ **exec** 명령어를 통해 실행 중인 파드 내부에 접속해서 **/bin/bash** 명령어를 실행합니다.

❷ 파드 내부의 디렉터리 구성을 확인합니다.

❸ PV가 마운트되어 있는 디렉터리로 이동합니다.

❹ 파일 목록을 확인하면 현재 아무것도 존재하지 않은 것을 볼 수 있습니다.

❺ **echo** 명령어를 통해 텍스트를 nfs_pvtest.txt 파일에 저장합니다.

❻ 파일 목록을 확인하면 nfs_pvtest.txt 파일이 존재하는 것을 볼 수 있습니다.

❼ 파일 내용을 출력하면 텍스트가 올바르게 저장되어 있는 것을 볼 수 있습니다.

❽ 작업이 끝났으면 파드 내부에서 빠져나갑니다.

```
eevee@myserver01:~/work/ch09/ex11$ ssh myserver03          ❶
eevee@myserver03's password:
eevee@myserver03:~$ cd /tmp/k8s-pv/                         ❷
eevee@myserver03:/tmp/k8s-pv$ ls                            ❸
nfs_pvtest.txt
eevee@myserver03:/tmp/k8s-pv$ cat nfs_pvtest.txt            ❹
hello nfs pv!
eevee@myserver03:/tmp/k8s-pv$ exit                          ❺
logout
Connection to myserver03 closed.
eevee@myserver01:~/work/ch09/ex11$
```

이번에는 nfs 서버로 이동해 앞서 파드 내부에서 생성한 nfs_pvtest.txt 파일이 존재하는지 확인하겠습니다.

❶ **ssh**를 통해 myserver03으로 이동합니다.

❷ PV로 사용하고 있는 디렉터리로 이동합니다.

❸ 파일 목록을 확인하면 nfs_pvtest.txt 파일이 존재하는 것을 알 수 있습니다.

❹ 파일에 이상이 없는지 확인하려고 내용을 출력해보면 올바르게 출력되는 것을 볼 수 있습니다.

❺ 실습이 끝났으면 myserver03에서 빠져나갑니다.

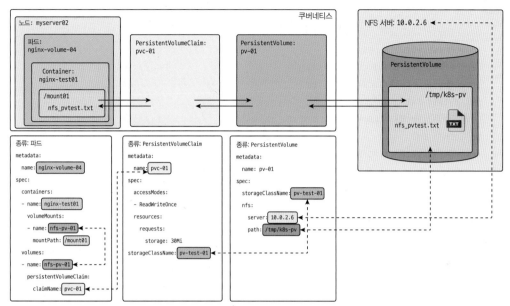

**그림 9-30** PV 실습 내용 정리

지금까지의 실습 내용을 그림으로 나타내면 [그림 9-30]과 같습니다.

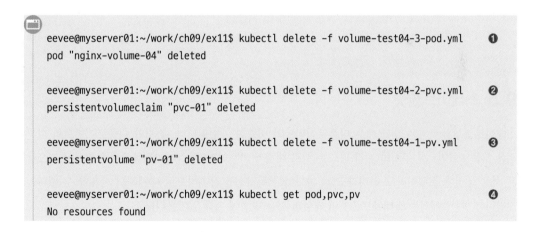

```
eevee@myserver01:~/work/ch09/ex11$ kubectl delete -f volume-test04-3-pod.yml    ❶
pod "nginx-volume-04" deleted

eevee@myserver01:~/work/ch09/ex11$ kubectl delete -f volume-test04-2-pvc.yml    ❷
persistentvolumeclaim "pvc-01" deleted

eevee@myserver01:~/work/ch09/ex11$ kubectl delete -f volume-test04-1-pv.yml     ❸
persistentvolume "pv-01" deleted

eevee@myserver01:~/work/ch09/ex11$ kubectl get pod,pvc,pv                        ❹
No resources found
```

❶ ❷ ❸ 실습이 끝났으므로 파드, PV, PVC를 모두 삭제합니다.

❹ 삭제된 것을 확인할 수 있습니다.

```
eevee@myserver01:~$ ssh myserver03                              ❶
eevee@myserver03's password:
ceevee@myserver03:~$ cd /tmp/k8s-pv/                            ❷
eevee@myserver03:/tmp/k8s-pv$ ls                                ❸
nfs_pvtest.txt
eevee@myserver03:/tmp/k8s-pv$ cat nfs_pvtest.txt               ❹
hello nfs pv!
eevee@myserver03:/tmp/k8s-pv$ exit                             ❺
logout
Connection to myserver03 closed.
eevee@myserver01:~$
```

앞서 파드, PV, PVC를 모두 삭제했습니다. NFS 서버에 데이터가 보관되고 있는지 확인하겠습니다.

❶ ssh를 활용해 NFS 서버인 myserver03에 접속합니다.

❷ 공유 디렉터리로 이동합니다.

❸ 파일 목록을 확인하면 해당 파일이 여전히 존재하는 것을 알 수 있습니다.

❹ 파일 내용도 정상으로 출력되는 것을 볼 수 있습니다.

❺ 실습이 끝났으니 연결을 종료합니다.

## 9.5 스테이트풀셋

스테이트풀셋StatefulSet은 앞서 배운 디플로이먼트와 비슷한 개념입니다. 하지만 디플로이먼트와 다른 점은 디플로이먼트를 구성하는 각 파드는 서로 대체가 가능하지만, 스테이트풀셋을 구성하는 파드들은 서로 동일한 스펙이라고 하더라도 각 파드마다 독자성을 유지하므로 대체해서 사용할 수 없다는 것입니다. 이 절에서는 스테이트풀셋의 개념과 사용 방법에 대해 알아봅니다.

### 9.5.1 스테이트풀셋의 개념

쿠버네티스의 스테이트풀셋은 파드들을 관리하는 데 사용하는 워크로드 API 오브젝트입니다. 워크로드란 쿠버네티스에서 구동되는 애플리케이션을 의미합니다. 스테이트풀셋은 파드를 관리한다는 점에서 앞서 배운 디플로이먼트와 유사합니다. 그러나 스테이트풀셋은 디플로이먼트와는 다르게 각 파드의 독자성을 유지합니다. 즉, 파드들이 동일한 스펙으로 생성되었다고 하더라도 각 파드들은 서로 교체해서 사용할 수는 없다는 뜻입니다. 또한 각 파드는 영구적인 식별자를 가지는데 이는 스케줄링을 다시 할 때도 유지됩니다.

스테이트풀셋은 다음과 같은 상황에서 유용합니다.

- 안정적이고, 고유한 네트워크 식별자
- 안정적인 퍼시스턴트 스토리지Persistent Storage
- 순차적인 원활한 배포Graceful Deployment와 스케일링
- 순차적, 자동 롤링 업데이트

## 9.5.2 헤드리스 서비스

헤드리스 서비스Headless Service는 파드들의 개별 네트워크를 식별하기 위해 필요한 서비스입니다. 헤드리스 서비스의 특징은 ClusterIP가 없는 것입니다.

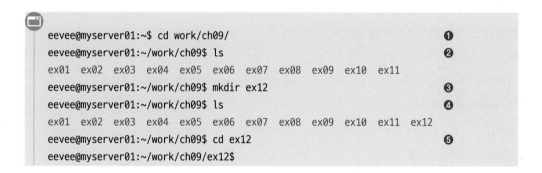

```
eevee@myserver01:~$ cd work/ch09/                                    ❶
eevee@myserver01:~/work/ch09$ ls                                     ❷
ex01  ex02  ex03  ex04  ex05  ex06  ex07  ex08  ex09  ex10  ex11
eevee@myserver01:~/work/ch09$ mkdir ex12                             ❸
eevee@myserver01:~/work/ch09$ ls                                     ❹
ex01  ex02  ex03  ex04  ex05  ex06  ex07  ex08  ex09  ex10  ex11  ex12
eevee@myserver01:~/work/ch09$ cd ex12                                ❺
eevee@myserver01:~/work/ch09/ex12$
```

실습을 위해 실습 디렉터리로 이동하겠습니다.

❶ ❷ work/ch09/ 디렉터리로 이동합니다.

❸ ❹ 이번 실습을 위해 사용할 ex12 디렉터리를 생성합니다.

❺ 해당 디렉터리로 이동합니다.

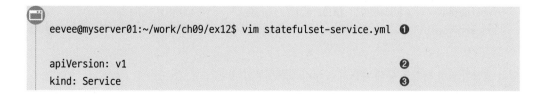

```
eevee@myserver01:~/work/ch09/ex12$ vim statefulset-service.yml   ❶

apiVersion: v1                                                    ❷
kind: Service                                                     ❸
```

```
    metadata:                                             ❹
      name: sfs-service01                                 ❺
    spec:                                                 ❻
      selector:                                           ❼
        app.kubernetes.io/name: web-sfs01                 ❽
      type: ClusterIP                                     ❾
      clusterIP: None                                     ❿
      ports:                                              ⓫
      - protocol: TCP                                     ⓬
        port: 80                                          ⓭
```

위 과정은 헤드리스 서비스를 생성하는 yml 파일 내용입니다.

❶ vim을 통해 yml 파일을 생성합니다.

❷ apiVersion을 설정합니다.

❸ 오브젝트 종류는 Service로 정합니다.

❹ 메타 데이터를 작성합니다.

❺ 서비스 이름을 정합니다.

❻ spec을 통해 서비스 내부 상태를 정합니다.

❼ 어떤 스테이트풀셋과 연동할지를 정합니다.

❽ 이번 실습에서는 web-sfs01이라는 스테이트풀셋과 연동합니다. web-sfs01은 이후에 생성합니다.

❾ 서비스 타입을 정합니다.

❿ 헤드리스 서비스는 ClusterIP이므로 해당 타입으로 정합니다.

⓫ 서비스 포트를 정합니다.

⓬ ⓭ 프로토콜과 서비스 포트를 정합니다.

```
eevee@myserver01:~/work/ch09/ex12$ kubectl apply -f statefulset-service.yml      ❶
service/sfs-service01 created

eevee@myserver01:~/work/ch09/ex12$ kubectl get svc                               ❷
NAME            TYPE        CLUSTER-IP     EXTERNAL-IP    PORT(S)    AGE
kubernetes      ClusterIP   10.96.0.1      <none>         443/TCP    6d22h
sfs-service01   ClusterIP   None           <none>         80/TCP     6s          ❸
```

앞서 생성한 yml 파일을 통해 헤드리스 서비스를 실행합니다.

❶ **apply** 명령어로 서비스를 실행합니다.

❷ **get** 명령어로 서비스를 확인합니다.

❸ 헤드리스 서비스가 실행되었습니다. EXTERNAL-IP 항목이 〈none〉인 것을 볼 수 있습니다.


## 9.5.3 스테이트풀셋 생성

이번 실습에서는 스테이트풀셋을 생성하겠습니다.

```
eevee@myserver01:~/work/ch09/ex12$ vim statefulset-web01.yml    ❶

apiVersion: apps/v1                                             ❷
kind: StatefulSet                                              ❸
metadata:                                                     ❹
  name: sfs-test01                                            ❺
spec:                                                         ❻
  replicas: 3                                                 ❼
  selector:                                                   ❽
    matchLabels:                                              ❾
      app.kubernetes.io/name: web-sfs01                       ❿
  serviceName: sfs-service01                                  ⓫
  template:                                                   ⓬
    metadata:                                                 ⓭
      labels:                                                 ⓮
        app.kubernetes.io/name: web-sfs01                     ⓯
    spec:                                                     ⓰
      containers:                                             ⓱
      - name: nginx                                           ⓲
        image: nginx:latest                                   ⓳
```

위 과정은 스테이트풀셋을 생성하는 yml을 작성하는 내용입니다

❶ vim 편집기를 활용해 yml을 생성합니다.

❷ apiVersion을 정합니다.

❸ 오브젝트 종류를 스테이트풀셋으로 정합니다.

❹ 메타 데이터를 작성합니다.

❺ 스테이트풀셋의 이름을 정합니다.

❻ 그리고 나서 spec을 통해 스테이트풀셋 상태를 정하겠습니다.

❼ 스테이트풀셋이 생성할 파드 개수는 세 개로 정하겠습니다.

❽ ❾ ❿ 스테이트풀셋의 selector의 matchLabels를 통해 파드를 하나로 묶어줍니다.

⓫ 스테이트풀셋과 연동할 서비스를 정합니다.

⓬ template을 통해 스테이트풀셋을 구성하고 있는 구성 요소를 정할 수 있습니다.

⓭ ⓮ ⓯ metadata의 labels를 통해 앞서 정했던 matchLabels와 동일한 이름으로 묶어줍니다.

⓰ spec을 통해 내부 상태를 정합니다.

⓱ 컨테이너 정보를 입력합니다.

⓲ 컨테이너 이름을 정합니다.

⓳ 어떤 이미지를 사용할지 정합니다.

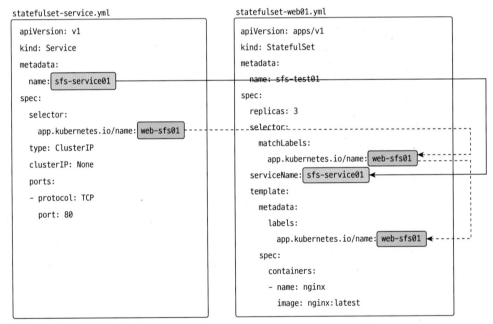

**그림 9-31** 스테이트풀셋과 헤드리스 서비스 연결

[그림 9-31]은 스테이트풀셋과 헤드리스 서비스를 연결하는 yml 구조를 나타내는 그림입니다.

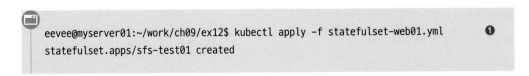

```
eevee@myserver01:~/work/ch09/ex12$ kubectl apply -f statefulset-web01.yml    ❶
statefulset.apps/sfs-test01 created
```

```
eevee@myserver01:~/work/ch09/ex12$ kubectl get all                            ❷
NAME                  READY    STATUS     RESTARTS    AGE
pod/sfs-test01-0      1/1      Running    0           14s                      ❸
pod/sfs-test01-1      1/1      Running    0           10s                      ❹
pod/sfs-test01-2      1/1      Running    0           7s                       ❺


NAME                      TYPE         CLUSTER-IP    EXTERNAL-IP    PORT(S)     AGE
service/kubernetes        ClusterIP    10.96.0.1     <none>         443/TCP     6d22h
service/sfs-service01     ClusterIP    None          <none>         80/TCP      13m       ❻


NAME                          READY    AGE
statefulset.apps/sfs-test01   3/3      14s                                               ❼
```

위에서 생성한 yml 파일을 통해 스테이트풀셋을 실행하겠습니다.

❶ apply 명령어를 통해 스테이트풀셋을 실행합니다.

❷ get 명령어를 통해 정상적으로 실행 중인지 확인하겠습니다. 스테이트풀셋이 관리하는 파드 세 개가 생성된 것을 볼 수 있습니다.

❸ ❹ ❺ 실행 중인 파드를 보면 먼저 파드 이름이 sfs-test01-0, sfs-test01-1, sfs-test01-2와 같이 순서대로 숫자를 1, 2, 3으로 붙이며 실행하는 것을 볼 수 있습니다. 즉 파드 이름의 마지막 숫자가 클수록 최근에 생성된 파드 라는 의미입니다.

❻ 서비스를 확인하면 앞서 생성했던 헤드리스 서비스가 실행 중인 것을 볼 수 있습니다. 헤드리스 서비스의 CLUSTER -IP는 None입니다.

❼ 스테이트풀셋이 실행 중인 것을 볼 수 있습니다.

```
eevee@myserver01:~/work/ch09/ex12$ kubectl get pod -o wide          ❶
NAME          READY    STATUS     RESTARTS    AGE    IP                NODE
NOMINATED NODE    READINESS GATES
sfs-test01-0  1/1      Running    0           95s    192.168.131.31    myserver02
<none>            <none>                                                          ❷
sfs-test01-1  1/1      Running    0           91s    192.168.149.157   myserver03
<none>            <none>                                                          ❸
sfs-test01-2  1/1      Running    0           88s    192.168.131.32    myserver02
<none>            <none>                                                          ❹
```

파드에 대한 정보를 자세히 살펴보겠습니다.

❶ wide 옵션을 통해 실행 중인 파드를 보면 파드 세 개가 실행 중인 것을 볼 수 있습니다.

❷ 실행 시간을 보면 sfs-test01-0이 가장 먼저 생성됩니다.

❸ sfs-test01-1이 두 번째로 실행됩니다.

❹ 마지막으로 sfs-test01-2가 생성된 것을 볼 수 있습니다.

이후 실습에서는 실행 중인 파드 개수를 줄였을 때 어떤 파드가 삭제되는지 살펴보겠습니다.

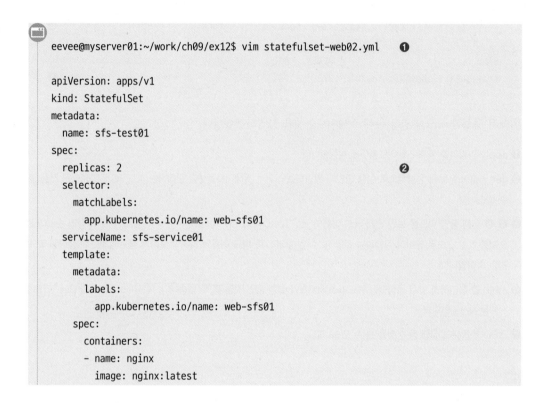

```
eevee@myserver01:~/work/ch09/ex12$ vim statefulset-web02.yml        ❶

apiVersion: apps/v1
kind: StatefulSet
metadata:
  name: sfs-test01
spec:
  replicas: 2                                                       ❷
  selector:
    matchLabels:
      app.kubernetes.io/name: web-sfs01
  serviceName: sfs-service01
  template:
    metadata:
      labels:
        app.kubernetes.io/name: web-sfs01
    spec:
      containers:
      - name: nginx
        image: nginx:latest
```

위 yml 파일은 실행 중인 파드를 두 개로 감소시키는 내용을 담고 있습니다.

❶ vim을 통해 새로운 파일을 생성합니다.

❷ 기존 스테이트풀셋과 비교해 다른 점은 파드 개수뿐입니다.

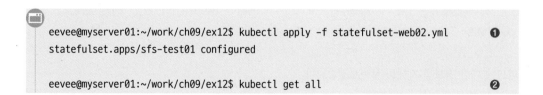

```
eevee@myserver01:~/work/ch09/ex12$ kubectl apply -f statefulset-web02.yml    ❶
statefulset.apps/sfs-test01 configured

eevee@myserver01:~/work/ch09/ex12$ kubectl get all                          ❷
```

```
NAME                  READY    STATUS      RESTARTS    AGE
pod/sfs-test01-0      1/1      Running     0           4m7s                              ❸
pod/sfs-test01-1      1/1      Running     0           4m3s


NAME                  TYPE         CLUSTER-IP    EXTERNAL-IP    PORT(S)    AGE
service/kubernetes    ClusterIP    10.96.0.1     <none>         443/TCP    6d22h
service/sfs-service01 ClusterIP    None          <none>         80/TCP     16m


NAME                          READY    AGE
statefulset.apps/sfs-test01   2/2      4m7s
```

스테이트풀셋을 구성하는 파드 개수를 줄이는 yml 파일을 실행하겠습니다.

❶ apply 명령어를 통해 yml 파일을 수정할 수 있습니다.

❷ 결과를 확인합니다.

❸ 파드 개수가 두 개로 줄어든 것을 볼 수 있습니다.

```
eevee@myserver01:~/work/ch09/ex12$ kubectl get pod -o wide        ❶
NAME            READY    STATUS      RESTARTS    AGE     IP                NODE
NOMINATED NODE    READINESS GATES
sfs-test01-0    1/1      Running     0           4m22s   192.168.131.31    myserver02
<none>            <none>                                                   ❷
sfs-test01-1    1/1      Running     0           4m18s   192.168.149.157   myserver03
<none>            <none>                                                   ❸
```

파드 정보를 자세히 살펴보겠습니다.

❶ wide 옵션을 통해 실행 중인 파드를 확인합니다.

❷ ❸ 기존 파드가 세 개의 실행 중이다가 파드가 두 개로 줄어든 것을 볼 수 있습니다. 이때 중요한 것은 실행 중인 파드 세 개를 두 개로 줄일 때 삭제할 파드를 랜덤하게 정하는 것이 아니라, 가장 최근에 실행되었던 파드를 삭제한 것을 볼 수 있습니다

## 9.5.4 스테이트풀셋 접속 테스트

이번 절에서는 스테이트풀셋을 통해 실행한 파드에 접속해 웹페이지에 접속하겠습니다.

```
eevee@myserver01:~/work/ch09/ex12$ vim nginx-test01.yml          ❶

apiVersion: v1
kind: Pod
metadata:
  name: nginx01
spec:
  containers:
  - name: nginx-test01
    image: nginx:latest
```

먼저 접속 테스트를 위해 필요한 Nginx 파드를 생성하겠습니다.

❶ 실습 디렉터리 내에서 vim을 활용해 앞서 사용했던 것과 같은 간단한 nginx 매니페스트 파일을 생성합니다.

```
eevee@myserver01:~/work/ch09/ex12$ kubectl apply -f nginx-test01.yml    ❶
pod/nginx01 created
eevee@myserver01:~/work/ch09/ex12$ kubectl get all                      ❷
NAME                 READY   STATUS    RESTARTS   AGE
pod/nginx01          1/1     Running   0          7s                     ❸
pod/sfs-test01-0     1/1     Running   0          11m
pod/sfs-test01-1     1/1     Running   0          11m


NAME                     TYPE        CLUSTER-IP   EXTERNAL-IP   PORT(S)   AGE
service/kubernetes       ClusterIP   10.96.0.1    <none>        443/TCP   6d22h
service/sfs-service01    ClusterIP   None         <none>        80/TCP    24m


NAME                              READY   AGE
statefulset.apps/sfs-test01       2/2     11m
```

위 과정은 스테이트풀셋을 통해 생성된 파드에 접속하기 위한 Nginx 파드를 생성하는 내용입니다.

❶ apply 명령어를 통해 Nginx 파드를 실행합니다.

❷ 실행 중인 파드를 확인합니다.

❸ Nginx 파드가 실행 중인 것을 볼 수 있습니다.

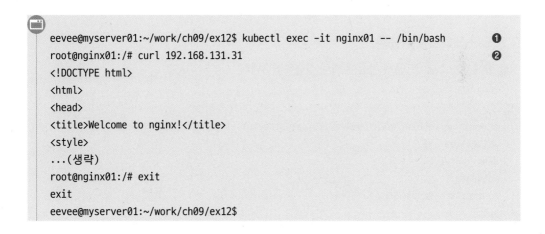

```
eevee@myserver01:~/work/ch09/ex12$ kubectl get pod -o wide          ❶
NAME            READY   STATUS    RESTARTS   AGE   IP               NODE
NOMINATED NODE    READINESS GATES
nginx01         1/1     Running   0          79s   192.168.149.158   myserver03
<none>            <none>                                                          ❷
sfs-test01-0    1/1     Running   0          12m   192.168.131.31    myserver02
<none>            <none>                                                          ❸
sfs-test01-1    1/1     Running   0          12m   192.168.149.157   myserver03
<none>            <none>                                                          ❹
```

Nginx 파드에 접속한 후 다른 파드에서 실행 중인 웹 서비스를 이용하려면 파드의 IP 주소를 확인하는 과정이 필요합니다.

❶ 이를 위해 **wide** 옵션을 통해 파드의 자세한 정보를 확인합니다.

❷ ❸ ❹ 그러면 각 파드의 IP 주소를 확인할 수 있습니다.

이후 실습에서 sfs-test01-0으로 접속 테스트를 진행할 것이므로 sfs-test01-0의 IP 주소를 잘 확인합니다.

```
eevee@myserver01:~/work/ch09/ex12$ kubectl exec -it nginx01 -- /bin/bash      ❶
root@nginx01:/# curl 192.168.131.31                                           ❷
<!DOCTYPE html>
<html>
<head>
<title>Welcome to nginx!</title>
<style>
...(생략)
root@nginx01:/# exit
exit
eevee@myserver01:~/work/ch09/ex12$
```

위 실습은 Nginx 파드 내부에 접속해 앞서 생성한 sfs-test01-0 파드가 제공하는 웹 서비스를 이용하는 내용입니다.

❶ **exec** 명령어를 통해 Nginx 파드에 접속합니다.

❷ **curl**을 이용해 테스트합니다. 이때 192.168.131.31은 sfs-test01-0 파드의 IP 주소입니다.

```
eevee@myserver01:~/work/ch09/ex12$ kubectl delete pods --all          ❶
pod "nginx01" deleted
pod "sfs-test01-0" deleted
pod "sfs-test01-1" deleted

eevee@myserver01:~/work/ch09/ex12$ kubectl delete services,statefulsets --all   ❷
service "kubernetes" deleted
service "sfs-service01" deleted
statefulset.apps "sfs-test01" deleted

eevee@myserver01:~/work/ch09/ex12$ kubectl get all                    ❸
NAME                  TYPE       CLUSTER-IP   EXTERNAL-IP   PORT(S)   AGE
service/kubernetes    ClusterIP  10.96.0.1    <none>        443/TCP   35s
```

실습이 끝났습니다.

❶ ❷ 파드 및 서비스, 스테이트풀셋을 모두 삭제합니다.

❸ 올바르게 삭제되었는지 확인합니다.

### 9.5.5 스테이트풀셋 볼륨

이번 절에서는 스테이트풀셋 볼륨에 대해 실습하겠습니다.

```
eevee@myserver01:~/work/ch09/ex12$ cat statefulset-service.yml
apiVersion: v1
kind: Service
metadata:
  name: sfs-service01
spec:
  selector:
    app.kubernetes.io/name: web-sfs01
  type: ClusterIP
  clusterIP: None
  ports:
  - protocol: TCP
    port: 80
```

위 과정은 앞서 생성했던 헤드리스 서비스인 statefulset-service.yml 파일입니다. 앞선 실습과 비교해 수정할 부분은 없습니다.

```
eevee@myserver01:~/work/ch09/ex12$ kubectl apply -f statefulset-service.yml    ❶
service/sfs-service01 created

eevee@myserver01:~/work/ch09/ex12$ kubectl get all                             ❷
NAME                    TYPE        CLUSTER-IP    EXTERNAL-IP   PORT(S)    AGE
service/kubernetes      ClusterIP   10.96.0.1     <none>        443/TCP    3m9s
service/sfs-service01   ClusterIP   None          <none>        80/TCP     5s     ❸
```

헤드리스 서비스를 실행하겠습니다.

❶ apply 명령어를 통해 헤드리스 서비스를 실행합니다.

❷ 결과를 확인합니다.

❸ 헤드리스 서비스가 실행 중임을 볼 수 있습니다.

```
eevee@myserver01:~/work/ch09/ex12$ vim statefulset-vol01-pv.yml    ❶
apiVersion: v1                                                     ❷
kind: PersistentVolume                                            ❸
metadata:                                                          ❹
  name: pv-sfs01                                                   ❺
spec:                                                              ❻
  accessModes:                                                     ❼
  - ReadWriteOnce                                                  ❽
  capacity:                                                        ❾
    storage: 100Mi                                                 ❿
  persistentVolumeReclaimPolicy: Retain                            ⓫
  storageClassName: pv-sfs-test01                                  ⓬
  hostPath:                                                        ⓭
    path: /home/eevee/work/volhost01                               ⓮
    type: DirectoryOrCreate                                        ⓯
```

위 과정은 스테이트풀셋이 사용할 볼륨을 생성하는 YAML 파일입니다.

❶ vim을 통해 파일을 생성합니다.

❷ apiVersion을 설정합니다.

❸ 오브젝트 종류를 PersistentVolume이라고 정합니다.

❹ 메타 데이터를 설정합니다.

❺ 자신이 원하는 볼륨 이름을 정합니다.

❻ PersistentVolume의 내부 상태를 정합니다.

❼ ❽ 접근 모드는 ReadWriteOnce라고 정합니다.

❾ ❿ 용량을 100 메가바이트로 설정합니다.

⓫ persistentVolumeReclaimPolicy는 Retain으로 설정합니다.

⓬ storageClassName을 정합니다.

⓭ 볼륨 타입은 hostPath로 설정합니다.

⓮ 원하는 경로를 설정합니다.

⓯ 디렉터리가 존재하지 않으면 자동으로 생성되도록 DirectoryOrCreate로 설정합니다.

```
eevee@myserver01:~/work/ch09/ex12$ vim statefulset-vol02.yml        ❶
apiVersion: apps/v1
kind: StatefulSet                                                   ❷
metadata:
  name: sfs-test01                                                  ❸
spec:
  replicas: 1                                                       ❹
  selector:
    matchLabels:
      app.kubernetes.io/name: web-sfs01                             ❺
  serviceName: sfs-service01                                        ❻
  template:
    metadata:
      labels:
        app.kubernetes.io/name: web-sfs01                           ❼
    spec:
      containers:                                                   ❽
      - name: nginx
        image: nginx:latest
        volumeMounts:                                               ❾
        - name: sfs-vol01
          mountPath: /mount01
  volumeClaimTemplates:                                             ❿
  - metadata:                                                       ⓫
```

```
      name: sfs-vol01                              ⑫
  spec:                                            ⑬
    accessModes: [ "ReadWriteOnce" ]               ⑭
    storageClassName: pv-sfs-test01                ⑮
    resources:                                     ⑯
      requests:                                    ⑰
        storage: 20Mi                              ⑱
```

위 과정은 스테이트풀셋을 생성하는 yml 파일을 작성하는 내용입니다.

❶ vim을 통해 생성하는데, 이번 스테이트풀셋에서는 볼륨을 사용하는 내용까지 추가합니다.

❷ 오브젝트 타입은 스테이트풀셋으로 정합니다.

❸ 메타 데이터 항목을 통해 스테이트풀셋 이름을 정합니다.

❹ 이번 스테이트풀셋으로 생성할 파드는 한 개로 설정합니다.

❺ 스테이트풀셋이 관리할 앱을 정합니다.

❻ 스테이트풀셋이 사용할 헤드리스 서비스를 설정합니다.

❼ 템플릿을 작성하는데 앞서 selector.matchLabels.app.kubernetes.io/name과 동일하게 template.metadata. labels.app.kubernetes.io/name을 정합니다.

❽ 컨테이너 정보를 입력합니다.

❾ 컨테이너 내부에 마운트할 볼륨 정보를 입력합니다. 이때 설정하는 volumeMounts.name은 이후 volumeClaimTemplates에서 정한 이름과 동일해야 합니다.

❿ volumeClaimTemplates는 앞서 PersistentVolume을 실습했을 때 사용하는 PVC 역할에 해당합니다. 따라서 스테이트풀셋이 볼륨을 사용할 때는 PVC 파일을 따로 작성하지 않습니다.

⑪ ⑫ 메타 데이터를 정하는데, 먼저 이름을 정합니다.

⑬ 그리고 볼륨에 대한 내부 정보를 입력합니다.

⑭ 입력 모드는 ReadWriteOnce로 설정합니다.

⑮ storageClassName을 정합니다. storageClassName은 앞서 생성했던 statefulset-vol01-pv.yml 파일의 storageClassName과 동일해야 합니다

⑯ 볼륨에 요청할 리소스 정보를 입력합니다.

⑰ ⑱ 요청 사항으로 20메가바이트만큼의 용량을 요청합니다.

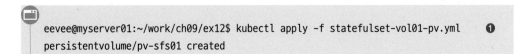

```
eevee@myserver01:~/work/ch09/ex12$ kubectl apply -f statefulset-vol01-pv.yml    ❶
persistentvolume/pv-sfs01 created
```

```
eevee@myserver01:~/work/ch09/ex12$ kubectl get pv                                    ❷
NAME          CAPACITY   ACCESS MODES   RECLAIM POLICY   STATUS      CLAIM    STORAGECLASS
REASON     AGE
pv-sfs01    100Mi      RWO            Retain           Available            pv-sfs-
test01              5s
```

yml 파일 작성이 끝났다면 실행하겠습니다.

❶ 앞서 생성했던 볼륨 파일을 **apply** 명령어를 통해 실행합니다.

❷ 결과를 확인하면 원활하게 실행 중인 것을 볼 수 있습니다.

```
eevee@myserver01:~/work/ch09/ex12$ kubectl apply -f statefulset-vol02.yml     ❶
statefulset.apps/sfs-test01 created

eevee@myserver01:~/work/ch09/ex12$ kubectl get all                           ❷
NAME               READY   STATUS    RESTARTS   AGE
pod/sfs-test01-0   1/1     Running   0          7s                            ❸

NAME                    TYPE        CLUSTER-IP   EXTERNAL-IP   PORT(S)   AGE
service/kubernetes      ClusterIP   10.96.0.1    <none>        443/TCP   14m
service/sfs-service01   ClusterIP   None         <none>        80/TCP    11m   ❹

NAME                         READY   AGE
statefulset.apps/sfs-test01  1/1     7s                                       ❺
```

이번에는 스테이트풀셋을 실행하겠습니다.

❶ **apply** 명령어를 통해 스테이트풀셋을 실행합니다.

❷ 결과를 확인합니다.

❸ 앞서 yml 파일에서 설정한대로 한 개의 파드가 생성된 것을 볼 수 있습니다.

❹ ❺ 서비스 및 스테이트풀셋이 실행 중인 것을 볼 수 있습니다.

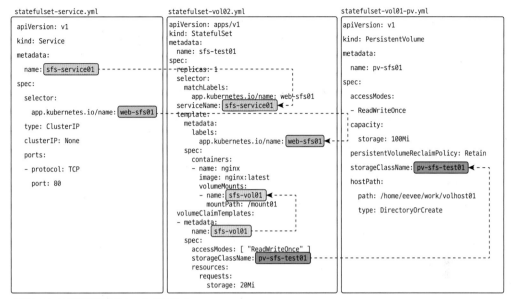

**그림 9-32** 스테이트풀셋 볼륨 yml 파일 관계

[그림 9-32]는 앞서 실행했던 서비스, 스테이트풀셋, 볼륨 간의 관계를 나타내는 그림입니다.

```
eevee@myserver01:~/work/ch09/ex12$ kubectl get pod,pv,pvc          ❶
NAME               READY   STATUS    RESTARTS   AGE
pod/sfs-test01-0   1/1     Running   0          76s                 ❷


NAME                      CAPACITY   ACCESS MODES   RECLAIM POLICY   STATUS    CLAIM
STORAGECLASS      REASON    AGE
persistentvolume/pv-sfs01     100Mi      RWO            Retain          Bound
default/sfs-vol01-sfs-test01-0    pv-sfs-test01              2m37s      ❸


NAME                                       STATUS   VOLUME    CAPACITY   ACCESS
MODES   STORAGECLASS    AGE
persistentvolumeclaim/sfs-vol01-sfs-test01-0   Bound    pv-sfs01   100Mi      RWO
pv-sfs-test01    76s                                                  ❹
```

실행 중인 파드와 PV, PVC를 확인하겠습니다.

❶ get 명령을 통해 확인할 수 있습니다.

❷ ❸ ❹ 파드 정보, PV 정보, PVC 정보를 확인할 수 있으며 모두 원활하게 실행되고 있는 것을 알 수 있습니다.

```
eevee@myserver01:~/work/ch09/ex12$ vim statefulset-vol03.yml            ❶

apiVersion: apps/v1
kind: StatefulSet
metadata:
  name: sfs-test01
spec:
  replicas: 2                                                            ❷
  selector:
    matchLabels:
      app.kubernetes.io/name: web-sfs01
  serviceName: sfs-service01
  template:
    metadata:
      labels:
        app.kubernetes.io/name: web-sfs01
    spec:
      containers:
      - name: nginx
        image: nginx:latest
        volumeMounts:
        - name: sfs-vol01
          mountPath: /mount01
  volumeClaimTemplates:
  - metadata:
      name: sfs-vol01
    spec:
      accessModes: [ "ReadWriteOnce" ]
      storageClassName: pv-sfs-test01
      resources:
        requests:
          storage: 20Mi
```

이번에는 앞서 생성했던 스테이트풀셋의 파드 개수를 두 개로 늘린다면 어떤 변화가 발생하는지 확인하겠습니다.

❶ vim을 활용해 새로운 스테이트풀셋 파일을 생성합니다. 앞서 생성했던 statefulset-vol02.yml과 동일한 내용입니다.

❷ 파드 개수만 두 개로 늘려줍니다.

```
eevee@myserver01:~/work/ch09/ex12$ kubectl apply -f statefulset-vol03.yml        ❶
statefulset.apps/sfs-test01 configured

eevee@myserver01:~/work/ch09/ex12$ kubectl get all                              ❷
NAME                    READY     STATUS     RESTARTS     AGE
pod/sfs-test01-0        1/1       Running    0            6m39s
pod/sfs-test01-1        0/1       Pending    0            6s


NAME                    TYPE        CLUSTER-IP     EXTERNAL-IP     PORT(S)     AGE
service/kubernetes      ClusterIP   10.96.0.1      <none>          443/TCP     21m
service/sfs-service01   ClusterIP   None           <none>          80/TCP      18m


NAME                           READY     AGE
statefulset.apps/sfs-test01    1/2       6m39s
```

❶ **apply** 명령어를 통해 파드 개수를 변경한 스테이트풀셋을 실행합니다.

❷ 결과를 확인합니다.

❸ 생성된 파드의 STATUS가 Pending이므로 정상적으로 생성되지 않은 것을 확인할 수 있습니다.

왜 그런지에 대해서는 다음 실습을 통해서 좀 더 자세히 알아보겠습니다.

```
eevee@myserver01:~/work/ch09/ex12$ kubectl get pod,pv,pvc                        ❶
NAME                    READY     STATUS     RESTARTS     AGE
pod/sfs-test01-0        1/1       Running    0            7m14s
pod/sfs-test01-1        0/1       Pending    0            41s            ❷


NAME                    CAPACITY   ACCESS MODES   RECLAIM POLICY   STATUS    CLAIM
STORAGECLASS     REASON    AGE
persistentvolume/pv-sfs01     100Mi      RWO                        Retain           Bound
default/sfs-vol01-sfs-test01-0    pv-sfs-test01              8m35s          ❸


NAME                                               STATUS    VOLUME       CAPACITY    ACCESS
MODES    STORAGECLASS     AGE
persistentvolumeclaim/sfs-vol01-sfs-test01-0    Bound     pv-sfs01     100Mi       RWO
pv-sfs-test01     7m14s                                                       ❹
persistentvolumeclaim/sfs-vol01-sfs-test01-1    Pending
pv-sfs-test01     41s                                                         ❺
```

실행 중인 파드와 PV, PVC를 확인하겠습니다.

❶ get 명령어를 통해 확인합니다.

❷ 새롭게 생긴 파드는 Pending 상태임을 알 수 있습니다.

❸ PV는 정상적으로 생성된 것을 볼 수 있습니다.

❹ PVC는 두 개가 존재하는 것을 볼 수 있는데 sfs-vol01-sfs-test01-0은 올바르게 생성된 것을 볼 수 있습니다.

❺ sfs-vol01-sfs-test01-1은 Pending 상태임을 볼 수 있습니다.

왜 이런 일이 일어나는지 다음 실습에서 PVC에 대해 더욱 자세히 알아보겠습니다.

앞서 Pending 상태였던 sfs-vol01-sfs-test01-1에 대해 자세히 알아보겠습니다.

❶ describe 명령어를 통해 sfs-vol01-sfs-test01-1을 살펴보겠습니다.

❷ ❸ ❹ 이름과 StorageClass를 볼 수 있고 현재 상태가 Pending인 것을 볼 수 있습니다.

❺ 가장 아래쪽을 보면 io "pv-sfs-test01" not found라는 메시지를 볼 수 있습니다. 이는 pv-sfs-test01을 찾을
수 없다는 메시지인데 이게 어떻게 된 걸까요? 그 이유는 앞서 생성했던 sfs-test01-0이 이미 StorageClass가
pv-sfs-test01인 볼륨을 사용하고 있기 때문입니다. 따라서 이후에 만들어진 sfs-test01-1 파드가 사용할 볼륨
을 찾을 수 없어 바인딩할 수 없었던 것입니다.

💡 PV를 동적으로 할당하려면 Rook이라는 프로그램을 참고하기 바랍니다. Rook을 사용하면 새로운 PVC가 생성될 때마다 적절한 PV가 자동으로 생성되고 바인딩됩니다.

```
eevee@myserver01:~/work/ch09/ex12$ kubectl delete -f statefulset-vol03.yml        ❶
statefulset.apps "sfs-test01" deleted

eevee@myserver01:~/work/ch09/ex12$ kubectl delete pv,pvc --all                    ❷
persistentvolume "pv-sfs01" deleted
persistentvolumeclaim "sfs-vol01-sfs-test01-0" deleted
persistentvolumeclaim "sfs-vol01-sfs-test01-1" deleted

eevee@myserver01:~/work/ch09/ex12$ kubectl delete -f statefulset-service.yml      ❸
service "sfs-service01" deleted

eevee@myserver01:~/work/ch09/ex12$ kubectl get all                               ❹
NAME                    TYPE        CLUSTER-IP    EXTERNAL-IP    PORT(S)    AGE
service/kubernetes      ClusterIP   10.96.0.1     <none>         443/TCP    25m

eevee@myserver01:~/work/ch09/ex12$ kubectl get pv,pvc                            ❺
No resources found
```

실습이 모두 끝났으므로 지금까지 실행했던 오브젝트들을 순서대로 모두 종료합니다.


# 9.6 인그레스

이번 절에서는 쿠버네티스 인그레스에 대해 알아보겠습니다. 우선 인그레스의 개념에 대해 알아보고 실습에 필요한 헬름을 설치해봅니다. 그리고 실습을 통해 쿠버네티스에서의 인그레스 역할에 대해 배웁니다.


## 9.6.1 인그레스의 개념

인그레스Ingress란 쿠버네티스 클러스터 외부에서 내부에 존재하는 쿠버네티스 서비스에 접근하기 위해 HTTP/HTTPS를 활용한 라우팅 규칙을 제공하는 오브젝트입니다. 인그레스를 활용하면 클러스터 내부에 존재하는 여러 서비스를 다수의 LoadBalancer 없이도 외부에 노출시킬 수 있으므로 프로덕션 환경에서 유용하게 사용할 수 있습니다.

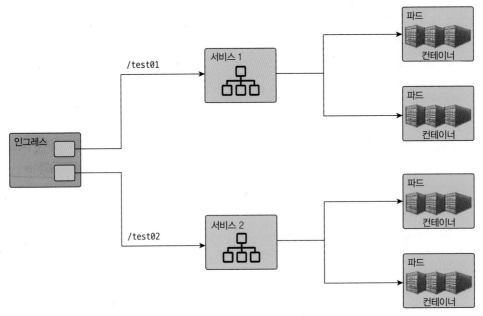

**그림 9-33** 인그레스 개념

[그림 9-33]은 인그레스 개념을 그림으로 나타낸 것입니다. 하나의 인그레스에 여러 서비스가 포함될 수 있습니다. [그림 9-33]과 같이 접속 URL을 통해 /test01로 접근하면 service1로 연결시키고 /test02로 접근하면 service2로 연결시킵니다.


## 9.6.2 헬름의 개념

이후 인그레스 실습을 하기 위해 헬름Helm이라는 애플리케이션을 사용할 것입니다. 쿠버네티스를 사용하면 하나의 애플리케이션을 실행하기 위해 파드, 서비스 등 쿠버네티스의 여러 리소스를 사용해야 합니다. 따라서 하나의 애플리케이션을 실행하려면 다수의 yaml 파일을 관리해야 하는데 이때 헬름을 활용하면 유용합니다. 헬름으로 쿠버네티스 클러스터에 애플리케이션 배포를 위해 필요한 파일들을 하나의 패키지 형태로 관리할 수 있기 때문입니다. 헬름은 리눅스 환경에서의 apt, yum과 비슷한 개념입니다. 헬름을 활용하면 yaml 파일을 만들지 않고도 쿠버네티스 환경에서 애플리케이션을 쉽고 편하게 설치할 수 있습니다.

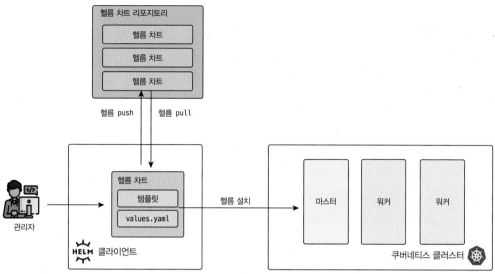

그림 9-34 헬름의 개념

헬름 차트Helm Chart는 쿠버네티스 리소스를 생성하기 위해 필요한 파일을 모아놓은 디렉터리라고 할 수 있습니다. 헬름 템플릿인 values.yaml 파일을 활용하면 설치에 필요한 여러 변수를 한 번에 설정할 수 있고 쿠버네티스 리소스를 최적화하기에도 쉽습니다. 그리고 헬름 리포지토리는 다양한 헬름 차트를 저장 및 공유하는 저장소입니다. 헬름 리포지토리는 도커 리포지토리와 비슷한 개념입니다.

즉, 헬름을 통해 쿠버네티스 애플리케이션을 설치한다는 말은 리포지토리에서 헬름 차트를 다운로드하고 해당 디렉터리에 있는 파일을 수정해 자신의 환경에 맞게 최적화한 후 쿠버네티스 클러스터에 설치하는 것입니다.

### 9.6.3 헬름 설치

헬름을 설치해서 인그레스에 대한 첫 실습을 진행하겠습니다. 헬름은 쿠버네티스를 구성하는 모든 노드에 설치할 필요없이 마스터 노드에만 설치하면 됩니다.

```
eevee@myserver01:~$ cd work/                          ❶
eevee@myserver01:~/work$ ls                           ❷
ch04  ch05  ch06  ch09
eevee@myserver01:~/work$ mkdir app                    ❸
eevee@myserver01:~/work$ ls                           ❹
```

```
app  ch04  ch05  ch06  ch09
eevee@myserver01:~/work$ cd app/                              ❺
eevee@myserver01:~/work/app$ mkdir helm                       ❻
eevee@myserver01:~/work/app$ ls                               ❼
helm
eevee@myserver01:~/work/app$ cd helm/                         ❽
eevee@myserver01:~/work/app/helm$
```

위 과정은 헬름을 설치하기 위해 디렉터리를 생성하는 과정입니다.

❶ ❷ 홈 디렉터리에서 work 디렉터리로 이동합니다.

❸ ❹ app이라는 디렉터리를 생성합니다. app 디렉터리에는 앞으로 다양한 애플리케이션을 설치할 예정입니다.

❺ app 디렉터리로 이동합니다.

❻ ❼ 헬름 설치 파일을 다운로드할 helm 디렉터리를 생성합니다.

❽ 해당 디렉터리로 이동합니다.

```
eevee@myserver01:~/work/app/helm$ curl -fsSL -o get_helm.sh https://raw.
githubusercontent.com/helm/helm/main/scripts/get-helm-3          ❶

eevee@myserver01:~/work/app/helm$ ls                             ❷
get_helm.sh
eevee@myserver01:~/work/app/helm$ chmod 700 get_helm.sh         ❸
eevee@myserver01:~/work/app/helm$ ls                             ❹
get_helm.sh

eevee@myserver01:~/work/app/helm$ ./get_helm.sh                 ❺
Downloading https://get.helm.sh/helm-v3.13.1-linux-amd64.tar.gz
Verifying checksum... Done.
Preparing to install helm into /usr/local/bin
[sudo] password for eevee:
helm installed into /usr/local/bin/helm

eevee@myserver01:~/work/app/helm$ helm version                  ❻
version.BuildInfo{Version:"v3.13.1", GitCommit:"3547a4b5bf5edb5478ce352e18858d8a55
2a4110", GitTreeState:"clean", GoVersion:"go1.20.8"}
```

위 과정은 헬름을 설치하는 과정입니다.

❶ 헬름 설치 파일을 다운로드합니다. 헬름 설치 경로는 실습 코드를 참고해도 되고 다음 URL을 참고해도 됩니다.

- https://helm.sh/docs/intro/install/

❷ 그런 후 파일 목록을 확인하면 설치 파일을 다운로드한 것을 볼 수 있습니다.

❸ 다운로드한 파일의 권한을 700으로 바꿉니다.

❹ 다시 파일 목록을 확인하면 파일 색상이 바뀐 것을 볼 수 있습니다.

❺ 파일을 실행해서 헬름을 설치합니다.

❻ 헬름 버전을 확인하면 헬름이 성공적으로 설치된 것을 볼 수 있습니다.

```
eevee@myserver01:~/work/app/helm$ helm repo add bitnami https://charts.bitnami.com/
bitnami                          ❶

"bitnami" has been added to your repositories
```

헬름을 설치했으니 헬름 리포지토리를 추가할 차례입니다. 리포지토리는 여러 종류가 있습니다.

❶ 이번 실습에 사용하는 코드는 https://charts.bitnami.com/bitnami 경로를 bitnami라는 이름의 리포지토리로 추가한다는 의미입니다. bitnami 리포지토리는 다수의 헬름 사용자가 사용하는 인지도 높은 리포지토리입니다.

```
eevee@myserver01:~/work/app/helm$ helm repo update            ❶
Hang tight while we grab the latest from your chart repositories...
...Successfully got an update from the "bitnami" chart repository
Update Complete. *Happy Helming!*

eevee@myserver01:~/work/app/helm$ helm repo list              ❷
NAME    URL
bitnami https://charts.bitnami.com/bitnami                    ❸
```

리포지토리가 추가되었는지 확인합니다.

❶ 업데이트합니다.

❷ 해당 명령어를 입력합니다.

❸ bitnami가 추가된 것을 볼 수 있습니다.

### 9.6.4 헬름을 활용한 nginx ingress controller 설치

nginx ingress controller는 쿠버네티스 환경에서 트래픽을 관리할 수 있도록 도와주는 애플리케이션입니다. 인그레스 실습에 필요하므로 헬름을 활용해 nginx ingress controller를 설치하겠습니다.

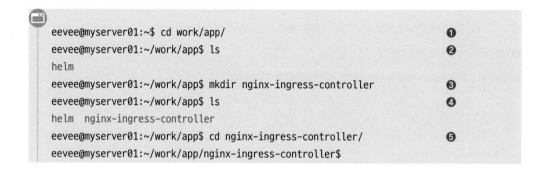

```
eevee@myserver01:~$ cd work/app/                                            ❶
eevee@myserver01:~/work/app$ ls                                             ❷
helm
eevee@myserver01:~/work/app$ mkdir nginx-ingress-controller                 ❸
eevee@myserver01:~/work/app$ ls                                            ❹
helm  nginx-ingress-controller
eevee@myserver01:~/work/app$ cd nginx-ingress-controller/                   ❺
eevee@myserver01:~/work/app/nginx-ingress-controller$
```

nginx ingress controller를 다운로드할 디렉터리를 생성하겠습니다.

❶ ❷ work/app/ 디렉터리로 이동합니다.

❸ ❹ 새로운 디렉터리를 생성합니다.

❺ 해당 디렉터리로 이동합니다.

```
eevee@myserver01:~/work/app/nginx-ingress-controller$ helm search repo nginx   ❶
NAME                              CHART VERSION   APP VERSION   DESCRIPTION
bitnami/nginx                     15.4.2          1.25.3        NGINX Open
Source is a web server that can be a...
bitnami/nginx-ingress-controller  9.9.2           1.9.3         NGINX Ingress
Controller is an Ingress controll...                                          ❷
bitnami/nginx-intel               2.1.15          0.4.9         DEPRECATED
NGINX Open Source for Intel is a lig...
```

nginx ingress controller를 설치합니다.

❶ 헬름 리포지토리에서 Nginx를 검색합니다. 그러면 Nginx를 포함하는 헬름 차트를 볼 수 있습니다.

❷ 이 결과 중에서 nginx-ingress-controller를 선택합니다.

```
eevee@myserver01:~/work/app/nginx-ingress-controller$ helm pull bitnami/nginx-ingress-
controller                                                                          ❶
eevee@myserver01:~/work/app/nginx-ingress-controller$ ls                    ❷
nginx-ingress-controller-9.9.2.tgz

eevee@myserver01:~/work/app/nginx-ingress-controller$ tar xvfz nginx-ingress-
controller-9.9.2.tgz                                                         ❸
nginx-ingress-controller/Chart.yaml
nginx-ingress-controller/Chart.lock
nginx-ingress-controller/values.yaml
...(중략)
nginx-ingress-controller/charts/common/.helmignore
nginx-ingress-controller/charts/common/README.md
```

위 과정은 헬름 차트 nginx-ingress-controller의 압축된 파일을 다운로드하고 압축을 푸는 내용입니다.

❶ nginx-ingress-controller를 pull합니다.

❷ 파일 목록을 확인하면 pull한 것을 볼 수 있습니다.

❸ 해당 파일의 압축을 풀어줍니다.

```
eevee@myserver01:~/work/app/nginx-ingress-controller$ ls                          ❶
nginx-ingress-controller  nginx-ingress-controller-9.9.2.tgz
eevee@myserver01:~/work/app/nginx-ingress-controller$ mv nginx-ingress-controller
nginx-ingress-controller-9.9.2                                                     ❷
eevee@myserver01:~/work/app/nginx-ingress-controller$ ls                           ❸
nginx-ingress-controller-9.9.2  nginx-ingress-controller-9.9.2.tgz
```

이번에는 압축 푼 파일의 이름을 바꿔보겠습니다.

❶ 파일 목록을 확인하면 압축 푼 디렉터리 nginx-ingress-controller를 볼 수 있습니다.

❷ 해당 디렉터리 이름을 nginx-ingress-controller에 버전 정보를 추가한 이름으로 바꿉니다.

❸ 파일 목록을 확인하면 이름이 의도대로 바뀐 것을 확인할 수 있습니다.

```
eevee@myserver01:~/work/app/nginx-ingress-controller$ cd nginx-ingress-controller-
9.9.2/                                                      ❶

eevee@myserver01:~/work/app/nginx-ingress-controller/nginx-ingress-controller-
9.9.2$ ls                                                   ❷

Chart.lock  charts  Chart.yaml  README.md  templates  values.yaml

eevee@myserver01:~/work/app/nginx-ingress-controller/nginx-ingress-controller-9.9.2$
cp values.yaml my-values.yaml                               ❸

eevee@myserver01:~/work/app/nginx-ingress-controller/nginx-ingress-controller-9.9.2$
ls                                                          ❹
Chart.lock  charts  Chart.yaml  my-values.yaml  README.md  templates  values.yaml
```

위 과정은 nginx-ingress-controller의 파일 구성을 살펴보고 nginx-ingress-controller를 설치할 YAML 파일을 추가하는 실습입니다.

❶ nginx-ingress-controller 디렉터리로 이동합니다.

❷ 파일 구성을 확인하면 nginx-ingress-controller가 어떻게 구성되어 있는지 볼 수 있습니다. 파일 목록 중 values.yaml을 통해 설치에 관련된 세부 설정을 할 수 있습니다.

❸ 만약, 설정 변경을 원하는 경우, 원본 values.yaml 파일은 그대로 두고 해당 파일을 복사한 후 새로 만든 my-values.yaml 파일을 통해 설정을 변경하고 설치하는 것이 안전합니다. 그러나 이번 실습에서는 별도의 설정 변경이 필요하지 않아 그대로 설치합니다.

❹ 파일 목록을 확인하면 my-values.yaml가 생성된 것을 볼 수 있습니다.

```
eevee@myserver01:~/work/app/nginx-ingress-controller/nginx-ingress-controller-9.9.2$
kubectl get namespace                                       ❶

NAME                STATUS    AGE
calico-apiserver    Active    7d17h
calico-system       Active    7d17h
default             Active    7d17h
kube-node-lease     Active    7d17h
kube-public         Active    7d17h
kube-system         Active    7d17h
tigera-operator     Active    7d17h
```

지금부터 설치할 nginx-ingress-controller는 새로운 네임스페이스에 설치할 예정입니다. 지금까지 이 책에서는 default 네임스페이스에서 여러 가지 쿠버네티스 애플리케이션을 실행했는데, 지금부터는 각 애플리케이션의 용도에 맞추어 전용 네임스페이스를 통해 관리하겠습니다.

❶ 현재 네임스페이스를 확인하면 위의 결과가 나옵니다.

```
eevee@myserver01:~/work/app/nginx-ingress-controller/nginx-ingress-controller-9.9.2$
kubectl create namespace mynginx                    ❶

namespace/mynginx created


eevee@myserver01:~/work/app/nginx-ingress-controller/nginx-ingress-controller-9.9.2$
kubectl get namespace                               ❷
NAME               STATUS   AGE
calico-apiserver   Active   7d17h
calico-system      Active   7d17h
default            Active   7d17h
kube-node-lease    Active   7d17h
kube-public        Active   7d17h
kube-system        Active   7d17h
mynginx            Active   5s                       ❸
tigera-operator    Active   7d17h
```

nginx-ingress-controller를 설치하기 전에 nginx-ingress-controller를 설치할 네임스페이스를 생성하겠습니다. nginx-ingress-controller를 default 네임스페이스에 설치하면 다른 오브젝트들과 구분이 어렵기 때문입니다.

❶ mynginx라는 네임스페이스를 생성합니다.

❷ 네임스페이스 목록을 확인합니다.

❸ 이번에 생성한 mynginx 네임스페이스를 확인할 수 있습니다.

```
eevee@myserver01:~/work/app/nginx-ingress-controller/nginx-ingress-controller-9.9.2$
helm install --namespace mynginx --generate-name bitnami/nginx-ingress-controller -f
my-values.yaml                                      ❶

NAME: nginx-ingress-controller-1699833807
```

```
LAST DEPLOYED: Mon Nov 13 00:03:29 2023
NAMESPACE: mynginx
STATUS: deployed
REVISION: 1
TEST SUITE: None
NOTES:
CHART NAME: nginx-ingress-controller
CHART VERSION: 9.9.2
APP VERSION: 1.9.3
...(생략)
```

위 과정은 nginx-ingress-controller를 설치하는 내용입니다.

❶ **--namespace**는 nginx-ingress-controller가 설치될 네임스페이스를 정하는 옵션이며 **--generate-name**은 적절한 이름을 랜덤하게 생성해주는 옵션입니다. 앞서 생성한 my-values.yaml 파일을 활용해 설치합니다. 참고로 설치하는 명령어는 **install**이며 삭제하는 명령어는 **uninstall**입니다.

```
eevee@myserver01:~/work/app/nginx-ingress-controller/nginx-ingress-controller-9.9.2$
helm ls                                                              ❶
NAME      NAMESPACE      REVISION      UPDATED STATUS   CHART    APP VERSION

eevee@myserver01:~/work/app/nginx-ingress-controller/nginx-ingress-controller-9.9.2$
helm ls --namespace mynginx                                          ❷

NAME                                  NAMESPACE      REVISION      UPDATED
STATUS        CHART                         APP VERSION
nginx-ingress-controller-1699833807    mynginx         1            2023-11-13
00:03:29.072160447 +0000 UTC          deployed        nginx-ingress-controller-9.9.2
1.9.3
```

nginx-ingress-controller가 성공적으로 설치되었는지 확인하겠습니다.

❶ 설치된 헬름 차트 리스트를 확인해보면 아무것도 나오지 않는데 이는 우리가 nginx-ingress-controller를 mynginx 네임스페이스에 설치했기 때문입니다.

❷ 따라서 **--namespace**를 통해 네임스페이스를 지정해주면 설치가 의도대로 된 것을 볼 수 있습니다.

```
eevee@myserver01:~$ kubectl get all                                  ❶
NAME                TYPE        CLUSTER-IP   EXTERNAL-IP   PORT(S)   AGE
```

```
    service/kubernetes    ClusterIP    10.96.0.1    <none>        443/TCP    19h

    eevee@myserver01:~$ kubectl get all --namespace mynginx           ❷
    NAME                                                            READY   STATUS
    RESTARTS    AGE
    pod/nginx-ingress-controller-1699833807-74cc56dbdf-pmd27          1/1    Running
    0        3m43s
    pod/nginx-ingress-controller-1699833807-default-backend-5c6f74k9cvs  1/1    Running
    0        3m43s

    NAME                                                    TYPE          CLUSTER-
    IP     EXTERNAL-IP    PORT(S)                  AGE
    service/nginx-ingress-controller-1699833807            LoadBalancer
    10.98.178.134   <pending>     80:30870/TCP,443:31555/TCP   3m44s     ❸
    service/nginx-ingress-controller-1699833807-default-backend   ClusterIP
    10.107.148.3   <none>        80/TCP                   3m44s

    NAME                                                    READY   UP-TO-
    DATE    AVAILABLE    AGE
    deployment.apps/nginx-ingress-controller-1699833807              1/1     1
    1        3m44s
    deployment.apps/nginx-ingress-controller-1699833807-default-backend   1/1     1
    1        3m44s

    NAME
    DESIRED    CURRENT    READY    AGE
    replicaset.apps/nginx-ingress-controller-1699833807-74cc56dbdf                1
    1       1        3m44s
    replicaset.apps/nginx-ingress-controller-1699833807-default-backend-5c6f74b4b6   1
    1       1        3m44s
```

❶ 실행 중인 쿠버네티스 오브젝트를 확인해도 nginx-ingress-controller를 확인할 수 없는데 이를 확인하기 위해서는 mynginx 네임스페이스를 지정해주어야 합니다.

❷ mynginx 네임스페이스에서 실행 중인 오브젝트를 확인하면 원활하게 직동 중임을 확인할 수 있습니다.

❸ 추가로 여기에 해당하는 서비스 영역을 보면 nginx-ingress-controller를 외부에서 접근할 수 있는 EXTERNAL-IP가 〈PENDING〉인 것을 볼 수 있습니다. 이는 IP가 할당받지 못했음을 의미합니다. 따라서 이후에 metallb를 설치함으로써 nginx-ingress-controller-1690296237에 EXTERNAL-IP를 할당하겠습니다.

## 9.6.5 metalLB를 통한 베어메탈 LoadBalancer 구성

앞서 사용한 방법은 쿠버네티스 내부에서 생성한 인그레스를 외부로 노출시키는 과정에서 IP 주소를 할당해서 노출시키는 경우입니다. 이번에는 온프레미스On-Premise 상황에서 자체 LoadBalancer를 생성해 자동으로 nginx-ingress-controller에 IP를 부여할 수 있도록 만들겠습니다.

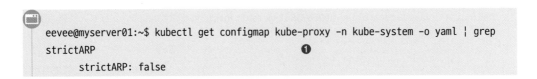

```
eevee@myserver01:~$ kubectl get configmap kube-proxy -n kube-system -o yaml ¦ grep
strictARP                                                        ❶
      strictARP: false
```

❶ 먼저 kube-proxy의 strictARP를 확인합니다. 쿠버네티스 v1.14.2 버전 이후부터는 strictARP 모드를 사용해야 합니다. 그런데 strictARP를 확인하면 false가 나오므로 이를 true로 바꿔줘야 합니다.

```
eevee@myserver01:~$ kubectl get configmap kube-proxy -n kube-system -o yaml ¦ \
sed -e "s/strictARP: false/strictARP: true/" ¦ \
kubectl apply -f - -n kube-system                                ❶

Warning: resource configmaps/kube-proxy is missing the kubectl.kubernetes.io/last-
applied-configuration annotation which is required by kubectl apply. kubectl apply
should only be used on resources created declaratively by either kubectl create
--save-config or kubectl apply. The missing annotation will be patched automatically.
configmap/kube-proxy configured
```

❶ **strictARP** 명령어로 strictARP를 true로 바꿉니다.

```
eevee@myserver01:~$ kubectl get configmap kube-proxy -n kube-system -o yaml ¦ grep
strictARP                                                        ❶
      strictARP: true
...(중략)
```

❶ 그런 후 strictARP를 확인하면 true로 바뀐 것을 확인할 수 있습니다.

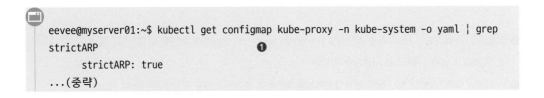

```
eevee@myserver01:~$ cd work/app/                                 ❶
eevee@myserver01:~/work/app$ ls                                  ❷
```

```
    helm  nginx-ingress-controller
    eevee@myserver01:~/work/app$ mkdir metallb              ❸
    eevee@myserver01:~/work/app$ ls                         ❹
    helm  metallb  nginx-ingress-controller
    eevee@myserver01:~/work/app$ cd metallb/                ❺
    eevee@myserver01:~/work/app/metallb$
```

metallb를 다운로드할 디렉터리를 생성하고 해당 디렉터리로 이동합니다.

❶ ❷ work/app/ 디렉터리로 이동합니다.

❸ ❹ metallb를 다운로드할 metallb라는 디렉터리를 생성합니다.

❺ 해당 디렉터리로 이동합니다.

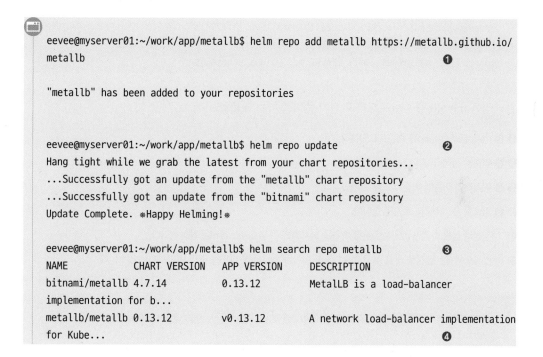

```
eevee@myserver01:~/work/app/metallb$ helm repo add metallb https://metallb.github.io/
metallb                                                                      ❶

"metallb" has been added to your repositories


eevee@myserver01:~/work/app/metallb$ helm repo update                        ❷
Hang tight while we grab the latest from your chart repositories...
...Successfully got an update from the "metallb" chart repository
...Successfully got an update from the "bitnami" chart repository
Update Complete. *Happy Helming!*

eevee@myserver01:~/work/app/metallb$ helm search repo metallb                 ❸
NAME            CHART VERSION   APP VERSION     DESCRIPTION
bitnami/metallb 4.7.14          0.13.12         MetalLB is a load-balancer
implementation for b...
metallb/metallb 0.13.12         v0.13.12        A network load-balancer implementation
for Kube...                                                                   ❹
```

위 과정은 metallb 리포지토리를 추가하고 metallb 헬름 차트를 검색하는 내용입니다.

❶ metallb 리포지토리를 추가합니다.

❷ 리포지토리를 업데이트합니다.

❸ metallb를 검색하면 두 개의 결과가 나옵니다.

❹ 이후 metallb/metallb를 설치하겠습니다.

```
eevee@myserver01:~/work/app/metallb$ helm pull metallb/metallb                    ❶
eevee@myserver01:~/work/app/metallb$ ls                                           ❷
metallb-0.13.12.tgz
eevee@myserver01:~/work/app/metallb$ tar xvfz metallb-0.13.12.tgz                 ❸
eevee@myserver01:~/work/app/metallb$ ls                                           ❹
metallb  metallb-0.13.12.tgz
eevee@myserver01:~/work/app/metallb$ mv metallb metallb-0.13.12                   ❺
eevee@myserver01:~/work/app/metallb$ ls                                           ❻
metallb-0.13.12  metallb-0.13.12.tgz
eevee@myserver01:~/work/app/metallb$ cd metallb-0.13.12/                          ❼
eevee@myserver01:~/work/app/metallb/metallb-0.13.12$ ls                           ❽
Chart.lock  Chart.yaml  README.md  values.schema.json
charts      policy      templates  values.yaml
eevee@myserver01:~/work/app/metallb/metallb-0.13.12$ cp values.yaml my-values.yaml ❾
eevee@myserver01:~/work/app/metallb/metallb-0.13.12$ ls                           ❿
Chart.lock  Chart.yaml      policy     templates           values.yaml
charts      my-values.yaml  README.md  values.schema.json
```

위 과정은 metallb를 다운로드하고 설치 준비를 하는 내용입니다.

❶ ❷ metallb/metallb를 다운로드합니다.

❸ ❹ 압축을 풀어줍니다.

❺ ❻ 디렉터리 이름에 버전 정보를 추가합니다.

❼ ❽ 압축을 푼 디렉터리로 이동합니다.

❾ 기존 설치 설정 파일인 values.yaml 파일을 복사해 my-values.yaml을 생성합니다.

❿ 이번 실습에서는 설정을 바꿀 것이 없으므로 my-values.yaml 파일을 따로 변경하지는 않습니다.

```
eevee@myserver01:~/work/app/metallb/metallb-0.13.12$ kubectl create namespace
mymetallb                                                                         ❶
namespace/mymetallb created

eevee@myserver01:~/work/app/metallb/metallb-0.13.12$ kubectl get namespace        ❷
NAME               STATUS   AGE
calico-apiserver   Active   7d18h
calico-system      Active   7d18h
default            Active   7d18h
kube-node-lease    Active   7d18h
kube-public        Active   7d18h
```

```
kube-system        Active    7d18h
mymetallb          Active    6s                                    ❸
mynginx            Active    34m
tigera-operator    Active    7d18h
```

이번에는 metallb를 설치할 네임스페이스를 생성하겠습니다.

❶ kubectl create namespace 명령어를 통해 새로운 네임스페이스를 생성합니다.

❷ 네임스페이스 목록을 확인합니다.

❸ 새로운 네임스페이스가 생성된 것을 볼 수 있습니다.

```
eevee@myserver01:~/work/app/metallb/metallb-0.13.12$ helm install --namespace
mymetallb --generate-name metallb/metallb -f my-values.yaml            ❶

NAME: metallb-1699835903
LAST DEPLOYED: Mon Nov 13 00:38:24 2023
NAMESPACE: mymetallb
STATUS: deployed
REVISION: 1
TEST SUITE: None
NOTES:
MetalLB is now running in the cluster.

Now you can configure it via its CRs. Please refer to the metallb official docs    ❷
on how to use the CRs.
```

❶ 헬름을 활용해 metallb를 설치합니다.

❷ 설치 후 메시지를 보면 CRs를 통해 설정을 할 수 있다고 합니다. 따라서 지금부터는 metallb가 관리할 IP 주소 범
위를 설정하겠습니다.

```
eevee@myserver01:~$ kubectl get all --namespace mymetallb                    ❶
NAME                                                READY   STATUS    RESTARTS   AGE
pod/metallb-1699835903-controller-6cc66f646d-jpkgf   1/1    Running   0          13m
pod/metallb-1699835903-speaker-2jmnc                 4/4    Running   0          13m
pod/metallb-1699835903-speaker-4rxfg                 4/4    Running   0          13m
pod/metallb-1699835903-speaker-ln9rp                 4/4    Running   0          13m
```

```
NAME                                   TYPE        CLUSTER-IP       EXTERNAL-IP    PORT(S)
AGE
service/metallb-webhook-service   ClusterIP   10.106.147.157   <none>         443/TCP
13m                                                                                 ❷


NAME                                            DESIRED   CURRENT   READY   UP-TO-DATE
AVAILABLE   NODE SELECTOR         AGE
daemonset.apps/metallb-1699835903-speaker   3         3         3       3              3
kubernetes.io/os=linux    13m

NAME                                            READY   UP-TO-DATE   AVAILABLE   AGE
deployment.apps/metallb-1699835903-controller   1/1     1            1           13m

NAME                                              DESIRED   CURRENT   READY
AGE
replicaset.apps/metallb-1699835903-controller-6cc66f646d   1         1         1
13m
```

우선 metallb를 통해 설치한 오브젝트가 원활하게 작동하고 있는지 보겠습니다.

❶ 결과를 보면 speaker와 controller가 정상적으로 작동 중(running)인 것을 확인할 수 있습니다.

❷ 위 결과에서 metallb-webhook-service의 EXTERNAL-IP가 〈none〉인 것은 정상입니다. metallb-webhook-service는 클러스터 내부에서만 사용하기 때문입니다.

```
eevee@myserver01:~$ kubectl get configmap --namespace mymetallb      ❶
NAME                           DATA   AGE
kube-root-ca.crt               1      17m
metallb-1699835903-frr-startup 3      15m                             ❷
metallb-excludel2              1      15m                             ❸
```

이후 metallb 설정을 변경할 예정인데 그 이전에 configmap을 확인하겠습니다. configmap이란 설정을 키-값 형태로 저장하는 데 사용하는 API 오브젝트입니다.

❶ kubectl get configmap 명령어를 입력해서 metallb를 설치합니다.

❷ ❸ metallbr가 추가된 것을 볼 수 있습니다.

```
eevee@myserver01:~$ cd work/app/metallb/metallb-0.13.12/          ❶
eevee@myserver01:~/work/app/metallb/metallb-0.13.12$ ls          ❷
Chart.lock  Chart.yaml   policy       templates        values.yaml
charts      my-values.yaml  README.md  values.schema.json
```

metallb의 설정을 변경하기 위해 metallb를 설치했던 디렉터리에서 config 파일을 추가합니다.

❶ metallb를 설치했던 디렉터리로 이동합니다.

❷ 파일 목록을 확인하면 아직은 설정 파일이 없는 것을 볼 수 있습니다. 이후 vim을 통해 만들겠습니다.

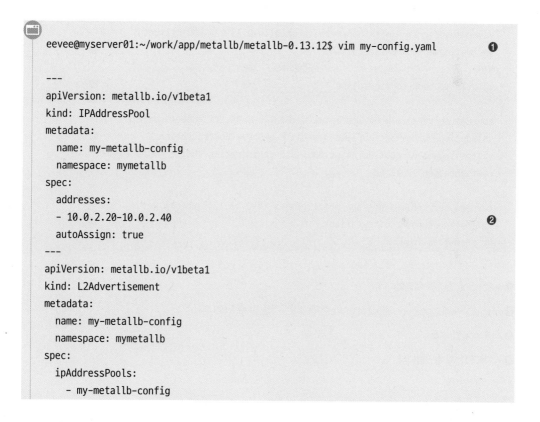

```
eevee@myserver01:~/work/app/metallb/metallb-0.13.12$ vim my-config.yaml     ❶

---
apiVersion: metallb.io/v1beta1
kind: IPAddressPool
metadata:
  name: my-metallb-config
  namespace: mymetallb
spec:
  addresses:
  - 10.0.2.20-10.0.2.40                                                     ❷
  autoAssign: true
---
apiVersion: metallb.io/v1beta1
kind: L2Advertisement
metadata:
  name: my-metallb-config
  namespace: mymetallb
spec:
  ipAddressPools:
    - my-metallb-config
```

다음으로 metallb가 사용할 IP 주소 범위를 설정하겠습니다.

❶ vim을 활용해 IP 주소 설정 파일을 생성합니다.

❷ IP 범위를 10.0.2.20부터 10.0.2.30으로 설정합니다. 이때 IP 주소 범위를 정할 때는 쿠버네티스 클러스터의 IP 범위인 10.0.2.4(마스터 노드, myserver01), 10.0.2.5, 10.0.2.6(워커 노드, myserver02, myserver03)은 포함하지 않습니다.

```
eevee@myserver01:~/work/app/metallb/metallb-0.13.12$ kubectl apply -f my-config.yaml      ❶
Error from server (InternalError): error when creating "my-config.yaml": Internal error
occurred: failed calling webhook "ipaddresspoolvalidationwebhook.metallb.io": failed to
call webhook: Post "https://metallb-webhook-service.mymetallb.svc:443/validate-metallb-io-
v1beta1-ipaddresspool?timeout=10s": context deadline exceeded                              ❷
```

❶ 그 다음으로는 앞서 생성한 my-config.yaml을 실행합니다.

❷ 위와 같이 webhook과 같은 에러 메시지가 발생할 수 있습니다. 그러면 다음과 같이 webhook 설정을 삭제합니다.

```
eevee@myserver01:~/work/app/metallb/metallb-0.13.12$ kubectl get
validatingwebhookconfigurations                                                            ❶
NAME                                WEBHOOKS    AGE
metallb-webhook-configuration       7           24m                                        ❷

eevee@myserver01:~/work/app/metallb/metallb-0.13.12$ kubectl delete
validatingwebhookconfigurations metallb-webhook-configuration                              ❸
validatingwebhookconfiguration.admissionregistration.k8s.io "metallb-webhook-
configuration" deleted

eevee@myserver01:~/work/app/metallb/metallb-0.13.12$ kubectl get
validatingwebhookconfigurations                                                            ❹
No resources found
```

❶ webhook 설정을 확인합니다.

❷ metallb-webhook-configuration이 존재한다는 것을 알 수 있습니다.

❸ 이를 삭제합니다.

❹ 삭제되었는지 확인합니다.

```
eevee@myserver01:~/work/app/metallb/metallb-0.13.12$ kubectl apply -f my-config.yaml       ❶
ipaddresspool.metallb.io/my-metallb-config created
l2advertisement.metallb.io/my-metallb-config created

eevee@myserver01:~/work/app/metallb/metallb-0.13.12$ kubectl get ipaddresspool.metallb.io
--namespace mymetallb                                                                      ❷
NAME                   AGE
my-metallb-config      9s                                                                  ❸
```
```
```

❶ 앞서 생성한 my-config.yaml 파일을 실행합니다.

❷ 그러고 나서 ipaddresspool.metallb.io를 확인합니다.

❸ my-metallb-config가 정상적으로 실행된 것을 볼 수 있습니다.

```
eevee@myserver01:~$ kubectl describe ipaddresspool.metallb.io my-metallb-config
--namespace mymetallb                                                        ❶

Name:          my-metallb-config
Namespace:     mymetallb
Labels:        <none>
Annotations:   <none>
API Version:   metallb.io/v1beta1
Kind:          IPAddressPool
Metadata:
  Creation Timestamp:  2023-11-13T01:06:01Z
  Generation:          1
  Managed Fields:
    API Version:  metallb.io/v1beta1
    Fields Type:  FieldsV1
    fieldsV1:
      f:metadata:
        f:annotations:
          .:
          f:kubectl.kubernetes.io/last-applied-configuration:
      f:spec:
        .:
        f:addresses:
        f:autoAssign:
        f:avoidBuggyIPs:
    Manager:         kubectl-client-side-apply
    Operation:       Update
    Time:            2023-11-13T01:06:01Z
  Resource Version:  112103
  UID:               74d21484-710f-4bc3-905f-d60146466042
Spec:
  Addresses:
    10.0.2.20-10.0.2.40                                                      ❷
  Auto Assign:       true
  Avoid Buggy I Ps:  false
Events:              <none>
```

❶ **describe** 명령어를 통해 my−metallb−config 정보를 확인합니다.

❷ IP 주소 범위가 정확히 설정되어 있는 것을 볼 수 있습니다.

```
eevee@myserver01:~$ kubectl get all --namespace mynginx            ❶

NAME                                                        READY   STATUS
RESTARTS   AGE
pod/nginx-ingress-controller-1699833807-74cc56dbdf-pmd27    1/1     Running
0          65m
pod/nginx-ingress-controller-1699833807-default-backend-5c6f74k9cvs   1/1     Running
0          65m


NAME                                                 TYPE          CLUSTER-
IP      EXTERNAL-IP   PORT(S)              AGE
service/nginx-ingress-controller-1699833807          LoadBalancer
10.98.178.134   10.0.2.20     80:30870/TCP,443:31555/TCP   65m       ❷
service/nginx-ingress-controller-1699833807-default-backend   ClusterIP
10.107.148.3    <none>        80/TCP                       65m


NAME                                                        READY   UP-TO-
DATE    AVAILABLE   AGE
deployment.apps/nginx-ingress-controller-1699833807         1/1     1
1           65m
deployment.apps/nginx-ingress-controller-1699833807-default-backend   1/1     1
1           65m


NAME
DESIRED   CURRENT   READY   AGE
replicaset.apps/nginx-ingress-controller-1699833807-74cc56dbdf                1
1         1         65m
replicaset.apps/nginx-ingress-controller-1699833807-default-backend-5c6f74b4b6   1
1         1         65m
```

❶ mynginx 네임스페이스에 존재하는 오브젝트를 확인합니다.

❷ 서비스 영역에서 nginx−ingress−controller에 EXTERNAL−IP가 10.0.2.20으로 설정된 것을 알 수 있습니다.

```
eevee@myserver01:~$ kubectl describe service/nginx-ingress-controller-1699833807
--namespace mynginx                         ❶
```

```
Name:                    nginx-ingress-controller-1699833807
Namespace:               mynginx
Labels:                  app.kubernetes.io/component=controller
                         app.kubernetes.io/instance=nginx-ingress-
controller-1699833807
                         app.kubernetes.io/managed-by=Helm
                         app.kubernetes.io/name=nginx-ingress-controller
                         app.kubernetes.io/version=1.9.3
                         helm.sh/chart=nginx-ingress-controller-9.9.2
Annotations:             meta.helm.sh/release-name: nginx-ingress-
controller-1699833807
                         meta.helm.sh/release-namespace: mynginx
                         metallb.universe.tf/ip-allocated-from-pool: my-metallb-
config
Selector:                app.kubernetes.io/component=controller,app.kubernetes.io/
instance=nginx-ingress-controller-1699833807,app.kubernetes.io/name=nginx-ingress-
controller
Type:                    LoadBalancer
IP Family Policy:        SingleStack
IP Families:             IPv4
IP:                      10.98.178.134
IPs:                     10.98.178.134
LoadBalancer Ingress:    10.0.2.20
Port:                    http  80/TCP
TargetPort:              http/TCP
NodePort:                http  30870/TCP
Endpoints:               192.168.149.160:80
Port:                    https  443/TCP
TargetPort:              https/TCP
NodePort:                https  31555/TCP
Endpoints:               192.168.149.160:443
Session Affinity:        None
External Traffic Policy: Cluster
Events:                                          ❷
  Type     Reason            Age            From              Message
  ----     ------            ----           ----              -------
  Warning  AllocationFailed  32m (x2 over 32m)  metallb-controller  Failed to allocate
IP for "mynginx/nginx-ingress-controller-1699833807": no available IPs
  Normal   IPAllocated       4m39s          metallb-controller  Assigned IP
["10.0.2.20"]                                    ❸
  Normal   nodeAssigned      4m39s          metallb-speaker     announcing from
node "myserver01" with protocol "layer2"
```

앞서 nginx-ingress-controller는 어떻게 IP 주소를 할당받았는지도 확인해야 합니다.

❶ describe 명령어를 통해 nginx-ingress-controller 정보를 확인합니다.

❷ ❸ Events 영역에서 metallb로부터 nginx-ingress-controller가 IP 주소를 할당받았다는 내용을 확인할 수 있습니다.

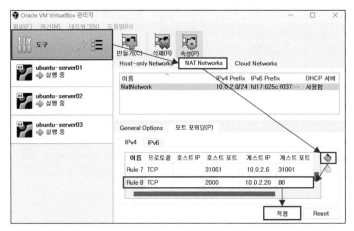

그림 9-35 포트 오픈

인그레스를 통해 외부에 포트를 열어주기 위해 버추얼박스에서 [그림 9-35]처럼 포트포워딩을 설정합니다. 버추얼박스에서 **도구**를 선택하고 **NAT Networks** 탭으로 간 다음에 포트포워딩 정보를 추가한 뒤 [적용]을 클릭합니다.

### 9.6.6 인그레스로 하나의 서비스 배포

인그레스를 활용해 하나의 서비스를 배포하는 실습을 하겠습니다.

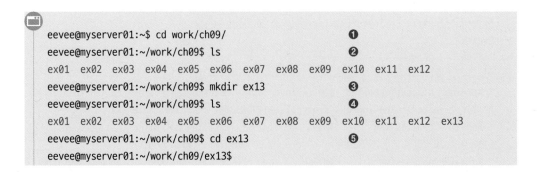

```
eevee@myserver01:~$ cd work/ch09/                                    ❶
eevee@myserver01:~/work/ch09$ ls                                     ❷
ex01  ex02  ex03  ex04  ex05  ex06  ex07  ex08  ex09  ex10  ex11  ex12
eevee@myserver01:~/work/ch09$ mkdir ex13                            ❸
eevee@myserver01:~/work/ch09$ ls                                    ❹
ex01  ex02  ex03  ex04  ex05  ex06  ex07  ex08  ex09  ex10  ex11  ex12  ex13
eevee@myserver01:~/work/ch09$ cd ex13                              ❺
eevee@myserver01:~/work/ch09/ex13$
```

먼저, 인그레스 실습을 위해 필요한 디렉터리를 생성하겠습니다.

❶ ❷ work/ch09/ 디렉터리로 이동합니다.

❸ ❹ 새로운 실습 디렉터리를 생성합니다.

❺ 해당 디렉터리로 이동합니다.

```
eevee@myserver01:~/work/ch09/ex13$ vim ingress01-deploy.yml          ❶

apiVersion: apps/v1                                                  ❷
kind: Deployment                                                     ❸
metadata:                                                           ❹
  name: ingress-deploy-test01                                       ❺
spec:                                                               ❻
  replicas: 3                                                       ❼
  selector:                                                         ❽
    matchLabels:                                                    ❾
      app.kubernetes.io/name: web-deploy01                          ❿
  template:                                                         ⓫
    metadata:                                                       ⓬
      labels:                                                       ⓭
        app.kubernetes.io/name: web-deploy01                        ⓮
    spec:                                                           ⓯
      containers:                                                   ⓰
      - name: nginx                                                 ⓱
        image: nginx:1.25                                           ⓲
```

다음으로는 인그레스를 생성하기 전에 인그레스에 연동할 디플로이먼트를 생성하겠습니다.

❶ vim을 활용해 디플로이먼트를 생성하는 yml 파일을 생성합니다.

❷ 디플로이먼트를 생성할 것이므로 apiVersion을 apps/v1이라고 입력합니다.

❸ 생성하게 될 오브젝트 종류를 지정합니다. 이번 실습에서는 디플로이먼트를 생성할 것이므로 Deployment라고 입력합니다.

❹ 메타 정보를 입력합니다.

❺ 생성할 디플로이먼트 이름을 짓습니다.

❻ spec을 활용해 생성할 디플로이먼트의 상태를 정합니다.

❼ 생성할 레플리카셋은 세 개로 합니다.

❽ selector를 활용하면 디플로이먼트가 관리할 파드를 연결할 수 있습니다. selector는 파드에 라벨을 붙이는 옵션이라고 생각하면 됩니다.

❾ ❿ matchLabels의 app.kubernetes.io/name으로 지정하는 이름은 selector로 적용하는 이름이 되므로 이는 파드를 생성했을 때의 이름과 동일해야 합니다.

⓫ template은 생성할 파드의 정보를 표현할 때 사용합니다.

⓬ ⓭ ⓮ 파드의 메타 정보를 입력합니다.

⓯ 파드의 spec을 입력합니다.

⓰ ⓱ ⓲ 생성할 컨테이너의 이름과 컨테이너 생성에 사용할 이미지 정보를 입력합니다.

```
eevee@myserver01:~/work/ch09/ex13$ vim ingress01-service.yml        ❶

apiVersion: v1                                                      ❷
kind: Service                                                       ❸
metadata:                                                           ❹
  name: ingress-service-test01                                      ❺
spec:                                                               ❻
  selector:                                                         ❼
    app.kubernetes.io/name: web-deploy01                            ❽
  type: ClusterIP                                                   ❾
  ports:                                                            ❿
  - protocol: TCP                                                   ⓫
    port: 80                                                        ⓬
    targetPort: 80                                                  ⓭
```

위 과정은 서비스를 생성하기 위한 YAML 파일을 작성하는 내용입니다.

❶ vim을 통해 서비스 yml 파일을 생성합니다.

❷ apiVersion을 설정합니다.

❸ 오브젝트 타입을 Service라고 설정합니다.

❹ 메타 데이터를 작성합니다.

❺ 서비스 이름을 정합니다.

❻ spec을 통해 오브젝트의 상태를 정합니다.

❼ 해당 서비스가 연동하게 될 앱을 정합니다.

❽ 앞서 만든 디플로이먼트 파일에서 생성한 web-deploy01 앱과 연동할 것이므로 web-deploy01이라고 정합니다.

❾ 서비스 타입을 정합니다.

⑩ 해당 서비스를 사용하기 위한 포트를 정합니다.

⑪ 프로토콜은 TCP로 설정합니다.

⑫ 서비스가 사용하는 포트인 Port를 설정합니다.

⑬ 파드가 받게 될 포트인 targetPort를 설정합니다.

```
eevee@myserver01:~/work/ch09/ex13$ vim ingress01-ingress.yml        ❶

apiVersion: networking.k8s.io/v1                                    ❷
kind: Ingress                                                       ❸
metadata:                                                           ❹
  name: ingress-test01                                              ❺
  annotations:                                                      ❻
    nginx.ingress.kubernetes.io/rewrite-target: /                   ❼
spec:                                                               ❽
  ingressClassName: nginx                                           ❾
  rules:                                                            ❿
  - http:                                                           ⑪
      paths:                                                        ⑫
      - path: /test01                                               ⑬
        pathType: Prefix                                            ⑭
        backend:                                                    ⑭
          service:                                                  ⑮
            name: ingress-service-test01                            ⑯
            port:                                                   ⑰
              number: 80                                            ⑱
```

위 과정은 인그레스를 생성하는 yml 파일을 구성하는 내용입니다.

❶ vim을 활용해 yml 파일을 생성합니다.

❷ apiVersion을 설정합니다. 인그레스를 생성하려면 networking.k8s.io/v1이라고 입력해야 합니다.

❸ 오브젝트 종류를 Ingress라고 정합니다,

❹ 다음으로는 메타 데이터를 설정합니다.

❺ 인그레스 이름을 정합니다.

❻ 그리고 annotations는 인그레스 컨트롤러에 대해 옵션을 설정해야 할 때 쓰는 항목입니다.

❼ nginx.ingress.kubernetes.io/rewrite-target: /은 이후 URL 접근 경로를 루트 경로로 바꿔주는 옵션입니다. 예를 들어 ⑬에서의 경로를 보면 /test01인데 URL 창에서는 /test01이라고 접근하지만 실제로 접근하는 경로는 /를 의미합니다.

❽ 오브젝트 내부 상태를 정합니다.

❾ 인그레스 클래스 이름을 설정합니다. 이는 우리가 터미널에서 **$ kubectl get ingressclass**를 입력했을 때 나온은 결과인 Nginx와 동일하게 입력해주어야 합니다.

❿ 규칙을 설정합니다.

⓫ http를 사용합니다.

⓬ 해당 경로들을 설정할 수 있는데, 이번 실습에서는 한 가지 경로만 설정합니다.

⓭ 실제 접근 경로를 입력합니다. 이후 지금 설정한 경로로 접근할 예정입니다.

**pathType: Prefix** 옵션에서 **pathType**는 앞서 설정한 경로를 인식하는 방식을 정하는 옵션입니다. **Prefix**는 경로의 접두사가 일치하면 해당 경로가 적용하는 방식입니다. 만약 **pathType: Exact**로 설정한다면 경로가 정확히 일치해야 인식할 수 있습니다.

⓮ 백엔드를 설정합니다.

⓯ 인그레스에 연동할 서비스를 등록합니다.

⓰ ⓱ ⓲ 서비스 이름, 포트, 번호를 입력합니다.

참고로 ⓭에서 URL 경로의 하위 경로까지 인식하고 싶으면 ❼번째 코드와 ⓭번째 코드를 다음과 같이 입력하면 됩니다.

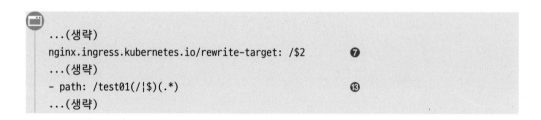

```
...(생략)
nginx.ingress.kubernetes.io/rewrite-target: /$2        ❼
...(생략)
- path: /test01(/¦$)(.*)                                ⓭
...(생략)
```

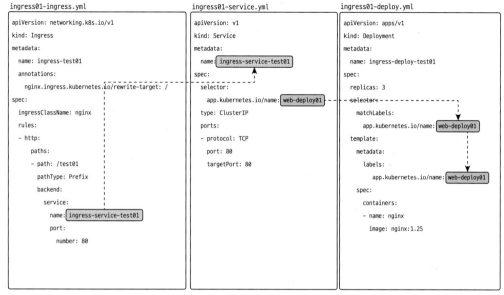

```
ingress01-ingress.yml

apiVersion: networking.k8s.io/v1
kind: Ingress
metadata:
  name: ingress-test01
  annotations:
    nginx.ingress.kubernetes.io/rewrite-target: /
spec:
  ingressClassName: nginx
  rules:
  - http:
      paths:
      - path: /test01
        pathType: Prefix
        backend:
          service:
            name: ingress-service-test01
            port:
              number: 80
```

```
ingress01-service.yml

apiVersion: v1
kind: Service
metadata:
  name: ingress-service-test01
spec:
  selector:
    app.kubernetes.io/name: web-deploy01
  type: ClusterIP
  ports:
  - protocol: TCP
    port: 80
    targetPort: 80
```

```
ingress01-deploy.yml

apiVersion: apps/v1
kind: Deployment
metadata:
  name: ingress-deploy-test01
spec:
  replicas: 3
  selector:
    matchLabels:
      app.kubernetes.io/name: web-deploy01
  template:
    metadata:
      labels:
        app.kubernetes.io/name: web-deploy01
    spec:
      containers:
      - name: nginx
        image: nginx:1.25
```

그림 9-36 인그레스 yml 구조

[그림 9-36]은 디플로이먼트, 서비스, 인그레스를 생성하는 yml 파일의 연결 내용을 그림으로 나타 낸 것입니다.

```
eevee@myserver01:~/work/ch09/ex13$ kubectl apply -f ingress01-deploy.yml        ❶
deployment.apps/ingress-deploy-test01 created


eevee@myserver01:~/work/ch09/ex13$ kubectl get all                              ❷
NAME                                         READY   STATUS    RESTARTS   AGE
pod/ingress-deploy-test01-65f898b7d4-8w7g8   1/1     Running   0          13s     ❸
pod/ingress-deploy-test01-65f898b7d4-ftx45   1/1     Running   0          13s     ❹
pod/ingress-deploy-test01-65f898b7d4-hl422   1/1     Running   0          13s     ❺

NAME                 TYPE        CLUSTER-IP   EXTERNAL-IP   PORT(S)   AGE
service/kubernetes   ClusterIP   10.96.0.1    <none>        443/TCP   20h

NAME                                    READY   UP-TO-DATE   AVAILABLE   AGE
deployment.apps/ingress-deploy-test01   3/3     3            3           13s      ❻

NAME                                              DESIRED   CURRENT   READY   AGE
replicaset.apps/ingress-deploy-test01-65f898b7d4   3         3         3       13s   ❼
```

지금까지 작성한 yml 파일의 오브젝트를 실행하겠습니다. 순서대로 디플로이먼트, 서비스, 인그레스를 실행할 예정입니다. 먼저 디플로이먼트를 실행하겠습니다.

❶ apply 명령어를 사용해 디플로이먼트를 실행합니다.

❷ 결과를 확인합니다.

❸ ❹ ❺ 파드가 실행되었습니다.

❻ ❼ 디플로이먼트, 레플리카셋도 정상적으로 실행된 것을 볼 수 있습니다.

```
eevee@myserver01:~/work/ch09/ex13$ kubectl apply -f ingress01-service.yml          ❶
service/ingress-service-test01 created

eevee@myserver01:~/work/ch09/ex13$ kubectl get service                             ❷
NAME                   TYPE        CLUSTER-IP       EXTERNAL-IP    PORT(S)   AGE
ingress-service-test01 ClusterIP   10.104.204.154   <none>         80/TCP    7s     ❸
kubernetes             ClusterIP   10.96.0.1        <none>         443/TCP   20h
```

이번에는 서비스를 실행하겠습니다.

❶ apply 명령어를 통해 서비스를 실행합니다.

❷ 실행 중인 서비스를 확인합니다.

❸ 정상적으로 실행된 것을 볼 수 있습니다.

```
eevee@myserver01:~/work/ch09/ex13$ kubectl apply -f ingress01-ingress.yml          ❶
ingress.networking.k8s.io/ingress-test01 created

eevee@myserver01:~/work/ch09/ex13$ kubectl get ingress                             ❷
NAME             CLASS   HOSTS   ADDRESS     PORTS   AGE
ingress-test01   nginx   *       10.0.2.6    80      72s                            ❸
```

끝으로 인그레스를 실행하겠습니다.

❶ apply 명령어로 인그레스를 실행합니다.

❷ 실행 중인 인그레스를 확인하면 원활히 실행된 것을 볼 수 있습니다. 단, ADDRESS의 경우에는 처음에 확인하면 나오지 않고 약 1분 정도 기다려야 ADDRESS가 나옵니다.

❸ 참고로 웹 페이지에 접근할 때는 지금 생성된 ADDRESS로 접근하는 것이 아니라 nginx-ingress-controller의

EXTERNAL-IP인 10.0.2.20으로 접근해야 합니다. nginx-ingress-controller의 EXTERNAL-IP는 터미널에서 **kubectl get all --namespace mynginx**로 확인할 수 있습니다.

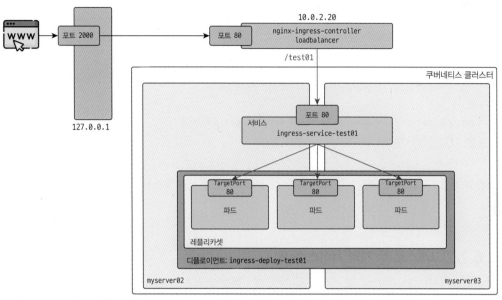

**그림 9-37** 인그레스를 통한 서비스 배포

여기에서 실습한 내용을 그림으로 나타내면 [그림 9-37]과 같습니다. [그림 9-37]처럼 쿠버네티스 클러스터 외부에서 인그레스로 요청을 보냄에 따라 쿠버네티스 서비스를 이용할 수 있습니다.

**그림 9-38** 접속 테스트

실제 웹페이지에 접속하겠습니다. 로컬에서 인터넷 브라우저를 통해 주소를 입력하면 위와 같이 제대로 작동하는 것을 볼 수 있습니다.

```
eevee@myserver01:~/work/ch09/ex13$ kubectl delete -f ingress01-ingress.yml        ❶
ingress.networking.k8s.io "ingress-test01" deleted

eevee@myserver01:~/work/ch09/ex13$ kubectl delete -f ingress01-service.yml         ❷
service "ingress-service-test01" deleted

eevee@myserver01:~/work/ch09/ex13$ kubectl delete -f ingress01-deploy.yml          ❸
deployment.apps "ingress-deploy-test01" deleted

eevee@myserver01:~/work/ch09/ex13$ kubectl get ingress                             ❹
No resources found in default namespace.
```

실습을 마쳤으므로 해당 명령어를 입력해서 지금까지 실행한 오브젝트를 모두 종료합니다.


## 9.6.7 인그레스로 두 개의 서비스 배포

이번 실습에서는 인그레스로 웹 서비스 두 개를 배포하겠습니다.

```
eevee@myserver01:~$ cd work/ch09/                                                  ❶
eevee@myserver01:~/work/ch09$ ls                                                   ❷
ex01  ex02  ex03  ex04  ex05  ex06  ex07  ex08  ex09  ex10  ex11  ex12  ex13
eevee@myserver01:~/work/ch09$ cp -r ex13 ex14                                      ❸
eevee@myserver01:~/work/ch09$ ls                                                   ❹
ex01  ex02  ex03  ex04  ex05  ex06  ex07  ex08  ex09  ex10  ex11  ex12  ex13  ex14
geevee@myserver01:~/work/ch09$ cd ex14/                                            ❺
eevee@myserver01:~/work/ch09/ex14$ ls                                              ❻
ingress01-deploy.yml  ingress01-ingress.yml  ingress01-service.yml
```

먼저 이번 실습을 위해 사용할 디렉터리를 생성하겠습니다.

❶ ❷ work/ch09/로 이동합니다.

❸ ❹ 앞서 인그레스 실습을 위해 사용했던 디렉터리를 복사해 새로운 디렉터리를 생성합니다.

❺ 해당 디렉터리로 이동합니다.

❻ 파일 목록을 확인하면 앞서 인그레스를 실습할 때 사용했던 파일들을 확인할 수 있습니다.

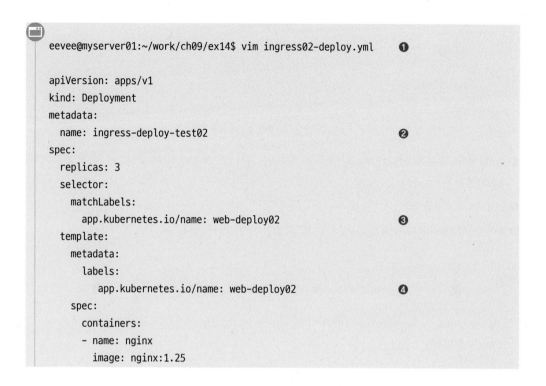

```
eevee@myserver01:~/work/ch09/ex14$ vim ingress02-deploy.yml          ❶

apiVersion: apps/v1
kind: Deployment
metadata:
  name: ingress-deploy-test02                                        ❷
spec:
  replicas: 3
  selector:
    matchLabels:
      app.kubernetes.io/name: web-deploy02                           ❸
  template:
    metadata:
      labels:
        app.kubernetes.io/name: web-deploy02                         ❹
    spec:
      containers:
      - name: nginx
        image: nginx:1.25
```

지금부터는 두 번째 웹 서비스를 배포하기 위해 필요한 디플로이먼트, 서비스, 인그레스를 생성할
yml 파일을 작성하겠습니다. 위 내용은 두 번째 웹 서비스를 만들기 위한 yml 파일입니다.

❶ vim을 통해 새로운 디플로이먼트 yml을 생성합니다. 전체적으로는 이전 실습에서 사용했던 디플로이먼트 파일과 비
슷하지만 두 번째 웹 서비스입니다.

❷ 그러므로 디플로이먼트 이름을 다르게 설정해주어야 합니다.

❸ ❹ 이는 selector와 template에서의 이름도 마찬가지입니다.

```
eevee@myserver01:~/work/ch09/ex14$ vim ingress02-service.yml          ❶

apiVersion: v1
kind: Service
metadata:
  name: ingress-service-test02                                        ❷
spec:
  selector:
    app.kubernetes.io/name: web-deploy02                              ❸
  type: ClusterIP
```

```
   ports:
   - protocol: TCP
     port: 80
     targetPort: 80
```

이번에는 서비스를 생성하기 위한 yml 파일을 작성하겠습니다.

❶ vim을 통해 새로운 서비스 yml 파일을 만듭니다. 위 과정은 앞서 만든 첫 번째 서비스 파일과 유사한데 일부 수정이
   필요합니다.

❷ 먼저, 서비스 이름을 다르게 지어야 합니다.

❸ 서비스가 연동할 디플로이먼트 설정 부분도 위 코드와 같이 바꿔주어야 합니다.

```
eevee@myserver01:~/work/ch09/ex14$ vim ingress02-ingress.yml          ❶

apiVersion: networking.k8s.io/v1
kind: Ingress
metadata:
  name: ingress-test02                                                 ❷
  annotations:
    nginx.ingress.kubernetes.io/rewrite-target: /
spec:
  ingressClassName: nginx
  rules:
  - http:
      paths:
      - path: /test01
        pathType: Prefix
        backend:
          service:
            name: ingress-service-test01
            port:
              number: 80
      - path: /test02                                                  ❸
        pathType: Prefix
        backend:
          service:
            name: ingress-service-test02                               ❹
            port:
              number: 80
```

마지막으로 인그레스 파일을 생성하는 yml 파일을 작성하겠습니다.

❶ 먼저 vim을 통해 새로운 인그레스 yml 파일을 생성합니다. 이는 앞서 작성했던 인그레스 파일과 비슷한데 두 번째 path를 추가해야 합니다.

❷ 우선 인그레스 이름을 설정합니다.

❸ 두 번째 path를 추가합니다.

❹ 두 번째 path가 바라보는 서비스 이름을 입력합니다.

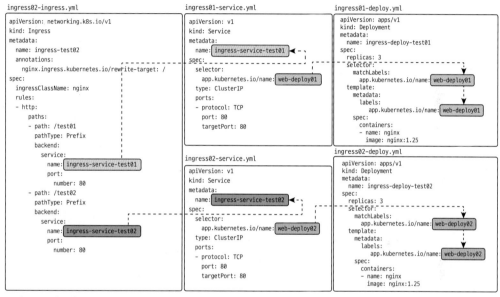

그림 9-39 인그레스 구조

[그림 9-39]는 두 개의 웹 서비스를 배포하기 위한 인그레스, 서비스, 디플로이먼트를 연동하는 yml 구조를 나타낸 그림입니다.

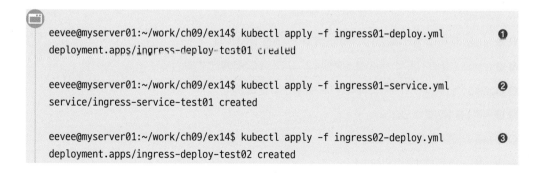

```
eevee@myserver01:~/work/ch09/ex14$ kubectl apply -f ingress01-deploy.yml        ❶
deployment.apps/ingress-deploy-test01 created

eevee@myserver01:~/work/ch09/ex14$ kubectl apply -f ingress01-service.yml        ❷
service/ingress-service-test01 created

eevee@myserver01:~/work/ch09/ex14$ kubectl apply -f ingress02-deploy.yml        ❸
deployment.apps/ingress-deploy-test02 created
```

```
eevee@myserver01:~/work/ch09/ex14$ kubectl apply -f ingress02-service.yml        ❹
service/ingress-service-test02 created

eevee@myserver01:~/work/ch09/ex14$ kubectl get all
NAME                                         READY   STATUS    RESTARTS   AGE
pod/ingress-deploy-test01-65f898b7d4-6swcw   1/1     Running   0          6m51s    ❺
pod/ingress-deploy-test01-65f898b7d4-75hjd   1/1     Running   0          6m51s
pod/ingress-deploy-test01-65f898b7d4-cw9tt   1/1     Running   0          6m51s
pod/ingress-deploy-test02-f9767c7bc-dvbmc    1/1     Running   0          6m11s    ❻
pod/ingress-deploy-test02-f9767c7bc-kbxpb    1/1     Running   0          6m11s
pod/ingress-deploy-test02-f9767c7bc-pw2k7    1/1     Running   0          6m11s

NAME                             TYPE        CLUSTER-IP      EXTERNAL-IP   PORT(S)
AGE
service/ingress-service-test01   ClusterIP   10.110.161.51   <none>        80/TCP
6m28s                                                                               ❼
service/ingress-service-test02   ClusterIP   10.98.179.163   <none>        80/TCP
6m5s                                                                                ❽
service/kubernetes               ClusterIP   10.96.0.1       <none>        443/TCP
33h

NAME                                     READY   UP-TO-DATE   AVAILABLE   AGE
deployment.apps/ingress-deploy-test01    3/3     3            3           6m51s    ❾
deployment.apps/ingress-deploy-test02    3/3     3            3           6m11s    ❿

NAME                                              DESIRED   CURRENT   READY   AGE
replicaset.apps/ingress-deploy-test01-65f898b7d4   3         3         3       6m51s ⓫
replicaset.apps/ingress-deploy-test02-f9767c7bc    3         3         3       6m11s ⓬
```

앞서 yml 파일 작성을 끝냈으므로 디플로이먼트, 서비스, 인그레스를 실행하겠습니다. 위 과정은 디플로이먼트와 서비스를 실행하는 내용입니다.

❶ ❷ **apply** 명령어를 통해 test01 디플로이먼트와 서비스를 실행합니다.

❸ ❹ test02 디플로이먼트와 서비스를 실행합니다. 그리고 리소스를 확인합니다.

❺ ❻ test01에 대한 파드와 test02에 대한 파드를 확인할 수 있습니다.

❼ ❽ 서비스를 확인할 수 있습니다.

❾ ❿ 디플로이먼트를 확인할 수 있습니다.

⓫ ⓬ 레플리카셋을 확인할 수 있습니다.

```
eevee@myserver01:~/work/ch09/ex14$ kubectl apply -f ingress02-ingress.yml      ❶
ingress.networking.k8s.io/ingress-test02 created
eevee@myserver01:~/work/ch09/ex14$ kubectl get ingress                          ❷
NAME             CLASS    HOSTS    ADDRESS      PORTS    AGE
ingress-test02   nginx    *        10.0.2.6     80       3m30s                   ❸
```

인그레스를 실행하겠습니다.

❶ **apply** 명령어를 통해 이번에 새롭게 작성한 인그레스 yml 파일을 실행합니다.

❷ 결과를 살펴보면 인그레스가 실행 중인 것을 볼 수 있습니다.

❸ 앞선 실습과 마찬가지로 ADDRESS의 경우에는 처음에 확인하면 안 나오고 약 1분 정도 기다리면 ADDRESS
가 나옵니다. 또한 웹 페이지에 접근할 때는 지금 생성된 ADDRESS로 접근하는 것이 아니라 nginx-ingress-
controller의 EXTERNAL-IP인 10.0.2.20로 접근해야 합니다. nginx-ingress-controller의 EXTERNAL-
IP는 터미널에서 **kubectl get all --namespace mynginx**로 확인할 수 있습니다.

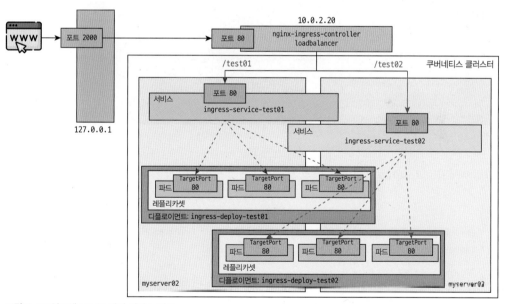

**그림 9-40** 인그레스로 두 개의 서비스 배포

여기에서 실습한 내용을 그림으로 나타내면 [그림 9-40]과 같습니다. [그림 9-40]처럼 인그레스를
활용하면 쿠버네티스 클러스터 외부에서도 다양한 쿠버네티스 서비스를 활용할 수 있습니다.

**그림 9-41** 경로 /test01 접속 테스트

웹 브라우저를 실행하고 주소창에 먼저 /test01 경로를 입력하면 [그림 9-41]과 같은 결과를 볼 수 있습니다.

**그림 9-42** 경로 /test02 접속 테스트

[그림 9-42]는 /test02로 접속했을 때의 결과입니다. 정상적으로 작동하는 것을 볼 수 있습니다.

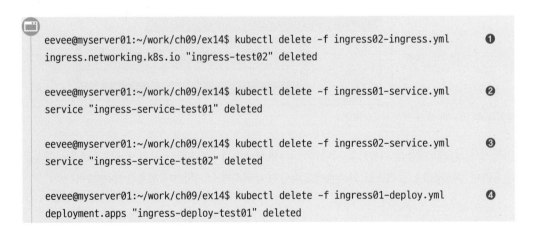

```
eevee@myserver01:~/work/ch09/ex14$ kubectl delete -f ingress02-ingress.yml        ❶
ingress.networking.k8s.io "ingress-test02" deleted

eevee@myserver01:~/work/ch09/ex14$ kubectl delete -f ingress01-service.yml         ❷
service "ingress-service-test01" deleted

eevee@myserver01:~/work/ch09/ex14$ kubectl delete -f ingress02-service.yml         ❸
service "ingress-service-test02" deleted

eevee@myserver01:~/work/ch09/ex14$ kubectl delete -f ingress01-deploy.yml          ❹
deployment.apps "ingress-deploy-test01" deleted
```

```
eevee@myserver01:~/work/ch09/ex14$ kubectl delete -f ingress02-deploy.yml      ❺
deployment.apps "ingress-deploy-test02" deleted

eevee@myserver01:~/work/ch09/ex14$ kubectl get ingress                          ❻
No resources found in default namespace.

eevee@myserver01:~/work/ch09/ex14$ kubectl get all                              ❼
NAME                        TYPE        CLUSTER-IP    EXTERNAL-IP   PORT(S)   AGE
service/kubernetes          ClusterIP   10.96.0.1     <none>        443/TCP   34h
```

실습이 끝났으므로 실행 중인 오브젝트들을 모두 삭제하겠습니다.

❶ 인그레스를 삭제합니다.

❷ ❸ 서비스를 삭제합니다.

❹ ❺ 디플로이먼트를 삭제합니다.

❻ ❼ 삭제가 되었는지 확인합니다.


# 9.7 잡과 크론잡

이번 절에서는 잡Job과 크론잡Cronjob에 대해 다룹니다. 잡과 크론잡은 리눅스 시스템에서 반복 작업을 할 때 사용하는 크론탭Crontab과 유사합니다. 먼저 잡과 크론잡의 개념을 학습하고 사용 방법에 대해 알아보겠습니다.


## 9.7.1 잡과 크론잡의 개념

쿠버네티스 잡과 크론잡에 대해 알아보겠습니다. 쿠버네티스에서 잡이란 쿠버네티스 애플리케이션의 실행 및 종료에 초점을 맞춘 리소스 유형입니다. 구버네티스에서 잡을 활용하면 파드를 생성하고 지정된 수의 파드가 성공적으로 종료될 때까지 계속해서 파드의 실행을 재시도합니다. 그리고 지정된 수의 성공 완료 횟수에 도달하면 잡이 종료됩니다. 반면 크론잡은 반복 일정에 따라 잡을 만듭니다. 크론잡은 리눅스 시스템에서의 크론탭과 비슷합니다.

## 9.7.2 잡 사용 방법

지금부터 잡을 어떻게 사용하는지 실습을 통해 살펴보겠습니다.

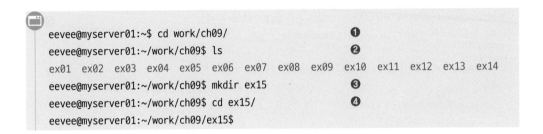

```
eevee@myserver01:~$ cd work/ch09/                              ❶
eevee@myserver01:~/work/ch09$ ls                               ❷
ex01 ex02 ex03 ex04 ex05 ex06 ex07 ex08 ex09 ex10 ex11 ex12 ex13 ex14
eevee@myserver01:~/work/ch09$ mkdir ex15                       ❸
eevee@myserver01:~/work/ch09$ cd ex15/                         ❹
eevee@myserver01:~/work/ch09/ex15$
```

먼저 실습 디렉터리부터 생성하겠습니다.

❶ ❷ work/ch09로 이동합니다.

❸ 이번 실습에 사용할 디렉터리를 생성합니다.

❹ 해당 디렉터리로 이동합니다.

```
eevee@myserver01:~/work/ch09/ex15$ vim job-cronjob01.yml       ❶
apiVersion: batch/v1                                           ❷
kind: Job                                                      ❸
metadata:                                                      ❹
  name: job-test01                                             ❺
spec:                                                          ❻
  template:                                                    ❼
    spec:                                                      ❽
      containers:                                              ❾
      - name: nginx-test01                                     ❿
        image: nginx:1.25                                      ⓫
        command: ["echo", "Hello, Kubernetes!"]                ⓬
      restartPolicy: Never                                     ⓭
  backoffLimit: 3                                              ⓮
```

위 과정은 잡을 생성하는 yml 파일을 생성하는 내용입니다.

❶ vim을 활용해 yml 파일을 생성합니다.

❷ apiVersion을 작성합니다.

❸ 오브젝트 종류를 Job으로 정합니다.

❹ 메타 데이터를 정합니다.

❺ 잡 이름을 정합니다.

❻ 잡의 내부 상태를 정합니다.

❼ 템플릿을 작성하겠습니다.

❽ ❾ 내부 상태로 컨테이너를 생성합니다.

❿ ⓫ 컨테이너 생성에 필요한 이름과 필요한 이미지를 정합니다.

⓬ Job을 통해 입력할 명령어를 입력합니다.

⓭ 재시작 정책을 정합니다.

⓮ backoffLimit은 잡 실행에 실패할 경우 재시도 횟수를 의미합니다.

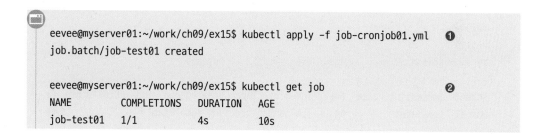

```
eevee@myserver01:~/work/ch09/ex15$ kubectl apply -f job-cronjob01.yml    ❶
job.batch/job-test01 created

eevee@myserver01:~/work/ch09/ex15$ kubectl get job                        ❷
NAME          COMPLETIONS    DURATION    AGE
job-test01    1/1            4s          10s
```

앞서 작성한 yml 파일을 통해 잡을 실행합니다.

❶ apply 명령어를 통해 잡을 실행합니다.

❷ 상태를 확인하면 정상적으로 생성된 것을 볼 수 있습니다.

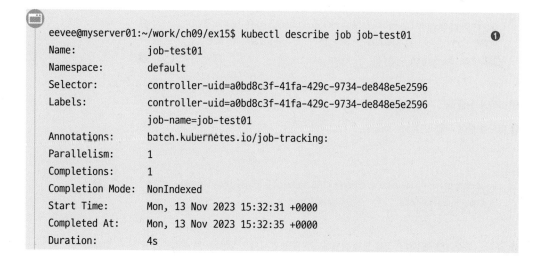

```
eevee@myserver01:~/work/ch09/ex15$ kubectl describe job job-test01        ❶
Name:             job-test01
Namespace:        default
Selector:         controller-uid=a0bd8c3f-41fa-429c-9734-de848e5e2596
Labels:           controller-uid=a0bd8c3f-41fa-429c-9734-de848e5e2596
                  job-name=job-test01
Annotations:      batch.kubernetes.io/job-tracking:
Parallelism:      1
Completions:      1
Completion Mode:  NonIndexed
Start Time:       Mon, 13 Nov 2023 15:32:31 +0000
Completed At:     Mon, 13 Nov 2023 15:32:35 +0000
Duration:         4s
```

```
Pods Statuses:    0 Active (0 Ready) / 1 Succeeded / 0 Failed
Pod Template:
  Labels:   controller-uid=a0bd8c3f-41fa-429c-9734-de848e5e2596
            job-name=job-test01
  Containers:
   nginx-test01:
    Image:        nginx:1.25
    Port:         <none>
    Host Port:    <none>
    Command:
      echo
      Hello, Kubernetes!
    Environment:  <none>
    Mounts:       <none>
  Volumes:        <none>
Events:
  Type    Reason          Age    From            Message
  ----    ------          ----   ----            -------
  Normal  SuccessfulCreate 64s   job-controller  Created pod: job-test01-9tgtg  ❷
  Normal  Completed        60s   job-controller  Job completed                  ❸
```

위에서 실행 중인 잡인 job-test01을 자세히 살펴보겠습니다.

❶ describe 명령어를 통해 앞서 생성한 job-test01 잡에 대해 자세한 정보를 출력합니다.

❷ ❸ 그러면 잡 컨트롤러에 의해 잡이 완료되었다는 메시지를 볼 수 있습니다.

```
eevee@myserver01:~/work/ch09/ex15$ kubectl get pod              ❶
NAME              READY   STATUS      RESTARTS   AGE
job-test01-9tgtg  0/1     Completed   0          115s            ❷
```

❶ 그리고 실행 중인 파드를 확인합니다.

❷ 파드를 통해 작업이 완료된 것을 볼 수 있습니다.

```
eevee@myserver01:~/work/ch09/ex15$ kubectl logs job-test01-9tgtg   ❶
Hello, Kubernetes!
```

❶ 위 파드의 로그를 확인하면 잡을 통해 출력하고자 했던 메시지가 정상적으로 출력된 것을 볼 수 있습니다.

```
eevee@myserver01:~/work/ch09/ex15$ kubectl delete -f job-cronjob01.yml    ❶
job.batch "job-test01" deleted

eevee@myserver01:~/work/ch09/ex15$ kubectl get pod                        ❷
No resources found in default namespace.

eevee@myserver01:~/work/ch09/ex15$ kubectl get job                        ❸
No resources found in default namespace.
```

실습이 끝났습니다.

❶ 잡과 파드를 삭제합니다.

❷ ❸ 삭제되었는지 확인합니다.

## 9.7.3 크론잡 사용 방법

이번에는 크론잡을 실습하겠습니다.

```
eevee@myserver01:~/work/k8s$ vim job-cronjob02.yml    ❶
apiVersion: batch/v1                                  ❷
kind: CronJob                                         ❸
metadata:                                             ❹
  name: cronjob-test02                                ❺
spec:                                                 ❻
  schedule: "*/1 * * * *"                             ❼
  jobTemplate:                                        ❽
    spec:                                             ❾
      template:                                       ❿
        spec:                                         ⓫
          containers:                                 ⓬
          - name: nginx-test02                        ⓭
            image: nginx:1.25                         ⓮
            command:                                  ⓯
            - /bin/sh                                 ⓰
            - -c                                      ⓱
            - echo Hello Kubernetes!                  ⓲
          restartPolicy: Never                        ⓳
```

위 과정은 크론잡을 생성하는 yml 파일을 생성하는 코드입니다.

❶ vim을 통해 파일을 생성합니다.

❷ apiVersion을 작성합니다.

❸ 오브젝트 종류를 CronJob으로 설정합니다.

❹ 메타 데이터를 정합니다.

❺ 크론잡의 이름을 정하겠습니다.

❻ 크론잡의 내부 상태를 설정합니다.

❼ 먼저 크론잡의 스케줄을 설정하는데, 이는 매 1분에 한 번씩 실행하는 것을 의미합니다.

❽ 크론잡 템플릿을 작성하겠습니다.

❾ 내부 상태를 정합니다.

❿ 다시 템플릿을 작성합니다.

⓫ ⓬ 내부 상태에 컨테이너를 설정합니다.

⓭ ⓮ 컨테이너 이름과 사용할 이미지를 정합니다.

⓯ 실행할 명령어를 입력합니다.

⓰ ⓱ 해당 명령어로 셸을 실행합니다.

⓲ 텍스트를 출력하는 것입니다.

⓳ 재시작 정책을 정합니다.

```
eevee@myserver01:~/work/ch09/ex15$ kubectl apply -f job-cronjob02.yml    ❶
cronjob.batch/cronjob-test02 created

eevee@myserver01:~/work/ch09/ex15$ kubectl get cronjob                    ❷
NAME            SCHEDULE     SUSPEND   ACTIVE   LAST SCHEDULE   AGE
cronjob-test02  */1 * * * *  False     0        <none>          6s         ❸
```

앞서 생성한 yml 파일을 실행하겠습니다.

❶ **apply** 명령어로 실행합니다.

❷ 실행 중인 크론잡을 확인합니다.

❸ 정상적으로 생성된 것을 볼 수 있습니다.

```
eevee@myserver01:~/work/ch09/ex15$ kubectl describe cronjob cronjob-test02        ❶
Name:                          cronjob-test02
Namespace:                     default
Labels:                        <none>
Annotations:                   <none>
Schedule:                      */1 * * * *
Concurrency Policy:            Allow
Suspend:                       False
Successful Job History Limit:  3
Failed Job History Limit:      1
Starting Deadline Seconds:     <unset>
Selector:                      <unset>
Parallelism:                   <unset>
Completions:                   <unset>
Pod Template:
  Labels:  <none>
  Containers:
   nginx-test02:
    Image:      nginx:1.25
    Port:       <none>
    Host Port:  <none>
    Command:
      /bin/sh
      -c
      echo Hello Kubernetes!
    Environment:    <none>
    Mounts:         <none>
  Volumes:          <none>
Last Schedule Time:  <unset>
Active Jobs:         <none>
Events:             <none>                                                        ❷
```

❶ describe 명령어를 활용하면 앞서 생성한 크론잡 정보를 위와 같이 볼 수 있습니다.

❷ 아직까지는 이벤트가 발생하지 않은 것을 볼 수 있습니다.

```
eevee@myserver01:~/work/ch09/ex15$ kubectl get cronjob              ❶
NAME            SCHEDULE      SUSPEND   ACTIVE   LAST SCHEDULE   AGE
cronjob-test02  */1 * * * *   False     1        2s              2m1s
```

**❶** 2분 정도 기다린 후 크론잡을 다시 확인하겠습니다.

```
eevee@myserver01:~/work/ch09/ex15$ kubectl describe cronjob cronjob-test02    ❶
Name:                       cronjob-test02
Namespace:                  default
Labels:                     <none>
Annotations:                <none>
Schedule:                   */1 * * * *
Concurrency Policy:         Allow
Suspend:                    False
Successful Job History Limit: 3
Failed Job History Limit:   1
Starting Deadline Seconds:  <unset>
Selector:                   <unset>
Parallelism:                <unset>
Completions:                <unset>
Pod Template:
  Labels:  <none>
  Containers:
   nginx-test02:
    Image:        nginx:1.25
    Port:         <none>
    Host Port:    <none>
    Command:
      /bin/sh
      -c
      echo Hello Kubernetes!
    Environment:     <none>
    Mounts:          <none>
  Volumes:           <none>
Last Schedule Time:  Mon, 13 Nov 2023 15:44:00 +0000
Active Jobs:         <none>
Events:
  Type    Reason          Age   From                Message
  ----    ------          ----  ----                -------
  Normal  SuccessfulCreate 69s  cronjob-controller  Created job cronjob-test02-
28331503                                                                      ❷
  Normal  SawCompletedJob  66s  cronjob-controller  Saw completed job: cronjob-
test02-28331503, status: Complete                                             ❸
  Normal  SuccessfulCreate 9s   cronjob-controller  Created job cronjob-test02-
28331504                                                                      ❹
```

```
   Normal  SawCompletedJob  6s     cronjob-controller  Saw completed job: cronjob-
test02-28331504, status: Complete                                               ❺
```

❶ **describe** 명령어를 통해 다시 크론잡 정보를 확인합니다.

❷ ❸ ❹ ❺ 이벤트 부분이 생성된 것을 볼 수 있습니다.

```
eevee@myserver01:~/work/ch09/ex15$ kubectl get pods                      ❶
NAME                           READY   STATUS      RESTARTS    AGE
cronjob-test02-28331503-87xb2  0/1     Completed   0           85s        ❷
cronjob-test02-28331504-mbcxn  0/1     Completed   0           25s        ❸

eevee@myserver01:~/work/ch09/ex15$ kubectl logs cronjob-test02-28331503-87xb2  ❹
Hello Kubernetes!
eevee@myserver01:~/work/ch09/ex15$ kubectl logs cronjob-test02-28331504-mbcxn  ❺
Hello Kubernetes!
```

이번에는 작업이 정상적으로 이루어졌는지 파드를 확인하겠습니다.

❶ **get** 명령어를 통해 파드를 확인합니다.

❷ ❸ 파드가 두 개 생성된 것을 볼 수 있습니다. 각 파드는 크론잡이 실행될 때마다 작업 처리를 위해 생성된 파드입니다.

❹ ❺ 각 파드의 로그를 확인하면 메시지가 올바르게 출력된 것을 볼 수 있습니다.

```
eevee@myserver01:~/work/ch09/ex15$ kubectl delete -f job-cronjob02.yml   ❶
cronjob.batch "cronjob-test02" deleted
eevee@myserver01:~/work/ch09/ex15$ kubectl get cronjob                   ❷
No resources found in default namespace.
eevee@myserver01:~/work/ch09/ex15$ kubectl get pods                      ❸
No resources found in default namespace.
```

실습이 끝났습니다.

❶ 크론잡을 종료합니다.

❷ ❸ 정상적으로 종료되었는지 확인합니다.

# 쿠버네티스를 활용한 웹 서비스 배포

9장에서는 쿠버네티스와 관련한 기본적인 내용을 다뤘습니다. 10장에서는 이를 토대로 쿠버네티스를 통해 django와 Flask를 실행해보겠습니다. 쿠버네티스의 기본 개념이 기반이 되므로 앞서 배운 내용을 정확히 이해하는 것이 매우 중요합니다.

CHAPTER

10

## 10.1 사전 준비 사항

이 절에서는 10장 실습을 위해 필요한 부분을 준비합니다. 먼저 도커 허브에 가입하고 설치 과정을 거친 후 실습에 필요한 PostgreSQL 설정을 확인해보겠습니다.

### 10.1.1 도커 허브 가입 및 설치

이 절에서는 도커 허브에 직접 이미지를 업로드하고 다운로드할 것이므로 도커 허브에 가입해야 합니다.

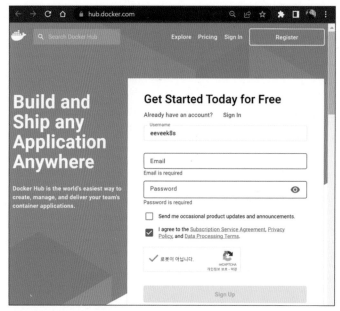

**그림 10-1** 도커 허브 가입 (1)

[그림 10-1]과 같이 먼저 hub.docker.com에 접속해 가입합니다. 원하는 사용자 이름과 이메일, 비밀번호를 입력하고 가입합니다.

**그림 10-2** 도커 허브 가입 (2)

가입을 하고 나면 가입을 할 때 입력했던 이메일 주소에 인증 메일이 도착했을 것입니다. [Verify email address]를 클릭해서 인증합니다.

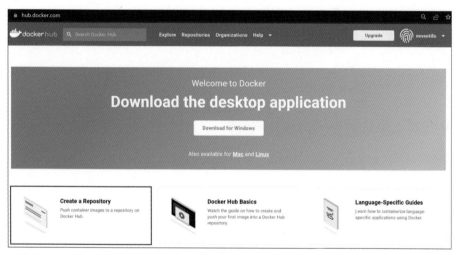

**그림 10-3** 도커 허브 설치 (3)

이메일 인증이 끝나면 [그림 10-3]과 같이 리포지토리를 생성할 수 있습니다. 왼쪽 하단에 있는 **Create a Repository**를 클릭하면 리포지토리를 생성할 수 있습니다.

### 10.1.2 PostgreSQL 확인

쿠버네티스를 활용하여 서비스를 배포하기 위한 사전 준비 사항으로 PostgreSQL이 가동 중인지 확인하겠습니다.

```
eevee@myserver01:~$ sudo systemctl status postgresql.service        ❶
● postgresql.service - PostgreSQL RDBMS
     Loaded: loaded (/lib/systemd/system/postgresql.service; enabled; vendor preset: e>
     Active: active (exited) since Mon 2023-11-13 15:52:11 UTC; 8h ago  ❷
    Process: 1225 ExecStart=/bin/true (code=exited, status=0/SUCCESS)
   Main PID: 1225 (code=exited, status=0/SUCCESS)
        CPU: 1ms
```

PostgreSQL이 설치되어 있는지 확인하겠습니다.

❶ 해당 명령어를 입력하면 PostgreSQL의 현재 가동 상태를 알 수 있습니다.

❷ 현재 active 상태인 것을 볼 수 있습니다.


## 10.2 인그레스를 활용한 django 실행

이 절에서는 인그레스를 활용해 django를 실행하는 실습을 진행하겠습니다. 이를 위해 먼저 디렉터리를 정리하고 django와 Nginx 이미지를 빌드합니다. 그리고 디플로이먼트, 서비스, 인그레스 실습을 통해 django를 실행하겠습니다.


### 10.2.1 디렉터리 정리

이번 실습에서는 인그레스를 활용한 django 서비스를 배포하겠습니다.

```
eevee@myserver01:~$ cd work/                                         ❶
eevee@myserver01:~/work$ ls                                          ❷
app  ch04  ch05  ch06  ch09
eevee@myserver01:~/work$ mkdir ch10                                 ❸
```

```
eevee@myserver01:~/work$ ls                                         ❹
app  ch04  ch05  ch06  ch09  ch10
eevee@myserver01:~/work$ cd ch10                                    ❺
eevee@myserver01:~/work/ch10$ mkdir ex01                            ❻
eevee@myserver01:~/work/ch10$ ls                                    ❼
ex01
eevee@myserver01:~/work/ch10$ cd ex01                               ❽
eevee@myserver01:~/work/ch10/ex01$ pwd                              ❾
/home/eevee/work/ch10/ex01
```

먼저 실습을 위해 디렉터리를 생성하겠습니다.

❶ ❷ work 디렉터리로 이동합니다.

❸ ❹ 10장 실습을 위해 ch10 디렉터리를 생성합니다.

❺ 해당 디렉터리로 이동합니다.

❻ ❼ 이번 실습을 위해 ex01 디렉터리를 생성합니다.

❽ 해당 디렉터리로 이동합니다.

❾ 현재 경로를 복사해둡니다. 이곳으로 이전에 실습했던 django 관련 파일을 복사해야 하기 때문입니다.

```
eevee@myserver01:~/work/ch10/ex01$ cd                               ❶
eevee@myserver01:~$ cd work/ch05/ex08/                              ❷
eevee@myserver01:~/work/ch05/ex08$ ls                               ❸
myDjango04  myNginx04
eevee@myserver01:~/work/ch05/ex08$ cp -r ./ /home/eevee/work/ch10/ex01  ❹
eevee@myserver01:~/work/ch05/ex08$ cd                               ❺
eevee@myserver01:~$ cd work/ch10/ex01/                              ❻
eevee@myserver01:~/work/ch10/ex01$ ls                               ❼
myDjango04  myNginx04
eevee@myserver01:~/work/ch10/ex01$ mv myNginx04 myNginx04d          ❽
eevee@myserver01:~/work/ch10/ex01$ ls                               ❾
myDjango04  myNginx04d
```

❶ 홈 디렉터리로 이동합니다.

❷ 앞서 도커를 학습할 때 사용했던 django 관련 디렉터리로 이동합니다.

❸ 파일 목록을 확인하면 django와 Nginx 관련 디렉터리를 볼 수 있습니다.

❹ 해당 디렉터리들을 앞서 10장에서 실습한 디렉터리로 복사합니다.

❺ 그리고 홈 디렉터리로 이동합니다.

❻ 10장 실습 디렉터리로 이동합니다.

❼ 앞서 복사한 파일들을 확인할 수 있습니다.

❽ ❾ Nginx 관련 디렉터리 이름을 위와 같이 변경합니다.

## 10.2.2 django 이미지 빌드

이번 실습에서는 django가 로컬에 설치한 PostgreSQL을 바라볼 수 있도록 설정을 변경한 후 변경한 내용을 바탕으로 django 이미지를 생성하겠습니다.

```
eevee@myserver01:~/work/ch10/ex01$ ls                                    ❶
myDjango04  myNginx04d
eevee@myserver01:~/work/ch10/ex01$ cd myDjango04/myapp/myapp/            ❷
eevee@myserver01:~/work/ch10/ex01/myDjango04/myapp/myapp$ ls             ❸
asgi.py  __init__.py  __pycache__  settings.py  urls.py  wsgi.py
```

먼저 위 실습 내용과 같이 설정 파일 settings.py가 있는 위치로 이동하겠습니다.

❶ 현재 실습 디렉터리에서 django 디렉터리가 있는 것을 확인합니다.

❷ 해당 디렉터리 내부에 존재하는 설정 파일이 있는 위치로 이동합니다.

❸ 그러고 나서 설정 파일을 확인하면 settings.py 파일이 존재하는 것을 볼 수 있습니다.

```
eevee@myserver01:~/work/ch10/ex01/myDjango04/myapp/myapp$ vim settings.py    ❶
...(중략)
DATABASES = {
    'default': {
        'ENGINE': 'django.db.backends.postgresql',
        'NAME': 'postgres',
        'USER': 'postgres',
        'PASSWORD': 'mysecretpassword',
        'HOST': '10.0.2.4',                                                   ❷
        'PORT': '5432',                                                       ❸
    }
}
...(생략)
```

❶ vim을 이용해 settings.py를 수정하겠습니다.

❷ 문서 중반에 데이터베이스를 설정하는 파트의 HOST 부분에 PostgreSQL이 설치된 노드의 IP 주소를 적어줍니다.
myserver01에 PostgreSQL을 설치했으므로 해당 주소를 적었습니다.

❸ PORT에는 포트 번호를 입력합니다. PostgreSQL의 기본 포트는 5432입니다.

```
eevee@myserver01:~/work/ch10/ex01/myDjango04/myapp/myapp$ cd ../..    ❶
eevee@myserver01:~/work/ch10/ex01/myDjango04$ ls                      ❷
Dockerfile  myapp  requirements.txt

eevee@myserver01:~/work/ch10/ex01/myDjango04$ docker image build . -t mydjango_
ch10:0.2                                                              ❸
[+] Building 22.6s (11/11) FINISHED
 => [internal] load build definition from Dockerfile
 => => transferring dockerfile: 366B
...(생략)

eevee@myserver01:~/work/ch10/ex01/myDjango04$ docker image ls        ❹
REPOSITORY          TAG        IMAGE ID        CREATED         SIZE
mydjango_ch10       0.2        c2ebb64769b6    20 seconds ago  1.08GB
...(생략)
```

❶ ❷ ❸ 앞서 수정한 내용을 바탕으로 django 이미지를 빌드하겠습니다. 빌드할 때 태그를 0.2라고 붙이겠습니다.

❹ 그러고 나서 도커 이미지 목록을 확인하면 올바르게 생성된 것을 볼 수 있습니다.

그림 10-4 django 리포지토리 생성

웹 브라우저를 실행해서 도커 허브에 접속한 후 django 리포지토리를 생성하겠습니다. 리포지토리 이름은 앞서 생성한 도커 이미지 이름과 동일하게 생성하겠습니다.

```
eevee@myserver01:~/work/ch10/ex01/myDjango04$ docker login            ❶
Login with your Docker ID to push and pull images from Docker Hub. If you don't have
a Docker ID, head over to https://hub.docker.com to create one.
Username: {도커 허브 ID}                                                 ❷
Password:                                                              ❸
WARNING! Your password will be stored unencrypted in /home/eevee/.docker/config.json.
Configure a credential helper to remove this warning. See
https://docs.docker.com/engine/reference/commandline/login/#credentials-store


Login Succeeded                                                       ❹
```

도커 허브에서 리포지토리를 생성했다면 다시 터미널 환경으로 돌아갑니다.

❶ 터미널 환경에서 도커 허브에 로그인하겠습니다. 이때 사용하는 명령어는 **docker login**입니다.

❷ ❸ 그후 Username과 Password를 입력합니다.

❹ 로그인이 성공하는 화면을 볼 수 있습니다.

```
eevee@myserver01:~/work/ch10/ex01/myDjango04$ docker tag mydjango_ch10:0.2 eeveek8s/
mydjango_ch10:0.2                                                              ❶
eevee@myserver01:~/work/ch10/ex01/myDjango04$ docker push eeveek8s/mydjango_ch10:0.2 ❷
The push refers to repository [docker.io/eeveek8s/mydjango_ch10]
5f70bf18a086: Pushed
db20704fc013: Pushed
...(중략)
053a1f71007e: Pushed
ec09eb83ea03: Pushed
0.2: digest: sha256:f313a80d6c2d930ad80a7410176ef69ab0aaf3f8997c5e6c31fc643c3970b997
size: 3051
```

❶ **docker tag** 명령어를 활용해 도커 이미지 태그를 생성하겠습니다. 위 과정은 앞서 만든 **mydjango_ch10:0.2** 이미지:태그를 참조하는 **eeveek8s/mydjango_ch10:0.2**라는 이미지:태그를 생성하는 코드입니다.

❷ **docker push** 명령어를 활용해 도커 허브에 업로드하겠습니다.

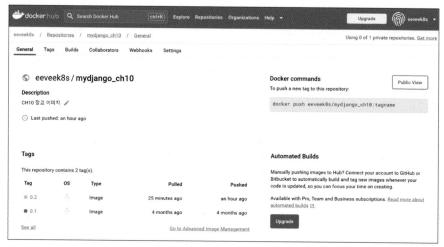

**그림 10-5** 업로드 확인

도커 허브에서 해당 리포지토리를 확인하면 [그림 10-5]와 같이 성공적으로 업로드된 것을 볼 수 있습니다.

## 10.2.3 Nginx 이미지 빌드

이번에는 Nginx 이미지를 생성하겠습니다.

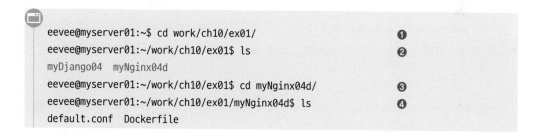

```
eevee@myserver01:~$ cd work/ch10/ex01/                              ❶
eevee@myserver01:~/work/ch10/ex01$ ls                              ❷
myDjango04   myNginx04d
eevee@myserver01:~/work/ch10/ex01$ cd myNginx04d/                  ❸
eevee@myserver01:~/work/ch10/ex01/myNginx04d$ ls                  ❹
default.conf   Dockerfile
```

❶ ❷ ❸ ❹ 과정대로 입력해서 Nginx가 포함된 디렉터리로 이동합니다.

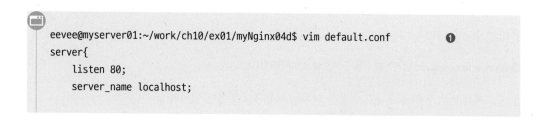

```
eevee@myserver01:~/work/ch10/ex01/myNginx04d$ vim default.conf     ❶
server{
    listen 80;
    server_name localhost;
```

```
    location /{
        proxy_pass http://127.0.0.1:8000;                              ❷
    }
}
```

default.conf 파일을 확인하겠습니다.

❶ 앞서 도커 실습과는 다르게 upstream 구문을 삭제합니다.

❷ proxy_pass 부분을 변경합니다. 이를 그림으로 나타내면 다음과 같습니다.

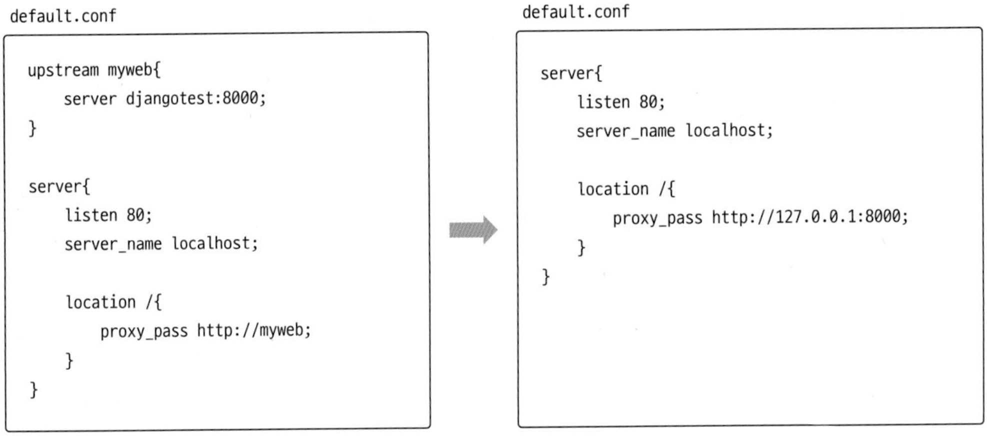

default.conf
```
upstream myweb{
    server djangotest:8000;
}

server{
    listen 80;
    server_name localhost;

    location /{
        proxy_pass http://myweb;
    }
}
```

default.conf
```
server{
    listen 80;
    server_name localhost;

    location /{
        proxy_pass http://127.0.0.1:8000;
    }
}
```

**그림 10-6** default.conf 파일 수정

[그림 10-6]은 default.conf 파일 수정 전후를 나타낸 것입니다. 왼쪽 그림이 기존 코드 내용이고 오른쪽 그림이 변경 후 코드인데, 변경 후에는 **upstream**을 사용하지 않는 것을 알 수 있습니다.

```
eevee@myserver01:~/work/ch10/ex01/myNginx04d$ docker image build . -t mynginxd_ch10:0.3   ❶
[+] Building 1.8s (8/8) FINISHED
 => [internal] load build definition from Dockerfile
 => => transferring dockerfile: 168B
...(생략)
```

준비된 Nginx 파일을 활용해 Nginx 도커 이미지를 빌드하겠습니다.

❶ **docker image build** 명령어를 이용해 Nginx 이미지를 빌드합니다.

위 코드에서 이미지 이름과 태그 이름은 원하는 이름으로 정하면 됩니다.

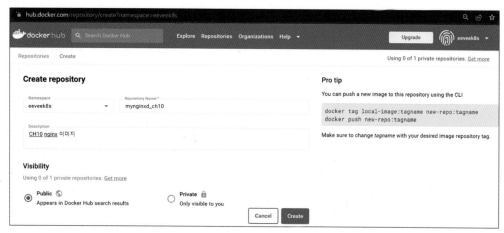

```
eevee@myserver01:~/work/ch10/ex01/myNginx04d$ docker image ls        ❶
REPOSITORY        TAG        IMAGE ID      CREATED        SIZE
mynginxd_ch10                0.3          51a3e6f0ca43   20 seconds ago   187MB
mydjango_ch10                0.2          c2ebb64769b6   20 minutes ago   1.08GB
...(생략)
```

❶ 그리고 도커 이미지 목록을 확인하면 올바르게 생성된 것을 볼 수 있습니다.

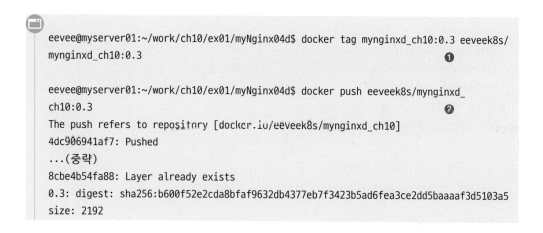

그림 10-7 도커 허브 리포지토리 생성

Nginx 이미지를 업로드 하기 전에 [그림 10-7]과 같이 도커 허브에 해당 이미지 이름으로 리포지토리를 생성하겠습니다.

```
eevee@myserver01:~/work/ch10/ex01/myNginx04d$ docker tag mynginxd_ch10:0.3 eeveek8s/
mynginxd_ch10:0.3        ❶

eevee@myserver01:~/work/ch10/ex01/myNginx04d$ docker push eeveek8s/mynginxd_
ch10:0.3        ❷
The push refers to repository [docker.io/eeveek8s/mynginxd_ch10]
4dc906941af7: Pushed
...(중략)
8cbe4b54fa88: Layer already exists
0.3: digest: sha256:b600f52e2cda8bfaf9632db4377eb7f3423b5ad6fea3ce2dd5baaaaf3d5103a5
size: 2192
```

❶ 앞서 django 이미지와 마찬가지로 Nginx 이미지를 활용해 태그를 생성합니다.

❷ 도커 허브로 업로드합니다.

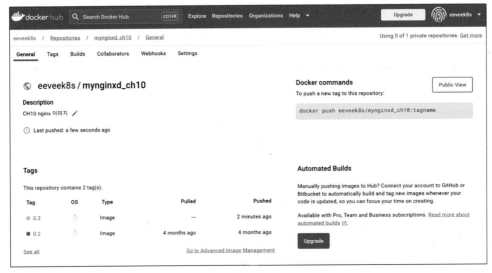

**그림 10-8** 도커 허브 업로드 확인

도커 허브를 확인하면 [그림 10-8]과 같이 해당 이미지가 업로드된 것을 볼 수 있습니다.

## 10.2.4 디플로이먼트 실습

이번 실습에서는 django와 Nginx 파드를 실행할 디플로이먼트를 실행하겠습니다.

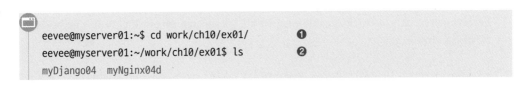

```
eevee@myserver01:~$ cd work/ch10/ex01/          ❶
eevee@myserver01:~/work/ch10/ex01$ ls           ❷
myDjango04  myNginx04d
```

❶ ❷ 실습 디렉터리로 이동합니다.

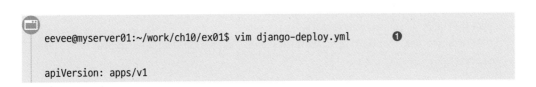

```
eevee@myserver01:~/work/ch10/ex01$ vim django-deploy.yml          ❶


apiVersion: apps/v1
```

```
kind: Deployment
metadata:
  name: deploy-django                                          ❷
spec:
  replicas: 3
  selector:
    matchLabels:
      app.kubernetes.io/name: web-deploy
  template:
    metadata:
      labels:
        app.kubernetes.io/name: web-deploy
    spec:
      containers:                                              ❸
      - name: nginx-d                                          ❹
        image: eeveek8s/mynginxd_ch10:0.3                      ❺
        ports:
        - containerPort: 80                                    ❻

      - name: django-web                                       ❼
        image: eeveek8s/mydjango_ch10:0.2                      ❽
        ports:
        - containerPort: 8000                                  ❾
```

위 과정은 디플로이먼트 실행을 위한 yaml 파일을 생성하는 내용입니다.

❶ vim을 활용해 디플로이먼트 yaml 파일을 생성하겠습니다. 기본 구조는 앞서 실습한 디플로이먼트 파일 구조와 동일
   합니다.

❷ 디플로이먼트 이름을 정합니다.

❸ 컨테이너를 설정합니다.

❹ Nginx가 실행될 컨테이너 정보를 입력하겠습니다. 컨테이너 이름을 정합니다.

❺ 어떤 이미지를 사용할지 정합니다. 이번 실습에서는 이전 실습에서 업로드해서 도커 허브에 위치한 Nginx 이미지를
   사용하겠습니다.

❻ 컨테이너 포트 번호를 입력합니다.

❼ 다음으로는 django 컨테이너 정보를 입력합니다. 컨테이너 이름을 입력합니다.

❽ 어떤 이미지를 사용할지 정합니다. Nginx와 마찬가지로 django 역시 앞서 도커 허브에 업로드한 이미지를 사용하
   겠습니다.

❾ 컨테이너 포트를 입력합니다.

```
eevee@myserver01:~/work/ch10/ex01$ kubectl apply -f django-deploy.yml    ❶
deployment.apps/deploy-django created

eevee@myserver01:~/work/ch10/ex01$ kubectl get pods                      ❷
NAME                              READY   STATUS    RESTARTS   AGE
deploy-django-6dfd744bc7-dj24c    2/2     Running   0          104s
deploy-django-6dfd744bc7-dzt5k    2/2     Running   0          104s
deploy-django-6dfd744bc7-f8th7    2/2     Running   0          104s
```

이번 실습에서는 앞서 생성한 디플로이먼트 파일을 실행하겠습니다.

❶ kubectl apply 명령어를 활용해 디플로이먼트 파일을 실행합니다.

❷ 파드를 확인하면 올바르게 실행 중인 것을 알 수 있습니다. 도커 허브에서 이미지를 받아야하므로 파드가 실행되는 데까지 다소 시간이 걸립니다.

## 10.2.5 서비스 실습

이번 실습에서는 clusterIP 타입으로 서비스를 만들어보겠습니다.

```
eevee@myserver01:~/work/ch10/ex01$ vim django-service.yml    ❶
apiVersion: v1
kind: Service                                                ❷
metadata:
  name: django-service                                       ❸
spec:
  selector:
    app.kubernetes.io/name: web-deploy                       ❹
  type: ClusterIP                                             ❺
  ports:
  - protocol: TCP                                             ❻
    port: 80                                                 ❼
    targetPort: 80                                           ❽
```

위 과정은 서비스 실행을 위한 yaml 파일을 생성하는 내용입니다.

❶ 실습 디렉터리에서 vim을 활용해 서비스 yaml 파일을 생성합니다.

❷ 오브젝트 타입을 서비스로 설정합니다.

❸ 서비스 이름을 정합니다.

❹ 서비스와 연결할 파드를 설정합니다.

❺ 서비스 타입을 설정합니다. 이번 실습에서는 ClusterIP 타입으로 생성하겠습니다.

❻ ❼ ❽ 포트 정보를 입력합니다. 프로토콜은 TCP로 설정하고, 포트는 80, 타깃 포트도 80으로 설정하겠습니다.

```
eevee@myserver01:~/work/ch10/ex01$ kubectl apply -f django-service.yml          ❶
service/django-service created

eevee@myserver01:~/work/ch10/ex01$ kubectl get pod,svc                           ❷
NAME                                    READY    STATUS     RESTARTS    AGE
pod/deploy-django-6dfd744bc7-dj24c      2/2      Running    0           5m13s
pod/deploy-django-6dfd744bc7-dzt5k      2/2      Running    0           5m13s
pod/deploy-django-6dfd744bc7-f8th7      2/2      Running    0           5m13s


NAME                      TYPE        CLUSTER-IP       EXTERNAL-IP    PORT(S)    AGE
service/django-service    ClusterIP   10.102.211.149   <none>         80/TCP     8s      ❸
service/kubernetes        ClusterIP   10.96.0.1        <none>         443/TCP    44h
```

앞서 생성한 서비스 파일을 실행하겠습니다.

❶ kubectl apply 명령어를 통해 서비스 파일을 실행합니다.

❷ 실행 중인 서비스를 확인합니다.

❸ 해당 서비스가 원활히 실행 중인 것을 알 수 있습니다.

## 10.2.6 인그레스 실습

이번 실습에서는 인그레스를 실행하겠습니다.

```
eevee@myserver01:~/work/ch10/ex01$ vim django ingress.yml          ❶

apiVersion: networking.k8s.io/v1
kind: Ingress                                                      ❷
metadata:
  name: django-ingress                                            ❸
  annotations:
```

```
      nginx.ingress.kubernetes.io/rewrite-target: /$2          ❹
spec:
  ingressClassName: nginx                                      ❺
  rules:
  - http:
      paths:
      - path: /test01(/¦$)(.*)                                 ❻
        pathType: Prefix
        backend:
          service:
            name: django-service                               ❼
            port:
              number: 80                                       ❽
```

위 과정은 인그레스 파일을 생성하는 단계입니다.

❶ 실습 디렉터리에서 vim 편집기를 활용해 인그레스 파일을 생성합니다.

❷ 인그레스 오브젝트 타입을 입력합니다.

❸ 인그레스 이름을 정합니다.

❹ Nginx 인그레스 컨트롤러 옵션을 입력합니다.

❺ 그러고 나서 인그레스 클래스 이름을 정합니다.

❻ http 접근 경로를 입력하는데, 하위 경로 인식을 위해 해당 특수 기호도 추가합니다.

❼ 인그레스와 연동할 서비스 이름을 입력합니다.

❽ 포트 번호를 정합니다.

```
eevee@myserver01:~/work/ch10/ex01$ kubectl apply -f django-ingress.yml      ❶
ingress.networking.k8s.io/django-ingress created

eevee@myserver01:~/work/ch10/ex01$ kubectl get pod,svc,ingress              ❷
NAME                                  READY   STATUS    RESTARTS   AGE
pod/deploy-django-6dfd744bc7-dj24c    2/2     Running   0          12m
pod/deploy-django-6dfd744bc7-dzt5k    2/2     Running   0          12m
pod/deploy-django-6dfd744bc7-f8th7    2/2     Running   0          12m

NAME                     TYPE        CLUSTER-IP       EXTERNAL-IP   PORT(S)   AGE
service/django-service   ClusterIP   10.102.211.149   <none>        80/TCP    7m35s
```

```
service/kubernetes       ClusterIP    10.96.0.1        <none>      443/TCP    45h

NAME                                      CLASS   HOSTS  ADDRESS   PORTS   AGE
ingress.networking.k8s.io/django-ingress  nginx   *                80      21s  ❸
```

이번에는 앞서 생성한 인그레스 파일을 실행하겠습니다.

❶ kubectl apply 옵션을 활용해 인그레스를 실행합니다.

❷ 실행 중인 인그레스를 확인합니다.

❸ 성공적으로 실행 중인 것을 알 수 있습니다.

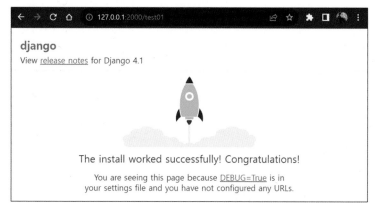

그림 10-9 django 서비스 배포 확인

그리고 실제로 원활하게 작동 중인지 확인하기 위해 웹 브라우저에서 인그레스 경로로 접근하면 [그림 10-9]와 같이 작동 중인 것을 확인할 수 있습니다.

```
eevee@myserver01:~/work/ch10/ex01$ kubectl exec -it pod/deploy-django-6dfd744bc7-dj24c
-- /bin/bash                                                                          ❶
Defaulted container "nginx-d" out of: nginx-d, django-web                             ❷

root@deploy-django-6dfd744bc7-dj24c:/# cd /etc/nginx/conf.d/                           ❸
root@deploy-django-6dfd744bc7-dj24c:/etc/nginx/conf.d# ls                              ❹
default.conf
root@deploy-django-6dfd744bc7-dj24c:/etc/nginx/conf.d# cat default.conf                ❺
```

```
server{
    listen 80;
    server_name localhost;

    location /{
        proxy_pass http://127.0.0.1:8000;
    }
}
root@deploy-django-6dfd744bc7-dj24c:/etc/nginx/conf.d# exit          ❻
exit
eevee@myserver01:~/work/ch10/ex01$
```

이번에는 실행 중인 파드 내부에 접속하겠습니다.

❶ 파드 내부로 들어갑니다.

❷ 기본적으로 nginx-d 컨테이너 내부로 접속하겠다는 메시지가 뜹니다. 따라서 해당 컨테이너로 접속합니다.

❸ ❹ default.conf 파일을 찾습니다.

❺ 그러면 앞선 실습에서 생성한 파일이 존재하는 것을 볼 수 있습니다.

❻ 실습이 끝났으면 컨테이너에서 빠져나옵니다.

```
eevee@myserver01:~/work/ch10/ex01$ kubectl exec -it pod/deploy-django-6dfd744bc7-dj24c
-c django-web -- /bin/bash                                           ❶
root@deploy-django-6dfd744bc7-dj24c:/usr/src/app/myapp# ls          ❷
db.sqlite3  manage.py  myapp
root@deploy-django-6dfd744bc7-dj24c:/usr/src/app/myapp# python manage.py inspectdb  ❸
# This is an auto-generated Django model module.
# You'll have to do the following manually to clean this up:
#   * Rearrange models' order
#   * Make sure each model has one field with primary_key=True
#   * Make sure each ForeignKey and OneToOneField has `on_delete` set to the desired
behavior
#   * Remove `managed = False` lines if you wish to allow Django to create, modify, and
delete the table
# Feel free to rename the models, but don't rename db_table values or field names.
from django.db import models


root@deploy-django-6dfd744bc7-dj24c:/usr/src/app/myapp# exit        ❹
exit
eevee@myserver01:~/work/ch10/ex01$
```

다음 실습으로는 django 컨테이너에 접속하겠습니다.

❶ -c 옵션으로 django 컨테이너에 접속하겠다는 옵션 내용을 추가합니다.

❷ django 디렉터리로 이동합니다.

❸ inspect 명령어를 통해 database 설정이 올바르게 되어 있는 것을 볼 수 있습니다.

❹ 실습이 끝났으면 컨테이너에서 빠져나갑니다.

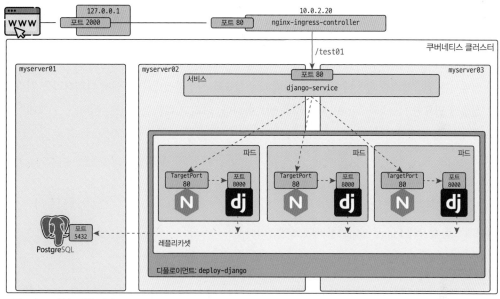

그림 10-10 실습 내용 정리

지금까지 실습 내용을 정리하면 [그림 10-10]과 같습니다. 외부에서 인그레스를 활용하면 쿠버네티스 서비스를 통해 각 파드에 있는 Nginx로 django를 활용할 수 있습니다. 그리고 django는 myserver01에 있는 PostgreSQL과 연결되어 있는 것을 알 수 있습니다.

```
eevee@myserver01:~/work/ch10/ex01$ kubectl delete -f django-ingress.yml          ❶
ingress.networking.k8s.io "django-ingress" deleted

eevee@myserver01:~/work/ch10/ex01$ kubectl delete -f django-service.yml          ❷
service "django-service" deleted

eevee@myserver01:~/work/ch10/ex01$ kubectl delete -f django-deploy.yml           ❸
deployment.apps "deploy-django" deleted
```

```
eevee@myserver01:~/work/ch10/ex01$ kubectl get pods,svc,ingress        ❹
NAME                 TYPE        CLUSTER-IP    EXTERNAL-IP    PORT(S)    AGE
service/kubernetes   ClusterIP   10.96.0.1     <none>         443/TCP    45h
```

실습이 끝나면 쿠버네티스 오브젝트를 종료합니다.

## 10.3 인그레스를 활용한 Flask 실행

이 절에서는 인그레스를 활용해 Flask를 실행하는 실습을 진행하겠습니다. 먼저 디렉터리를 정리하고 실습에 필요한 Flask와 Nginx 이미지를 빌드합니다. 그리고 디플로이먼트, 서비스, 인그레스를 통해 Flask를 실행합니다.

### 10.3.1 디렉터리 정리

인그레스를 활용해 Flask 서비스를 배포하겠습니다.

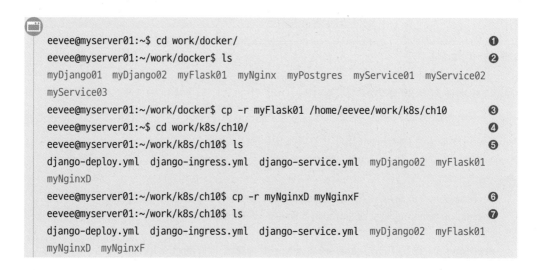
```
eevee@myserver01:~$ cd work/docker/                                                    ❶
eevee@myserver01:~/work/docker$ ls                                                     ❷
myDjango01  myDjango02  myFlask01  myNginx  myPostgres  myService01  myService02
myService03
eevee@myserver01:~/work/docker$ cp -r myFlask01 /home/eevee/work/k8s/ch10              ❸
eevee@myserver01:~$ cd work/k8s/ch10/                                                  ❹
eevee@myserver01:~/work/k8s/ch10$ ls                                                   ❺
django-deploy.yml  django-ingress.yml  django-service.yml  myDjango02  myFlask01
myNginxD
eevee@myserver01:~/work/k8s/ch10$ cp -r myNginxD myNginxF                              ❻
eevee@myserver01:~/work/k8s/ch10$ ls                                                   ❼
django-deploy.yml  django-ingress.yml  django-service.yml  myDjango02  myFlask01
myNginxD  myNginxF
```

먼저 실습을 위한 디렉터리를 정리하겠습니다.

❶ 도커 실습 자료가 있는 디렉터리로 이동합니다.

❷ 파일 목록을 확인합니다.

❸ 해당 디렉터리에 있는 myFlask01이라는 디렉터리를 /home/eevee/work/k8s/ch10 디렉터리로 복사합니다.

❹ work/k8s/ch10/으로 이동합니다.

❺ 파일을 확인합니다.

❻ 기존에 존재하는 myNginxD 디렉터리를 myNginxF라고 복사합니다.

❼ 파일 목록을 확인하면 성공적으로 복사된 것을 알 수 있습니다.


## 10.3.2 Flask 이미지 빌드

다음으로 쿠버네티스를 활용해 실행할 Flask 이미지를 빌드하겠습니다.

```
eevee@myserver01:~$ cd work/ch10/                      ❶
eevee@myserver01:~/work/ch10$ ls                       ❷
ex01
eevee@myserver01:~/work/ch10$ mkdir ex02               ❸
eevee@myserver01:~/work/ch10$ ls                       ❹
ex01  ex02
eevee@myserver01:~/work/ch10$ cd ex02                  ❺
eevee@myserver01:~/work/ch10/ex02$ pwd                 ❻
/home/eevee/work/ch10/ex02
```

먼저 Flask 관련 실습 디렉터리를 생성하겠습니다.

❶ ❷ 10장 실습을 위한 work/ch10/ 디렉터리로 이동합니다.

❸ ❹ 새로운 실습 디렉터리를 생성합니다.

❺ 해당 디렉터리로 이동합니다.

❻ 해당 디렉터리까지의 경로를 기억합니다.

```
eevee@myserver01:~/work/ch10/ex02$ cd                                            ❶
eevee@myserver01:~$ cd work/ch06/ex02/                                           ❷
eevee@myserver01:~/work/ch06/ex02$ ls                                            ❸
myFlask02  myNginx02f
eevee@myserver01:~/work/ch06/ex02$ cp -r ./ /home/eevee/work/ch10/ex02           ❹
```

```
eevee@myserver01:~/work/ch06/ex02$ cd                              ❺
eevee@myserver01:~$ cd work/ch10/ex02/                             ❻
eevee@myserver01:~/work/ch10/ex02$ ls                             ❼
myFlask02  myNginx02f
```

위 과정은 기존 Flask 실습 디렉터리를 이번 실습을 위해 복사하는 내용입니다.

❶ 홈 디렉터리로 이동합니다.

❷ 앞서 도커를 활용해 Flask 실습을 했던 디렉터리로 이동합니다.

❸ 해당 디렉터리에 있는 파일들을 확인합니다.

❹ 앞서 10장 실습을 위한 디렉터리로 복사합니다.

❺ ❻ 해당 디렉터리로 이동합니다.

❼ 파일을 확인하면 제대로 복사된 것을 알 수 있습니다.

```
eevee@myserver01:~/work/ch10/ex02$ cd myFlask02/                   ❶
eevee@myserver01:~/work/ch10/ex02/myFlask02$ ls                    ❷
Dockerfile  myapp  requirements.txt
eevee@myserver01:~/work/ch10/ex02/myFlask02$ cd myapp/             ❸
eevee@myserver01:~/work/ch10/ex02/myFlask02/myapp$ ls              ❹
main.py
eevee@myserver01:~/work/ch10/ex02/myFlask02/myapp$ cat main.py     ❺
from flask import Flask

app = Flask(__name__)

@app.route('/')
def hello_world():
    return 'hello world!'

if __name__ == '__main__':
    app.run(host='0.0.0.0', port=8001)
```

빌드할 Flask 디렉터리를 확인하겠습니다.

❶ ❷ ❸ myapp 디렉터리로 이동합니다.

❹ 파일 목록을 확인하면 main.py 파일을 볼 수 있습니다.

❺ 해당 파일을 수정할 필요가 없으므로 이번 실습에서는 그대로 사용합니다.

```
eevee@myserver01:~/work/ch10/ex02/myFlask02/myapp$ cd ..        ❶
eevee@myserver01:~/work/ch10/ex02/myFlask02$ ls                 ❷
Dockerfile  myapp  requirements.txt
eevee@myserver01:~/work/ch10/ex02/myFlask02$ cat Dockerfile     ❸
FROM python:3.11.6

WORKDIR /usr/src/app

COPY . .

RUN python -m pip install --upgrade pip
RUN pip install -r requirements.txt

WORKDIR ./myapp

CMD gunicorn --bind 0.0.0.0:8001 main:app

EXPOSE 8001
```

다음으로는 도커 파일을 확인하겠습니다.

❶ ❷ ❸ 도커 파일도 따로 수정할 부분 없으므로 이번 실습에서 그대로 사용합니다.

```
eevee@myserver01:~/work/ch10/ex02/myFlask02$ cat requirements.txt
flask==3.0.0
gunicorn==20.1.0
```

마지막으로 requirements.txt 파일을 확인하겠습니다. 해당 파일 역시 수정할 부분은 따로 없습니다.

```
eevee@myserver01:~/work/ch10/ex02/myFlask02$ ls
Dockerfile  myapp  requirements.txt
```

해당 디렉터리에 존재하는 파일 목록을 확인하면 앞서 확인한 파일들을 볼 수 있습니다. 해당 파일들을 활용해 Flask 이미지를 빌드하겠습니다.

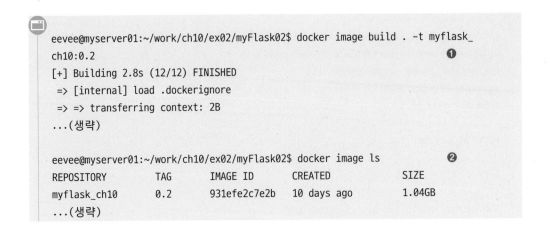

```
eevee@myserver01:~/work/ch10/ex02/myFlask02$ docker image build . -t myflask_
ch10:0.2                                                                    ❶
[+] Building 2.8s (12/12) FINISHED
 => [internal] load .dockerignore
 => => transferring context: 2B
...(생략)

eevee@myserver01:~/work/ch10/ex02/myFlask02$ docker image ls              ❷
REPOSITORY        TAG        IMAGE ID        CREATED         SIZE
myflask_ch10      0.2        931efe2c7e2b    10 days ago     1.04GB
...(생략)
```

이미지 빌드를 하겠습니다.

❶ docker image build 명령어를 사용합니다.

❷ 이미지 목록을 확인하면 해당 이미지가 생성된 것을 볼 수 있습니다.

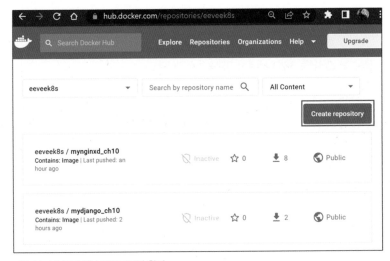

**그림 10-11** 도커 허브 리포지토리 확인

Flask 이미지를 업로드하기 위해 도커 허브 리포지토리를 확인하겠습니다. [그림 10-11]과 같은 화면에서 [Create repository]를 클릭합니다.

**그림 10-12** 도커 허브 리포지토리 생성

그리고 업로드하고자 하는 이미지와 동일한 이름으로 리포지토리를 생성합니다. [그림 10-12]와 같이 정보를 입력하고 [Create]를 클릭합니다.

```
eevee@myserver01:~/work/ch10/ex02/myFlask02$ docker login          ❶
Login with your Docker ID to push and pull images from Docker Hub. If you don't have
a Docker ID, head over to https://hub.docker.com to create one.
Username: {도커 허브 ID}                                             ❷
Password:                                                          ❸
WARNING! Your password will be stored unencrypted in /home/eevee/.docker/config.json.
Configure a credential helper to remove this warning. See
https://docs.docker.com/engine/reference/commandline/login/#credentials-store

Login Succeeded                                                   ❹
```

도커 허브에서 리포지토리를 생성했다면 다시 터미널 환경으로 돌아갑니다.

❶ 이번에는 터미널 환경에서 도커 허브에 로그인하겠습니다. 이때 사용하는 명령어가 **docker login**입니다.

❷ ❸ 그후 Username과 Password를 입력합니다.

❹ 로그인에 성공하는 화면을 볼 수 있습니다.

```
eevee@myserver01:~/work/ch10/ex02/myFlask02$ docker tag myflask_ch10:0.2 eeveek8s/
myflask_ch10:0.2                                                             ❶
eevee@myserver01:~/work/ch10/ex02/myFlask02$ docker push eeveek8s/myflask_ch10:0.2  ❷
The push refers to repository [docker.io/eeveek8s/myflask_ch10]
```

```
5f70bf18a086: Mounted from eeveek8s/myflask_ch10
7d80c1a3435e: Pushed
9b47fb0d1f19: Pushed
...(중략)
053a1f71007e: Mounted from eeveek8s/myflask_ch10
ec09eb83ea03: Mounted from eeveek8s/myflask_ch10
0.2: digest: sha256:f9e63719da2ae9c7b35dd6bec2e0fbf7e2d837cdad8a7c5b33a4efc519a8b546
size: 3049
```

이번에는 도커 이미지 업로드를 위해 **tag** 명령어를 활용해 업로드용 이미지를 생성하고 해당 이미지를 도커 허브에 업로드하겠습니다.

❶ **docker tag** 명령어를 활용해 myflask_ch10 이미지의 0.2 태그를 참조하는 eeveek8s/myflask_ch10 이미지의 0.2 태그를 생성합니다.

❷ **docker push** 명령어를 활용해 eeveek8s/myflask_ch10:0.2 이미지를 도커 허브에 업로드합니다.

**그림 10-13** 업로드 확인

도커 허브에 접속한 후 해당 리포지토리를 확인하면 [그림 10-13]과 같이 이미지가 업로드된 것을 알 수 있습니다.

### 10.3.3 Nginx 이미지 빌드

Nginx 이미지를 생성하겠습니다.

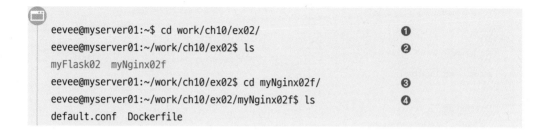

```
eevee@myserver01:~$ cd work/ch10/ex02/                          ❶
eevee@myserver01:~/work/ch10/ex02$ ls                           ❷
myFlask02  myNginx02f
eevee@myserver01:~/work/ch10/ex02$ cd myNginx02f/               ❸
eevee@myserver01:~/work/ch10/ex02/myNginx02f$ ls               ❹
default.conf  Dockerfile
```

먼저 실습 디렉터리를 확인합니다.

❶ ❷ ❸의 과정을 거쳐 실습 디렉터리로 이동합니다.

❹ 파일 목록을 확인하면 Nginx 설정 파일인 default.conf 파일과 도커 이미지를 생성할 때 필요한 Dockerfile을 확인
할 수 있습니다.

```
eevee@myserver01:~/work/ch10/ex02/myNginx02f$ vim default.conf   ❶
server{
    listen 80;                                                  ❷
    server_name localhost;

    location /{
        proxy_pass http://127.0.0.1:8001;                       ❸
    }
}
```

위 과정은 Nginx 설정 파일을 수정하는 내용입니다.

❶ ❷ vim을 활용해 기존의 81번 포트를 80번 포트로 수정합니다.

❸ 8001번 포트로 포트포워딩합니다. 기존에 사용했던 upstream 구문을 삭제하고 위 실습 내용처럼 바꿉니다. 수정
전후를 그림으로 나타내면 [그림 10-14]와 같습니다.

default.conf

```
upstream myweb{
    server flasktest:8001;
}

server{
    listen 81;
    server_name localhost;

    location /{
        proxy_pass http://myweb;
    }
}
```

default.conf

```
server{
    listen 80;
    server_name localhost;

    location /{
        proxy_pass http://127.0.0.1:8001;
    }
}
```

**그림 10-14** default.conf 파일 수정

[그림 10-14]는 default.conf 파일 수정 전후를 나타냅니다. **upstream**을 사용하던 이전과는 다르게 수정 후인 오른쪽에는 **upstream**을 사용하지 않는 것을 알 수 있습니다.

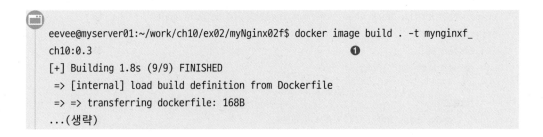

```
eevee@myserver01:~/work/ch10/ex02/myNginx02f$ docker image build . -t mynginxf_
ch10:0.3                                                              ❶
[+] Building 1.8s (9/9) FINISHED
 => [internal] load build definition from Dockerfile
 => => transferring dockerfile: 168B
...(생략)
```

이번에는 도커 이미지를 빌드하겠습니다.

❶ **docker image build** 명령어를 통해 Nginx 이미지를 생성합니다.

```
eevee@myserver01:~/work/ch10/ex02/myNginx02f$ docker image ls
REPOSITORY      TAG      IMAGE ID        CREATED          SIZE
mynginxf_ch10   0.3      0774cf764136    17 seconds ago   187MB
myflask_ch10    0.2      931efe2c7e2b    10 days ago      1.04GB
...(생략)
```

도커 이미지 목록을 확인하면 앞서 생성한 이미지를 확인할 수 있습니다.

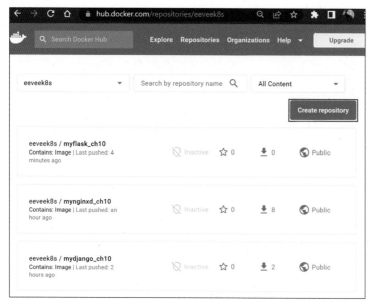

그림 10-15 리포지토리 확인

이미지 업로드를 위해 도커 허브에 리포지토리를 추가하겠습니다. [그림 10-15]와 같이 도커 허브에 리포지토리가 존재하는데 [Create repository]를 클릭해 새로운 리포지토리를 생성합니다.

그림 10-16 리포지토리 생성

그리고 [그림 10-16]과 같이 리포지토리 정보를 입력하고 [Create]를 클릭합니다.

```
eevee@myserver01:~/work/ch10/ex02/myNginx02f$ docker tag mynginxf_ch10:0.3 eeveek8s/
mynginxf_ch10:0.3                                                          ❶

eevee@myserver01:~/work/ch10/ex02/myNginx02f$ docker push eeveek8s/mynginxf_
ch10:0.3                                                                   ❷

The push refers to repository [docker.io/eeveek8s/mynginxf_ch10]
18c5e31b9f0f: Pushed
e50e16b54bb2: Mounted from eeveek8s/mynginxd_ch10
...(중략)
8cbe4b54fa88: Mounted from eeveek8s/mynginxd_ch10
0.3: digest: sha256:ebb7987bea11c27ba34e7df18e3c3081109320adf7614ab6ae16bf675ad49f2b
size: 2192
```

위 과정은 도커 이미지를 도커 허브에 업로드하기 위해 **docker tag** 명령어를 이용해 업로드 이미지를 생성하는 내용입니다.

❶ **docker tag** 명령어를 활용해 mynginxf_ch10:0.3 이미지:태그를 참조하는 eeveek8s/mynginxf_ch10:0.3 이미지:태그를 생성합니다.

❷ **docker push** 명령어를 통해 해당 이미지를 도커 허브에 업로드합니다.

**그림 10-17** 업로드 확인

도커 이미지를 도커 허브에 업로드한 후 도커 허브에 접속하면 [그림 10-17]과 같이 이미지가 업로드된 것을 알 수 있습니다.

### 10.3.4 디플로이먼트 실습

앞서 생성한 이미지를 활용해 디플로이먼트를 생성하겠습니다.

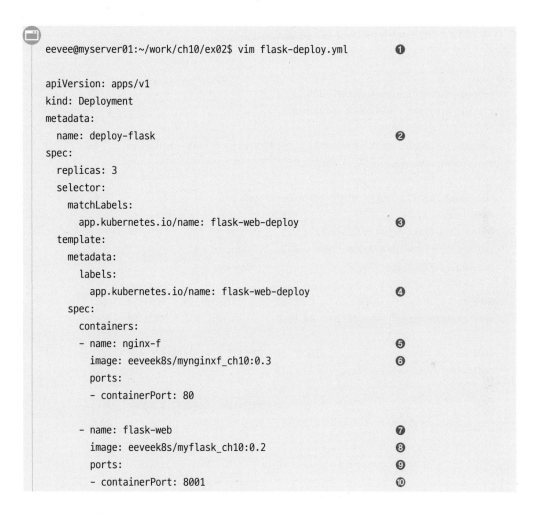

```
eevee@myserver01:~/work/ch10/ex02$ vim flask-deploy.yml        ❶

apiVersion: apps/v1
kind: Deployment
metadata:
  name: deploy-flask                                            ❷
spec:
  replicas: 3
  selector:
    matchLabels:
      app.kubernetes.io/name: flask-web-deploy                  ❸
  template:
    metadata:
      labels:
        app.kubernetes.io/name: flask-web-deploy                ❹
    spec:
      containers:
      - name: nginx-f                                           ❺
        image: eeveek8s/mynginxf_ch10:0.3                       ❻
        ports:
        - containerPort: 80

      - name: flask-web                                         ❼
        image: eeveek8s/myflask_ch10:0.2                        ❽
        ports:                                                  ❾
        - containerPort: 8001                                   ❿
```

Flask를 활용한 디플로이먼트 실행은 전반적으로 앞선 django 디플로이먼트 실행과 비슷하지만 컨테이너 이름, 이미지 파일 경로, 포트를 변경해줘야 합니다.

❶ vim을 활용해 디플로이먼트 파일을 생성합니다.

❷ 디플로이먼트 이름을 정합니다.

❸ 디플로이먼트가 관리할 파드를 지정합니다.

❹ 파드 라벨도 동일하게 지정합니다. 이번 실습으로 생성한 디플로이먼트에는 Nginx와 Flask 컨테이너가 실행될 예정입니다. 먼저 Nginx 컨테이너 정보를 입력합니다.

❺ 컨테이너 이름을 지정합니다.

❻ 도커 허브를 통해 사용할 이미지를 지정합니다.

❼ 마찬가지로 Flask 컨테이너 정보를 입력합니다.

❽ ❾ ❿ 컨테이너 이름과 사용할 이미지 및 포트 정보를 입력합니다.

```
eevee@myserver01:~/work/ch10/ex02$ ls                                  ❶
flask-deploy.yml  myFlask02  myNginx02f

eevee@myserver01:~/work/ch10/ex02$ kubectl apply -f flask-deploy.yml   ❷
deployment.apps/deploy-flask created

eevee@myserver01:~/work/ch10/ex02$ kubectl get all                     ❸
NAME                                READY   STATUS    RESTARTS   AGE
pod/deploy-flask-86f477d958-jl8br   2/2     Running   0          105s
pod/deploy-flask-86f477d958-r7d7d   2/2     Running   0          105s
pod/deploy-flask-86f477d958-rd9pf   2/2     Running   0          105s

NAME                 TYPE        CLUSTER-IP   EXTERNAL-IP   PORT(S)   AGE
service/kubernetes   ClusterIP   10.96.0.1    <none>        443/TCP   2d9h

NAME                           READY   UP-TO-DATE   AVAILABLE   AGE
deployment.apps/deploy-flask   3/3     3            3           105s

NAME                                     DESIRED   CURRENT   READY   AGE
replicaset.apps/deploy-flask-86f477d958  3         3         3       105s
```

이번에는 디플로이먼트를 실행하겠습니다.

❶ 파일 목록을 확인하면 지금까지 생성한 파일들을 확인할 수 있습니다.

❷ kubectl apply 명령어를 활용해 Flask 디플로이먼트를 실행합니다.

❸ 실행 중인 파드를 확인합니다.

## 10.3.5 서비스 실습

이번 절에서는 쿠버네티스 서비스를 실행하겠습니다.

```
eevee@myserver01:~/work/ch10/ex02$ vim flask-service.yml          ❶

apiVersion: v1
kind: Service                                                     ❷
metadata:
  name: flask-service                                             ❸
spec:
  selector:
    app.kubernetes.io/name: flask-web-deploy                      ❸
  type: ClusterIP                                                 ❹
  ports:
  - protocol: TCP                                                 ❺
    port: 80                                                      ❻
    targetPort: 80                                                ❼
```

쿠버네티스 서비스를 생성해야 합니다.

❶ vim으로 서비스 파일을 만듭니다.

❷ 오브젝트 종류를 Service로 지정합니다.

❸ 서비스 이름을 정하고 서비스와 연동할 파드 정보를 입력합니다.

❹ 서비스 타입을 정합니다.

❺ ❻ ❼ 프로토콜과 포트 번호 타깃 포트를 정합니다.

```
eevee@myserver01:~/work/ch10/ex02$ ls                                       ❶
flask-deploy.yml  flask-service.yml  myFlask02  myNginx02f

eevee@myserver01:~/work/ch10/ex02$ kubectl apply -f flask-service.yml       ❷
service/flask-service created

eevee@myserver01:~/work/ch10/ex02$ kubectl get all                          ❸
NAME                                 READY   STATUS    RESTARTS   AGE
pod/deploy-flask-86f477d958-jl8br    2/2     Running   0          2m22s
pod/deploy-flask-86f477d958-r7d7d    2/2     Running   0          2m22s
pod/deploy-flask-86f477d958-rd9pf    2/2     Running   0          2m22s

NAME                    TYPE        CLUSTER-IP      EXTERNAL-IP   PORT(S)    AGE
service/flask-service   ClusterIP   10.98.137.24    <none>        80/TCP     5s     ❹
service/kubernetes      ClusterIP   10.96.0.1       <none>        443/TCP    2d9h
```

```
NAME                            READY   UP-TO-DATE   AVAILABLE   AGE
deployment.apps/deploy-flask    3/3     3            3           2m22s


NAME                                        DESIRED   CURRENT   READY   AGE
replicaset.apps/deploy-flask-86f477d958     3         3         3       2m22s
```

앞서 생성한 서비스 파일을 활용해 서비스를 실행하겠습니다.

❶ 파일 목록을 확인해 지금까지 생성한 파일을 확인합니다.

❷ **kubectl apply** 명령어를 활용해 서비스를 실행합니다.

❸ 결과를 확인합니다.

❹ 서비스가 실행된 것을 확인할 수 있습니다.


## 10.3.6 인그레스 실습

이번 절에서는 인그레스를 실습하겠습니다.

```
eevee@myserver01:~/work/ch10/ex02$ vim flask-ingress.yml          ❶

apiVersion: networking.k8s.io/v1
kind: Ingress
metadata:
  name: flask-ingress                                             ❷
  annotations:
    nginx.ingress.kubernetes.io/rewrite-target: /$2               ❸
spec:
  ingressClassName: nginx
  rules:
  - http:
      paths:
      - path: /test02(/|$)(.*)                                    ❹
        pathType: Prefix
        backend:
          service:
            name: flask-service                                   ❺
            port:
              number: 80                                          ❻
```

❶ vim을 활용해 인그레스 파일을 만들어줍니다.

❷ 인그레스 이름을 정합니다.

❸ Nginx 인그레스 옵션을 정합니다.

❹ http 경로를 정합니다.

❺ 연동할 서비스를 지정합니다.

❻ 포트 번호를 입력합니다.

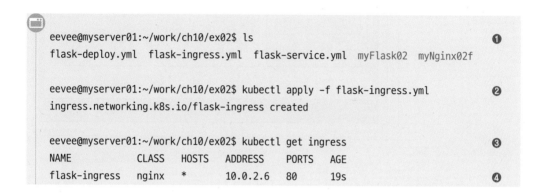

```
eevee@myserver01:~/work/ch10/ex02$ ls                                    ❶
flask-deploy.yml  flask-ingress.yml  flask-service.yml  myFlask02  myNginx02f

eevee@myserver01:~/work/ch10/ex02$ kubectl apply -f flask-ingress.yml    ❷
ingress.networking.k8s.io/flask-ingress created

eevee@myserver01:~/work/ch10/ex02$ kubectl get ingress                   ❸
NAME            CLASS   HOSTS   ADDRESS     PORTS   AGE
flask-ingress   nginx   *       10.0.2.6    80      19s                   ❹
```

이번에는 앞서 생성한 인그레스 파일을 실행하겠습니다.

❶ 지금까지 생성한 파일을 확인합니다.

❷ **kubectl apply** 옵션을 활용해 인그레스를 실행합니다.

❸ 실행 중인 인그레스를 확인합니다.

❹ 정상적으로 실행 중인 것을 알 수 있습니다.

**그림 10-18** Flask 배포 확인

웹 브라우저에서 접속을 확인합니다.

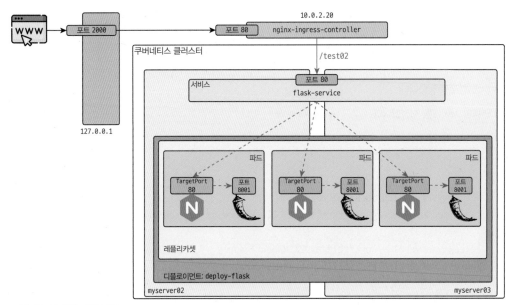

**그림 10-19** 실습 내용 정리

지금까지의 실습 내용을 정리하면 [그림 10-19]와 같습니다. [그림 10-19]처럼 인그레스를 활용하면 쿠버네티스 서비스를 통해 각 파드에 존재하는 Nginx와 Flask에 요청을 보낼 수 있습니다.

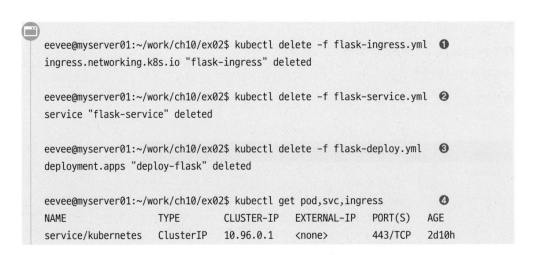

실습이 끝났으니 종료합니다.

## 10.4 인그레스를 활용한 django와 Flask 실행

이번 실습에서는 앞서 실행했던 django와 Flask를, 인그레스를 통해 동시에 실행해보겠습니다. 먼저 인그레스 파일을 생성한 후 배포하는 순서로 진행하겠습니다.

### 10.4.1 인그레스 파일 생성

인그레스를 활용해 앞서 실행했던 django와 Flask를 함께 실행하겠습니다.

```
eevee@myserver01:~$ cd work/ch10/                          ❶
eevee@myserver01:~/work/ch10$ ls                           ❷
ex01  ex02
eevee@myserver01:~/work/ch10$ mkdir ex03                   ❸
eevee@myserver01:~/work/ch10$ cd ex03/                     ❹
eevee@myserver01:~/work/ch10/ex03$ pwd                     ❺
/home/eevee/work/ch10/ex03
```

먼저 실습 디렉터리를 생성하겠습니다.

❶ ❷ work/ch10/ 디렉터리로 이동합니다.

❸ 이번 실습을 위한 디렉터리를 생성합니다.

❹ 해당 디렉터리로 이동합니다.

❺ 해당 경로를 복사합니다.

```
eevee@myserver01:~/work/ch10/ex03$ cd ..                                          ❶
eevee@myserver01:~/work/ch10$ ls                                                  ❷
ex01  ex02  ex03
eevee@myserver01:~/work/ch10$ cd ex01/                                            ❸
eevee@myserver01:~/work/ch10/ex01$ ls                                             ❹
django-deploy.yml  django-ingress.yml  django-service.yml  myDjango04  myNginx04d
eevee@myserver01:~/work/ch10/ex01$ cp django-deploy.yml django-service.yml ../ex03 ❺
eevee@myserver01:~/work/ch10/ex01$ cd ..                                          ❻
eevee@myserver01:~/work/ch10$ cd ex03/                                            ❼
eevee@myserver01:~/work/ch10/ex03$ ls                                             ❽
django-deploy.yml  django-service.yml
```

앞서 실습한 django 디플로이먼트와 서비스 YAML 파일을 ex03 디렉터리로 복사하겠습니다.

❶ ❷ ch10 디렉터리로 이동합니다.

❸ django 실습을 진행했던 ex01로 이동합니다.

❹ 파일 목록을 확인합니다.

❺ 디플로이먼트와 서비스 파일을 ex03 디렉터리로 복사합니다.

❻ ❼ ex03 디렉터리로 이동합니다.

❽ 성공적으로 복사된 것을 볼 수 있습니다.

```
eevee@myserver01:~/work/ch10/ex03$ cd ..
eevee@myserver01:~/work/ch10$ ls
ex01  ex02  ex03
eevee@myserver01:~/work/ch10$ cd ex02
eevee@myserver01:~/work/ch10/ex02$ ls
flask-deploy.yml  flask-ingress.yml  flask-service.yml  myFlask02  myNginx02f
eevee@myserver01:~/work/ch10/ex02$ cp flask-deploy.yml flask-service.yml ../ex03
eevee@myserver01:~/work/ch10/ex02$ cd ..
eevee@myserver01:~/work/ch10$ cd ex03
eevee@myserver01:~/work/ch10/ex03$ ls
django-deploy.yml  django-service.yml  flask-deploy.yml  flask-service.yml
```

그리고 앞선 실습과 비슷하게 Flask 실습 디렉터리에서 디플로이먼트와 서비스 파일을 복사해 ex03 디렉터리로 복사합니다.

```
eevee@myserver01:~/work/ch10/ex03$ vim django-flask-ingress.yml      ❶

apiVersion: networking.k8s.io/v1
kind: Ingress                                                        ❷
metadata:
  name: django-flask-ingress                                        ❸
  annotations:
    nginx.ingress.kubernetes.io/rewrite-target: /$2                 ❹
spec:
  ingressClassName: nginx                                           ❺
  rules:
```

```
   - http:
     paths:
     - path: /test01(/¦$)(.*)                              ❻
       pathType: Prefix
       backend:
         service:
           name: django-service                            ❼
           port:
             number: 80

     - path: /test02(/¦$)(.*)                              ❽
       pathType: Prefix
       backend:
         service:
           name: flask-service                             ❾
           port:
             number: 80
```

django와 Flask를 함께 배포하기 위해서 필요한 디플로이먼트와 서비스는 앞서 생성한 파일을 그대로 사용하겠습니다.

❶ 인그레스 파일만 새로 생성하면 되는데 vim을 통해 만듭니다.

❷ 오브젝트 타입을 인그레스로 설정합니다.

❸ 인그레스 이름을 설정합니다.

❹ Nginx 인그레스를 설정합니다.

❺ 인그레스 클래스 이름을 입력합니다.

❻ django 웹 서비스에 접속하기 위한 경로를 입력합니다.

❼ django 웹 서비스 이름을 입력합니다.

❽ Flask 웹 서비스에 접속하기 위한 경로를 입력합니다.

❾ Flask 웹 서비스 이름을 입력합니다.

## 10.4.2 배포

앞서 생성한 인그레스 파일과 기존에 존재하는 디플로이먼트, 서비스 파일을 함께 실행하겠습니다.

```
eevee@myserver01:~/work/ch10/ex03$ ls                                    ❶
django-deploy.yml        django-service.yml  flask-service.yml
django-flask-ingress.yml  flask-deploy.yml

eevee@myserver01:~/work/ch10/ex03$ kubectl apply -f django-deploy.yml    ❷
deployment.apps/deploy-django created

eevee@myserver01:~/work/ch10/ex03$ kubectl apply -f flask-deploy.yml     ❸
deployment.apps/deploy-flask created

eevee@myserver01:~/work/ch10/ex03$ kubectl get all                       ❹
NAME                                  READY   STATUS    RESTARTS   AGE
pod/deploy-django-6dfd744bc7-b4xrk    2/2     Running   0          16s   ❺
pod/deploy-django-6dfd744bc7-dp9zk    2/2     Running   0          16s
pod/deploy-django-6dfd744bc7-fjpkw    2/2     Running   0          16s
pod/deploy-flask-86f477d958-2rjgt     2/2     Running   0          7s    ❻
pod/deploy-flask-86f477d958-8g8l8     2/2     Running   0          7s
pod/deploy-flask-86f477d958-kq542     2/2     Running   0          7s

NAME                 TYPE        CLUSTER-IP    EXTERNAL-IP   PORT(S)   AGE
service/kubernetes   ClusterIP   10.96.0.1     <none>        443/TCP   2d10h

NAME                            READY   UP-TO-DATE   AVAILABLE   AGE
deployment.apps/deploy-django   3/3     3            3           16s
deployment.apps/deploy-flask    3/3     3            3           7s

NAME                                        DESIRED   CURRENT   READY   AGE
replicaset.apps/deploy-django-6dfd744bc7    3         3         3       16s
replicaset.apps/deploy-flask-86f477d958     3         3         3       7s
```

먼저 디플로이먼트를 실행하겠습니다.

❶ 파일 목록을 확인합니다.

❷ kubectl apply 명령어를 통해 django 디플로이먼트 파일을 실행합니다.

❸ kubectl apply 명령어를 통해 Flask 디플로이먼트 파일을 실행합니다.

❹ 파드를 확인합니다.

❺ ❻ django 파드와 Flask 파드가 올바르게 실행 중인 것을 알 수 있습니다.

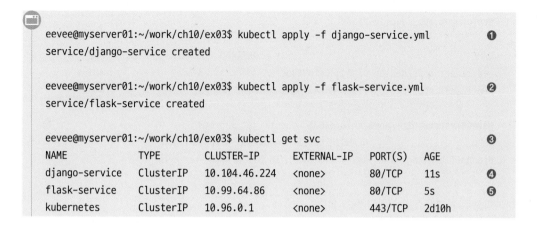

```
eevee@myserver01:~/work/ch10/ex03$ kubectl apply -f django-service.yml          ❶
service/django-service created

eevee@myserver01:~/work/ch10/ex03$ kubectl apply -f flask-service.yml           ❷
service/flask-service created

eevee@myserver01:~/work/ch10/ex03$ kubectl get svc                              ❸
NAME              TYPE        CLUSTER-IP      EXTERNAL-IP   PORT(S)    AGE
django-service    ClusterIP   10.104.46.224   <none>        80/TCP     11s        ❹
flask-service     ClusterIP   10.99.64.86     <none>        80/TCP     5s         ❺
kubernetes        ClusterIP   10.96.0.1       <none>        443/TCP    2d10h
```

이번에는 서비스를 실행하겠습니다.

❶ ❷ django 서비스와 Flask 서비스를 실행합니다.

❸ 결과를 확인합니다.

❹ ❺ django 서비스와 Flask 서비스가 실행 중인 것을 볼 수 있습니다.

```
eevee@myserver01:~/work/ch10/ex03$ kubectl apply -f django-flask-ingress.yml    ❶
ingress.networking.k8s.io/django-flask-ingress created

eevee@myserver01:~/work/ch10/ex03$ kubectl get all                              ❷
NAME                                  READY   STATUS    RESTARTS   AGE
pod/deploy-django-6dfd744bc7-b4xrk    2/2     Running   0          4m16s
pod/deploy-django-6dfd744bc7-dp9zk    2/2     Running   0          4m16s
pod/deploy-django-6dfd744bc7-fjpkw    2/2     Running   0          4m16s
pod/deploy-flask-86f477d958-2rjgt     2/2     Running   0          4m7s
pod/deploy-flask-86f477d958-8g8l8     2/2     Running   0          4m7s
pod/deploy-flask-86f477d958-kq542     2/2     Running   0          4m7s


NAME                      TYPE        CLUSTER-IP      EXTERNAL-IP   PORT(S)    AGE
service/django-service    ClusterIP   10.104.46.224   <none>        80/TCP     2m13s
service/flask-service     ClusterIP   10.99.64.86     <none>        80/TCP     2m7s
service/kubernetes        ClusterIP   10.96.0.1       <none>        443/TCP    2d10h


NAME                             READY   UP-TO-DATE   AVAILABLE   AGE
deployment.apps/deploy-django    3/3     3            3           4m16s
```

```
    deployment.apps/deploy-flask      3/3     3              3            4m7s

    NAME                                       DESIRED   CURRENT   READY   AGE
    replicaset.apps/deploy-django-6dfd744bc7   3         3         3       4m16s
    replicaset.apps/deploy-flask-86f477d958    3         3         3       4m7s

    eevee@myserver01:~/work/ch10/ex03$ kubectl get ingress                      ❸
    NAME                  CLASS   HOSTS   ADDRESS    PORTS   AGE
    django-flask-ingress  nginx   *       10.0.2.6   80      59s
```

마지막으로 인그레스를 실행하겠습니다.

❶ kubectl apply 명령어를 통해 인그레스를 실행합니다.

❷ ❸ 실행 중인 리소스와 인그레스를 확인합니다.

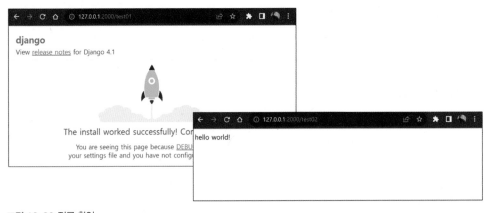

그림 10-20 접근 확인

웹 브라우저에서 확인하면 django와 Flask 웹 서비스 경로로 접근하면 작동하는 것을 볼 수 있습니다.

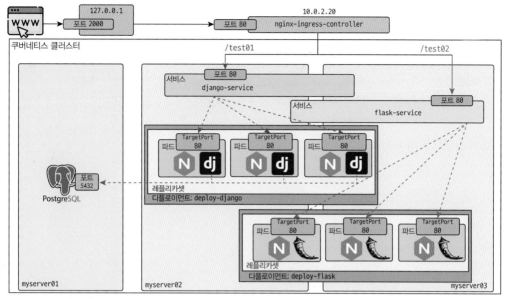

**그림 10-21** 실습 내용 정리

지금까지의 실습 내용을 정리하면 [그림 10-21]과 같습니다. [그림 10-21]처럼 쿠버네티스 클러스터 외부에서 인그레스로 요청을 보내면 요청 URL에 따라 django 서비스에 요청을 보내거나 Flask 서비스에 요청을 보낼 수 있습니다. 만약 /test01 경로로 요청을 보내면 django를 활용할 수 있고, /test02 경로로 요청을 보내면 Flask를 활용할 수 있습니다.

```
eevee@myserver01:~/work/ch10/ex03$ kubectl delete -f django-flask-ingress.yml      ❶
ingress.networking.k8s.io "django-flask-ingress" deleted

eevee@myserver01:~/work/ch10/ex03$ kubectl delete -f django-service.yml             ❷
service "django-service" deleted

eevee@myserver01:~/work/ch10/ex03$ kubectl delete -f flask-service.yml              ❸
service "flask-service" deleted

eevee@myserver01:~/work/ch10/ex03$ kubectl delete -f django-deploy.yml              ❹
deployment.apps "deploy-django" deleted

eevee@myserver01:~/work/ch10/ex03$ kubectl delete -f flask-deploy.yml               ❺
deployment.apps "deploy-flask" deleted
```

```
eevee@myserver01:~/work/ch10/ex03$ kubectl get ingress                    ❻
No resources found in default namespace.

eevee@myserver01:~/work/ch10/ex03$ kubectl get all                        ❼
NAME                 TYPE        CLUSTER-IP    EXTERNAL-IP   PORT(S)   AGE
service/kubernetes   ClusterIP   10.96.0.1     <none>        443/TCP   2d10h
```

실습이 끝났으면 위 과정을 거쳐 실습을 종료합니다.

# 깃허브 액션과 ArgoCD를 활용한 CI/CD

11장에서는 CI/CD에 대해 학습합니다. 10장에서는 단순히 내가 만든 서비스를 실행하는 데 집중했다면, 11장에서는 내가 작성한 소스코드를 지속적으로 통합하고 전달하는 과정에 대해 배웁니다. 그리고 11장 실습에서는 깃허브 액션Github Actions과 ArgoCD를 활용합니다.

CHAPTER

11

# 11.1 CI/CD의 이해

현실에서는 프로젝트 하나에 다수의 개발자가 참여합니다. 그러므로 각 개발자들이 작업한 내용을 하나로 통합하는 일은 매우 중요합니다. 다양한 개발자가 참여하는 만큼 코드를 통합하는 작업은 하루에도 여러 번 발생할 수 있는데, 만약 이를 자동화한다면 배포 과정의 효율성을 높일 수 있습니다. 즉, 배포 위험은 감소시키고 품질을 높이면서 동시에 비용도 절감할 수 있습니다. 이를 위해 사용하는 개념이 CI^Continuous Integration (지속적 통합)와 CD^Continuous Deployment (지속적 전달)입니다.

- **CI**: 개발자가 코드를 지속적으로 통합하고 테스트하는 프로세스를 의미합니다. 소프트웨어를 개발하면서 개발자는 코드를 작성한 후에 깃^git과 같은 버전 관리 시스템에 push하게 되는데 이때 CI 소프트웨어는 새로운 코드를 기존 코드와 통합하고 자동으로 테스트합니다. 따라서 CI를 활용하면 배포 위험을 감소시키고 소프트웨어 품질을 높일 수 있습니다.
- **CD**: Continuous Delivery(지속적 전달) 또는 Continuous Deployment(지속적 배포)의 머리글자입니다. 지속적 전달과 지속적 배포는 의미가 비슷하지만 엄밀하게 말하면 다릅니다. 지속적 전달은 코드를 배포할 수 있는 환경을 준비하는 과정까지를 의미하는 반면, 지속적 배포는 실제로 코드를 배포하는 것까지를 의미하기 때문입니다. 이 책에서 말하는 CD는 별다른 의미가 없는 한 지속적 전달을 의미합니다.

지금부터 깃허브 액션^Github Action을 활용해 CI를 실습하고, ArgoCD를 통해 CD를 실습하겠습니다.

# 11.2 사전 준비 사항

이 절은 11장 실습을 위해 필요한 내용을 다룹니다. 먼저 metalLB가 올바르게 설치되었는지 확인한 후 깃허브에 가입하고 깃을 설치하겠습니다.

## 11.2.1 metalLB 설치 확인

제일 먼저 metalLB가 설치되어 있는지 확인하겠습니다.

```
eevee@myserver01:~$ helm ls --namespace mymetallb
NAME                          NAMESPACE      REVISION       UPDATED
STATUS         CHART          APP VERSION
metallb-1699835903    mymetallb      1              2023-11-13 00:38:24.527412255
+0000 UTC      deployed       metallb-0.13.12 v0.13.12
```

우리는 앞서 mymetallb라는 네임스페이스에 metallb를 설치했습니다. 따라서 해당 네임스페이스를 확인하면 metallb가 설치되어 있는지 확인할 수 있습니다.

```
eevee@myserver01:~$ kubectl get all --namespace mymetallb
NAME                                                  READY   STATUS    RESTARTS       AGE
pod/metallb-1699835903-controller-6cc66f646d-jpkgf    1/1     Running   1 (34h ago)    2d
pod/metallb-1699835903-speaker-2jmnc                  4/4     Running   4 (32h ago)    2d
pod/metallb-1699835903-speaker-4rxfg                  4/4     Running   4 (34h ago)    2d
pod/metallb-1699835903-speaker-ln9rp                  4/4     Running   4 (34h ago)    2d

NAME                             TYPE        CLUSTER-IP       EXTERNAL-IP   PORT(S)
AGE
service/metallb-webhook-service  ClusterIP   10.106.147.157   <none>        443/TCP
2d

NAME                                           DESIRED   CURRENT   READY   UP-TO-DATE
AVAILABLE   NODE SELECTOR          AGE
daemonset.apps/metallb-1699835903-speaker      3         3         3       3
kubernetes.io/os=linux    2d                                                           3

NAME                                            READY   UP-TO-DATE   AVAILABLE   AGE
deployment.apps/metallb-1699835903-controller   1/1     1            1           2d

NAME                                                        DESIRED   CURRENT   READY
AGE
replicaset.apps/metallb-1699835903-controller-6cc66f646d   1         1         1
2d
```

그리고 실제로 mymetallb 네임스페이스를 확인하면 실제로 작동 중인 오브젝트들을 확인할 수 있습니다.

## 11.2.2 깃허브 가입

깃허브에 가입하겠습니다. 기존에 깃허브에 가입했다면 이 과정은 생략해도 됩니다.

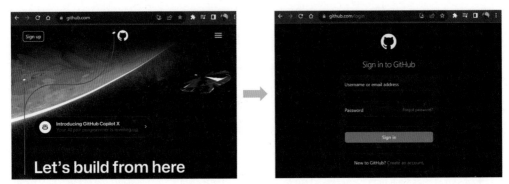

**그림 11-1** 깃허브 가입 및 로그인

github.com에 접속하면 [그림 11–1]의 왼쪽 그림과 같은 화면을 확인할 수 있습니다. 오른쪽 그림과 같이 깃허브 계정이 없다면 [Sign in]을 클릭해 가입하고 계정이 있다면 로그인합니다.

### 11.2.3 깃 설치

이번 실습에서는 myserver01 노드에 깃<sup>git</sup>을 설치하겠습니다.

```
eevee@myserver01:~$ sudo apt install git-all                        ①
Reading package lists... Done
Building dependency tree... Done
Reading state information... Done
...(생략)

eevee@myserver01:~$ git config --global user.name <이름>          ②
eevee@myserver01:~$ git config --global user.email <이메일주소>    ③

eevee@myserver01:~$ cd work/                                        ④
eevee@myserver01:~/work$ ls                                         ⑤
app  ch04  ch05  ch06  ch09  ch10
eevee@myserver01:~/work$ git init                                  ⑥
```

위 실습은 깃을 설치하는 내용입니다.

❶ **apt install** 명령어로 깃을 설치합니다.

❷ ❸ 사용자 이름과 이메일 주소를 설정합니다.

❹ ❺ 실습 디렉터리로 이동합니다.

❻ 깃을 초기화합니다.

## 11.3 깃허브 액션을 통한 소스코드 관리

깃허브 액션은 소프트웨어 워크플로 자동화를 쉽게 만들어주는 CI/CD 도구입니다. 깃허브 액션을 활용하면 도커 이미지를 빌드하고 컨테이너 실행 테스트를 쉽게 할 수 있습니다.

### 11.3.1 깃허브 액션을 사용한 Hello World! 출력

깃허브 액션을 사용해서 Hello World!를 출력하는 실습을 하겠습니다.

그림 11-2 리포지토리 생성

깃허브 액션 사용을 위해 [그림 11-2]와 같이 새로운 리포지토리를 생성하겠습니다. 원하는 이름을 입력하고 [Create repository]를 클릭하면 리포지토리가 생성됩니다. 여기서는 **github-actions-practice**라는 이름의 리포지토리를 생성했습니다.

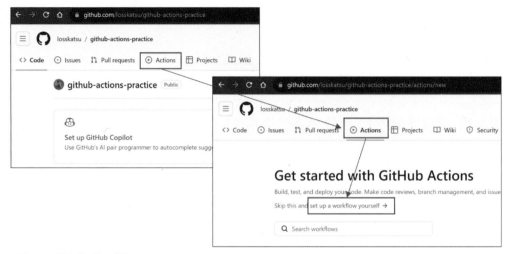

**그림 11-3** 액션 워크플로 생성

리포지토리를 생성하면 [그림 11-3]의 왼쪽 그림과 같은 화면이 나타납니다. [Actions] 탭을 클릭한 후 **set up a workflow yourself**를 클릭합니다.

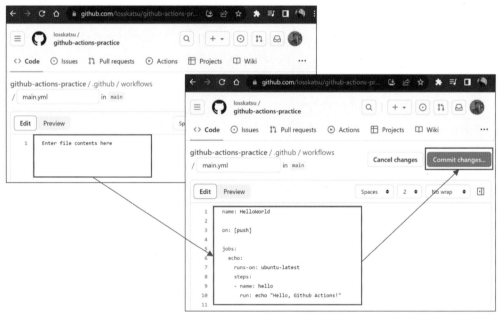

**그림 11-4** main.yml 파일 생성

그러면 [그림 11-4]와 같이 github-actions-practice/.github/workflows 디렉터리에
main.yml 파일이 생성됩니다. 코드를 입력하는 공간에 다음과 같은 코드를 입력하고 [Commit
changes...]를 클릭합니다.

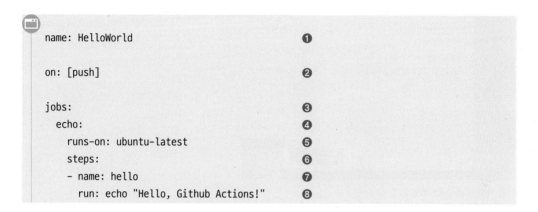

```
name: HelloWorld                             ❶

on: [push]                                   ❷

jobs:                                        ❸
  echo:                                      ❹
    runs-on: ubuntu-latest                   ❺
    steps:                                   ❻
    - name: hello                            ❼
      run: echo "Hello, Github Actions!"     ❽
```

위 과정은 main.yml 파일을 구성하는 내용입니다. 해당 내용은 우분투 환경에서 문구를 출력하는 워
크플로를 의미합니다.

❶ name은 워크플로 이름을 의미합니다.

❷ on은 실행 조건을 의미하는데, **push** 명령에 의해 워크플로가 실행된다고 지정했습니다.

❸ jobs를 통해 수행하고자 하는 작업을 입력할 수 있습니다.

❹ echo는 작업 이름을 의미합니다.

❺ runs-on은 실행 환경을 의미합니다. 이 실습에서는 우분투 최신 버전에서 실행합니다.

❻ steps는 실행 단계를 의미합니다.

❼ 실행 단계의 이름을 정합니다.

❽ 어떤 명령을 실행할지 정합니다.

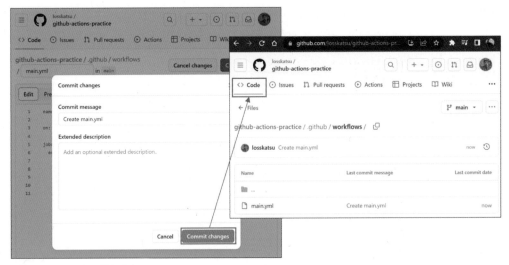

**그림 11-5** main.yml 파일 커밋

그리고 나서 [그림 11-5]와 같이 [Commit changes]를 클릭한 후 [Code] 탭을 확인하면 github-actions-practice/.github/workflows 디렉터리에 main.yml 파일이 생성된 것을 볼 수 있습니다.

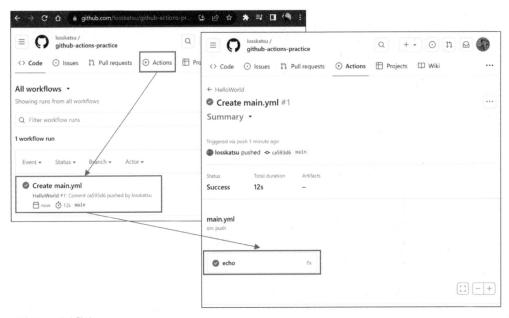

**그림 11-6** 액션 확인

그런 후 [Actions] 탭을 클릭하면 [그림 11-6]과 같이 Create main.yml이라는 워크플로를 확인할수 있습니다. 그리고 Create main.yml을 클릭하면 세부적인 작업 흐름을 볼 수 있습니다. **echo**를클릭하면 다음 그림과 같은 화면이 나타납니다.

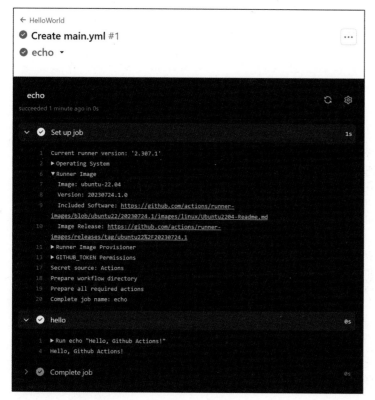

**그림 11-7** 워크플로 확인

[그림 11-7]은 해당 워크플로가 어떻게 진행되었는지를 자세히 보여줍니다. 해당 내용을 자세히 보면 다음과 같습니다.

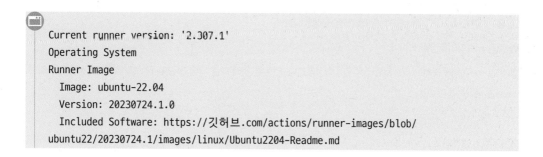

```
Current runner version: '2.307.1'
Operating System
Runner Image
  Image: ubuntu-22.04
  Version: 20230724.1.0
  Included Software: https://깃허브.com/actions/runner-images/blob/
ubuntu22/20230724.1/images/linux/Ubuntu2204-Readme.md
```

```
   Image Release: https://깃허브.com/actions/runner-images/releases/tag/
ubuntu22%2F20230724.1
Runner Image Provisioner
깃허브_TOKEN Permissions
Secret source: Actions
Prepare workflow directory
Prepare all required actions
Complete job name: echo
```

위 설명을 보면 실행할 이미지 이름, 버전 등과 같은 정보와 작업 순서를 확인할 수 있습니다.

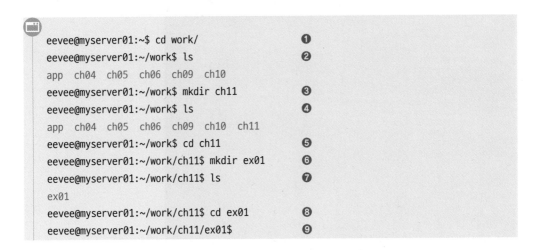

```
eevee@myserver01:~$ cd work/                                      ❶
eevee@myserver01:~/work$ ls                                       ❷
app  ch04  ch05  ch06  ch09  ch10
eevee@myserver01:~/work$ mkdir ch11                               ❸
eevee@myserver01:~/work$ ls                                       ❹
app  ch04  ch05  ch06  ch09  ch10  ch11
eevee@myserver01:~/work$ cd ch11                                  ❺
eevee@myserver01:~/work/ch11$ mkdir ex01                          ❻
eevee@myserver01:~/work/ch11$ ls                                  ❼
ex01
eevee@myserver01:~/work/ch11$ cd ex01                             ❽
eevee@myserver01:~/work/ch11/ex01$                                ❾
```

이번에는 깃허브 액션을 활용해 도커 이미지를 빌드하고 테스트하는 실습을 하기 위해 디렉터리를 정리하겠습니다.

❶❷ work 디렉터리로 이동합니다.

❸❹ 11장 실습을 위해 ch11 디렉터리를 생성합니다.

❺ 해당 위치로 이동합니다.

❻❼ 첫 번째 실습을 위해 ex01 디렉터리를 생성합니다.

❽ 해당 디렉터리로 이동합니다.

❾ 바로 이 위치에 깃허브 리포지토리를 연동하겠습니다. 연동을 위해 다음 그림과 같이 웹 브라우저에서 리포지토리 주소를 복사하겠습니다.

**그림 11-8 주소 복사**

[그림 11-8]의 순서대로 리포지토리 주소를 복사합니다.

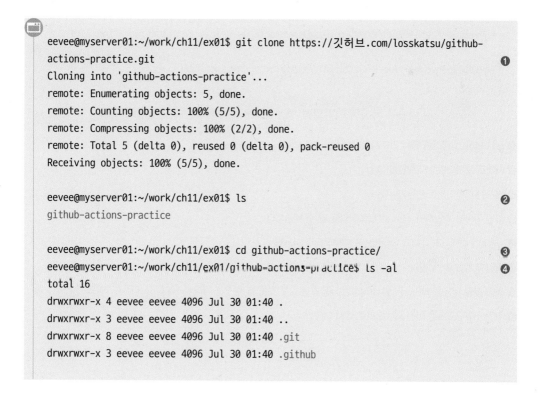

```
eevee@myserver01:~/work/ch11/ex01$ git clone https://깃허브.com/losskatsu/github-
actions-practice.git                                                           ❶
Cloning into 'github-actions-practice'...
remote: Enumerating objects: 5, done.
remote: Counting objects: 100% (5/5), done.
remote: Compressing objects: 100% (2/2), done.
remote: Total 5 (delta 0), reused 0 (delta 0), pack-reused 0
Receiving objects: 100% (5/5), done.

eevee@myserver01:~/work/ch11/ex01$ ls                                          ❷
github-actions-practice

eevee@myserver01:~/work/ch11/ex01$ cd github-actions-practice/                 ❸
eevee@myserver01:~/work/ch11/ex01/github-actions-practice$ ls -al             ❹
total 16
drwxrwxr-x 4 eevee eevee 4096 Jul 30 01:40 .
drwxrwxr-x 3 eevee eevee 4096 Jul 30 01:40 ..
drwxrwxr-x 8 eevee eevee 4096 Jul 30 01:40 .git
drwxrwxr-x 3 eevee eevee 4096 Jul 30 01:40 .github
```

```
eevee@myserver01:~/work/ch11/ex01/github-actions-practice$ cd .github/workflows/          ❺
eevee@myserver01:~/work/ch11/ex01/github-actions-practice/.github/workflows$ ls -al  ❻
total 12
drwxrwxr-x 2 eevee eevee 4096 Jul 30 01:40 .
drwxrwxr-x 3 eevee eevee 4096 Jul 30 01:40 ..
-rw-rw-r-- 1 eevee eevee  148 Jul 30 01:40 main.yml

eevee@myserver01:~/work/ch11/ex01/github-actions-practice/.github/workflows$ cat main.
yml                                                                                      ❼

name: HelloWorld

on: [push]

jobs:
  echo:
    runs-on: ubuntu-latest
    steps:
    - name: hello
      run: echo "Hello, Github Actions!"

eevee@myserver01:~/work/ch11/ex01/github-actions-practice/.github/workflows$ cd ../
..                                                                                       ❽
eevee@myserver01:~/work/ch11/ex01/github-actions-practice$
```

그런 후 리포지토리 내용을 복사하고 파일이 성공적으로 전송되었는지 확인합니다.

❶ **git clone** 명령어를 통해 리포지토리 내용을 복사합니다.

❷ 제대로 복사되었는지 확인합니다.

❸ 복사된 디렉터리로 이동합니다.

❹ 파일 목록을 확인하면 .github 디렉터리를 볼 수 있습니다.

❺ .github 디렉터리 내부의 workflow 디렉터리로 이동합니다.

❻ 파일 목록을 확인하면 main.yml 파일이 존재하는 것을 볼 수 있습니다.

❼ 해당 파일 내용을 확인하면 앞서 작성한 내용과 동일한 것을 볼 수 있습니다.

❽ 확인이 끝났으므로 이전 디렉터리로 다시 이동합니다.

## 11.3.2 깃허브 액션을 통한 도커 컨테이너 실행

깃허브 액션을 통해 도커 이미지를 빌드하고 컨테이너 실행를 테스트하겠습니다.

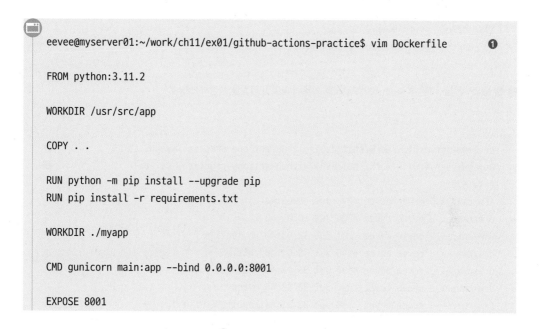

```
eevee@myserver01:~/work/ch11/ex01/github-actions-practice$ vim Dockerfile        ❶

FROM python:3.11.2

WORKDIR /usr/src/app

COPY . .

RUN python -m pip install --upgrade pip
RUN pip install -r requirements.txt

WORKDIR ./myapp

CMD gunicorn main:app --bind 0.0.0.0:8001

EXPOSE 8001
```

❶ vim을 활용해 도커 파일을 작성하겠습니다. 파일 작성 내용은 앞선 실습과 동일합니다.

```
eevee@myserver01:~/work/ch11/ex01/github-actions-practice$ vim requirements.txt  ❶
flask==2.3.1
gunicorn==20.1.0
```

❶ 다음으로 vim을 활용해 requirements.txt 파일을 작성하겠습니다.

```
eevee@myserver01:~/work/ch11/ex01/github-actions-practice$ mkdir myapp            ❶
eevee@myserver01:~/work/ch11/ex01/github-actions-practice$ cd myapp/              ❷
eevee@myserver01:~/work/ch11/ex01/github-actions-practice/myapp$ vim main.py      ❸

from flask import Flask

app = Flask(__name__)
```

```
@app.route('/')
def hello_world():
    return 'hello world!'


if __name__ == '__main__':
    app.run(host='0.0.0.0', port=8001)
```

❶ ❷ ❸의 과정을 거친 후 flask 라이브러리를 활용해 파이썬 파일을 생성하겠습니다.

```
eevee@myserver01:~/work/ch11/ex01/github-actions-practice/myapp$ cd ..        ❶
eevee@myserver01:~/work/ch11/ex01/github-actions-practice$ ls -al             ❷
total 28
drwxrwxr-x 5 eevee eevee 4096 Jul 30 03:44 .
drwxrwxr-x 3 eevee eevee 4096 Jul 30 01:40 ..
-rw-rw-r-- 1 eevee eevee  201 Jul 30 03:44 Dockerfile
drwxrwxr-x 8 eevee eevee 4096 Jul 30 01:40 .git
drwxrwxr-x 3 eevee eevee 4096 Jul 30 01:40 .github
drwxrwxr-x 2 eevee eevee 4096 Jul 30 03:45 myapp
-rw-rw-r-- 1 eevee eevee   30 Jul 30 03:44 requirements.txt

eevee@myserver01:~/work/ch11/ex01/github-actions-practice$ cd .github/        ❸
eevee@myserver01:~/work/ch11/ex01/github-actions-practice/.github$ ls         ❹
workflows
eevee@myserver01:~/work/ch11/ex01/github-actions-practice/.github$ cd workflows/ ❺
eevee@myserver01:~/work/ch11/ex01/github-actions-practice/.github/workflows$ ls ❻
main.yml
eevee@myserver01:~/work/ch11/ex01/github-actions-practice/.github/workflows$     ❼
```

❶ 그러고 나서 상위 디렉터리로 이동합니다.

❷ 지금까지 만든 파일을 확인합니다.

❸ ❹ ❺ 워크플로를 생성하기 위해 .github/workflows 디렉터리로 이동합니다.

❻ ❼ 이후 해당 디렉터리에서 워크플로를 생성하겠습니다.

```
eevee@myserver01:~/work/ch11/ex01/github-actions-practice/.github/workflows$ vim
flask-test.yml                              ❶

name: Docker Test                           ❷
```

```
on:                                          ❸
  push:
    branches:
      - main

jobs:                                        ❹
  build:                                     ❺
    runs-on: ubuntu-latest

    steps:                                   ❻
    - name: Checkout code
      uses: actions/checkout@v3              ❼

    - name: Set up Python
      uses: actions/setup-python@v3
      with:
        python-version: '3.11'

    - name: Build Flask Docker image
      run: docker image build -t myflask-test .

    - name: Run Flask Docker container
      run: docker container run -d --name myflask-ac -p 8001:8001 myflask-test

    - name: Test Flask app
      run: |
        sleep 10
        curl http://127.0.0.1:8001

    - name: Stop and remove Docker container
      run: |
        docker container stop myflask-ac
        docker container rm myflask-ac
```

❶ 다음으로 앞서 만든 flask 파일을 활용해 도커 이미지를 빌드하고 컨테이너를 실행하는 워크플로를 생성하는 파일을 만들어줍니다.

❷ 워크플로의 이름을 정의하는 부분입니다.

❸ 워크플로가 실행되는 시점을 지정합니다. main 브랜치에 push 이벤트가 발생할 때 워크플로가 실행되도록 설정했습니다.

**❹** jobs는 워크플로에서 실행될 작업들을 정의합니다.

**❺** ubuntu-latest에서 실행되도록 빌드 환경을 구성하겠습니다.

**❻** 각 세부 작업의 단계를 나타냅니다.

**❼** 깃허브 액션에서 제공하는 checkout 액션을 의미합니다. **@v3**은 액션의 버전을 나타냅니다.

```
eevee@myserver01:~/work/ch11/ex01/github-actions-practice/.github/workflows$ cd ../  ❶
..
eevee@myserver01:~/work/ch11/ex01/github-actions-practice$ ls -al              ❷
total 28
drwxrwxr-x 5 eevee eevee 4096 Jul 30 03:44 .
drwxrwxr-x 3 eevee eevee 4096 Jul 30 01:40 ..
-rw-rw-r-- 1 eevee eevee  201 Jul 30 03:44 Dockerfile
drwxrwxr-x 8 eevee eevee 4096 Jul 30 01:40 .git
drwxrwxr-x 3 eevee eevee 4096 Jul 30 01:40 .github
drwxrwxr-x 2 eevee eevee 4096 Jul 30 03:45 myapp
-rw-rw-r-- 1 eevee eevee   30 Jul 30 03:44 requirements.txt

eevee@myserver01:~/work/ch11/ex01/github-actions-practice$ git branch          ❸
* main
eevee@myserver01:~/work/ch11/ex01/github-actions-practice$ git remote          ❹
origin
```

워크플로를 생성합니다.

**❶** 다시 이전 디렉터리로 이동합니다.

**❷** 파일 목록을 확인합니다.

**❸ ❹** 업로드할 깃 브랜치 정보와 리모트 정보를 확인합니다.

```
eevee@myserver01:~/work/ch11/ex01/github-actions-practice$ git add .           ❶
eevee@myserver01:~/work/ch11/ex01/github-actions-practice$ git commit -m "flask docker
test"                                                                          ❷
[main 2fc12b0] flask docker test
 4 files changed, 62 insertions(+)
 create mode 100644 .github/workflows/flask-test.yml
 create mode 100644 Dockerfile
 create mode 100644 myapp/main.py
```

```
   create mode 100644 requirements.txt

eevee@myserver01:~/work/ch11/ex01/github-actions-practice$ git push    ❸
Username for 'https://깃허브.com': {깃허브 ID}
Password for 'https://losskatsu@깃허브.com': {비밀번호}
Enumerating objects: 12, done.
Counting objects: 100% (12/12), done.
Delta compression using up to 2 threads
Compressing objects: 100% (6/6), done.
Writing objects: 100% (9/9), 1.13 KiB ¦ 1.13 MiB/s, done.
Total 9 (delta 0), reused 0 (delta 0), pack-reused 0
To https://깃허브.com/losskatsu/github-actions-practice.git
   eb3e4b5..f80a314  main -> main
```

위 과정은 깃으로 업로드하는 내용입니다.

❶ **add**는 파일을 스테이지 영역에 추가하는 명령어입니다.

❷ **commit**은 이름 그대로 변경사항을 저장한다는 의미인데, 특정 시점에서의 스냅샷이라고 생각하면 편합니다.

❸ **push** 명령어는 앞서 저장한 commit을 원격 저장소로 전송하는 작업을 수행합니다.

**그림 11-9** 깃허브 액션 결과 확인 (1)

그리고 깃허브 액션으로 결과를 확인하겠습니다. [그림 11-9]에서 **flask docker test**를 클릭한 후
**build**를 클릭하면 [그림 11-10]과 같은 결과가 나옵니다.

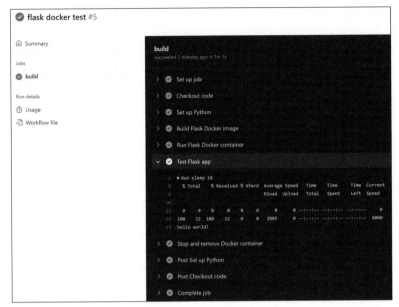

**그림 11-10** 깃허브 액션 결과 확인 (2)

[그림 11-10]은 빌드 과정입니다. 성공적으로 빌드되고 실행된 것을 볼 수 있습니다.

# 11.3 ArgoCD를 활용한 CD

앞서 깃허브 액션을 통해 도커 이미지를 빌드하고 컨테이너 실행 테스트를 할 수 있었습니다. 그러나 깃허브 액션을 통해서 도커 테스트는 가능하지만 쿠버네티스를 활용한 애플리케이션 배포는 다소 어려운 측면이 있습니다.

이를 해결하기 위해 나온 것이 ArgoCD입니다. ArgoCD는 쿠버네티스 애플리케이션의 자동 배포를 가능하게 해주는 오픈소스 소프트웨어입니다.

ArgoCD를 활용하면 쿠버네티스 클러스터의 애플리케이션을 지속적으로 관리하고 배포할 수 있습니다.

## 11.3.1 ArgoCD 설치

ArgoCD를 설치하겠습니다.

```
eevee@myserver01:~$ helm repo add argo https://argoproj.github.io/argo-helm    ❶
"argo" has been added to your repositories

eevee@myserver01:~$ helm repo update                                           ❷
Hang tight while we grab the latest from your chart repositories...
...Successfully got an update from the "metallb" chart repository
...Successfully got an update from the "argo" chart repository
...Successfully got an update from the "bitnami" chart repository
Update Complete. ⌜Happy Helming!⌜

eevee@myserver01:~$ helm search repo argo                                       ❸
NAME                    CHART VERSION    APP VERSION    DESCRIPTION
argo/argo               1.0.0            v2.12.5        A Helm chart for Argo
Workflows
argo/argo-cd            5.51.1           v2.9.0         A Helm chart for Argo
CD, a declarative, GitOps...                                                   ❹
argo/argo-ci            1.0.0            v1.0.0-alpha2  A Helm chart for Argo-
CI
argo/argo-events
...(생략)
```

위 과정은 헬름을 활용해 argocd 리포지토리를 추가하는 내용입니다.

❶ ❷ argocd 리포지토리를 헬름에 추가하고 업데이트합니다.

❸ 그러고 나서 헬름에서 argo를 검색해보면 argocd와 관련된 애플리케이션을 확인할 수 있습니다.

❹ 그중에서 argo/argo-cd를 설치하겠습니다.

```
eevee@myserver01:~$ cd work/                           ❶
eevee@myserver01:~/work$ ls                            ❷
app  ch04  ch05  ch06  ch09  ch10  ch11
eevee@myserver01:~/work$ cd app/                       ❸
eevee@myserver01:~/work/app$ ls                        ❹
helm  metallb  nginx-ingress-controller
eevee@myserver01:~/work/app$ mkdir argocd              ❺
eevee@myserver01:~/work/app$ cd argocd/                ❻
eevee@myserver01:~/work/app/argocd$
```

argocd를 다운로드하고 설치하기 위해 디렉터리를 생성하겠습니다.

**❶ ❷** work 디렉터리를 확인합니다.

**❸ ❹** app 디렉터리로 이동합니다.

**❺** argocd를 다운로드하기 위한 디렉터리를 생성합니다.

**❻** 해당 디렉터리로 이동합니다.

```
eevee@myserver01:~/work/app/argocd$ helm pull argo/argo-cd          ❶
eevee@myserver01:~/work/app/argocd$ ls                              ❷
argo-cd-5.51.1.tgz
eevee@myserver01:~/work/app/argocd$ tar xvfz argo-cd-5.51.1.tgz     ❸
eevee@myserver01:~/work/app/argocd$ ls                              ❹
argo-cd  argo-cd-5.51.1.tgz
eevee@myserver01:~/work/app/argocd$ mv argo-cd argo-cd-5.51.1       ❺
eevee@myserver01:~/work/app/argocd$ ls                              ❻
argo-cd-5.51.1  argo-cd-5.51.1.tgz
eevee@myserver01:~/work/app/argocd$ cd argo-cd-5.51.1/             ❼
eevee@myserver01:~/work/app/argocd/argo-cd-5.51.1$ ls             ❽
Chart.lock  charts  Chart.yaml  README.md  templates  values.yaml
eevee@myserver01:~/work/app/argocd/argo-cd-5.51.1$ cp values.yaml my-values.yaml  ❾
eevee@myserver01:~/work/app/argocd/argo-cd-5.51.1$ ls            ❿
Chart.lock  charts  Chart.yaml  my-values.yaml  README.md  templates  values.yaml
```

argocd를 다운로드하고 압축을 풀면서 설치를 준비하겠습니다.

**❶ ❷** argo/argo-cd를 다운로드합니다.

**❸ ❹** 압축을 풉니다.

**❺ ❻** 압축을 푼 디렉터리 이름에 버전 정보를 추가합니다.

**❼ ❽** 해당 디렉터리로 이동합니다.

**❾ ❿** 기존 values.yaml을 복사해 my-values.yaml 파일을 생성합니다. 이번 실습에서는 my-values.yaml 파일을 수정하지 않습니다.

```
eevee@myserver01:~/work/app/argocd/argo-cd-5.51.1$ kubectl create namespace
myargocd                                                          ❶
namespace/myargocd created

eevee@myserver01:~/work/app/argocd/argo-cd-5.51.1$ kubectl get namespace  ❷
NAME            STATUS   AGE
```

```
calico-apiserver    Active    9d
calico-system       Active    9d
default             Active    9d
kube-node-lease      Active    9d
kube-public          Active    9d
kube-system          Active    9d
myargocd            Active    5s                                           ❸
mymetallb           Active    2d
mynginx             Active    2d1h
tigera-operator     Active    9d
```

argocd를 설치하기 위해 네임스페이스를 생성하겠습니다.

❶ argocd를 설치하기 위한 새로운 네임스페이스를 생성합니다.

❷ 다시 네임스페이스를 확인합니다.

❸ 새로운 네임스페이스가 설치된 것을 알 수 있습니다.

```
eevee@myserver01:~/work/app/argocd/argo-cd-5.51.1$ helm install --namespace myargocd
--generate-name argo/argo-cd -f my-values.yaml          ❶


NAME: argo-cd-1700011433
LAST DEPLOYED: Wed Nov 15 01:23:54 2023
NAMESPACE: myargocd
STATUS: deployed
REVISION: 1
TEST SUITE: None
NOTES:
In order to access the server UI you have the following options:

1. kubectl port-forward service/argo-cd-1700011433-argocd-server -n myargocd 8080:443

    and then open the browser on http://localhost:8080 and accept the certificate


2. enable ingress in the values file `server.ingress.enabled` and either
    - Add the annotation for ssl passthrough: https://argo-cd.readthedocs.io/en/
stable/operator-manual/ingress/#option-1-ssl-passthrough
    - Set the `configs.params."server.insecure"` in the values file and terminate
SSL at your ingress: https://argo-cd.readthedocs.io/en/stable/operator-manual/
ingress/#option-2-multiple-ingress-objects-and-hosts
```

> After reaching the UI the first time you can login with username: admin and the random
> password generated during the installation. You can find the password by running:
>
> kubectl -n myargocd get secret argocd-initial-admin-secret -o jsonpath="{.data.
> password}" ¦ base64 -d
>
> (You should delete the initial secret afterwards as suggested by the Getting Started
> Guide: https://argo-cd.readthedocs.io/en/stable/getting_started/#4-login-using-the-cli)

❶ 위와 같이 argocd를 앞서 생성한 새로운 네임스페이스에 설치합니다.

```
eevee@myserver01:~/work/app/argocd/argo-cd-5.51.1$ kubectl get all --namespace
myargocd                                                        ❶
NAME                                                              READY   STATUS
RESTARTS   AGE
pod/argo-cd-1700011433-argocd-application-controller-0           1/1     Running
0          74s
pod/argo-cd-1700011433-argocd-applicationset-controller-6f86868bjnh  1/1  Running
0          74s
pod/argo-cd-1700011433-argocd-dex-server-6c8f8684b5-bpfrz        1/1     Running
0          74s
pod/argo-cd-1700011433-argocd-notifications-controller-5fd457fc5gm9  1/1  Running
0          74s
pod/argo-cd-1700011433-argocd-redis-5c88659b4-zfkdk             1/1     Running
0          74s
pod/argo-cd-1700011433-argocd-repo-server-587b6b767c-9dsk6      1/1     Running
0          74s
pod/argo-cd-1700011433-argocd-server-66fbc7cfc6-5ch9b           1/1     Running
0          74s

NAME                                                             TYPE        CLUSTER-IP
EXTERNAL-IP     PORT(S)            AGE
service/argo-cd-1700011433-argocd-applicationset-controller      ClusterIP
10.98.197.10    <none>      7000/TCP          75s
service/argo-cd-1700011433-argocd-dex-server                     ClusterIP
10.97.36.146    <none>      5556/TCP,5557/TCP  75s
service/argo-cd-1700011433-argocd-redis                          ClusterIP
10.96.218.156   <none>      6379/TCP          75s
service/argo-cd-1700011433-argocd-repo-server                    ClusterIP
10.99.25.117    <none>      8081/TCP          75s
```

```
service/argo-cd-1700011433-argocd-server                       ClusterIP
10.106.113.173    <none>        80/TCP,443/TCP       75s          ❷

NAME                                                                  READY   UP-TO-
DATE    AVAILABLE    AGE
deployment.apps/argo-cd-1700011433-argocd-applicationset-controller   1/1     1
1            74s
deployment.apps/argo-cd-1700011433-argocd-dex-server                  1/1     1
1            74s
deployment.apps/argo-cd-1700011433-argocd-notifications-controller    1/1     1
1            74s
deployment.apps/argo-cd-1700011433-argocd-redis                       1/1     1
1            74s
deployment.apps/argo-cd-1700011433-argocd-repo-server                 1/1     1
1            74s
deployment.apps/argo-cd-1700011433-argocd-server                      1/1     1
1            74s


NAME
DESIRED    CURRENT    READY    AGE
replicaset.apps/argo-cd-1700011433-argocd-applicationset-controller-6f86864c   1
1        1        74s
replicaset.apps/argo-cd-1700011433-argocd-dex-server-6c8f8684b5                1
1        1        74s
replicaset.apps/argo-cd-1700011433-argocd-notifications-controller-5fd457f4b6  1
1        1        74s
replicaset.apps/argo-cd-1700011433-argocd-redis-5c88659b4                      1
1        1        74s
replicaset.apps/argo-cd-1700011433-argocd-repo-server-587b6b767c               1
1        1        74s
replicaset.apps/argo-cd-1700011433-argocd-server-66fbc7cfc6                    1
1        1        74s

NAME                                                                  READY   AGE
statefulset.apps/argo-cd-1700011433-argocd-application-controller     1/1     74s
```

위 과정은 argocd가 성공적으로 설치되었는지 확인하는 내용입니다.

❶ argocd가 설치된 네임스페이스를 확인하면 파드가 모두 Running 상태입니다. 즉 원활하게 실행 중이라는 것을 알
수 있습니다.

❷ 서비스를 보면 argocd server 서비스의 타입이 ClusterIP라는 것을 볼 수 있습니다. argocd를 외부에서 접근할 수 있도록 하기 위해서 해당 서비스 타입을 변경하겠습니다.

```
eevee@myserver01:~$ kubectl patch svc argo-cd-1700011433-argocd-server -n myargocd -p
'{"spec": {"type": "LoadBalancer"}}'        ❶

service/argo-cd-1700011433-argocd-server patched
```

❶ 외부에서도 argocd 서비스에 접근할 수 있도록 LoadBalancer 타입으로 변경합니다. 명령어 중간에 서비스 이름은 각자 환경에 맞는 이름으로 입력하면 됩니다.

```
eevee@myserver01:~$ kubectl get svc --namespace myargocd                   ❶
NAME                                                    TYPE          CLUSTER-IP
EXTERNAL-IP      PORT(S)                      AGE
argo-cd-1700011433-argocd-applicationset-controller     ClusterIP     10.98.197.10
<none>           7000/TCP                     4m6s
argo-cd-1700011433-argocd-dex-server                    ClusterIP     10.97.36.146
<none>           5556/TCP,5557/TCP            4m6s
argo-cd-1700011433-argocd-redis                         ClusterIP     10.96.218.156
<none>           6379/TCP                     4m6s
argo-cd-1700011433-argocd-repo-server                   ClusterIP     10.99.25.117
<none>           8081/TCP                     4m6s
argo-cd-1700011433-argocd-server                        LoadBalancer  10.106.113.173
10.0.2.21        80:30209/TCP,443:30190/TCP   4m6s                     ❷
```

❶ 앞서 서비스 타입을 변경한 결과를 확인하기 위해 argo-cd-server를 확인합니다.

❷ LoadBalancer 타입으로 바뀐 것을 볼 수 있습니다.

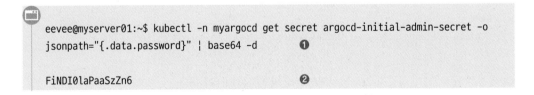

```
eevee@myserver01:~$ kubectl -n myargocd get secret argocd-initial-admin-secret -o
jsonpath="{.data.password}" | base64 -d        ❶

FiNDI0laPaaSzZn6                               ❷
```

그리고 로그인을 위한 비밀번호를 확인하겠습니다.

❶ 비밀번호를 확인하는 명령어를 입력합니다.

❷ 출력된 결과를 이용해 argocd에 접속할 예정이니 잘 기억해두어야 합니다.

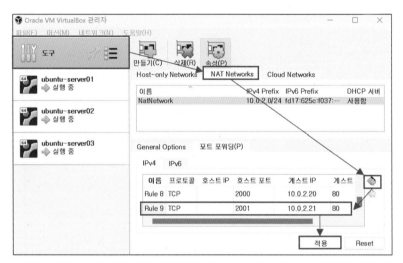

**그림 11-11** argo CD 접속을 위한 포트포워딩

argocd에 접속하기 위해 포트포워딩을 합니다. [그림 11-11]과 같이 새로운 IP의 80번 포트 활용
해도 되고 NodePort를 활용한 접속도 가능합니다. [적용]을 눌러 마무리합니다.

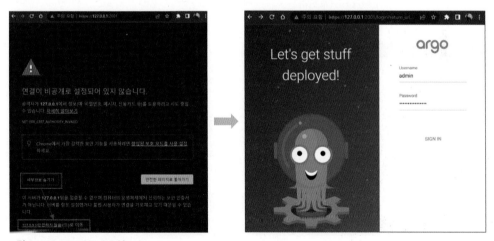

**그림 11-12** ArgoCD 로그인

브라우저를 통해 127.0.0.1:2001로 접속하면 [그림 11-12]와 같은 로그인 화면을 볼 수 있습니다.
참고로 [그림 11-12]의 오른쪽 화면이 나오기 전에 신뢰할 수 없는 사이트라는 경고가 뜨는데 무시
하고 접속하면 됩니다. 초기 아이디는 admin이고 비밀번호는 앞서 확인한 비밀번호를 입력합니다.

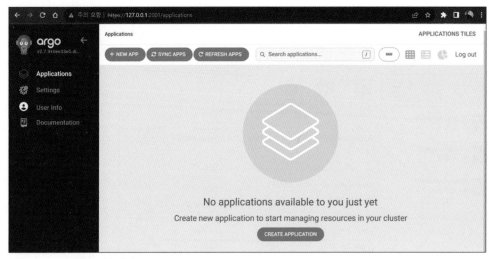

**그림 11-13** argoCD 접속 화면

로그인에 성공하면 [그림 11-13]과 같은 화면을 볼 수 있습니다.

## 11.3.2 ArgoCD를 활용한 깃허브 실습

깃허브 소스를 활용해 ArgoCD로 배포하는 실습을 하겠습니다.

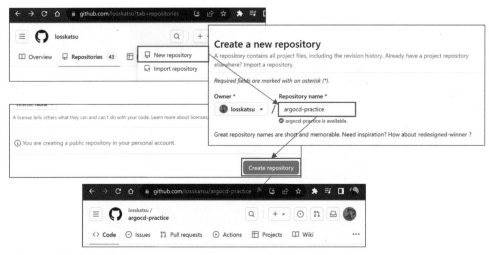

**그림 11-14** 리포지토리 생성

먼저 [그림 11-14]의 과정을 거쳐 깃허브 사이트에서 argocd 실습을 위한 리포지토리를 생성합니다.

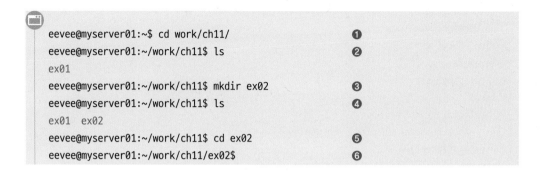

```
eevee@myserver01:~$ cd work/ch11/                    ❶
eevee@myserver01:~/work/ch11$ ls                     ❷
ex01
eevee@myserver01:~/work/ch11$ mkdir ex02             ❸
eevee@myserver01:~/work/ch11$ ls                     ❹
ex01  ex02
eevee@myserver01:~/work/ch11$ cd ex02                ❺
eevee@myserver01:~/work/ch11/ex02$                   ❻
```

실습할 디렉터리부터 생성하겠습니다.

❶ ❷ work/ch11/ 경로로 이동합니다.

❸ ❹ 실습을 위한 디렉터리를 생성합니다.

❺ ❻ 해당 디렉터리로 이동합니다.

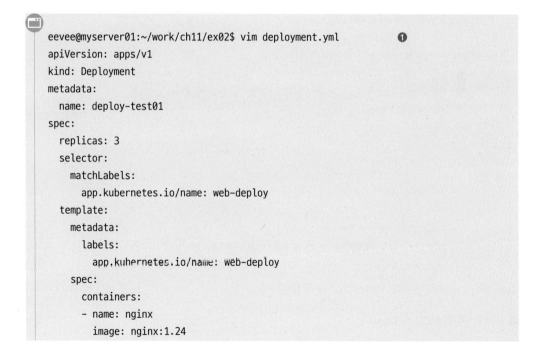

```
eevee@myserver01:~/work/ch11/ex02$ vim deployment.yml      ❶
apiVersion: apps/v1
kind: Deployment
metadata:
  name: deploy-test01
spec:
  replicas: 3
  selector:
    matchLabels:
      app.kubernetes.io/name: web-deploy
  template:
    metadata:
      labels:
        app.kubernetes.io/name: web-deploy
    spec:
      containers:
      - name: nginx
        image: nginx:1.24
```

**❶** 위와 같이 argocd를 통해 배포할 디플로이먼트를 작성합니다.

```
eevee@myserver01:~/work/ch11/argocd$ vim service.yml     ❶
apiVersion: v1
kind: Service
metadata:
  name: web-service
spec:
  selector:
    app.kubernetes.io/name: web-deploy
  type: ClusterIP
  ports:
  - protocol: TCP
    port: 80
```

**❶** 그리고 argocd를 통해 배포할 서비스를 작성합니다.

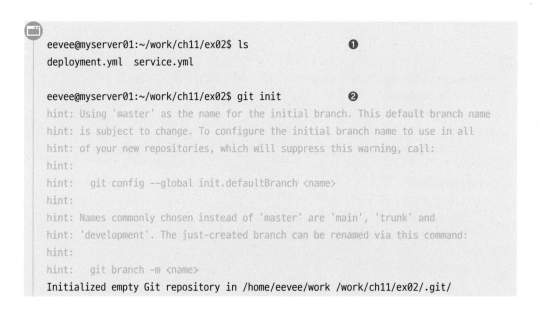

```
eevee@myserver01:~/work/ch11/ex02$ ls                    ❶
deployment.yml   service.yml

eevee@myserver01:~/work/ch11/ex02$ git init              ❷
hint: Using 'master' as the name for the initial branch. This default branch name
hint: is subject to change. To configure the initial branch name to use in all
hint: of your new repositories, which will suppress this warning, call:
hint:
hint:   git config --global init.defaultBranch <name>
hint:
hint: Names commonly chosen instead of 'master' are 'main', 'trunk' and
hint: 'development'. The just-created branch can be renamed via this command:
hint:
hint:   git branch -m <name>
Initialized empty Git repository in /home/eevee/work /work/ch11/ex02/.git/
```

위와 같이 디플로이먼트와 서비스 파일을 생성합니다.

**❶** 두 개의 파일을 확인할 수 있습니다.

**❷** 해당 파일을 깃허브에 업로드하기 위해 **git init** 명령어를 통해 초기화합니다.

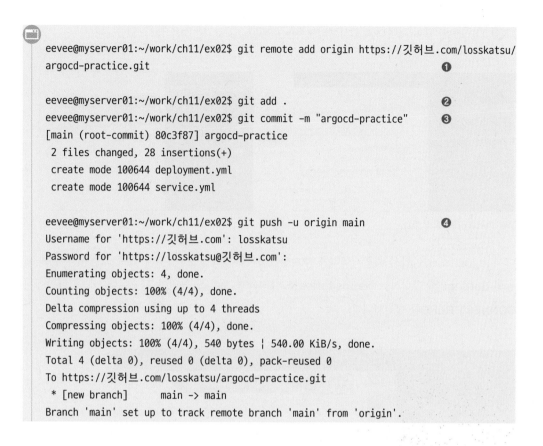

```
eevee@myserver01:~/work/ch11/ex02$ git remote add origin https://깃허브.com/losskatsu/
argocd-practice.git                                                    ❶

eevee@myserver01:~/work/ch11/ex02$ git add .                           ❷
eevee@myserver01:~/work/ch11/ex02$ git commit -m "argocd-practice"     ❸
[main (root-commit) 80c3f87] argocd-practice
 2 files changed, 28 insertions(+)
 create mode 100644 deployment.yml
 create mode 100644 service.yml

eevee@myserver01:~/work/ch11/ex02$ git push -u origin main             ❹
Username for 'https://깃허브.com': losskatsu
Password for 'https://losskatsu@깃허브.com':
Enumerating objects: 4, done.
Counting objects: 100% (4/4), done.
Delta compression using up to 4 threads
Compressing objects: 100% (4/4), done.
Writing objects: 100% (4/4), 540 bytes ¦ 540.00 KiB/s, done.
Total 4 (delta 0), reused 0 (delta 0), pack-reused 0
To https://깃허브.com/losskatsu/argocd-practice.git
 * [new branch]      main -> main
Branch 'main' set up to track remote branch 'main' from 'origin'.
```

깃허브에 업로드하기 위해 리포지토리를 추가하고 **add, commit, push** 명령어를 통해 깃허브에 업로드합니다.

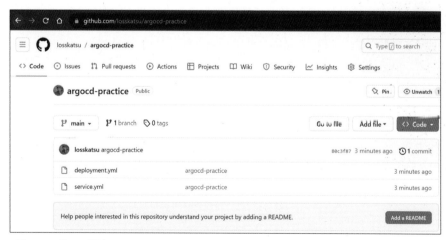

그림 11-15 업로드 확인

[그림 11-15]와 같이 깃허브 리포지토리에 해당 파일이 업로드된 것을 볼 수 있습니다.

**그림 11-16** 리포지토리 추가

다시 argocd로 돌아와서 리포지토리를 추가하겠습니다. [그림 11-16]의 왼쪽 그림에서 왼쪽 메뉴의 **Settings**를 클릭하고 **Repositories**를 클릭하면 오른쪽 화면이 나오는데, 해당 화면에서 **CONNECT REPO**를 클릭합니다.

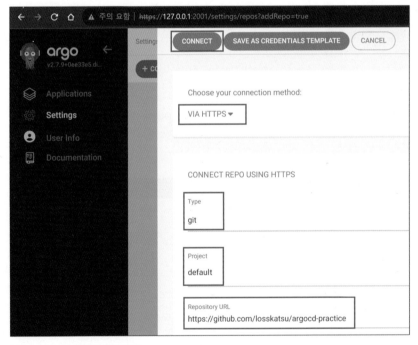

**그림 11-17** 리포지토리 정보 입력

그러면 [그림 11-17]과 같은 화면을 볼 수 있는데 연결 방법은 **VIA HTTPS**를 선택하고 Type을 **git**으로 선택합니다. 그리고 Project는 **default**를 선택하고 URL은 앞서 생성했던 **깃허브 리포지토리 주소**를 입력합니다.

**그림 11-18** 리포지토리 추가 확인

그러면 [그림 11-18]과 같이 리포지토리가 추가된 것을 볼 수 있습니다. CONNECTION STATUS가 'Successful'이면 제대로 추가된 것입니다.

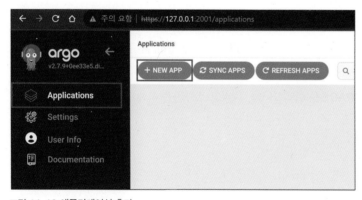

**그림 11-19** 애플리케이션 추가

다음으로는 애플리케이션을 추가합니다. [그림 11-19]와 같이 왼쪽 메뉴에서 **Applications**를 선택하고 **NEW APP**을 클릭합니다.

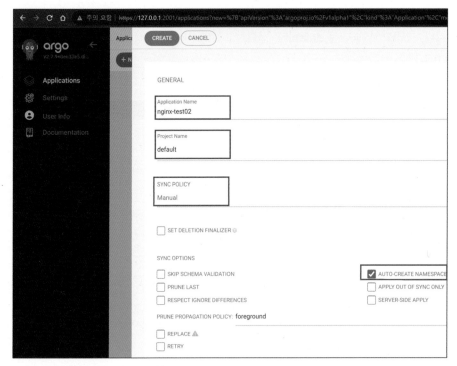

**그림 11-20** 애플리케이션 정보 입력 (1)

그러면 [그림 11-20]과 같은 화면을 볼 수 있는데 먼저 원하는 Application Name을 입력합니다. 그리고 Project Name은 **default**를 선택하고 SYNC POLICY는 **Manual**을 선택합니다. 그리고 나서 **AUTO-CREATE NAMESPACE**를 선택합니다. 그리고 스크롤을 아래로 내려줍니다.

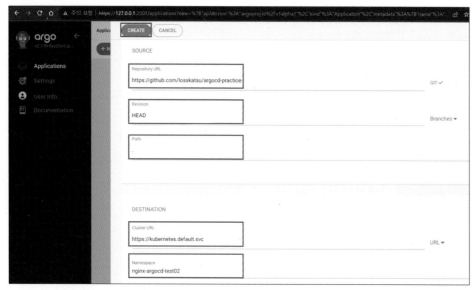

**그림 11-21** 애플리케이션 정보 입력 (2)

스크롤을 아래로 내리면 [그림 11-21]과 같은 화면을 볼 수 있습니다.

먼저 Repository URL을 선택하는데 이는 앞서 추가한 **깃허브 리포지토리** 주소를 선택하면 됩니다. 그리고 Revision은 **HEAD**를 선택하고 Path를 입력합니다. Path에서는 루트 경로인 .를 입력하면 되고 원하는 디렉터리가 있다면 **/디렉터리 이름**과 같이 입력합니다. 그리고 나서 Cluster URL과 애플리케이션을 설치할 Namespace를 입력한 후 **CREATE**를 입력하면 애플리케이션이 생성됩니다.

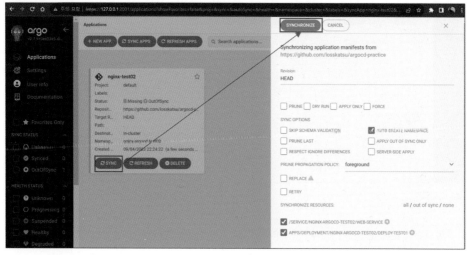

**그림 11-22** 싱크로나이즈

그러면 [그림 11-22]와 같은 화면이 나타나는데 **SYNC**를 클릭하고 **SYNCRONIZE**를 클릭하면 싱크로나이즈 작업이 진행됩니다.

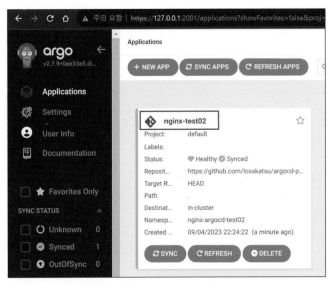

**그림 11-23** 애플리케이션 확인

다음으로 [그림 11-23]과 같이 Status가 Healthy, Synced인 것을 볼 수 있습니다. 애플리케이션의 세부 상태를 확인하기 위해 애플리케이션을 클릭합니다.

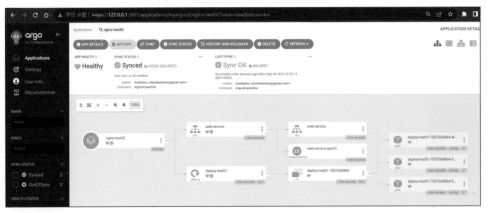

**그림 11-24** 배포 확인

그러면 [그림 11-24]와 같이 서비스와 디플로이먼트 및 파드가 원활하게 실행된 것을 볼 수 있습니다.

```
eevee@myserver01:~/work/ch11/ex02$ kubectl get namespace          ❶
NAME                     STATUS    AGE
calico-apiserver         Active    10d
calico-system            Active    10d
default                  Active    10d
kube-node-lease          Active    10d
kube-public              Active    10d
kube-system              Active    10d
myargocd                 Active    11h
mymetallb                Active    2d12h
mynginx                  Active    2d13h
nginx-argocd-test02      Active    43s                              ❷
tigera-operator          Active    10d
```

다시 터미널로 돌아서 해당 애플리케이션이 성공적으로 설치 및 실행이 되었는지 확인하겠습니다.

❶ 네임스페이스를 검색합니다.

❷ 해당 애플리케이션 설치를 위한 네임스페이스가 추가된 것을 볼 수 있습니다.

```
eevee@myserver01:~/work/ch11/ex02$ kubectl get all --namespace nginx-argocd-test02  ❶
NAME                                  READY   STATUS    RESTARTS   AGE
pod/deploy-test01-78576688b4-4tbmt    1/1     Running   0          102s
pod/deploy-test01-78576688b4-5nbjn    1/1     Running   0          102s
pod/deploy-test01-78576688b4-8bfwq    1/1     Running   0          102s

NAME                  TYPE        CLUSTER-IP       EXTERNAL-IP   PORT(S)   AGE
service/web-service   ClusterIP   10.100.245.172   <none>        80/TCP    102s

NAME                            READY   UP-TO-DATE   AVAILABLE   AGE
deployment.apps/deploy-test01   3/3     3            3           102s

NAME                                      DESIRED   CURRENT   READY   AGE
replicaset.apps/deploy-test01-78576688b4  3         3         3       102s
```

그리고 해당 애플리케이션이 설치된 네임스페이스의 리소스를 검색하면 앞서 argocd 화면에서 본 것과 동일하게 원활히 실행 중인 것을 알 수 있습니다.

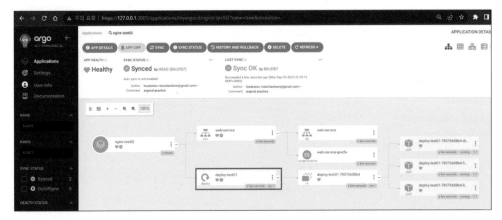

그림 11-25 디플로이먼트 수정

이번에는 argocd를 활용해 실행 중인 파드 개수를 줄여보겠습니다. 이를 위해 [그림 11-25]와 같이 **deployment**를 클릭합니다.

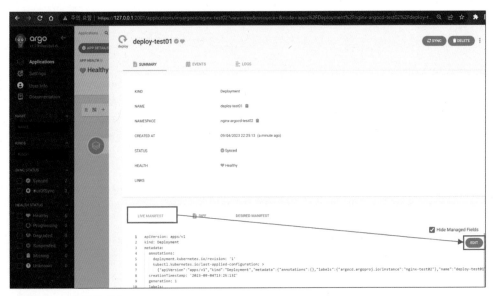

그림 11-26 매니페스트 수정

그러면 [그림 11-26]과 같이 매니페스트 정보를 확인할 수 있는데 매니페스트 정보에서 [EDIT] 버튼을 클릭합니다.

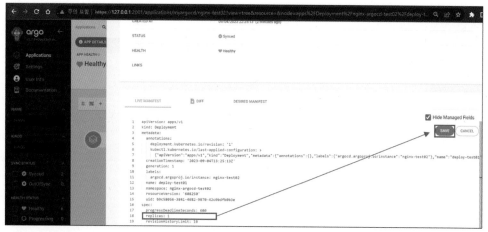

**그림 11-27** 레플리카셋 수정

그리고 실행 중인 파드 개수를 줄이기 위해 [그림 11-27]과 같이 spec.replicas를 1로 변경하고
[SAVE]를 클릭합니다.

**그림 11-28** 파드 개수 변동 확인

그러면 [그림 11-28]과 같이 실행 중인 파드 개수가 한 개로 변한 것을 볼 수 있습니다.

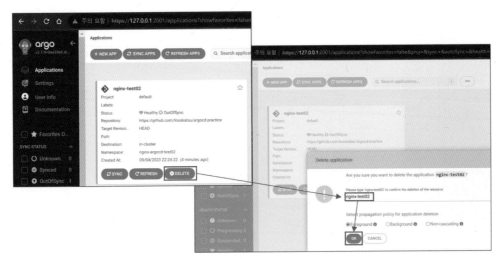

**그림 11-29** 애플리케이션 삭제

실습이 끝났으므로 [그림 11-29]와 같이 애플리케이션을 삭제하겠습니다.

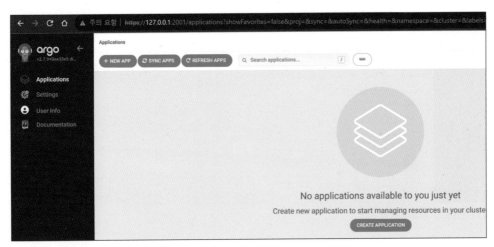

**그림 11-30** 애플리케이션 삭제 확인

애플리케이션을 삭제하면 [그림 11-30]과 같은 화면을 볼 수 있습니다.

```
eevee@myserver01:~/work/ch11/ex02$ kubectl get all --namespace nginx-argocd-test02
No resources found in nginx-argocd-test02 namespace.

eevee@myserver01:~/work/ch11/ex02$ kubectl delete namespace nginx-argocd-test02
namespace "nginx-argocd-test02" deleted
```

터미널로 돌아가서 애플리케이션이 실행 중인 네임스페이스의 리소스를 검색하면 모두 삭제된 것을 볼 수 있습니다. 실습이 끝났으니 네임스페이스를 삭제하며 실습을 종료합니다.

# 쿠버네티스 모니터링

—

쿠버네티스 클러스터가 커질수록 쿠버네티스 클러스터를 구성하는 모든 노드를 관리하는 것은 쉬운 일이 아닙니다. 이에 따라 쿠버네티스 클러스터 전체를 모니터링할 수 있는 방법을 고안하게 되었습니다.

12장에서는 모든 노드를 관리할 수 있는 쿠버네티스 모니터링에 대해 학습합니다.

1 매트릭 서버를 활용해 리소스 사용량을 확인하는 방법

2 프로메테우스를 통해 모니터링 데이터를 수집하는 방법

3 그라파나를 통해 모니터링 데이터를 시각화하는 방법

4 로키를 활용해 쿠버네티스 로그를 확인하는 방법

CHAPTER

12

## 12.1 매트릭 서버를 통한 리소스 확인

쿠버네티스에서는 상황에 맞게 자동으로 스케일의 업/다운을 도와주는 Horizontal Pod Autoscaler 가 존재합니다. 그렇다면 Horizontal Pod Autoscaler는 무엇을 근거로 스케일 업/다운을 실행할 까요?

이를 위해서는 시스템 관련 지표를 보게 되는데 이를 확인할 수 있게 하는 것이 매트릭 서버Metric-Server 입니다. 매트릭 서버는 쿠버네티스의 Horizontal Pod Autoscaler가 상황에 맞게 자동으로 스케일 업/다운을 할 수 있게끔 도와주는 오픈소스입니다. Horizontal Pod Autoscaler가 쿠버네티스에 존재하는 각종 리소스들로부터 매트릭을 수집하는데, 이때 매트릭이란 시스템 성능을 나타내는 지표 를 의미합니다.

### 12.1.1 매트릭 서버 설치

매트릭 서버를 설치하는 것으로 실습을 시작하겠습니다.

```
eevee@myserver01:~$ cd work/app/                                    ❶
eevee@myserver01:~/work/app$ ls                                     ❷
argocd  helm  metallb  nginx-ingress-controller
eevee@myserver01:~/work/app$ mkdir metric-server                   ❸
eevee@myserver01:~/work/app$ ls                                     ❹
argocd  helm  metallb  metric-server  nginx-ingress-controller
eevee@myserver01:~/work/app$ cd metric-server/                     ❺
eevee@myserver01:~/work/app/metric-server$
```

위와 같이 매트릭 서버를 위한 디렉터리를 생성하겠습니다.

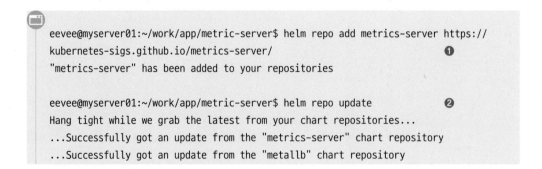

```
eevee@myserver01:~/work/app/metric-server$ helm repo add metrics-server https://
kubernetes-sigs.github.io/metrics-server/                          ❶
"metrics-server" has been added to your repositories

eevee@myserver01:~/work/app/metric-server$ helm repo update       ❷
Hang tight while we grab the latest from your chart repositories...
...Successfully got an update from the "metrics-server" chart repository
...Successfully got an update from the "metallb" chart repository
```

```
...Successfully got an update from the "argo" chart repository
...Successfully got an update from the "bitnami" chart repository
Update Complete. ❉Happy Helming!❉
```

❶ 다음으로 헬름 리포지토리에 metrics-server를 추가하겠습니다.

❷ 헬름 리포지토리를 업데이트합니다.

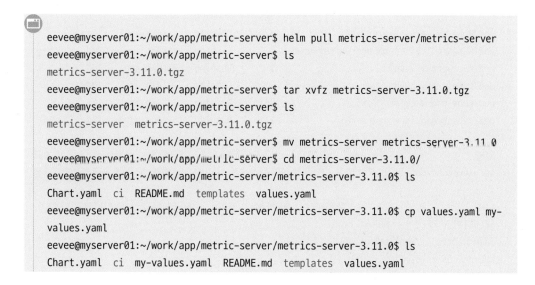

```
eevee@myserver01:~/app/metric-server$ helm search repo metric          ❶
NAME                              CHART VERSION  APP VERSION
DESCRIPTION
bitnami/kube-state-metrics        3.8.3          2.10.1          kube-
state-metrics is a simple service that lis...
bitnami/metrics-server            6.6.2          0.6.4
Metrics Server aggregates resource usage data, ...
metrics-server/metrics-server     3.11.0         0.6.4
Metrics Server is a scalable, efficient source ...              ❷
bitnami/grafana                   9.6.0          10.2.0
Grafana is an open source metric analytics and ...
...(중략)
```

❶ 그리고 나서 헬름 리포지토리에서 metric을 검색합니다.

❷ metrics-server/metrics-server를 확인할 수 있습니다.

```
eevee@myserver01:~/work/app/metric-server$ helm pull metrics-server/metrics-server
eevee@myserver01:~/work/app/metric-server$ ls
metrics-server-3.11.0.tgz
eevee@myserver01:~/work/app/metric-server$ tar xvfz metrics-server-3.11.0.tgz
eevee@myserver01:~/work/app/metric-server$ ls
metrics-server  metrics-server-3.11.0.tgz
eevee@myserver01:~/work/app/metric-server$ mv metrics-server metrics-server-3.11 0
eevee@myserver01:~/work/app/metric-server$ cd metrics-server-3.11.0/
eevee@myserver01:~/work/app/metric-server/metrics-server-3.11.0$ ls
Chart.yaml  ci  README.md  templates  values.yaml
eevee@myserver01:~/work/app/metric-server/metrics-server-3.11.0$ cp values.yaml my-values.yaml
eevee@myserver01:~/work/app/metric-server/metrics-server-3.11.0$ ls
Chart.yaml  ci  my-values.yaml  README.md  templates  values.yaml
```

그리고 metric-server를 다운로드하고 압축을 풀어줍니다.

```
eevee@myserver01:~/work/app/metric-server/metrics-server-3.11.0$
vim my-values.yaml                                                      ❶
...(중략)
defaultArgs:
  - --cert-dir=/tmp
  - --kubelet-preferred-address-types=InternalIP,ExternalIP,Hostname
  - --kubelet-use-node-status-port
  - --metric-resolution=15s
- --kubelet-insecure-tls                                                ❷
- --kubelet-preferred-address-types=InternalIP                         ❸
...(생략)
```

96번째 줄의 defaultArgs 부분에 ❷와 ❸의 내용을 추가합니다. 이때 정확한 줄 번호는 매트릭 서버 버전에 따라 다소 차이가 날 수 있습니다.

```
eevee@myserver01:~/work/app/metric-server/metrics-server-3.11.0$ kubectl get all
--namespace kube-system                                    ❶

NAME                                           READY   STATUS    RESTARTS       AGE
pod/coredns-787d4945fb-95rdq                   1/1     Running   3 (46h ago)    10d
pod/coredns-787d4945fb-cvvpj                   1/1     Running   3 (46h ago)    10d
pod/etcd-myserver01                            1/1     Running   3 (46h ago)    10d
pod/kube-apiserver-myserver01                  1/1     Running   3 (46h ago)    10d
pod/kube-controller-manager-myserver01         1/1     Running   4 (46h ago)    10d
pod/kube-proxy-7zvp7                           1/1     Running   3 (46h ago)    10d
pod/kube-proxy-b9k8q                           1/1     Running   2 (47h ago)    10d
pod/kube-proxy-cvlrh                           1/1     Running   3 (47h ago)    10d
pod/kube-scheduler-myserver01                  1/1     Running   6 (46h ago)    10d

NAME              TYPE        CLUSTER-IP    EXTERNAL-IP   PORT(S)                  AGE
service/kube-dns  ClusterIP   10.96.0.10    <none>        53/UDP,53/TCP,9153/TCP   10d

NAME                        DESIRED   CURRENT   READY   UP-TO-DATE   AVAILABLE   NODE
SELECTOR                AGE
daemonset.apps/kube-proxy   3         3         3       3            3
kubernetes.io/os=linux    10d
```

```
NAME                              READY   UP-TO-DATE   AVAILABLE   AGE
deployment.apps/coredns           2/2     2            2           10d


NAME                                     DESIRED   CURRENT   READY   AGE
replicaset.apps/coredns-787d4945fb       2         2         2       10d
```

❶ 기존의 kube-system 네임스페이스에 존재하는 오브젝트들을 확인하면 metric-server와 관련된 것이 아직은 없는데 이후 해당 네임스페이스에 metric-server를 설치할 예정입니다.

```
eevee@myserver01:~/work/app/metric-server/metrics-server-3.11.0$ helm install --namespace
kube-system --generate-name metrics-server/metrics-server -f my-values.yaml        ❶

NAME: metrics-server-1700056961
LAST DEPLOYED: Wed Nov 15 14:02:42 2023
NAMESPACE: kube-system
STATUS: deployed
REVISION: 1
TEST SUITE: None
NOTES:
**********************************************************************
* Metrics Server                                                     *
**********************************************************************

  Chart version: 3.11.0
  App version:   0.6.4
  Image tag:     registry.k8s.io/metrics-server/metrics-server:v0.6.4
**********************************************************************
```

❶ 헬름을 활용해 metrics-server/metrics-server를 설치합니다.

```
eevee@myserver01:~/work/app/metric-server/metrics-server-3.11.0$ kubectl get all
--namespace kube-system                                                            ❶

NAME                                        READY   STATUS    RESTARTS       AGE
pod/coredns-787d4945fb-95rdq                1/1     Running   3 (46h ago)    10d
pod/coredns-787d4945fb-cvvpj                1/1     Running   3 (46h ago)    10d
pod/etcd-myserver01                         1/1     Running   3 (46h ago)    10d
pod/kube-apiserver-myserver01               1/1     Running   3 (46h ago)    10d
pod/kube-controller-manager-myserver01      1/1     Running   4 (46h ago)    10d
```

```
pod/kube-proxy-7zvp7                              1/1    Running   3 (46h ago)   10d
pod/kube-proxy-b9k8q                              1/1    Running   2 (47h ago)   10d
pod/kube-proxy-cvlrh                              1/1    Running   3 (47h ago)   10d
pod/kube-scheduler-myserver01                     1/1    Running   6 (46h ago)   10d
pod/metrics-server-1700056961-688cf564cd-bsjw9    1/1    Running   0             51s  ❷

NAME                              TYPE        CLUSTER-IP      EXTERNAL-IP   PORT(S)
AGE
service/kube-dns                  ClusterIP   10.96.0.10      <none>        53/UDP,53/
TCP,9153/TCP    10d
service/metrics-server-1700056961 ClusterIP   10.103.231.16   <none>        443/TCP
51s                                                                              ❸

NAME                        DESIRED   CURRENT   READY   UP-TO-DATE   AVAILABLE   NODE
SELECTOR              AGE
daemonset.apps/kube-proxy   3         3         3       3            3
kubernetes.io/os=linux   10d

NAME                                     READY   UP-TO-DATE   AVAILABLE   AGE
deployment.apps/coredns                  2/2     2            2           10d
deployment.apps/metrics-server-1700056961 1/1    1            1           51s  ❹

NAME                                             DESIRED   CURRENT   READY   AGE
replicaset.apps/coredns-787d4945fb               2         2         2       10d
replicaset.apps/metrics-server-1700056961-688cf564cd  1    1         1       51s  ❺
```

metrics-server/metrics-server를 설치하고 난 후의 과정입니다.

❶ kube-system 네임스페이스에 존재하는 모든 오브젝트들을 확인합니다.

❷ ❸ ❹ ❺ metrics-server와 관련된 오브젝트가 추가된 것을 볼 수 있습니다.

## 12.1.2 매트릭 서버를 통한 리소스 사용량 확인

앞서 설치한 매트릭 서버를 활용해 쿠버네티스 리소스 사용량을 확인하겠습니다.

```
eevee@myserver01:~$ kubectl top nodes              ❶
NAME         CPU(cores)   CPU%   MEMORY(bytes)   MEMORY%
myserver01   281m         7%     2763Mi          35%
```

```
  myserver02      65m          1%      1678Mi         21%
  myserver03      95m          2%      2307Mi         29%
```

위 과정은 쿠버네티스를 구성하는 노드 사용량을 확인하는 내용입니다.

❶ kubectl top nodes 명령어를 활용하면 노드의 CPU, 메모리 사용량을 확인할 수 있습니다.

```
eevee@myserver01:~$ kubectl top pod --namespace kube-system        ❶
NAME                                          CPU(cores)   MEMORY(bytes)
coredns-787d4945fb-95rdq                      3m           13Mi
coredns-787d4945fb-cvvpj                      4m           13Mi
etcd-myserver01                               60m          109Mi
kube-apiserver-myserver01                     112m         565Mi
kube-controller-manager-myserver01            43m          58Mi
kube-proxy-7zvp7                              1m           15Mi
kube-proxy-b9k8q                              1m           14Mi
kube-proxy-cvlrh                              1m           14Mi
kube-scheduler-myserver01                     8m           18Mi
metrics-server-1700056961-688cf564cd-bsjw9    6m           17Mi
```

위 과정은 파드 사용량을 확인하는 내용입니다.

❶ kubectl top pod를 통해 파드 사용량을 확인할 수 있습니다. 옵션으로 네임스페이스 이름을 지정하면 해당 네임스페이스에 존재하는 파드의 사용량을 알 수 있습니다.

## 12.2 프로메테우스를 통한 모니터링 데이터 수집

이 절에서는 프로메테우스Prometheus에 대해 학습합니다. 먼저 프로메테우스의 개념을 익히고 프로메테우스와 그라파나Grafana를 설치합니다. 그라파나는 시각화 두구인데 프로메테우스와 함께 사용하면 좋습니다. 그라파나에 대해서는 이후 실습에서 더 자세히 알아보겠습니다. 프로메테우스와 그라파나를 설치한 후에는 프로메테우스를 통해 쿠버네티스 클러스터에 대한 데이터 수집을 확인합니다.

### 12.2.1 프로메테우스의 개념

프로메테우스는 쿠버네티스 환경의 모니터링 표준에 해당하는 애플리케이션으로 오픈소스이므로 무료로 사용할 수 있습니다.

앞서 살펴본 것처럼 모니터링에는 매트릭이라는 용어를 사용하는데, 매트릭$^{Metric}$이란 시스템 성능을 나타내는 지표를 의미합니다. 웹 서버 요청 횟수와 같이 숫자로 나타낼 수 있는 성능 지표를 통해 시스템 상태를 확인할 수 있습니다. 따라서 모니터링 시스템에는 시스템 성능과 관련된 매트릭을 필수로 제공해야 합니다.

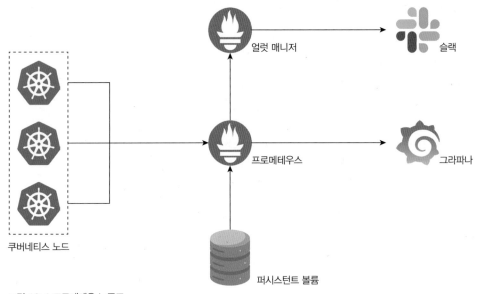

쿠버네티스 노드

얼럿 매니저

슬랙

프로메테우스

그라파나

퍼시스턴트 볼륨

**그림 12-1** 프로메테우스 구조

[그림 12-1]은 프로메테우스의 구조를 나타낸 그림입니다. [그림 12-1]처럼 프로메테우스는 쿠버네티스를 구성하는 노드와 퍼시스턴트 볼륨$^{Persistent\ Volume}$에서 데이터를 수집합니다. 이렇게 수집한 데이터는 그라파나를 통해 시각화하거나 슬랙으로 경고 메시지를 전송할 수도 있습니다.

이번 실습에서는 헬름 차트를 활용해 프로메테우스 스택$^{Prometheus-Stack}$을 설치할 것입니다. 스택$^{Stack}$은 '쌓다'라는 의미가 있는데 IT 분야에서 흔히 사용하는 용어입니다. 프로메테우스 스택을 설치하면 단순히 프로메테우스만 설치하는 것이 아니라 프로메테우스와 관련된 모니터링에 필요한 여러 애플리케이션도 함께 설치합니다.

## 12.2.2 프로메테우스와 그라파나 설치

마찬가지로 이 실습의 시작은 프로메테우스와 그라파나를 설치하는 것입니다.

```
eevee@myserver01:~$ cd work/app/                              ❶
eevee@myserver01:~/work/app$ ls                              ❷
argocd  helm  metallb  metric-server  nginx-ingress-controller
eevee@myserver01:~/work/app$ mkdir prometheus                ❸
eevee@myserver01:~/work/app$ cd prometheus/                  ❹
eevee@myserver01:~/work/app/prometheus$
```

먼저 프로메테우스를 다운로드할 디렉터리를 생성하겠습니다.

❶ ❷ app 디렉터리로 이동합니다.

❸ prometheus라는 디렉터리를 생성합니다.

❹ 해당 디렉터리로 이동합니다.

```
eevee@myserver01:~/work/app/prometheus$ helm repo add prometheus-community https://
prometheus-community.github.io/helm-charts                   ❶
"prometheus-community" has been added to your repositories

eevee@myserver01:~/work/app/prometheus$ helm repo update     ❷
...(중략)
...Successfully got an update from the "prometheus-community" chart repository
Update Complete. ☀Happy Helming!☀
```

❶ 프로메테우스를 설치하기 위해 헬름 리포지토리에 prometheus-community를 추가합니다.

❷ 헬름 리포지토리를 업데이트합니다.

```
eevee@myserver01:~/work/app/prometheus$ helm search repo prometheus   ❶
NAME                              CHART VERSION   APP VERSION
DESCRIPTION
bitnami/kube-prometheus                8.22.4        0.69.1
Prometheus Operator provides easy monitoring de...
bitnami/prometheus                     0.4.3         2.47.2
Prometheus is an open source monitoring and ale...
```

```
bitnami/wavefront-prometheus-storage-adapter      2.3.3          1.0.7
DEPRECATED Wavefront Storage Adapter is a Prome...
prometheus-community/kube-prometheus-stack        54.0.1         v0.69.1
kube-prometheus-stack collects Kubernetes manif...                ❷
prometheus-community/prometheus                    25.6.0         v2.47.2
Prometheus is a monitoring system and time seri...
...(생략)
```

❶ 다음으로 헬름을 활용해 프로메테우스를 설치하기 위해 헬름 리포지토리에서 프로메테우스를 검색합니다.

❷ 검색 결과 중 prometheus−community/kube−prometheus−stack가 바로 이번 실습에서 설치할 애플리케이 션입니다.

```
eevee@myserver01:~/work/app/prometheus$ helm pull prometheus-community/kube-
prometheus-stack                                                              ❶

eevee@myserver01:~/work/app/prometheus$ ls                                    ❷
kube-prometheus-stack-54.0.1.tgz

eevee@myserver01:~/work/app/prometheus$ tar xvfz kube-prometheus-stack-54.0.1.tgz ❸

eevee@myserver01:~/work/app/prometheus$ ls                                    ❹
kube-prometheus-stack   kube-prometheus-stack-54.0.1.tgz

eevee@myserver01:~/work/app/prometheus$ mv kube-prometheus-stack kube-prometheus-
stack-54.0.1                                                                   ❺
eevee@myserver01:~/work/app/prometheus$ ls                                    ❻
kube-prometheus-stack-54.0.1   kube-prometheus-stack-54.0.1.tgz

eevee@myserver01:~/work/app/prometheus$ cd kube-prometheus-stack-54.0.1/      ❼
eevee@myserver01:~/work/app/prometheus/kube-prometheus-stack-54.0.1$ ls       ❽
Chart.lock  charts  Chart.yaml  CONTRIBUTING.md  README.md  templates  values.yaml

eevee@myserver01:~/work/app/prometheus/kube-prometheus-stack-54.0.1$ cp values.yaml
my-values.yaml                                                                ❾

eevee@myserver01:~/work/app/prometheus/kube-prometheus-stack-54.0.1$ ls       ❿
Chart.lock   Chart.yaml       my-values.yaml   templates
charts       CONTRIBUTING.md  README.md        values.yaml
```

위 과정은 헬름을 활용해 프로메테우스를 다운로드하고 설치를 준비하는 내용입니다.

❶ 헬름을 통해 prometheus-community/kube-prometheus-stack을 다운로드합니다.

❷ 그러면 다운로드한 파일을 확인할 수 있습니다.

❸ 해당 파일의 압축을 풀어줍니다.

❹ 압축을 푼 디렉터리에는 버전 정보가 나와있지 않습니다.

❺ ❻ 그러므로 해당 디렉터리 이름에 버전 이름을 추가해 변경합니다.

❼ 그리고 나서 압축을 푼 디렉터리로 이동합니다.

❽ 파일을 확인하면 values.yaml 파일이 있습니다.

❾ 설정을 변경하기 위해 해당 파일을 복사해 my-values.yaml 파일을 만들어줍니다.

❿ 파일 목록을 확인하면 my-values.yaml이 존재하는 것을 볼 수 있습니다.

```
eevee@myserver01:~/work/app/prometheus/kube-prometheus-stack-54.0.1$ vim my-values.
yaml                                                                    ❶
...(중략)
## Configuration for Prometheus service
##
  service:
    annotations: {}
    labels: {}
    clusterIP: ""

    ## Port for Prometheus Service to listen on
    ##
    port: 9090

    ## To be used with a proxy extraContainer port
    targetPort: 9090

    ## List of IP addresses at which the Prometheus server service is available
    ## Ref: https://kubernetes.io/docs/user-guide/services/#external-ips
    ##
    externalIPs: []

    ## Port to expose on each node
    ## Only used if service.type is 'NodePort'
    ##
    nodePort: 30090
```

```
    ## Loadbalancer IP
    ## Only use if service.type is "LoadBalancer"
    loadBalancerIP: ""
    loadBalancerSourceRanges: []

    ## Denotes if this Service desires to route external traffic to node-local or
cluster-wide endpoints
    ##
    externalTrafficPolicy: Cluster

    ## Service type
    ##
    type: NodePort                                                     ❷
...(중략)
## If true, a nil or {} value for prometheus.prometheusSpec.serviceMonitorSelector
will cause the
    ## prometheus resource to be created with selectors based on values in the helm
deployment,
    ## which will also match the servicemonitors created
    ##
    serviceMonitorSelectorNilUsesHelmValues: false                     ❸
...(중략)
    ## How long to retain metrics
    ##
    retention: 10d                                                     ❹

    ## Maximum size of metrics
    ##
    retentionSize: "1GiB"                                              ❺
...(중략)
    ## Prometheus StorageSpec for persistent data
    ## ref: https://깃허브.com/prometheus-operator/prometheus-operator/blob/main/
Documentation/user-guides/storage.md
    ##
    storageSpec: {}                                                    ❻
    ## Using PersistentVolumeClaim
    ##
    #  volumeClaimTemplate:                                            ❼
    #    spec:
    #      storageClassName: gluster
    #      accessModes: ["ReadWriteOnce"]
```

```
    #       resources:
    #         requests:
    #           storage: 50Gi
    #   selector: {}
...(생략)
```

위 과정은 my-values.yaml 파일을 수정해 옵션을 변경하는 내용입니다. 줄 번호를 통해 설명할 예정인데 54.0.1 버전을 기준으로 설명하므로 프로메테우스 스택 버전에 따라 줄 번호는 달라질 수 있습니다.

❶ vim을 활용해 my-values.yaml 파일을 열어줍니다.

❷ 2643번째 줄에서 prometheus.service.type이 기본적으로 ClusterIP라고 되어 있는데 이를 NodePort로 바꿔줍니다.

❸ 3093번째 줄에서 serviceMonitorSelectorNilUsesHelmValues: true인 것을 serviceMonitorSelectorNilUsesHelmValues: false로 변경합니다.

❹ 3180번째 줄에서 데이터 유지 기간을 설정할 수 있습니다. 기본값은 10d라고 설정되어 있는데 이는 10일에 해당합니다.

❺ 바로 아래 3184번 째 줄에서 최대 매트릭 용량을 설정할 수 있는데 기본값은 retentionSize: " "이므로 원하는 용량을 입력하면 됩니다. 이 실습에서는 "1GiB"라고 설정하겠습니다.

❻ 3285번 째 줄부터는 스토리지 옵션인데, storageSpec:은 기본값이 storageSpec: { }입니다. 만약 pvc를 설정하고 싶다면 { }를 제거해서 storageSpec:으로 만듭니다.

❼ 3214번 째 줄부터는 기본값입니다. 주석으로 처리되어 있습니다. storage: 50Gi인데 만약 사용하고 싶다면 주석을 해제하고 원하는 용량을 입력합니다. 이 실습에서는 pvc는 활용하지 않겠습니다. 설정 변경이 끝났다면 해당 파일을 저장하고 종료합니다.

```
eevee@myserver01:~/work/app/prometheus/kube-prometheus-stack-54.0.1$ cd charts/   ❶
eevee@myserver01:~/work/app/prometheus/kube-prometheus-stack-54.0.1/charts$ ls    ❷
crds      kube-state-metrics          prometheus-windows-exporter
grafana   prometheus-node-exporter
eevee@myserver01:~/work/app/prometheus/kube-prometheus-stack-54.0.1/charts$ cd
grafana/                                                                          ❸
eevee@myserver01:~/work/app/prometheus/kube-prometheus-stack-54.0.1/charts/grafana$
ls                                                                                ❹
Chart.yaml  ci  dashboards  README.md  templates  values.yaml
```

앞서 my-values.yaml 파일 수정을 통해 프로메테우스 설정을 변경했다면 이번에는 그라파나 설정을 변경하겠습니다. 프로메테우스 디렉터리 내부에는 charts라는 디렉터리가 존재합니다.

❶ 해당 디렉터리로 이동합니다.

❷ charts 디렉터리 내부에 grafana라는 디렉터리가 존재합니다.

❸ 해당 디렉터리로 이동합니다.

❹ values.yaml이라는 파일을 볼 수 있습니다. values.yaml은 그라파나 설정을 변경할 수 있는 파일입니다.

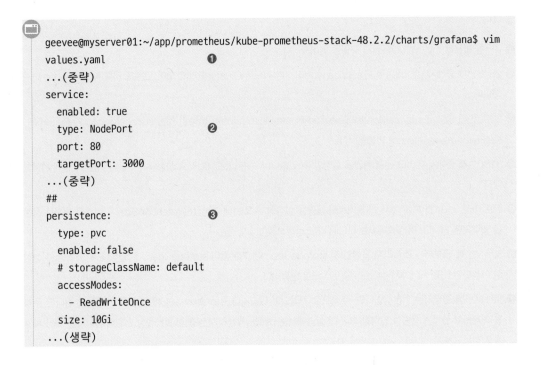

```
geevee@myserver01:~/app/prometheus/kube-prometheus-stack-48.2.2/charts/grafana$ vim
values.yaml                    ❶
...(중략)
service:
  enabled: true
  type: NodePort               ❷
  port: 80
  targetPort: 3000
...(중략)
##
persistence:                   ❸
  type: pvc
  enabled: false
  # storageClassName: default
  accessModes:
    - ReadWriteOnce
  size: 10Gi
...(생략)
```

다음으로는 그라파나 설정을 변경하겠습니다.

❶ vim을 활용해 values.yaml 파일을 열어줍니다.

❷ 199번째 줄을 보면 service.type 부분의 기본값은 ClusterIP인데 이를 LoadBalancer나 NodePort로 바꿔줍니다.

❸ 337번째 줄을 보면 **persistence** 옵션을 줄 수 있는데, 이 실습에서는 pvc를 설정하지 않고 진행하겠습니다. 그러나 만약 pvc를 설정하고 싶다면 enabled: false를 enabled: true로 바꿔줍니다. 그리고 storageClassName: default를 원하는 storageClassName으로 변경합니다. 그리고 size: 10Gi가 기본값인데 이를 원하는 값으로 바꿔줍니다.

```
eevee@myserver01:~/work/app/prometheus/kube-prometheus-stack-54.0.1/charts/grafana$ cd
../..                                                              ❶

eevee@myserver01:~/work/app/prometheus/kube-prometheus-stack-54.0.1$ kubectl create
namespace mymonitoring                                            ❷
namespace/mymonitoring created

eevee@myserver01:~/work/app/prometheus/kube-prometheus-stack-54.0.1$ kubectl get
namespace                                                         ❸
NAME                STATUS   AGE
calico-apiserver    Active   10d
calico-system       Active   10d
default             Active   10d
kube-node-lease     Active   10d
kube-public         Active   10d
kube-system         Active   10d
myargocd            Active   24h
mymetallb           Active   3d1h
mymonitoring        Active   8s                                   ❹
mynginx             Active   3d1h
tigera-operator     Active   10d
```

이번에는 프로메테우스 설치를 위한 네임스페이스를 생성하겠습니다.

❶ 프로메테우스를 설치하기 위해 my-values.yaml 파일이 존재하는 디렉터리로 이동합니다.

❷ 프로메테우스를 설치하기 위한 네임스페이스를 따로 생성하겠습니다.

❸ 네임스페이스 목록을 확인합니다.

❹ 해당 네임스페이스가 생성된 것을 볼 수 있습니다.

```
eevee@myserver01:~/app/prometheus/kube-prometheus-stack-48.2.2$ helm install
--namespace mymonitoring --generate-name prometheus-community/kube-prometheus-stack -f
my-values.yaml                                                    ❶

NAME: kube-prometheus-stack-1700100539
LAST DEPLOYED: Thu Nov 16 02:09:00 2023
NAMESPACE: mymonitoring
STATUS: deployed
REVISION: 1
```

```
NOTES:
kube-prometheus-stack has been installed. Check its status by running:
  kubectl --namespace mymonitoring get pods -l "release=kube-prometheus-stack-1700100539"

Visit https://github.com/prometheus-operator/kube-prometheus for instructions on how
to create & configure Alertmanager and Prometheus instances using the Operator.
```

이번에는 프로메테우스를 설치하겠습니다.

❶ 위와 같은 명령어를 입력함으로써 프로메테우스를 설치합니다. 앞선 애플리케이션들과는 다르게 프로메테우스 설치
에는 다소 시간이 걸립니다. 대략 2분에서 5분 정도가 걸립니다.

```
eevee@myserver01:~$ kubectl get all --namespace mymonitoring            ❶
NAME                                                                 READY   STATUS
RESTARTS    AGE
pod/alertmanager-kube-prometheus-stack-1700-alertmanager-0           2/2     Running
0           3m
pod/kube-prometheus-stack-1700-operator-64f9456788-5jkrs             1/1     Running
0           3m13s
pod/kube-prometheus-stack-1700100539-grafana-7d68d85f9b-6dwxd        3/3     Running
0           3m13s
pod/kube-prometheus-stack-1700100539-kube-state-metrics-747978tnrqn  1/1     Running
0           3m13s
pod/kube-prometheus-stack-1700100539-prometheus-node-exporter-7s6zb  1/1     Running
0           3m13s
pod/kube-prometheus-stack-1700100539-prometheus-node-exporter-8nmn5  1/1     Running
0           3m13s
pod/kube-prometheus-stack-1700100539-prometheus-node-exporter-gbm65  1/1     Running
0           3m13s
pod/prometheus-kube-prometheus-stack-1700-prometheus-0               2/2     Running
0           3m


NAME                                                         TYPE
CLUSTER-IP        EXTERNAL-IP    PORT(S)                      AGE
service/alertmanager-operated                                ClusterIP    None
<none>            9093/TCP,9094/TCP,9094/UDP         3m
service/kube-prometheus-stack-1700-alertmanager              ClusterIP
10.97.180.235     <none>         9093/TCP,8080/TCP           3m14s
service/kube-prometheus-stack-1700-operator                  ClusterIP
10.101.247.246    <none>         443/TCP                     3m14s
```

```
service/kube-prometheus-stack-1700-prometheus                        NodePort
10.107.201.98    <none>        9090:30090/TCP,8080:32501/TCP   3m14s
service/kube-prometheus-stack-1700100539-grafana                     ClusterIP
10.96.36.25      <none>        80/TCP                          3m14s
service/kube-prometheus-stack-1700100539-kube-state-metrics          ClusterIP
10.98.231.129    <none>        8080/TCP                        3m14s
service/kube-prometheus-stack-1700100539-prometheus-node-exporter    ClusterIP
10.104.231.247   <none>        9100/TCP                        3m14s
service/prometheus-operated                                          ClusterIP   None
<none>           9090/TCP                          3m

NAME                                                                         DESIRED
CURRENT    READY   UP-TO-DATE    AVAILABLE    NODE SELECTOR        AGE
daemonset.apps/kube-prometheus-stack-1700100539-prometheus-node-exporter   3
3          3       3             3            kubernetes.io/os=linux   3m13s

NAME                                                             READY   UP-TO-
DATE    AVAILABLE    AGE
deployment.apps/kube-prometheus-stack-1700-operator             1/1     1
1           3m13s
deployment.apps/kube-prometheus-stack-1700100539-grafana        1/1     1
1           3m13s
deployment.apps/kube-prometheus-stack-1700100539-kube-state-metrics  1/1   1
1           3m13s

NAME
DESIRED    CURRENT    READY    AGE
replicaset.apps/kube-prometheus-stack-1700-operator-64f9456788            1
1          1         3m13s
replicaset.apps/kube-prometheus-stack-1700100539-grafana-7d68d85f9b       1
1          1         3m13s
replicaset.apps/kube-prometheus-stack-1700100539-kube-state-metrics-747978968f   1
1          1         3m13s

NAME                                                                RFADY   AGE
statefulset.apps/alertmanager-kube-prometheus-stack-1700-alertmanager   1/1   3m
statefulset.apps/prometheus-kube-prometheus-stack-1700-prometheus       1/1   3m
```

프로메테우스가 성공적으로 설치되었는지 확인할 차례입니다.

❶ 프로메테우스가 설치된 네임스페이스의 파드를 확인합니다. 모두 정상적으로 실행 중임을 볼 수 있습니다.

## 12.2.3 프로메테우스를 통한 데이터 확인

프로메테우스를 활용해 쿠버네티스 관련 데이터를 확인하겠습니다.

```
eevee@myserver01:~$ kubectl get svc --namespace mymonitoring        ❶
NAME                                                         TYPE        CLUSTER-IP
EXTERNAL-IP      PORT(S)                            AGE
alertmanager-operated                                        ClusterIP   None
<none>           9093/TCP,9094/TCP,9094/UDP         34m
kube-prometheus-stack-1700-alertmanager                      ClusterIP   10.97.180.235
<none>           9093/TCP,8080/TCP                  34m
kube-prometheus-stack-1700-operator                          ClusterIP   10.101.247.246
<none>           443/TCP                            34m
kube-prometheus-stack-1700-prometheus                        NodePort    10.107.201.98
<none>           9090:30090/TCP,8080:32501/TCP      34m
kube-prometheus-stack-1700100539-grafana                     ClusterIP   10.96.36.25
<none>           80/TCP                             34m
kube-prometheus-stack-1700100539-kube-state-metrics          ClusterIP   10.98.231.129
<none>           8080/TCP                           34m
kube-prometheus-stack-1700100539-prometheus-node-exporter    ClusterIP   10.104.231.247
<none>           9100/TCP                           34m                     ❷
prometheus-operated                                          ClusterIP   None
<none>           9090/TCP                           34m
```

프로메테우스에서 매트릭 정보를 가져오는 서비스는 node-exporter입니다.

❶ 서비스 목록을 확인합니다.

❷ node-exporter를 볼 수 있는데 9100번 포트를 사용합니다.

```
eevee@myserver01:~$ kubectl port-forward --address 0.0.0.0 svc/kube-prometheus-stack-
1700100539-prometheus-node-exporter 8080:9100 --namespace mymonitoring

Forwarding from 0.0.0.0:8080 -> 9100
```

node-exporter를 웹 브라우저에서 확인할 수 있도록 포트포워딩을 하겠습니다. node-exporter
는 앞서 확인한 대로 9100번 포트를 사용합니다. 그러므로 로컬 호스트의 8080포트를 9100번 포트
로 포트포워딩을 하겠습니다.

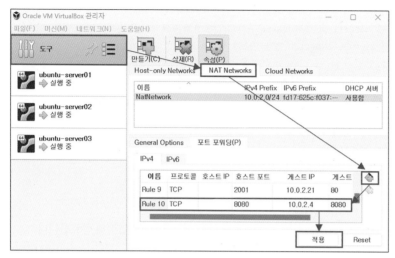

그림 12-2 포트 설정

따라서 외부에서 접속했을 때 node-exporter에 접속할 수 있도록 [그림 12-2]의 순서대로 진행해 8080번 포트로 연결시켜줍니다.

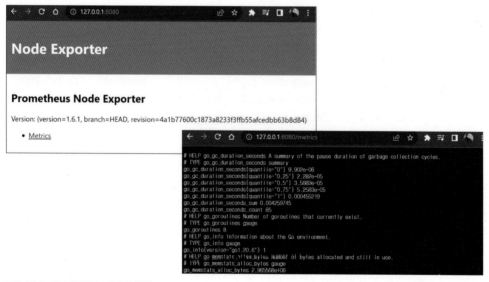

그림 12-3 프로메테우스 데이터 확인

웹 브라우저에서 127.0.0.1:8080으로 접속하면 프로메테우스 node-exporter를 확인할 수 있습니다.

```
eevee@myserver01:~$ kubectl port-forward --address 0.0.0.0 svc/kube-prometheus-stack-
1700100539-prometheus-node-exporter 8080:9100 --namespace mymonitoring

Forwarding from 0.0.0.0:8080 -> 9100
Handling connection for 8080
Handling connection for 8080
Handling connection for 8080
Handling connection for 8080
^C                                      ❶
eevee@myserver01:~$
```

웹 브라우저에서 확인이 끝났으면 다시 터미널로 돌아가서 〈Ctrl〉+〈C〉를 입력해 종료합니다.

| NAME | TYPE | CLUSTER-IP |
|---|---|---|
| EXTERNAL-IP PORT(S) | AGE | |
| alertmanager-operated | ClusterIP | None |
| <none>  9093/TCP,9094/TCP,9094/UDP | 44m | |
| kube-prometheus-stack-1700-alertmanager | ClusterIP | 10.97.180.235 |
| <none>  9093/TCP,8080/TCP | 44m | |
| kube-prometheus-stack-1700-operator | ClusterIP | 10.101.247.246 |
| <none>  443/TCP | 44m | |
| kube-prometheus-stack-1700-prometheus | NodePort | 10.107.201.98 |
| <none>  9090:30090/TCP,8080:32501/TCP | 44m | ❷ |
| kube-prometheus-stack-1700100539-grafana | ClusterIP | 10.96.36.25 |
| <none>  80/TCP | 44m | |
| kube-prometheus-stack-1700100539-kube-state-metrics | ClusterIP | 10.98.231.129 |
| <none>  8080/TCP | 44m | |
| kube-prometheus-stack-1700100539-prometheus-node-exporter | ClusterIP | 10.104.231.247 |
| <none>  9100/TCP | 44m | |
| prometheus-operated | ClusterIP | None |
| <none>  9090/TCP | 44m | |

`eevee@myserver01:~$ kubectl get svc --namespace mymonitoring` ❶

이번에는 프로메테우스에 직접 접속하겠습니다.

❶ 프로메테우스 서비스 정보를 확인합니다. 서비스 중에 kube-prometheus-stack-1700-prometheus이라는
서비스를 볼 수 있습니다. 이 서비스의 정보를 활용해 프로메테우스에 접속할 수 있습니다.

❷ 해당 서비스는 NodePort 타입의 서비스이므로 30090번 포트를 활용해 접속할 수 있습니다.

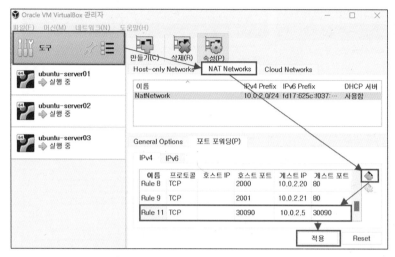

**그림 12-4** 프로메테우스 접속을 위한 포트포워딩

[그림 12-4]는 프로메테우스 접속을 위한 포트포워딩을 나타내는 그림입니다. 그림에 있는 과정대로 30090번 포트를 활용해 프로메테우스에 접속하겠습니다.

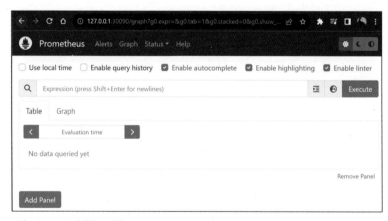

**그림 12-5** 프로메테우스 접속

[그림 12-5]와 같이 30090번 포트에 접속하면 프로메테우스 화면을 볼 수 있습니다.

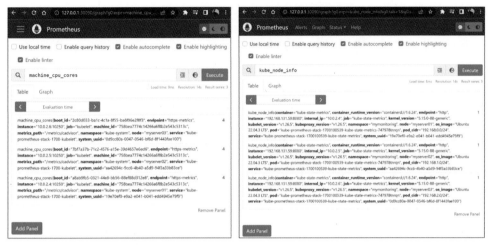

**그림 12-6** 검색 조회

프로메테우스에 접속했으면 [그림 12-6]과 같이 다양한 정보를 검색할 수 있습니다.

**그림 12-7** 타깃 메뉴

[그림 12-7]은 프로메테우스 메뉴에서 [Status]를 클릭하고 [Targets]를 클릭하면 나오는 화면입니다.

**그림 12-8** 설정 메뉴

[그림 12-8]은 프로메테우스 메뉴에서 [Status] 메뉴에서 [Configuation]을 클릭하면 나타나는 설정 화면입니다.

## 12.3 그라파나를 활용한 모니터링 데이터 시각화

그라파나Grafana는 데이터를 시각화함으로써 여러 가지 대시보드를 확인할 수 있는 애플리케이션입니다. 앞서 프로메테우스에서 사용되는 관련 데이터를 시각화하여 다양한 정보를 한눈에 확인할 수 있는 것입니다.

이번 실습에서는 앞서 프로메테우스 스택을 설치하면서 함께 설치되었던 그라파나를 사용하겠습니다.

```
eevee@myserver01:~$ kubectl get svc --namespace mymonitoring      ❶
NAME                                               TYPE        CLUSTER-IP
EXTERNAL-IP    PORT(S)                      AGE
alertmanager-operated                              ClusterIP   None
<none>         9093/TCP,9094/TCP,9094/UDP   58m
kube-prometheus-stack-1700-alertmanager            ClusterIP   10.97.180.235
<none>         9093/TCP,8080/TCP            59m
kube-prometheus-stack-1700-operator                ClusterIP   10.101.247.246
<none>         443/TCP                      59m
```

```
kube-prometheus-stack-1700-prometheus                              NodePort    10.107.201.98
<none>        9090:30090/TCP,8080:32501/TCP    59m
kube-prometheus-stack-1700100539-grafana                           ClusterIP   10.96.36.25
<none>        80/TCP                           59m        ❷
kube-prometheus-stack-1700100539-kube-state-metrics                ClusterIP   10.98.231.129
<none>        8080/TCP                         59m
kube-prometheus-stack-1700100539-prometheus-node-exporter          ClusterIP   10.104.231.247
<none>        9100/TCP                         59m
prometheus-operated                                                ClusterIP   None
<none>        9090/TCP                         58m
```

❶ 프로메테우스 스택을 설치했던 네임스페이스에 존재하는 서비스를 확인하면 그라파나를 확인할 수 있습니다.

❷ 현재 그라파나 서비스는 ClusterIP로 설정되어 있는 것을 볼 수 있습니다.

```
eevee@myserver01:~$ kubectl get svc kube-prometheus-stack-1700100539-grafana
--namespace mymonitoring -o yaml                    ❶

apiVersion: v1
kind: Service
metadata:
  annotations:
    meta.helm.sh/release-name: kube-prometheus-stack-1700100539
    meta.helm.sh/release-namespace: mymonitoring
  creationTimestamp: "2023-11-16T02:09:08Z"
  labels:
    app.kubernetes.io/instance: kube-prometheus-stack-1700100539
    app.kubernetes.io/managed-by: Helm
    app.kubernetes.io/name: grafana
    app.kubernetes.io/version: 10.1.5
    helm.sh/chart: grafana-7.0.3
  name: kube-prometheus-stack-1700100539-grafana
  namespace: mymonitoring
  resourceVersion: "185991"
  uid: 4861f715-9ab4-4d4c-af4a-771167bf9217
spec:
  clusterIP: 10.96.36.25
  clusterIPs:
  - 10.96.36.25
  internalTrafficPolicy: Cluster
  ipFamilies:
```

```
    - IPv4
    ipFamilyPolicy: SingleStack
    ports:
    - name: http-web
      port: 80
      protocol: TCP
      targetPort: 3000
    selector:
      app.kubernetes.io/instance: kube-prometheus-stack-1700100539
      app.kubernetes.io/name: grafana
    sessionAffinity: None
    type: ClusterIP                        ❷
status:
    loadBalancer: {}
```

❶ 해당 서비스의 정보를 봅니다.

❷ spec.type이 ClusterIP인 것을 볼 수 있습니다. 이 부분을 LoadBalancer로 변경하겠습니다.

```
eevee@myserver01:~$ kubectl patch svc kube-prometheus-stack-1700100539-grafana -n
mymonitoring -p '{"spec": {"type": "LoadBalancer"}}'              ❶
service/kube-prometheus-stack-1700100539-grafana patched
```

❶ patch 명령어를 활용하면 서비스 타입을 수정할 수 있습니다.

```
eevee@myserver01:~$ kubectl get svc --namespace mymonitoring              ❶
NAME                                              TYPE          CLUSTER-IP
EXTERNAL-IP    PORT(S)                    AGE
alertmanager-operated                             ClusterIP     None
<none>         9093/TCP,9094/TCP,9094/UDP     66m
kube-prometheus-stack-1700-alertmanager           ClusterIP
10.97.180.235   <none>         9093/TCP,8080/TCP      66m
kube-prometheus-stack-1700-operator               ClusterIP
10.101.247.246   <none>         443/TCP                66m
kube-prometheus-stack-1700-prometheus             NodePort
10.107.201.98    <none>         9090:30090/TCP,8080:32501/TCP   66m
kube-prometheus-stack-1700100539-grafana          LoadBalancer  10.96.36.25
10.0.2.22       80:32138/TCP                   66m             ❷
```

```
kube-prometheus-stack-1700100539-kube-state-metrics            ClusterIP
10.98.231.129    <none>          8080/TCP                      66m
kube-prometheus-stack-1700100539-prometheus-node-exporter      ClusterIP
10.104.231.247   <none>          9100/TCP                      66m
prometheus-operated                                            ClusterIP
None             <none>          9090/TCP                      66m
```

❶ 다시 서비스를 확인합니다.

❷ 그라파나 서비스 타입이 LoadBalancer로 변경된 것을 볼 수 있습니다.

```
eevee@myserver01:~$ kubectl get svc kube-prometheus-stack-1700100539-grafana
--namespace mymonitoring -o yaml                    ❶

apiVersion: v1
kind: Service
metadata:
  annotations:
    meta.helm.sh/release-name: kube-prometheus-stack-1700100539
    meta.helm.sh/release-namespace: mymonitoring
    metallb.universe.tf/ip-allocated-from-pool: my-metallb-config
  creationTimestamp: "2023-11-16T02:09:08Z"
  labels:
    app.kubernetes.io/instance: kube-prometheus-stack-1700100539
    app.kubernetes.io/managed-by: Helm
    app.kubernetes.io/name: grafana
    app.kubernetes.io/version: 10.1.5
    helm.sh/chart: grafana-7.0.3
  name: kube-prometheus-stack-1700100539-grafana
  namespace: mymonitoring
  resourceVersion: "194686"
  uid: 4861f715-9ab4-4d4c-af4a-771167bf9217
spec:
  allocateLoadBalancerNodePorts: true
  clusterIP: 10.96.36.25
  clusterIPs:
  - 10.96.36.25
  externalTrafficPolicy: Cluster
  internalTrafficPolicy: Cluster
  ipFamilies:
```

```
  - IPv4
 ipFamilyPolicy: SingleStack
 ports:
 - name: http-web
   nodePort: 32138
   port: 80
   protocol: TCP
   targetPort: 3000
 selector:
   app.kubernetes.io/instance: kube-prometheus-stack-1700100539
   app.kubernetes.io/name: grafana
 sessionAffinity: None
 type: LoadBalancer                              ❷
status:
  loadBalancer:
    ingress:
    - ip: 10.0.2.22
```

❶ 그라파나 서비스 정보를 정확히 확인합니다.

❷ LoadBalancer 타입인 것을 알 수 있습니다.

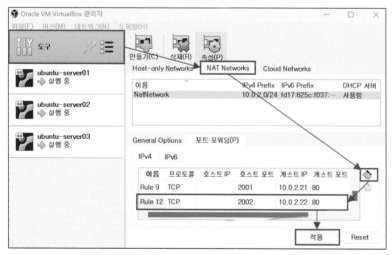

**그림 12-9** 그라파나 접속을 위한 포트포워딩

[그림 12-9]는 외부에서 그라파나에 접속하기 위해 포트포워딩을 설정하는 과정입니다. 그림에 있는 순서대로 호스트 포트 2002를 앞서 확인한 그라파나 IP의 80번 포트로 포트포워딩합니다.

```
eevee@myserver01:~$ kubectl get secrets kube-prometheus-stack-1700100539-grafana
--namespace mymonitoring -o yaml                    ❶
apiVersion: v1
data:
  admin-password: cHJvbS1vcGVyYXRvcg==              ❷
  admin-user: YWRtaW4=
  ldap-toml: ""
kind: Secret
metadata:
  annotations:
    meta.helm.sh/release-name: kube-prometheus-stack-1700100539
    meta.helm.sh/release-namespace: mymonitoring
  creationTimestamp: "2023-11-16T02:09:08Z"
  labels:
    app.kubernetes.io/instance: kube-prometheus-stack-1700100539
    app.kubernetes.io/managed-by: Helm
    app.kubernetes.io/name: grafana
    app.kubernetes.io/version: 10.1.5
    helm.sh/chart: grafana-7.0.3
  name: kube-prometheus-stack-1700100539-grafana
  namespace: mymonitoring
  resourceVersion: "185911"
  uid: d36b2bfa-8ad8-43a4-bdd7-c6eaa2388024
type: Opaque
```

쿠버네티스 시크릿Kubernetes Secrets은 비밀번호와 같은 민감한 데이터를 암호화해서 저장하는 리소스입니다.

❶ 그라파나와 관련된 시크릿 정보를 확인합니다.

❷ 접속 비밀번호가 암호화되어 있는 것을 볼 수 있습니다.

```
eevee@myserver01:~$ kubectl get secrets kube-prometheus-stack-1700100539-grafana
--namespace mymonitoring -o jsonpath="{.data.admin-password}" ¦ base64 -d    ❶
prom-operator                                                                ❷

eevee@myserver01:~$
```

그라파나 접속 비밀번호를 확인합니다.

❶ 인코딩된 비밀번호를 확인하기 위해 **base64 −d**를 입력해 인코딩된 비밀번호를 디코딩합니다.

❷ 실제 비밀번호를 확인합니다.

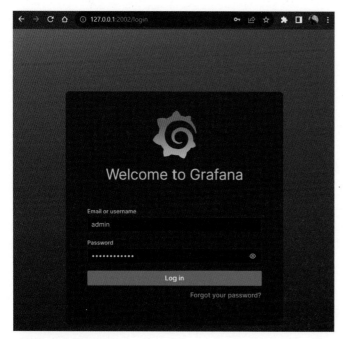

**그림 12-10** 그라파나 접속

그라파나에 접속하면 [그림 12-10]과 같은 화면이 나옵니다. 만약, 접속되지 않으면 다음의 내용을
참고하세요.

NOTE    **그라파나에 접속되지 않아요**

그라파나가 위와 같이 접속이 되지 않는다면 그라파나를 재시작하면 문제가 해결될 수 있습니다. 그라파나를 재
시작하는 방법은 다음과 같이 그라파나와 관련된 파드를 삭제하는 방법으로 진행할 수 있습니다.

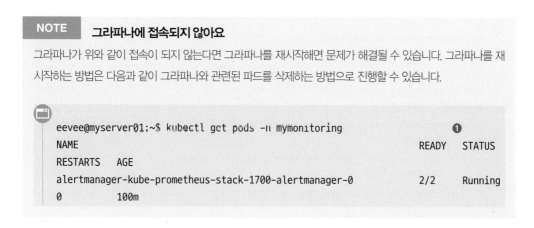

```
eevee@myserver01:~$ kubectl get pods -n mymonitoring                    ❶
NAME                                                          READY   STATUS
RESTARTS   AGE
alertmanager-kube-prometheus-stack-1700-alertmanager-0        2/2     Running
0          100m
```

```
kube-prometheus-stack-1700-operator-64f9456788-5jkrs          1/1    Running
0         100m
kube-prometheus-stack-1700100539-grafana-7d68d85f9b-6dwxd     3/3    Running
0         100m                                                        ❷
kube-prometheus-stack-1700100539-kube-state-metrics-747978tnrqn 1/1  Running
0         100m
kube-prometheus-stack-1700100539-prometheus-node-exporter-7s6zb 1/1  Running
0         100m
kube-prometheus-stack-1700100539-prometheus-node-exporter-8nmn5 1/1  Running
0         100m
kube-prometheus-stack-1700100539-prometheus-node-exporter-gbm65 1/1  Running
0         100m
prometheus-kube-prometheus-stack-1700-prometheus-0            2/2    Running
0         100m
```

❶ 프로메테우스 스택을 설치한 네임스페이스에서 실행 중인 파드 목록을 확인합니다.

❷ 그중 그라파나와 관련된 파드를 볼 수 있습니다. 해당 파드를 삭제하겠습니다.

```
eevee@myserver01:~$ kubectl delete pod kube-prometheus-stack-1700100539-grafana-
7d68d85f9b-6dwxd -n mymonitoring                                            ❶

pod "kube-prometheus-stack-1700100539-grafana-7d68d85f9b-6dwxd" deleted
```

❶ 앞서 확인한 그라파나 파드를 삭제합니다.

```
eevee@myserver01:~$ kubectl get pods -n mymonitoring            ❶
NAME                                                         READY  STATUS
RESTARTS   AGE
alertmanager-kube-prometheus-stack-1700-alertmanager-0        2/2    Running
0         101m
kube-prometheus-stack-1700-operator-64f9456788-5jkrs          1/1    Running
0         102m
kube-prometheus-stack-1700100539-grafana-7d68d85f9b-4xk2v     3/3    Running
0         58s                                                         ❷
kube-prometheus-stack-1700100539-kube-state-metrics-747978tnrqn 1/1  Running
0         102m
```

```
kube-prometheus-stack-1700100539-prometheus-node-exporter-7s6zb   1/1   Running
0           102m
kube-prometheus-stack-1700100539-prometheus-node-exporter-8nmn5   1/1   Running
0           102m
kube-prometheus-stack-1700100539-prometheus-node-exporter-gbm65   1/1   Running
0           102m
prometheus-kube-prometheus-stack-1700-prometheus-0               2/2   Running
0           101m
```

❶ 파드를 삭제한 후 조금 기다립니다.

❷ 그라파나 파드가 재생성되는 것을 볼 수 있습니다.

---

**NOTE** **노트포트를 활용한 그라파나 접속**

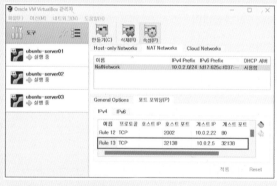

그림 12-11 노드포트를 활용한 접속

[그림 12–11]은 노트포트를 활용해 그라파나에 접속한 그림입니다. 만약 앞선 접속과 같이 LoadBalancer 타입을 사용했을 때 접속되지 않는다면 [그림 12–11]과 같이 그라파나는 32138번 포트를 NodePort로 사용했으므로 해당 포트로 열어준 다음 오른쪽 그림과 같이 접속합니다.

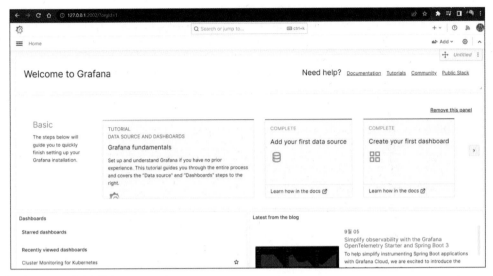

그림 12-12 그라파나 화면

[그림 12-12]는 그라파나에 로그인한 후 접속한 화면입니다.

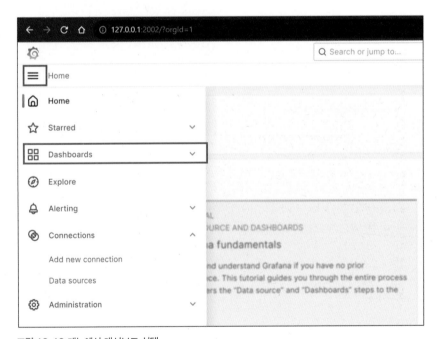

그림 12-13 메뉴에서 대시보드 선택

대시보드를 확인하기 위해서는 [그림 12-13]과 같이 메뉴에서 **Dashboards**를 클릭합니다.

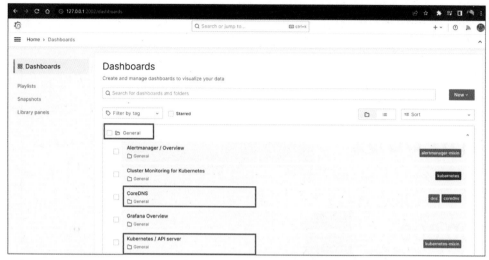

**그림 12-14** 대시보드 종류 선택

[그림 12-14]와 같이 **Genernal**을 클릭하면 여러 선택 사항이 나오는데 이번 실습에서는 **CoreDNS**
와 **Kubernetes/API server**를 선택하겠습니다.

**그림 12-15** CoreDNS 대시보드

[그림 12-15]는 CoreDNS와 관련된 수치들을 시각화해서 보여주는 대시보드입니다.

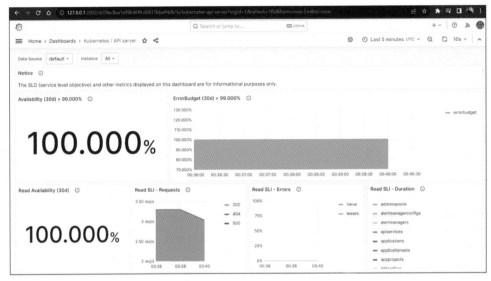

그림 12-16 Kubernetes / API server 대시보드

[그림 12-16]은 Kubernetes/API server 대시보드입니다.

그림 12-17 웹사이트를 통한 대시보드 선택

이번에는 그라파나 웹사이트를 통해 대시보드를 임포트하겠습니다. 웹브라우저의 주소창으로 다음 URL에 접속합니다.

- https://grafana.com/grafana/dashboards/13332-kube-state-metrics-v2/

위 URL에 접속하면 [그림 12-17]과 같은 대시보드를 볼 수 있습니다. 그리고 오른쪽 하단의 [Copy ID to clipboard]를 클릭하면 ID가 복사됩니다. 이렇게 복사한 ID를 이후 그라파나 대시보드 임포트 화면에서 사용할 것입니다.

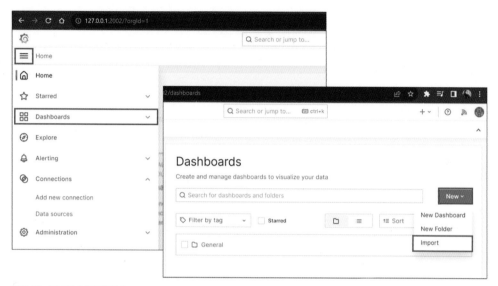

**그림 12-18** 대시보드 임포트

다시 그라파나로 돌아가서 대시보드 선택 화면에서 [import]를 클릭합니다.

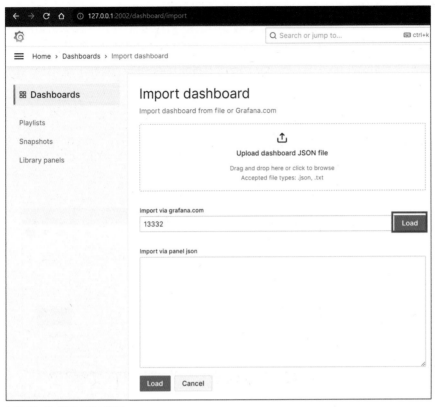

**그림 12-19** 임포트 정보 입력

그러면 [그림 12-19]와 같은 화면이 나오는데 [Load]를 클릭하면 앞서 복사한 대시보드 ID가 붙여
넣기 됩니다.

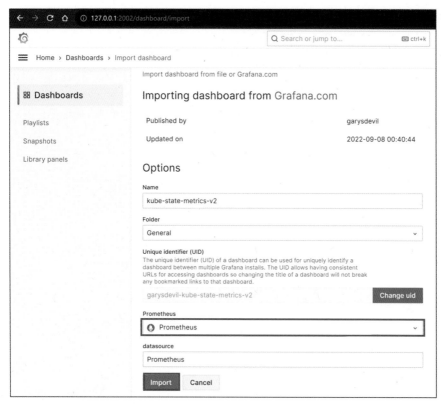

**그림 12-20** 대시보드 임포트

그리고 프로메테우스를 선택하고 [import]를 클릭하면 대시보드를 불러올 수 있습니다.

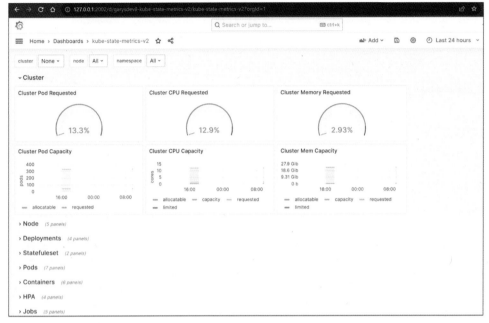

**그림 12-21** 대시보드 확인

대시보드를 임포트하면 [그림 12-21]과 같은 화면을 볼 수 있습니다.

# 12.4 로키를 활용한 쿠버네티스 로그 확인

이 절에서는 로키를 활용해 쿠버네티스 로그를 확인하는 실습을 진행합니다. 이를 위해 먼저 로키의 개념을 배우고 로키를 설치하겠습니다. 그리고 실습을 위해 서비스를 실행한 후 로키를 통해 로그를 확인해보겠습니다.

### 12.4.1 로키의 개념

로키<sup>Loki</sup>는 쿠버네티스 환경에서 로그를 수집, 저장, 조회하기 위한 오픈소스 로깅 시스템입니다. 로키를 활용하면 쿠버네티스 환경을 구성하고 있는 다수의 노드에서 생성된 다양한 로그를 한눈에 확인할 수 있습니다. 이를 위해 PLG<sup>Promtail-Loki-Grafana</sup> 구조를 활용합니다. PLG 구조는 다음과 같습니다.

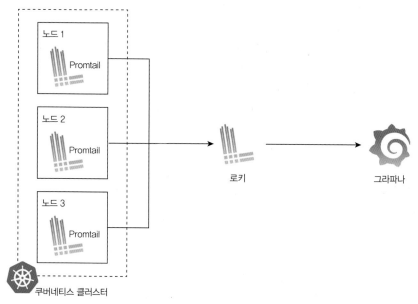

그림 12-22 Promtail-로키-그라파나 구조

위 구조와 같이 로키로 모든 로그가 모이는 것을 볼 수 있습니다. 그리고 각 노드에서 로키로 로그를 전달하는 역할을 Promtail이 담당합니다. Promtail은 쿠버네티스 클러스터를 구성하는 모든 노드에 설치되며 각 노드에서 발생하는 로그를 스트림 형태의 데이터로 로키로 전달합니다. 이렇게 로키에 저장된 로그는 LogQL을 통해 조회할 수 있습니다. 그리고 그라파나를 통해 대시보드로 확인할 수 있습니다.

## 12.4.2 로키 설치

로키부터 설치하겠습니다.

```
eevee@myserver01:~$ cd work/app/                              ❶
eevee@myserver01:~/work/app$ ls                              ❷
argocd  helm  metallb  metric-server  nginx-ingress-controller  prometheus
eevee@myserver01:~/work/app$ mkdir loki                      ❸
eevee@myserver01:~/work/app$ ls                              ❹
argocd  helm  loki  metallb  metric-server  nginx-ingress-controller  prometheus
eevee@myserver01:~/work/app$ cd loki/                        ❺
eevee@myserver01:~/work/app/loki$
```

앞의 과정에 따라 로키 설치를 위해 디렉터리를 생성하고 이동합니다.

```
eevee@myserver01:~/work/app/loki$ helm repo add grafana https://grafana.github.io/
helm-charts                                                          ❶
"grafana" has been added to your repositories

eevee@myserver01:~/app/loki$ helm repo update                        ❷
Hang tight while we grab the latest from your chart repositories...
...(중략)
...Successfully got an update from the "grafana" chart repository
Update Complete. ⁕Happy Helming!⁕
```

다음으로 로키를 설치하기 위해 그라파나를 헬름 리포지토리에 추가하겠습니다.

❶ 그라파나 URL을 헬름 리포지토리에 추가합니다.

❷ 헬름 리포지토리를 업데이트합니다.

```
eevee@myserver01:~/work/app/loki$ helm search repo loki            ❶

NAME                        CHART VERSION    APP VERSION    DESCRIPTION
bitnami/grafana-loki        2.11.15          2.9.2          Grafana Loki is a
horizontally scalable, highly...
grafana/loki                5.36.3           2.9.2          Helm chart for Grafana
Loki in simple, scalable...
grafana/loki-canary         0.14.0           2.9.1          Helm chart for Grafana
Loki Canary
grafana/loki-distributed    0.76.1           2.9.2          Helm chart for Grafana
Loki in microservices mode
grafana/loki-simple-scalable 1.8.11          2.6.1          Helm chart for Grafana
Loki in simple, scalable...
grafana/loki-stack          2.9.11           v2.6.1         Loki: like Prometheus,
but for logs.                                                ❷
grafana/fluent-bit          2.6.0            v2.1.0         Uses fluent-bit Loki
go plugin for gathering lo...
grafana/lgtm-distributed    1.0.0            6.59.4         Umbrella chart for a
distributed Loki, Grafana,...
grafana/promtail            6.15.3           2.9.2          Promtail is an agent
which ships the contents o...
```

로키를 설치할 차례입니다.

❶ 헬름 리포지토리에서 로키를 검색합니다.

❷ grafana/loki-stack을 볼 수 있는데 이번 실습에서는 grafana/loki-stack를 설치하겠습니다.

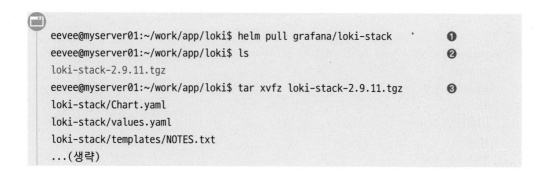

```
eevee@myserver01:~/work/app/loki$ helm pull grafana/loki-stack        ❶
eevee@myserver01:~/work/app/loki$ ls                                   ❷
loki-stack-2.9.11.tgz
eevee@myserver01:~/work/app/loki$ tar xvfz loki-stack-2.9.11.tgz       ❸
loki-stack/Chart.yaml
loki-stack/values.yaml
loki-stack/templates/NOTES.txt
...(생략)
```

❶ 헬름을 활용해 grafana/loki-stack을 다운로드합니다.

❷ 그러면 압축 파일을 볼 수 있습니다.

❸ 해당 압축 파일의 압축을 풀어줍니다.

```
eevee@myserver01:~/work/app/loki$ ls                                              ❶
loki-stack  loki-stack-2.9.11.tgz
eevee@myserver01:~/work/app/loki$ mv loki-stack loki-stack-2.9.11                 ❷
eevee@myserver01:~/work/app/loki$ ls                                              ❸
loki-stack-2.9.11  loki-stack-2.9.11.tgz
eevee@myserver01:~/work/app/loki$ cd loki-stack-2.9.11/                           ❹
eevee@myserver01:~/work/app/loki/loki-stack-2.9.11$ ls                            ❺
charts      README.md          requirements.yaml  values.yaml
Chart.yaml  requirements.lock  templates
eevee@myserver01:~/work/app/loki/loki-stack-2.9.11$ cp values.yaml my-values.yaml ❻
eevee@myserver01:~/work/app/loki/loki-stack-2.9.11$ ls                            ❼
charts      my-values.yaml  requirements.lock  templates
Chart.yaml  README.md       requirements.yaml  values.yaml
```

위 과정은 압축을 해제한 로키 디렉터리의 이름을 변경하고 values.yaml 파일을 복사한 my-values.yaml 파일을 생성하는 내용입니다.

❶ 압축을 해제한 로키 디렉터리를 확인합니다.

❷ ❸ 디렉터리 이름에 버전 정보를 추가하기 위해 디렉터리 이름을 변경합니다.

**④** 그러고 나서 해당 디렉터리로 이동합니다.

**⑤** 파일 목록을 살펴보면 values.yaml 파일을 볼 수 있습니다.

**⑥** 해당 파일을 복사해서 my-values.yaml 파일을 생성합니다.

**⑦** 파일 목록을 다시 확인하면 해당 파일을 볼 수 있습니다.

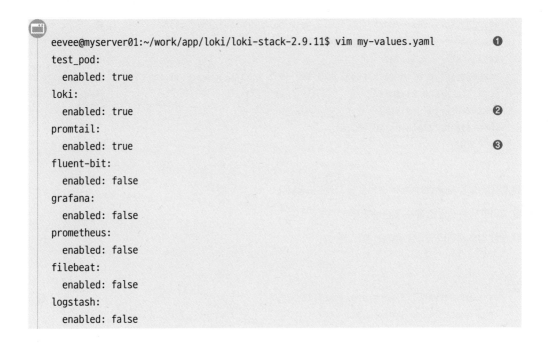

```
eevee@myserver01:~/work/app/loki/loki-stack-2.9.11$ vim my-values.yaml        ❶
test_pod:
  enabled: true
loki:
  enabled: true                                                               ❷
promtail:
  enabled: true                                                               ❸
fluent-bit:
  enabled: false
grafana:
  enabled: false
prometheus:
  enabled: false
filebeat:
  enabled: false
logstash:
  enabled: false
```

**❶** 로키 관련 설정 파일을 확인하기 위해 vim을 활용해 my-values.yaml 파일을 확인합니다.

**❷ ❸** 이번 실습에서는 수정할 사항이 없지만 loki와 Promtail만 true로 설정되어 있고 나머지는 모두 false인 것을 확인합니다.

우리는 앞선 실습을 통해 그라파나와 프로메테우스가 설치되어 있기 때문에 이번 실습에서는 설치할 필요가 없는 것입니다.

```
eevee@myserver01:~/work/app/loki/loki-stack-2.9.11$ kubectl create namespace myloki  ❶
namespace/myloki created

eevee@myserver01:~/work/app/loki/loki-stack-2.9.11$ kubectl get namespace        ❷
NAME                STATUS   AGE
calico-apiserver    Active   10d
calico-system       Active   10d
```

```
  default              Active    10d
  kube-node-lease      Active    10d
  kube-public          Active    10d
  kube-system          Active    10d
  myargocd             Active    27h
  myloki               Active    5s                                        ❸
  mymetallb            Active    3d3h
  mymonitoring         Active    156m
  mynginx              Active    3d4h
  tigera-operator      Active    10d
```

이번에는 로키를 설치할 네임스페이스를 생성하겠습니다.

❶ ❷ 로키를 설치할 네임스페이스를 생성한 후 확인합니다.

❸ 새로운 네임스페이스가 생성된 것을 볼 수 있습니다.

```
eevee@myserver01:~/work/app/loki/loki-stack-2.9.11$ helm install --namespace myloki
--generate-name grafana/loki-stack -f my-values.yaml                      ❶

NAME: loki-stack-1700109387
LAST DEPLOYED: Thu Nov 16 04:36:28 2023
NAMESPACE: myloki
STATUS: deployed
REVISION: 1
NOTES:
The Loki stack has been deployed to your cluster. Loki can now be added as a
datasource in Grafana.

See http://docs.grafana.org/features/datasources/loki/ for more detail.
```

❶ 설치 준비가 끝났으면 헬름을 활용해 로키를 설치합니다.

```
eevee@myserver01:~$ kubectl get all --namespace myloki          ❶
NAME                                            READY   STATUS    RESTARTS   AGE
pod/loki-stack-1700109387-0                     1/1     Running   0          108s
pod/loki-stack-1700109387-promtail-c7qqj        1/1     Running   0          108s
pod/loki-stack-1700109387-promtail-d2j2b        1/1     Running   0          108s
pod/loki-stack-1700109387-promtail-fxmlq        1/1     Running   0          108s
```

```
NAME                                           TYPE        CLUSTER-IP       EXTERNAL-IP
PORT(S)     AGE
service/loki-stack-1700109387                  ClusterIP   10.100.223.132   <none>
3100/TCP    108s
service/loki-stack-1700109387-headless         ClusterIP   None             <none>
3100/TCP    108s
service/loki-stack-1700109387-memberlist       ClusterIP   None             <none>
7946/TCP    108s

NAME                                                 DESIRED    CURRENT    READY    UP-TO-DATE
AVAILABLE     NODE SELECTOR     AGE
daemonset.apps/loki-stack-1700109387-promtail    3          3          3        3
3             <none>            108s

NAME                                           READY    AGE
statefulset.apps/loki-stack-1700109387         1/1      108s
```

로키 설치가 끝났으면 로키가 성공적으로 설치되었는지 확인합니다.

❶ 로키가 설치된 네임스페이스에 실행 중인 로키 관련 리소스를 확인합니다. 모든 파드가 실행될 때까지 약 2분 정도 걸립니다.

## 12.4.3 로키 실습을 위한 서비스 실행

로키를 통해 쿠버네티스 관련 로그들을 볼 수 있습니다. 이를 위해 로그를 생성할 파드를 생성하겠습니다.

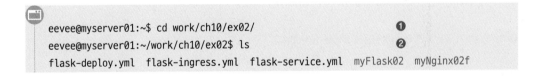

```
eevee@myserver01:~$ cd work/ch10/ex02/                                    ❶
eevee@myserver01:~/work/ch10/ex02$ ls                                     ❷
flask-deploy.yml  flask-ingress.yml  flask-service.yml  myFlask02  myNginx02f
```

로그를 생성할 서비스를 실행하기 위해 ch10에서 사용한 Flask를 활용한 디플로이먼트, 서비스, 인그레스를 활용하겠습니다.

❶ ❷ 이를 위해 해당 디렉터리로 이동합니다.

```
eevee@myserver01:~/work/ch10/ex02$ kubectl apply -f flask-deploy.yml      ❶
deployment.apps/deploy-flask created

eevee@myserver01:~/work/ch10/ex02$ kubectl apply -f flask-service.yml     ❷
service/flask-service created

eevee@myserver01:~/work/ch10/ex02$ kubectl apply -f flask-ingress.yml     ❸
ingress.networking.k8s.io/flask-ingress created
```

❶ ❷ ❸ 해당 디렉터리에 존재하는 디플로이먼트, 서비스, 인그레스를 각각 실행합니다.

```
eevee@myserver01:~/work/ch10/ex02$ kubectl get all                        ❶
NAME                                    READY   STATUS    RESTARTS   AGE
pod/deploy-flask-86f477d958-cg8zj       2/2     Running   0          53s
pod/deploy-flask-86f477d958-jqmgp       2/2     Running   0          53s
pod/deploy-flask-86f477d958-xf8gh       2/2     Running   0          53s

NAME                    TYPE        CLUSTER-IP      EXTERNAL-IP   PORT(S)   AGE
service/flask-service   ClusterIP   10.110.53.68    <none>        80/TCP    46s
service/kubernetes      ClusterIP   10.96.0.1       <none>        443/TCP   3d23h

NAME                              READY   UP-TO-DATE   AVAILABLE   AGE
deployment.apps/deploy-flask      3/3     3            3           53s

NAME                                          DESIRED   CURRENT   READY   AGE
replicaset.apps/deploy-flask-86f477d958       3         3         3       53s


eevee@myserver01:~/work/ch10/ex02$ kubectl get ingress                    ❷
NAME            CLASS   HOSTS   ADDRESS     PORTS   AGE
flask-ingress   nginx   *       10.0.2.6    80      58s
```

❶ ❷ 디플로이먼트, 서비스, 인그레스 등과 같은 오브젝트가 올바르게 실행되었는지 확인합니다.

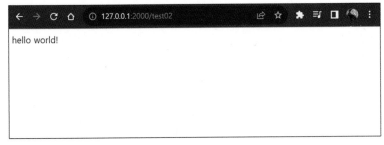

**그림 12-23** 접속 확인

[그림 12-23]과 같이 접속을 확인했습니다. 다음 절에서는 로키를 활용한 서비스 접속에 따른 로그를 확인하겠습니다.

### 12.4.4 로키를 통한 로그 확인

로키를 활용해 앞서 생성한 오브젝트들에 대한 로그를 확인하겠습니다.

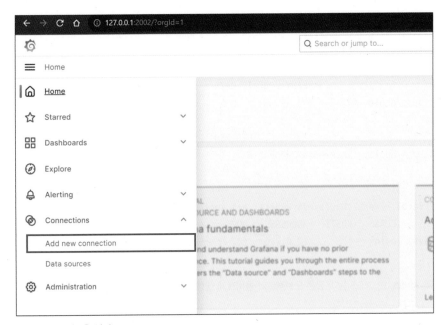

**그림 12-24** 새로운 연결

먼저 로키 활용을 위해 그라파나에 접속해서 로키 데이터 소스를 추가하겠습니다. [그림 12-24]와 같이 메뉴에서 **Connections → Add new connection**을 차례로 클릭합니다.

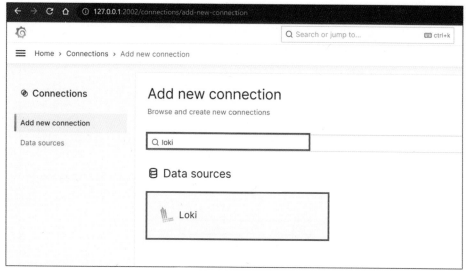

**그림 12-25** 로키 선택

그러면 [그림 12-25]와 같은 화면이 나오는데 검색창에 loki를 검색하면 데이터 소스 결과로 Loki를 볼 수 있습니다. **Loki**를 클릭합니다.

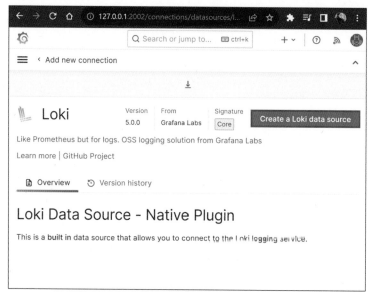

**그림 12-26** 로키 데이터 소스 생성

[그림 12-26]과 같은 화면에서 [Create a Loki data source]를 클릭합니다.

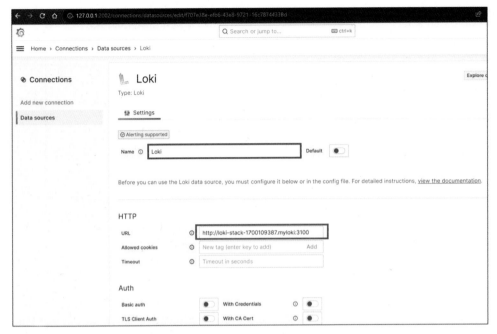

**그림 12-27** 정보 입력

그러면 [그림 12-27]과 같은 Loki 데이터 소스 정보 입력창을 볼 수 있는데 원하는 Name과 URL을 입력합니다. URL 입력 방식은 **http://〈로키-서비스-이름〉.〈네임스페이스〉:3100**입니다. 앞서 우리는 myloki라는 네임스페이스에 로키를 배포했으며, 로키 서비스 이름은 다음과 같이 확인할 수 있습니다.

```
eevee@myserver01:~/work/ch10/ex02$ kubectl get svc --namespace myloki     ❶
NAME                               TYPE        CLUSTER-IP       EXTERNAL-IP    PORT(S)
AGE
loki-stack-1700109387              ClusterIP   10.100.223.132   <none>         3100/
TCP     8m48s                                                                  ❷
loki-stack-1700109387-headless     ClusterIP   None             <none>         3100/
TCP     8m48s
loki-stack-1700109387-memberlist   ClusterIP   None             <none>         7946/
TCP     8m48s
```

❶ myloki 네임스페이스에서 실행 중인 서비스를 확인합니다.

❷ 로키 서비스 이름은 loki-stack-1700109387인 것을 알 수 있습니다.

따라서 [그림 12-27]에서 URL에는 http://loki-stack-1700109387.myloki:3100을 입력합니다.

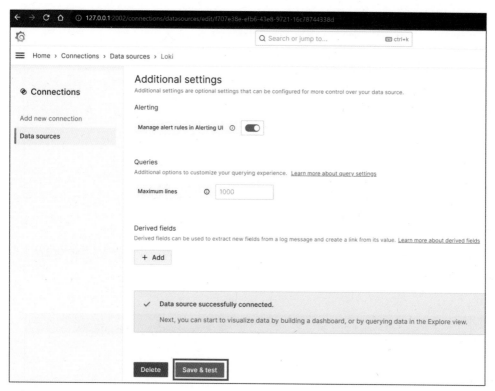

**그림 12-28** Save & test

그러고 나서 [Save & test]를 클릭하면 [그림 12-28]과 같이 데이터 소스가 성공적으로 연결된 것을 볼 수 있습니다.

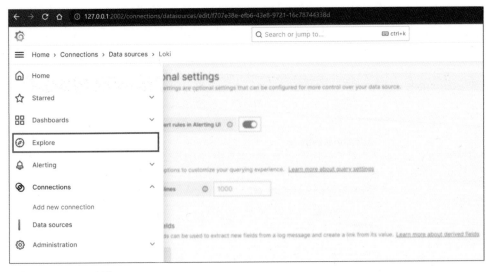

**그림 12-29** Explore 선택

데이터 소스에 연결되었으니 실제 로그를 확인하겠습니다. [그림 12-29] 메뉴에서 **Explore**를 클릭합니다.

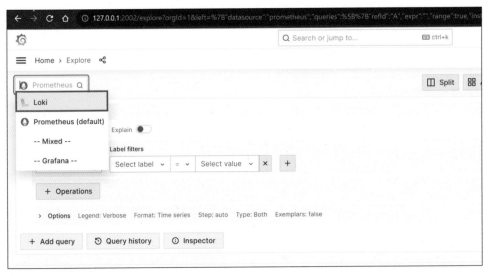

**그림 12-30** Loki 선택

그러면 [그림 12-30]과 같은 화면을 볼 수 있는데 데이터 소스 선택창에서 **Loki**를 선택합니다.

그림 12-31 로그 확인

[그림 12-31]과 같이 오른쪽 상단에서 **Code**를 선택한 후 코드 입력창에 자신이 보고 싶은 파드를 입력합니다. 입력 방식은 **{pod="파드 이름"}**입니다. 파드 이름은 다음과 같이 확인할 수 있습니다.

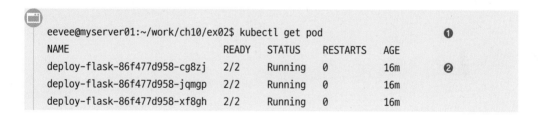

```
eevee@myserver01:~/work/ch10/ex02$ kubectl get pod            ❶
NAME                          READY   STATUS    RESTARTS   AGE
deploy-flask-86f477d958-cg8zj   2/2     Running   0          16m    ❷
deploy-flask-86f477d958-jqmgp   2/2     Running   0          16m
deploy-flask-86f477d958-xf8gh   2/2     Running   0          16m
```

❶ 위 결과와 같이 실행 중인 파드 정보를 보고 파드 이름을 확인할 수 있습니다.

❷ 만약 deploy-flask-86f477d958-cg8zj 파드에 대해 로키를 통해 로그를 확인하고 싶다면 [그림 12-31]에서 **{pod="deploy-flask -86f477d958-cg8zj"}**를 입력합니다.

```
eevee@myserver01:~/work/ch10/ex02$ kubectl delete -f flask-ingress.yml   ❶
ingress.networking.k8s.io "flask-ingress" deleted
eevee@myserver01:~/work/ch10/ex02$ kubectl delete -f flask-service.yml   ❷
service "flask-service" deleted
eevee@myserver01:~/work/ch10/ex02$ kubectl delete -f flask-deploy.yml    ❸
deployment.apps "deploy-flask" deleted
```

```
eevee@myserver01:~/work/ch10/ex02$ kubectl get all                    ❹
NAME                     TYPE         CLUSTER-IP    EXTERNAL-IP   PORT(S)    AGE
service/kubernetes       ClusterIP    10.96.0.1     <none>        443/TCP    3d23h
```

실습이 끝났으므로 종료합니다.

❶ ❷ ❸ ❹ 인그레스, 서비스, 디플로이먼트를 모두 종료하고 성공적으로 종료되었는지 확인합니다.

# 마치며

지금까지 도커와 쿠버네티스에 관한 내용을 학습했습니다. 우리는 이 책을 통해 제일 먼저 실습에 필요한 환경을 구축했고, 1부에서는 도커의 기본 명령어 및 도커를 활용해 애플리케이션을 실행하는 방법을 배웠습니다. 2부에서는 기본적인 쿠버네티스 개념과 기초 명령어, 쿠버네티스 구성 요소를 배우고 이를 토대로 애플리케이션을 실행해보았습니다. 이어서 쿠버네티스 애플리케이션 배포 및 모니터링 방법에 대해서도 배웠습니다.

여기까지 달려온 여러분에게 축하를 보냅니다. 도커와 쿠버네티스는 계속해서 새로운 기능이 추가되고 변화하고 있는 소프트웨어입니다. 도커와 쿠버네티스가 바뀔 때마다 새로운 내용을 공부해야 한다는 점에 부담을 느낄지도 모르겠습니다. 그러나 이 책에서 설명한 도커와 쿠버네티스의 기본 개념을 정확히 알고 있다면 새롭게 변하는 부분이 있더라도 쉽게 적응할 수 있을 것입니다.

부디 이 책이 도커와 쿠버네티스의 친절한 학습 도우미가 되길 바랍니다.

# 찾아보기

# 찾아보기

# 찾아보기

# 참고 문헌

- Abhishek Verma, Luis Pedrosa, Madhukar Korupolu(2015), Large-scale cluster management at Google with Borg

- ubuntu, https://ubuntu.com/download/server

- virtualbox, https://www.virtualbox.org/wiki/Downloads

- putty, https://putty.org

- Install Docker Engine on Ubuntu, https://docs.docker.com/engine/install/ubuntu/

- Docker hub, http://hub.docker.com

- PostgreSQL, https://www.postgresql.org/download/linux/ubuntu/

- contaierd, https://kubernetes.io/ko/docs/setup/production-environment/container-runtimes/#containerd

- kubernetes, https://kubernetes.io/ko/docs/setup/production-environment/tools/kubeadm/install-kubeadm/

- calico, https://docs.tigera.io/calico/latest/getting-started/kubernetes/self-managed-onprem/onpremises

- flannel, https://github.com/flannel-io/flannel

- helm, https://helm.sh/docs/intro/install/

- grafana, https://grafana.com/grafana/dashboards/13332-kube-state-metrics-v2/